新编21世纪法学系列教材

总主编　曾宪义　王利明

竞争法

第三版

Competition Law

徐孟洲　孟雁北　著

中国人民大学出版社
·北京·

作者简介

徐孟洲，法学博士，中国人民大学法学院二级教授、博士生导师，中国人民大学经济法研究中心副主任；兼任中国经济法学研究会常务理事兼监事长、中国法学会立法学研究会常务理事、北京市经济法研究会会长、中国政法大学等十多所大学兼职教授、甘肃政法学院特聘教授等职。先后主持完成国家社科基金项目“社会主义经济竞争的法律调整机制研究”等 3 项，完成全国人大常委会预算工作委员会、教育部等项目 15 项。出版《市场竞争的法律调整与对策研究》《中国社会主义市场经济的法律调整》等著作 20 多部，在《法学家》等期刊上发表论文 120 多篇。

孟雁北，中国人民大学法学院教授、博士生导师，中国人民大学亚太法学研究院副院长，经济法教研室副主任，中韩市场暨规制法研究中心（MRLC）中方执行主任。长期从事竞争法、产业法、外资法的教学和研究工作。迄今已发表《我国反垄断法之于垄断行业适用范围问题研究》等学术论文 83 篇，单独或合作出版了《反垄断法》等著作、教材、译著 47 部，主持或参加研究“垄断行业反垄断执法问题研究”等科研项目 29 项。

内容提要

本书由竞争法基础理论、反垄断法、反不正当竞争法三编组成，结构完整，体系性强。本书依循从理论到制度的编写思路展开，具体涉及竞争法的概念、原则与地位，竞争法的历史沿革，竞争主体，竞争法的执法机构，对主要的垄断行为的规制，以及对主要的不正当竞争行为的规制。同时，各章在正文论述中，穿插“延伸思考”“典型案例”“背景资料”等栏目，内容丰富，能够扩展学生的知识面，使其了解国内外竞争法研究的现状和实践中的问题。

总 序

曾宪义

在人类文明与文化的发展中，中华民族曾作出过伟大的贡献，不仅最早开启了世界东方文明的大门，而且对人类法治、法学及法学教育的生成与发展进行了积极的探索与光辉的实践。

在我们祖先生存繁衍的土地上，自从摆脱动物生活、开始用双手去进行创造性的劳动、用人类特有的灵性去思考以后，我们人类在不断改造客观世界、创造辉煌的物质文明的同时，也在不断地探索人类的主观世界，逐渐形成了哲学思想、伦理道德、宗教信仰、风俗习惯等一系列维系道德人心、维持一定社会秩序的精神规范，更创造了博大精深、义理精微的法律制度。应该说，在人类所创造的诸种精神文化成果中，法律制度是一种极为奇特的社会现象，因为作为一项人类的精神成果，法律制度往往集中而突出地反映了人类在认识自身、调节社会、谋求发展的各个重要进程中的思想和行动。法律是现实社会的调节器，是人民权利的保障书，是通过国家的强制力来确认人的不同社会地位的有力杠杆，它来源于现实生活，而且真实地反映现实的要求。因而透过一个国家、一个民族、一个时代的法律制度，我们可以清楚地观察到当时人们关于人、社会、人与人的关系、社会组织以及哲学、宗教等诸多方面的思想与观点。同时，法律是一种具有国家强制力、约束力的社会规范，它以一种最明确的方式，对当时社会成员的言论或行动作出规范与要求，因而也清楚地反映了人类在各个历史发展阶段中对于不同的人所作出的种种具体要求和限制。因此，从法律制度的发展变迁中，同样可以看到人类自身不断发展、不断完善的历史轨迹。人类社会几千年的国家文明发展历史已经无可争辩地证明，法律制度乃是维系社会、调整各种社会关系、保持社会稳定的重要的工具。同时，法律制度的不断完善，也是人类社会文明进步的显著体现。

由于发展路径的不同、文化背景的差异，东方社会与西方世界对于法律的意义、底蕴的理解、阐释存有很大的差异，但是，在各自的发展过程中，都曾比较注重法律的制定与完善。中国古代虽然被看成是“礼治”的社会、“人治”的世界，被认为是“只有刑，没有法”的时代，但从《法经》到《唐律疏议》、《大清律例》等数十部优秀成文法典的存在，充分说明了成文制定法在中国古代社会中的突出地位，唯这些成文法制所体现出的精神旨趣与现代法律文明有较大不同而已。时至20世纪初叶，随着西风东渐，东、西文化交流加快，中国社会开始由古代的、传统的社会体制向近现代文明过渡，建立健全的、符合现代理性精神的法律文明体系方成为现代社会的共识。正因为如此，近代以来的数百年间，在西方、东方各主要国家里，伴随着社会变革的潮起潮落，法律改革运动也一直呈方兴未艾之势。

从历史上看，法律的文明、进步，取决于诸多的社会因素。东西方法律发展的历史均充分证明，推动法律文明进步的动力，是现实的社会生活，是政治、经济和社会文化的变迁；同时，法律内容、法律技术的发展，往往依赖于一大批法律专家以及更多的受过法律教育的社会成员的研究和推动。从这个角度看，法学教育、法学研究的发展，对于法律文明的发展进步，也有着异常重要的意义。正因为如此，法学教育和法学研究在现代国家的国民教育体系和科学研究体系中，开始占有越来越重要的位置。

中国近代意义上的法学教育和法学研究，肇始于19世纪末的晚清时代。清光绪二十一年（公元1895年）开办的天津中西学堂，首次开设法科并招收学生，虽然规模较小，但仍可以视为中国最早的近代法学教育机构（天津中西学堂后改名为北洋大学，又发展为天津大学）。三年后，中国近代著名的思想家、有“维新骄子”之称的梁启超先生即在湖南《湘报》上发表题为《论中国宜讲求法律之学》的文章，用他惯有的富有感染力的激情文字，呼唤国人重视法学，发明法学，讲求法学。梁先生是清代末年一位开风气之先的思想巨子，在他的辉煌的学术生涯中，法学并非其专攻，但他仍以敏锐的眼光，预见到了新世纪中国法学研究和法学教育的发展。数年以后，清廷在内外压力之下，被迫宣布实施“新政”，推动变法修律。以修订法律大臣沈家本为代表的一批有识之士，在近十年的变法修律过程中，在大量翻译西方法学著作，引进西方法律观念，有限度地改造中国传统的法律体制的同时，也开始推动中国早期的法学教育和法学研究。20世纪初，中国最早设立的三所大学——北洋大学、京师大学堂、山西大学堂均设有法科或法律学科目，以期“端正方向，培养通才”。1906年，应修订法律大臣沈家本、伍廷芳等人的奏请，清政府在京师正式设立中国第一所专门的法政教育机构——京师法律学堂。次年，另一所法政学堂——直属清政府学部的京师法政学堂也正式招生。这些大学法科及法律、法政学堂的设立，应该是中国历史上近代意义上的正规专门法学教育的滥觞。

自清末以来，中国的法学教育作为法律事业的一个重要组成部分，随着中国社会的曲折发展，经历了极不平坦的发展历程。在20世纪的大部分时间里，中国社会一直充斥着各种矛盾和斗争。在外敌入侵、民族危亡的沉重压力之下，中国人民为寻找适合中国国情的发展道路而花费了无穷的心力，付出过沉重的代价。从客观上看，长期的社会骚动和频繁的政治变迁曾给中国的法治与法学带来过极大的消极影响。直至70年代末期，以“文化大革命”宣告结束为标志，中国社会开始用理性的目光重新审视中国的过去，规划国家和社会的未来，中国由此进入长期稳定、和平发展的大好时期，以这种大的社会环境为背景，中国的法学教育也获得了前所未有的发展机遇。

从宏观上看，实行改革开放以来，经过二十多年的努力，中国的法学教育事业所取得的成就是辉煌的。首先，经过“解放思想，实事求是”思想解放运动的洗礼，在中国法学界迅速清除了极左思潮及苏联法学模式的一些消极影响，根据本国国情建设社会主义法治国家已经成为国家民族的共识，这为中国法学教育和法学研究的发展奠定了稳固的思想基础。其次，随着法学禁区的不断被打破、法学研究的逐步深入，一个较为完善的法学学科体系已经建立起来。理论法学、部门法学各学科基本形成了比较系统和成熟的理论体系和学术框架，一些随着法学研究逐渐深入而出现的法学子学科、法学边缘学科也渐次成形。1997年，国家教育主管部门和教育部高校法学学科教学指导委员会对原有专业目录进行了又一次大幅度调整，决定自1999年起法学类本科只设一个单一的法学专业，按照一个专业招生，从而使法学学科的布局更加科学和合理。同时，在充分论证的基础上，确定了法学专业本科教学的14门核心课程，加上其他必修、选修课程的配合，由此形成了一个传统与更新并重、能够适应国家和社会发展需要的教学体系。法学硕士和博士研究生及法律硕士专业学位研究生的专业设置、课程教学和培养体系也日臻完善。最后，法学教育的规模迅速扩大，层次日趋齐全，结构日臻合理。目前中国有六百余所普通高等院校设置了法律院系或法律本科专业，在校本科学生和研究生已达二十余万人。除本科生外，在一些全国知名的法律院校，法学硕士研究生、法律硕士专业学位研究生、法学博士研究生已经逐步成为培养的重点。

众所周知，法律的进步、法治的完善，是一项综合性的社会工程。一方面，现实社会关系的发展，国家政治、经济和社会生活的变化，为法律的进步、变迁提供动力，提供社会的土壤。另一方面，法学教育、法学研究的发展，直接推动法律进步的进程。同时，全民法律意识、法律素质的提高，则是实现法治国理想的关键的、决定性的因素。在社会发展、法学教育、法学研究等几个攸关法律进步的重要环节中，法学教育无疑处于核心的、基础的地位。中国法学教育过去二十多年所走过的历程令人激动，所取得的成就也足令我们自豪。随着国家的发展、社会的进步，在21世纪，我们面临着更严峻的挑战和更灿烂的前景。"建设世界一流法学教育"，任重道远。

首先，法律是建立在经济基础之上的上层建筑，以法治为研究对象的法学也就成为一门实践性很强的学科。社会生活的发展变化，势必对法学教育、法学研究不断提出新的要求。经过二十多年的奋斗，中国改革开放的前期目标已顺利实现。但随着改革开放的逐步深入，国家和社会的一些深层次问题，比如说社会主义市场经济秩序的真正建立、国有企业制度的改革、政治体制的完善、全民道德价值的重建、环境保护和自然资源的合理利用等等，也已经开始浮现出来。这些复杂问题的解决，无疑最终都会归结到法律制度的完善上来。建立一套完善、合理的法律制度，构建理想的和谐社会，乃一项持久而庞大的社会工程，需要全民族的智慧和努力。其中的基础性工作，如理论的论证、框架的设计、具体规范的拟订、法律实施中的纠偏等等，则有赖于法学研究的不断深入，以及高素质人才特别是法律人才的养成，而培养法律人才的任务，则是法学教育的直接责任。

其次，21世纪是一个多元化的世纪。20世纪中叶发生的信息技术革命，正在极大地改变着我们的世界。现代科学技术，特别是计算机网络信息技术的发展，使传统的生活方式、思想观念发生了根本的改变，并由此引发许多人类从未面对过的问题。就法学教育而言，在21世纪所要面临的，不仅是教学内容、研究对象的多元化问题，而且还有培养对象、培养目标的多元化、教学方式的多元化等一系列问题，这些问题都需要法学界去思考、去探索。

中国人民大学法学院建立于1950年，是新中国诞生后创办的第一所正规高等法学教育机构。在半个多世纪的岁月中，中国人民大学法学院以其雄厚的学术力量、严谨求实的学风、高水平的教学质量以及丰硕的学术研究成果，在全国法学教育领域处于领先地位，并开始跻身于世界著名法学院之林。据初步统计，中国人民大学法学院已经为国家培养法学专业本科生、硕士生、博士生一万余人，培养各类成人法科学生三十余万人。经过多年的努力，中国人民大学法学院形成了较为明显的学术优势，在现职教师中，既有一批资深望重、在国内外享有盛誉的法学前辈，更有一大批在改革开放后成长起来的优秀中青年法学家。这些老中青法学专家多年来在勤奋研究法学理论的同时，也积极投身于国家的立法、司法实践，对国家法制建设贡献良多。

有鉴于此，中国人民大学法学院与中国人民大学出版社经过研究协商，决定结合中国人民大学法学院的学术优势和中国人民大学出版社的出版力量，出版一套"21世纪法学系列教材”。自1998年开始编写、出版本科教材，包括按照国家教育部所确定的法学专业核心课程和其所颁布印发的《全国高等学校法学专业核心课程基本要求》而编写的14门核心课程教材，也包括法学各领域、各新兴学科教材及教学参考书和案例分析在内，到2000年12月3日在人民大会堂大礼堂召开举世瞩目的“21世纪世界百所著名大学法学院院长论坛暨中国人民大学法学院成立五十周年庆祝大会”之时，业已出版了50本作为50周年院庆献礼，到现在总共出版了80本。为了进一步适应高等法学教育发展的形势和教学改革的需要，最近中国人民大学法学院与中国人民大学出版社决定将这套教材扩大为四个系列，即：“本科生用书”、“法学研究生用书”、“法律硕士研究生用书”以及“司法考试用书”，总数将达二百多本。我们设想，本套教材的编写，将更加注意“高水准”与“适用性”的合理结合。首先，本套教材将由中国人民大学法学院具有全国影响的各学科的学术带头人领衔，约请全国高校优秀学者参加，形成学术实力强大的编写阵容。同时，在编写教材时，将注意吸收中国法学研究的最新的学术成果，注意国际学术发展的最新动向，力求使教材内容能够站在21世纪的学术前沿，反映各学科成熟的理论，体现中国法学的水平。其次，本套教材在编写时，将针对新时期学生特点，将思想性、学术性、新颖性、可读性有机结合起来，注意运用典型生动的案例、简明流畅的语言去阐释法律理论与法律制度。

我们期望并且相信，经过组织者、编写者、出版者的共同努力，这套法学教材将以其质量效应、规模效应，力求成为奉献给新世纪的精品教材，我们诚挚地祈望得到方家和广大读者的教正。

2006年7月1日

序言

法学教育是高等教育的重要组成部分，是建设社会主义法治国家、构建社会主义和谐社会的重要基础，并居于先导性的战略地位。在我国社会转型的新世纪、新阶段，法学教育不仅要为建设高素质的法律职业共同体服务，而且要面向全社会培养大批治理国家、管理社会、发展经济的高层次法律人才。近年来，法学教育取得了长足的进步，法科数量增长很快，教育质量稳步提高，培养层次日渐完善，目前已经形成了涵盖本科生、第二学士学位生、法学硕士研究生、法律硕士研究生、法学博士研究生的完整的法学人才培养体系，接受法科教育已经成为莘莘学子的优先选择之一。随着中国法治事业的迅速发展，我们有理由相信，中国法学教育的事业大有可为，中国法学教育的前途充满光明。

教育的基本功能在于育人，在于塑造德才兼备的高素质人才。法学教育的宗旨并非培养只会机械适用法律的"工匠"，而承载着培养追求正义、知法懂法、忠于法律、廉洁自律的法律人的任务。要完成法学教育的使命，首先必须认真抓好教材建设。我始终认为，教材是实现教育功能的重要工具和媒介，法学教材不仅仅是法学知识传承的载体，而且是规范教学内容、提高教学质量的关键，对法学教育的发展有着不可估量的作用。

第一，法学教材是传授法学基本知识的工具。初学法律，既要有好的老师，又要有好的教材。正如冯友兰先生所言："学哲学的目的，是使人作为人能够成为人，而不是成为某种人。其他的学习（不是学哲学）是使人能够成为某种人，即有一定职业的人。"一套好的教材，能够高屋建瓴地展示法律的体系，能够准确简明地阐释法律的逻辑，能够深入浅出地叙述法律的精要，能够生动贴切地表达深奥的法理。所以，法学教材是学生学习法律的向导，是学生步入法律殿堂的阶梯。如果在入门之初教材就有偏颇之处，就可能误人子弟，学生日后还要花费大量时间与精力来修正已经形成的错误观念。

第二，法学教材是传播法律价值理念的载体。好的法学教材不仅要传授法学知识，更要传播法律的精神和法治的理念，例如对公平、正义的追求，尊重权利的观念。本科、研究生阶段的青年学子，正处在人生观、价值观形成的阶段，一套优秀的法学教材，对于他们价值观的塑造和健全人格的培养具有重要意义。

第三，法学教材是形成职业共同体的主要条件。建设社会主义法治国家，有赖于法律职业共同体的生成。一套好的法学教材，向法律研习者传授共同的知识，这对于培养一个接受共同的价值理念、共同的法律思维、共同的话语体系的法律共同体，具有重要的作用。

第四，法学教材是所有法律研习者的良师益友。没有好的教材，一个好的教师或可弥补教材的欠缺和不足，但对那些没有老师指导的自学者而言，教材就是老师，其重要作用是显而易见的。

长期以来，在我们的评价体系中，教材并没有获得应有的重视，对学术成果的形式优先考虑的往往是专著而非教材。在不少人的观念中，教材与创新、与学术精品甚至与学术无缘。其实，要真正写出一部好的教材，其难度之大、工作之艰辛、影响之深远，绝不低于一部优秀的专著，它甚至可以成为在几百年甚至更长的时间内发挥作用的传世之作。以查士丁尼的《法学阶梯》为例，所谓法学阶梯，即法学入门之义，就是一部教材。但它概括了罗马法的精髓，千百年来，一直是人们研习罗马法最基本的著述。日本著名学者我妻荣说过，大学教授有两大任务：一是写出自己熟悉的专业及学术领域的讲义乃至教科书；二是选择自己最有兴趣、最看重的题目，集中精力进行终生的研究。实际上，这两者是相辅相成的。写出一部好教材，必须要对相关领域形成一个完整的知识体系，还要能以深入浅出的语言将问题讲清楚、讲明白。没有编写教材的基本功，实际上也很难写出优秀的专著。当然，也只有对每一个专题都有一定研究，才能形成对这个学术领域的完整把握。

虽然近几年我国法学教育发展迅速，成绩显著，但是法学教育也面临许多挑战。各个学校的师资队伍和教学质量参差不齐，这就更需要推出更多的结构严谨、内容全面、角度各有侧重、能够适应不同需求的法学教材，为提高法学教学和人才培养质量、保障法学教育健康发展提供前提条件。

长期以来，中国人民大学法学院始终高度重视教材建设。作为新中国成立后建立的第一所正规的法学教育机构，中国人民大学法律系最早开设了社会主义法学教学课堂，编写了第一套社会主义法学讲义，培养了新中国第一批法学本科生和各学科的硕士生、博士生，产生了新中国最早的一批法学家和法律工作者。中国人民大学法律系因此被誉为“新中国法学教育的工作母机”。半个多世纪以来，中国人民大学法学院为社会主义法制建设培养了大批优秀的法律人才，并为法学事业的振兴和繁荣作出了卓越贡献，也因此成为引领中国法学教育的重镇、凝聚国内法律人才的平台和沟通中外法学交流的窗口，并在世界知名法学院行列中崭露头角。为了对中国法学教育事业作出更大的贡献，我们有义务也有责任出版一套体现我们最新研究成果的法学教材。

承蒙中国人民大学出版社的大力支持，我们组织编写了本套教材，其中包括本科生用书、法律硕士研究生用书、法学研究生用书和司法考试用书四大系列，分别面向不同层次法科教育需求。编写人员以中国人民大学法学院教师为主，反映了中国人民大学法学院整体的研究实力和学术视野。相信本套教材的出版，一定能够为新时期法学教育的繁荣发展发挥应有的作用。

是为序。

2006年7月10日

第三版修订说明

本教材自2008年出版以来，受到了法学专业学生与广大读者的欢迎和厚爱。为了及时补充竞争法立法和实施中的新内容，打造好这本竞争法精品教材，我们在本书第二版的基础上，根据党的十九大精神和新颁布的竞争法律法规，在保持第二版逻辑体系与体例的基础上，较大地更新了全书内容。

我国1993年出台的《反不正当竞争法》，从内容的角度讲是一部综合性的竞争法律，除了对传统的不正当竞争行为进行法律规制以外，还规定了部分的限制竞争行为。2017年11月4日，第十二届全国人大常委会第三十次会议审议通过《反不正当竞争法》修正案，新修订的《反不正当竞争法》于2018年1月1日起开始施行。新《反不正当竞争法》规定了7种不正当竞争行为，对每一种不正当竞争行为都进行了较为详尽的规定。新法修订标志着我国竞争法实现了反不正当竞争法与反垄断法的二元分立格局，消除了两者之间内容的重复交叉问题，实现了反不正当竞争行为和反垄断行为的清晰界分。《反不正当竞争法》的及时修订，适应了我国构建市场竞争公平有序、企业优胜劣汰的营商新环境的现实需要。

这次修订中我们重点改写了反不正当竞争法这部分内容，把几种典型的不正当竞争行为（即混淆市场混同行为、商业贿赂行为、误导性宣传行为、侵犯商业秘密行为、不正当有奖销售行为、侵犯商业秘密行为、商誉诋毁行为、互联网领域不正当竞争行为）作为重点进行阐述，同时还对全书部分背景资料和典型案例等助读材料进行了更新和补充，以帮助大家理解《反不正当竞争法》中的重点和难点。

书中的疏漏和不妥之处，敬请读者批评指正。

徐孟洲

2018年5月21日

于北京中关村大街中国人民大学明德法学楼804室

前　言

竞争法是经济法体系中的核心内容之一。学习与研究经济法，必须重点钻研竞争法的原理和主要制度。本人从 1982 年 7 月法学本科毕业留中国人民大学工作以来，一直在经济法学领域从事教学与研究活动，对经济法总论、财税法和金融法的研究花费了较多的时间与精力，同时对竞争法也很感兴趣。1990 年 2 月我承担了国家社科基金课题“社会主义竞争的法律调整机制研究”（社科 1989 基字 377 号）任务，1993 年在中国政法大学出版社出版了课题研究成果《市场竞争的法律调整与对策》一书，1995 年由中国计量出版社出版了我与徐锦平、黄磊碧合著的《企业竞争行为规范》，并在由潘静成、刘文华主编、中国人民大学出版社出版的《经济法》教材中撰写市场竞争法章节。自 1993 年以来在公开学术期刊上已发表了《论市场竞争法》（《法学家》，1993 年第 3 期）、《试论社会主义市场竞争与反垄断法》（《中国人民大学学报》，1993 年第 4 期）、《论反垄断法中的量化问题》（与侯作前合著，《法学杂志》，2002 年第 3 期）、《我国反垄断法草案的特点与立法建议》（与徐阳光合著，《团结杂志》，2007 年第 3 期）、《论地方政府间税收不当竞争的法律规则》（与叶姗合著，《政治与法律》，2006 年第 6 期）和《论我国反垄断法的价值与核心价值》（《法学家》，2008 年第 1 期）等多篇竞争法学术论文。在长期学习、研究与教学的基础上，特别是去年颁布了《反垄断法》，我国竞争法体系框架已经构建起来，撰写一本《竞争法》教材的主客观条件已经具备。

这本《竞争法》是我和孟雁北副教授合作的成果，现已纳入中国人民大学出版社“21 世纪法学系列教材”。孟雁北博士 1995 年起执教于中国人民大学法学院，研究方向为竞争法和经济法总论等，2004 年在中国人民大学出版社出版了《竞争法》一书，近年来公开发表《滥用相对经济优势地位行为的反垄断法研究》（《法学家》，2004 年第 6 期）、《论产业政策与反垄断法的冲突与协调》（《社会科学研究》，2005 年第 2 期）、《价格同步提高行为问题研究》（《中共中央党校学报》，2006 年第 2 期）等近二十篇竞争法论文，是我国竞争法研究领域脱颖而出的新锐。

本书大部分初稿由孟雁北撰写。由于小孟赴美国留学，本人承担了部分初稿撰写和全部初稿的改写与定稿。中国人民大学法学院博士生金善明、胡林林和硕士生黄少锋协助本人对本书初稿作了部分修改工作。对他们的帮助表示感谢！特别对中国人民大学出版社各位编辑的支持、帮助和悉心润色表示感谢！

本书力求理论的高水准和表述的高清晰，但由于我国《反垄断法》于 2008 年 8 月 1 日起才实施，其执法情况和案例资料不足，加之作者理论水平和表达能力有限，疏漏和不足之处，敬希读者不吝指正。

徐孟洲

2008 年 9 月 15 日

于北京市海淀区世纪城

目　录

绪 论

竞争是推动市场经济发展的动力机制，但是以赢利最大化为追求目标的一些经营者会利用自由竞争的原则反过来限制竞争、消除竞争，甚至会有一些经营者看到其他经营者有其自身不具备的竞争优势时，采取一些不正当的手段窃取别人的竞争优势来牟利，从而破坏市场经济的公平竞争秩序。当现实生活中仿冒名牌或误导性宣传随处可见的时候，当各种各样的价格同盟不仅可以达成，而且能堂而皇之地召开新闻发布会，宣布原来的竞争对手不再进行价格竞争的时候，我们必然要反思：如果没有公平的竞争，如果没有自由的竞争，如果竞争可以非常轻易地被竞争对手通过协议的方式限制和消除，那么市场经济将如何发展？所有关于竞争的思考会告诉经营者，在一个实行市场经济的国家，通过法律手段来维护竞争秩序不仅是非常必要的，而且是不可或缺的。竞争法就是一部保护和促进市场公平竞争，激励经营者提高效率，最终维护消费者利益和社会整体利益的法律。

竞争法在对竞争关系和竞争管理关系进行调整的过程中，始终以维护消费者利益和社会整体利益的最大化为目标。竞争法在授权竞争执法机构对反竞争的行为进行制止和处罚时，也应当牢牢把握住这个目标与方向。因此，在理解竞争法时，尤其是在理解反垄断法的各项制度，确定合法行为和违法行为的界限时，要以维护市场公平竞争、维护社会整体利益和保护消费者利益最大化的实现为最高标准。

竞争法的主要构成部分是反垄断法和反不正当竞争法。反垄断法部分将以反垄断法传统的三大制度（即垄断协议行为规制、滥用市场支配地位行为规制、经营者集中行为规制）和行政性垄断行为规制展开，大家在学习时要注意把握反垄断法的精神实质，因为当经济条件、经济背景、经济政策和国际大环境发生变化时，竞争执法机构在适用反垄断法时为了实现社会整体利益最大化也要因时因地作出具体的判断，答案并不是一成不变的。我国 1993 年出台的《反不正当竞争法》，从内容的角度讲是一部综合性的竞争法律，除了对传统的不正当竞争行为进行规范以外，还规制了部分的限制竞争行为。2017 年 11 月 4 日，第十二届全国人大常委会第三十次会议审议通过《反不正当竞争法》修正案，新修订的《反不正当竞争法》于 2018 年 1 月 1 日起开始施行。新《反不正当竞争法》规定了 7 种不正当竞争行为，对每一种不正当竞争行为都进行了较为详尽的规定。新法修订标志着我国竞争法实现了反不正当竞争法与反垄断法的二元分立格局，两者之间不再有交叉关系，而是实现了清晰的划分。《反不正当竞争法》的及时修订适应了我国公平竞争市场新发展的现实需要。我们在撰写反不正当竞争法这部分内容时，把几种典型的不正当竞争行为（即混淆行为、商业贿赂行为、误导性宣传行为、侵犯商业秘密行为、不正当有奖销售行为、诋毁商誉行为、互联网领域不正当竞争行为）作为重点进行阐述，同时本书还通过“背景资料”和“典型案例”等助读材料，帮助大家理解在适用《反不正当竞争法》时出现的难点。

在学习竞争法的过程中，大家应主要关注这样几个问题：第一，具有经济学的背景知识对于理解竞争法精神是非常重要的。如果大家在学习竞争法的同时能够抽出一些时间来研读一些经典的经济学著作，一定会大有裨益。第二，竞争法是与大众日常生活息息相关的充满活力的法。当我们漫步街头时，进入我们视线的一些商品宣传是否属误导性的宣传呢？当我们浏览各种报刊时，我们会思考被报道的某些企业并购行为是否需要受到反垄断法的规制？这些疑问，都会促使我们去了解和研究竞争法。第三，竞争法理论博大精深。我们在掌握了竞争法的基本知识后，要想准确地适用竞争法尤其是反垄断法，还需要对产业政策、相关市场、行业结构、国际大市场等进行资料搜索与问题思考，更需要有坚实的经济法、民法、知识产权法、商法、行政法的理论基础。因此，要学习与研究好竞争法我们必然要更多地掌握这些相关理论知识。第四，竞争法学是一门年轻的充满挑战的学科。在我国竞争法学领域里，还存在着极具挑战性的问题和广袤的发展空间等待我们去探究，例如，在我国《反垄断法》的实施中，如何规制行政性垄断行为，如何规制垄断行业的经营者的行为。对在《反不正当竞争法》中尚未规定的、层出不穷的、新型的不正当竞争行为的界定和处理问题，都需要竞争法理论研究作出科学的回答。可见，研究竞争法大有可为，学习竞争法充满着挑战。

第一编

竞争法基础理论

第一章 竞争和竞争相关理论

本章概要

竞争是一个古老的概念，不同学科对竞争的理解是不同的。竞争法视野里的竞争是指经济竞争或市场竞争，其主要特征为：竞争是独立的商品生产经营者之间的竞争；竞争是由双方经济力量的互相抗衡而引起的；竞争是商品生产经营者追逐、实现自身经济利益最大化的过程；竞争的结果必然是优胜劣汰。竞争的分类中最主要的有正当竞争和不正当竞争、自由竞争和限制自由竞争、国内竞争和国际竞争等几种划分。竞争的功能表现为对经济的积极功能和对经济的消极功能两个方面。通过法律规制来充分发挥竞争的积极功能，克服其消极功能最为有效。因此，竞争法是市场经济发展的客观要求。

竞争法与竞争理论的关系密切。任何国家的竞争政策和法律都需要一套完整的竞争理论作为基础。现代竞争理论主要有最佳竞争强度理论、哈佛学派的竞争理论、竞争自由理论、芝加哥学派的竞争理论、新产业组织理论等，其中哈佛学派的竞争理论、芝加哥学派的竞争理论和新产业组织理论对竞争政策和法律的制定有着重要的影响。

市场规制，是指通过法律和规章制度的实施，对市场主体及其行为的约束和规范活动的总称。竞争法是我国经济法体系中市场规制法的核心内容。市场规制理论不仅是市场规制法的理论基础，也是竞争法的理论基础。学习和研究竞争法应当了解市场规制理论。市场规制理论演进中存在着三个阶段理论：公共利益理论、俘虏理论和新兴市场规制理论。

本章对经济学中的竞争理论和市场规制理论作了简要介绍，这有利于读者理解政府对竞争秩序的维护与市场主体经营自主权之间的关系；有助于读者深入理解竞争法的立法精神、竞争法实施中的一些独特的原则和做法的实质，认识研习竞争法时要求法学和经济学进行互动的意义。

关键术语

竞争　自由竞争　正当竞争　限制竞争　不正当竞争　竞争理论　市场规制理论

第一节 竞争概述

在市场经济条件下，市场对资源的配置起着基础性作用，市场主体在竞争的压力下不断努力，从而推动社会生产力的发展。竞争与市场是联系在一起的，竞争的过程和结果必须在市场中才能得到验证，因此商品经济或市场经济的竞争，实质上就是市场的竞争。由来自8个发达资本主义国家共19位作者所组成的里斯本小组指出："竞争成为工业家、银行家、政府商业贸易与产业行政机构最重要的目标。工业家、政治家、经济学家、金融经理、技术人员、工会都把竞争作为他们的信条。竞争的无上命令是他们辩论与建议的焦点。在政治讲话、报纸、书籍、管理讲座与研讨会上，'竞争'这个词汇的使用频率超过了所有词汇。"①

德国路德维希·艾哈德说："竞争是获致繁荣和保证繁荣最有效的手段。只有竞争才能使作为消费者的人们从经济发展中受到实惠。它保证随着生产力的提高而俱来的种种利益，终于归人们的享受。"②

一、竞争的概念与特征

（一）竞争的概念

竞争是宇宙中的普遍现象。在自然界中，物竞天择是自然法则，人们无法改变它。而竞争同样存在于人类社会中，如商业竞争、体育竞争等。竞争已成为当今世界最基本的社会现象，市场上大多数企业的相互关系都具有竞争的特征，即使出现企业合作的情形，我们也会发现，许多企业的结盟也是出于对抗竞争的需要。

竞争是一个古老的概念。我国古代《庄子·齐物论》中就存在"有竞有争"的语言，郭象对此句的解释是："并逐曰竞，对辩曰争。"所以我们喜欢把一些可以分出胜负或互相争胜的运动称为竞赛、竞技。而达尔文在其生物进化论中也认为："物竞天择，适者生存。"因此，竞争的一般含义就是互不相让，压倒对方，取得胜利。竞争在经济学中是一个历史范畴③，它的产生和发展是不以人们的主观意志为转移的，伴随着社会分工和具有各自经济利益的独立的商品生产者的存在而成为不可避免的现象。

不同学科、不同学者对竞争的理解是不同的。竞争法视野里的竞争是指经济竞争或市场竞争。目前法学界对竞争还没有形成权威性的定义，其对竞争的看法与经济学对竞争的界定基本是一致的，还没有从法的角度对竞争作出具有法律特色的界定。正因为如此，澳大利亚贸易限制行为法的注释者对于"竞争"的界定才称："在本法中，实际上并未界定其含义……它已经留给法院运用成熟的经济学原理去界定该术语。"④

---

① ［美］里斯本小组：《竞争的极限》，136页，北京，中央编译出版社，1999。

② ［德］路德维希·艾哈德著，祝世康、穆家骥译：《来自竞争的繁荣》，11页，北京，商务印书馆，1983。

③ 参见种明钊主编：《竞争法》，3页，北京，法律出版社，2005。

④ 孔祥俊：《反不正当竞争法的适用与完善》，252页，北京，法律出版社，1998。

从经济学上讲，竞争一般是指两个以上的经营者，以谋取有利的生存发展环境和尽量多的利润为目的，以其他利害关系人为对手所进行的各种商业性行为；也有观点认为，竞争是经营者以较有利的价格、数量、品质等条件，争取交易机会的行为。

竞争法里的竞争是经济竞争，竞争者参与竞争的目的是实现自身经济利益最大化，而客观上竞争者的竞争过程亦促进了社会生产力的发展。因此，我们认为，竞争是指在市场经济条件下，经营者为实现自身经济利益最大化，而在投资、生产、销售、管理、技术、服务、消费等诸方面，相互角逐的各种争胜行为。它可以促进资源的合理配置和社会经济发展。① 需要注意的是，消费者参加的竞争因消费者的市场行为不以竞争为目的而不属于竞争法调整；企业内部职工之间的工作竞争、劳动者在劳动力市场中的竞争等，因其不是典型的经济竞争也不属竞争法的“竞争”范畴。正是基于对竞争概念的理解，有学者认为竞争不是独一的而是相互的，竞争不是无序的而是有序的，竞争不是无限制的而是有限制的，竞争不是强制的而是自由的。②

（二）竞争的特征

竞争法中的竞争是市场经济条件下的范畴，与市场经济密切相连。一般来说，竞争具有如下特征。

1. 竞争是独立的商品生产经营者之间的竞争

具有独立利益的商品生产经营者的存在是竞争得以展开的基础，同时也是商品生产和市场经济存在的条件。竞争是市场经济的核心机制，没有市场经济就不可能存在真正的竞争。作为市场主体的竞争者之独立性是竞争机制发挥作用的微观基础条件，因为只有独立的市场主体，才会为争取其自身利益的最大化而进行不间断的努力。

2. 竞争是由双方经济力量的互相抗衡而引起的

在市场竞争中，处于劣势地位的经营者总是企图摆脱自己的不利地位，而处于优势的经营者总是千方百计地保持住自己的优势地位。当然，这种经济力量的抗衡是通过争取有利的投资场所、有利的购销条件，提高技术水平、管理水平和服务水平来进行的；是通过经济手段的竞争完成的。马克思曾经指出：“……社会分工则使独立的商品生产者互相对立，他们不承认任何别的权威，只承认竞争的权威，只承认他们互相利益的压力加在他们身上的强制……”③ 竞争的对抗性是竞争的魅力所在，它是竞争双重作用产生的根源。

3. 竞争是经营者追逐、实现自身经济利益最大化的过程

市场竞争的本质是逐利性，对自身经济利益最大化的追求是竞争者实施竞争的起点和终点。为了实现自身经济利益最大化，竞争者竞争的目标就是获得有利的市场条件和尽可能多的经济利益。非市场竞争还可能存在其他目的，市场竞争则基本上表现为对经济利益的关注和追求。

4. 竞争的结果必然是优胜劣汰

在市场经济条件下，市场竞争的结果是残酷无情的，即竞争中的失败者丧失进一步发展的机会，甚至破产倒闭，退出市场，获胜者则得到生存和发展的机会。因此，在市场竞争中，经

---

① 参见种明钊主编：《竞争法学》，5页，北京，高等教育出版社，2002。

② 参见邱本：《自由竞争与秩序调控——经济法的基础建构与原理阐析》，283～287页，北京，中国政法大学出版社，2001。

③《马克思恩格斯全集》，第23卷，394页，北京，人民出版社，1972。

营者均会千方百计地力图通过革新技术、改善经营管理等措施，使自己立于不败之地。由此可见，竞争所产生的优胜劣汰不仅促使经营者努力提高自身的管理效率和生产效率，亦会客观上促进社会生产力的发展。但竞争时常是一把“双刃剑”，其在产生诸如提高社会生产率等积极效果的同时，也往往产生一些消极影响，进而会呈现出利弊互存的矛盾状态。

优胜劣汰是对先进生产力的鼓励，对落后生产力的抛弃。优胜劣汰可以促进社会生产力的不断发展，因而其存在具有充分的社会基础。当然，为了追求自身利益的最大化，有些经营者实施竞争时也会呈现非理性的特点，那就是竞争主体可能会超越法律、道德和理智，使竞争的过程和结果远离合理、有效的正常轨道，进而扰乱市场竞争秩序，损害其他竞争者、消费者的合法权益以及社会公共利益，不利于市场经济的健康发展。

二、竞争的种类

从不同的角度，可以对竞争进行不同的分类，其中最主要的有正当竞争和不正当竞争、自由竞争和限制自由竞争、国内竞争和国际竞争等几种划分。

（一）正当竞争和不正当竞争

按照竞争行为的本身性质，竞争可以划分为正当竞争和不正当竞争，而不正当竞争行为是《反不正当竞争法》规范的对象。

1. 正当竞争

正当竞争是指建立在善意、公平、平等自愿和诚信基础上的良性竞争，参加竞争的各方具有平等的权利和义务，是一种符合诚信原则和商业道德的竞争。同时，正当竞争一定是符合法律、行政法规规定的竞争行为。

正当竞争是一种有利于社会经济发展的竞争，是我们希望看到的竞争和社会生产力发展需要的竞争。

2. 不正当竞争

不正当竞争是一种违背自愿、平等、公平、诚信原则的竞争。不正当竞争行为不仅会损害其他经营者和消费者的利益，而且还会破坏良性发展的竞争秩序，因此为各国竞争法所禁止。

有的国家在竞争法立法时对不正当竞争行为进行了列举式规定，有的国家的竞争法对不正当竞争行为进行抽象性的概念规定。我国竞争法采取抽象概念与具体列举相结合的方式对不正当竞争行为进行规范。我国《反不正当竞争法》第 2 条第 2 款规定：“本法所称的不正当竞争行为，是指经营者在生产经营活动中，违反本法规定，扰乱市场竞争秩序，损害其他经营者或者消费者的合法权益的行为。”并在第 6 条至第 12 条专门列举了 7 种不正当竞争行为的表现形式。

（二）自由竞争与限制竞争

依据竞争者实施竞争行为时是否享有充分、有效的自由，可将竞争分为自由竞争与限制竞争。

1. 自由竞争

自由竞争主要是指市场竞争主体能够进行充分的、有效的竞争。自由竞争的实现要求市场具备有效的竞争机制和合理的竞争结构，自由竞争意味着市场主体进入市场没有人为的障碍，市场经济活动在公平、公开、公正的环境下展开，市场能够提供足够多的可替代产品使消费者享有广泛、自由的空间。竞争法禁止阻碍、限制竞争充分进行的行为以保证竞争机制能够发挥作用。

2. 限制竞争

限制竞争是指竞争主体在市场经济活动中因某些行为而无法进行充分的、有效的竞争。这主要是与自由竞争相对立的一种市场竞争情况，是反垄断法主要规范的对象。

通常来讲，垄断协议、滥用市场支配地位、经营者集中、行政性垄断等行为都有可能构成对自由竞争的限制。这也是德国反垄断法被命名为《反限制竞争法》的原因。

（三）国内竞争和国际竞争

根据竞争发生范围的不同，竞争可分为国内竞争和国际竞争。竞争法主要是国内法，但随着世界经济一体化，竞争法也呈现出了国际化的趋势，各国反垄断法也因此有关于域外管辖权的规定。

1. 国内竞争

国内竞争是指在一国范围内并由一国范围内的竞争主体所参与的竞争。

2. 国际竞争

国际竞争是指在一国以上范围内或由一国以上范围内的竞争主体所参与的竞争。

由于国内市场和国际市场的交叉，国内竞争和国际竞争也相互渗透，从而使国内竞争与国际竞争的界限模糊起来，并出现趋同性倾向。

三、竞争的功能

竞争是经营者为了追求和实现利益最大化而进行的技术、经济、社会等方面的角逐过程。从生产力的角度来看，竞争引起了技术创新和组织创新，提高了劳动生产率，促进了社会生产力的发展，但同时竞争又存在破坏经济发展的负面力量。

竞争的功能主要是指基于人们的价值判断所确认的包含于竞争运作过程中的有利因素及其所带来的正面作用和效果。斯蒂格利茨认为，竞争有两个重要的经济功能，即选择功能和激励功能。其一，竞争通过遵循“自然法则”，过滤市场主体，实现稀缺资源的优化配置与流动，通过以价格信号为基准杠杆的市场机制实现优胜劣汰。其二，竞争是生产力不断前进的原动力。竞争比以往任何激励机制都更大、更快地促进生产效率的攀升和现代科学技术的登峰造极。正如美国联邦最高法院法官布莱克在 1958 年北太平洋铁路公司诉美国案的反托拉斯判决中指出：“《谢尔曼法》基于的前提是，无限制的竞争力的相互作用将产生最佳的经济资源分配、最佳价格、最高质量和最大的物质进步。”①

竞争的功能主要表现为：对微观经济活动有激励作用，对经济的宏观调控具有积极作用，通过竞争可以实现价值规律的作用。具体体现为以下几个方面：竞争可以实现价值规律的作用；竞争可以激励微观经济活动；竞争可以对宏观经济调控起配合作用；竞争可以促进生产力的发展，实现社会经济的繁荣与进步；竞争可以最大限度地实现对消费者合法权益的保护。

---

① ［美］马歇尔·C. 霍华德著，孙南申译：《美国反托拉斯法律与贸易法规》，3 页，北京，中国社会科学出版社，1991。

竞争的基本功能在于最大限度地调动经营管理者的积极性，并对经营者造成可能失败的压力，从而使生产经营者通过不断完善经营管理，不断开发和采用新技术、新工艺等手段，向市场提供优质廉价的产品。竞争通过无情的优胜劣汰，使社会资源得到合理的配置，并使经济活动充满活力、健康发展，由此为消费者和全社会带来最大福利。在市场经济条件下，经营者之间的自由竞争将产生最佳的经济资源分配、最低的价格、最高的质量和最大的物质进步。

但同时，竞争也存在消极功能，竞争法的产生就是为了消除和限制竞争的消极功能。

四、竞争与竞争法

竞争往往与限制竞争、不正当竞争相伴而生。克服限制竞争、不正当竞争带来的消极后果，仅靠竞争自身是无法解决的，它需要通过国家强制力即法律来加以排除。放任限制竞争、不正当竞争现象自由蔓延，会使市场缺陷周期性出现，造成社会财富的分配不公和巨大浪费；单纯依靠商业道德约束来纠正市场缺陷是不现实的，成熟的市场规则和良性的交易惯例应上升为法律规范，因此，竞争法是市场经济健康发展的客观要求。

市场竞争包括两种天然的倾向：其一是限制竞争或维持现有的局面，利用自由竞争和契约自由来限制竞争，目的是形成稳定的经济秩序。例如，某协议规定 A 的 50%原料必须从 B 购买，B 必须保证 A 的 50%的原料供应，这就形成了一个封闭的市场，使资源配置不能通过市场来进行。其二是过度竞争和违反商业道德的不正当竞争行为。

限制竞争行为破坏了竞争机制，这种破坏使许多经营者的经营环境更艰难，也促使不正当竞争行为出现。因此，政府要从市场经济秩序的调控入手进行规制，并主要表现为反垄断法或反限制竞争法的规制。例如微软想收购 INTUEFO，因为其家庭财务软件 MONEY 的市场占有率为 20%，美国司法部不同意该收购行为，但却同意 IBM 收购 INTUEFO。美国司法部目的就是刺激竞争，使 IBM 和微软势均力敌。法律此时的作用就在于明确什么样的企业行为或可能造成什么样后果的行为必须经过政府的审查才可以进行，而不能援引自由竞争原则任意为之，否则便是非法的，甚至是犯罪行为。

不正当竞争行为主要扰乱了市场竞争秩序，导致经营者对竞争的厌倦。政府对竞争秩序的维护主要是通过反不正当竞争法进行的。该法侧重于保护经营者的利益，侧重于对经营者的微观经济活动进行规制。大众汽车公司挖走通用公司在西班牙的总经理，被法院判罚 10 亿马克就是典型的例证。

第二节 竞争理论

当代各国的竞争法和竞争政策都以一套完整的现代竞争理论为基础。竞争理论是从古典学派开始的，亚当·斯密的自由竞争理论是古典学派的代表。新古典学派的完全竞争理论、不完全竞争理论、德国新自由主义竞争理论则是古典竞争理论的发展。在现代竞争理论产生之前，最具代表性的竞争理论当属新古典学派的完全竞争理论。完全竞争理论是以自由和完全的市场经济为基础的，而完全的自由竞争通常需要具备以下几个条件：(1) 自由的市场，即市场上不存在任何外在力量的控制；(2) 众多的市场主体，即每一个生产主体或购买主体都无法通过个人的买卖行为影响市场的价格；(3) 完全性的信息，即每个买主和每个卖主都对目前的市场状况完全了解，每个人都可以通过自己的意志进行自由选择；(4) 同质的产品、生产要素的自由流动，即生产要素在各产业部门之间有完全的流动性，不存在进入障碍；(5) 均质的劳动，即各种生产要素之间具有完全替代性；(6) 所有企业的目的都是获得最大限度的利润。由于完全的自由竞争在现实生活中很难实现，于是出现了不完全竞争理论。

1939 年克拉克提出的可行性竞争理论，标志着古典、新古典传统竞争理论的终结与现代竞争理论的诞生。[①] 现代竞争理论主要有最佳竞争强度理论、哈佛学派的竞争理论、竞争自由理论、芝加哥学派的竞争理论、新产业组织理论等，其中哈佛学派的竞争理论、芝加哥学派的竞争理论和新产业组织理论对美国的竞争政策有着重要的影响。

一、现代竞争理论的产生

当研究者认为竞争不再是一种静止的最终状态，而是一个动态变化的过程的时候，竞争理论就开始从一般市场理论和价格理论中独立出来，现代竞争理论随即产生。

在现代竞争理论的产生过程中，熊彼特的创新与动态竞争理论具有非常重要的作用。熊彼特在《经济发展理论》(1912 年) 中系统地阐述了他的创新理论，提出了动态竞争的初步观点，并在《资本主义、社会主义和民主》(1942 年) 中进一步阐明了他的动态竞争理论。如果说以往的竞争理论研究的重点是竞争过程如何在既定条件下适应现存结构，那么熊彼特关注的重点则是竞争过程如何破坏旧的结构、创造新的结构。

(一) 有效竞争 (workable competition) 理论

在熊彼特理论的影响下，曾提出过可行性竞争理论的克拉克在 20 世纪五六十年代创设了现代竞争理论的第一个完整理论体系——有效竞争理论。克拉克用有效竞争代替了可行性竞争，标志着传统静态竞争理论的结束和现代动态竞争理论的产生。

按照克拉克的观点，所谓有效竞争就是由“突进行动”和“追踪反应”这两个阶段构成的

---

① 亚当·斯密自由竞争理论的主要内容包括：要把私人经济主体从国家的限制监督中解放出来，使他们拥有充分的自由；国家应当实行放任自由的经济政策，取消对私人经济活动的限制、监督；自由竞争过程中的自由、平等、公正和最佳经济效果这些价值目标之间并不存在冲突。

完全竞争理论是一个非常宽泛的概念，它大体上是指自 19 世纪末叶以来至 20 世纪 20 年代，围绕市场均衡理论和价格理论而形成的竞争理论。按照完全竞争理论，国家的任务就是通过竞争政策，创造和保持实现完全竞争的条件，任何违背完全竞争前提条件的干预和调节的政策措施，都被视为破坏或干扰了经济运行均衡的因素。完全竞争理论用严格的数学模式建立起完全竞争均衡模型，但由于市场经济的复杂多变，以该模型制定的竞争政策在现实生活中很难实现。

不完全竞争理论是在 20 世纪 30 年代由英国经济学家罗宾逊和美国经济学家张伯伦提出的竞争理论，他们认为现实的竞争不是完全竞争，而是垄断竞争或不完全竞争。与完全竞争理论相比，不完全竞争理论更接近于现实市场竞争过程。

德国新自由主义竞争理论是指 20 世纪三四十年代以欧根等人为代表的弗莱堡学派的竞争理论，该理论认为自由竞争是经济的最佳调控机制，但自由经济应该是一种“有序的竞争”，而不是完全自由放任的竞争。

克拉克的可行性竞争理论试图解决在现实的条件下，竞争如何最大可能地接近完全竞争的理想模式。克拉克并不主张通过竞争政策来消除竞争的不完善因素，而是将这些不完善因素作为经济的现实前提条件，并论证在这些现实前提条件下竞争是可行的。

一个无止境的动态过程的竞争；先锋企业获得的优先利润，不仅是保证竞争动态过程的前提，而且是动态竞争过程的结果；市场不完善因素既是创新竞争行为和模仿反应行为的前提，也是其活动的结果。其中起重要作用的市场不完善因素包括：产品的差异性、市场不透明性、缺乏可预见性以及适应速度的“时间长度”。这些市场不完善因素或垄断因素，不仅不会影响竞争的强度和广度，反而会使竞争更为有效，因为这些因素可以促使企业不断创新，实现经济技术进步。①

克拉克认为，因为经济进步会和垄断因素相联系，所以就必须决定在竞争自由和经济进步的冲突中哪一个目标占优先地位。实际上，尽管有效竞争理论是以市场结构（structure）—市场行为（conduct）—市场绩效（performance）为基本构架（即 SCP 范式），提出其于各阶段应具备的竞争准则（norm），但这些竞争准则本身没有太多的规范性的判断。

（二）哈佛学派的产业组织理论

由于克拉克的有效竞争理论没有对市场不完善因素与有效竞争之间的关系进行深入研究，没有具体说明哪些不完善因素在什么程度上是合乎有效竞争的要求的，所以，当产业组织理论在经验研究的基础上，具体分析市场结构、市场行为和市场绩效之间关系的时候，克拉克的有效竞争理论得到了进一步的发展。实际上，产业组织理论为克拉克的有效竞争理论提供了理论和实践的基础。由于产业组织理论的主要代表人物都曾在哈佛大学学习或任教，因而后来该理论被称为竞争理论的哈佛学派，该学派曾对二战后美国的经济政策起过重要的作用。

哈佛学派的主要理论观点可以用 SCP 范式来概括。按照这个范式，市场结构决定了市场行为，而在一个给定的市场结构中市场行为又决定了市场绩效。在这个范式中，市场结构处于因果关系链的源头，它被视为外生的因素，而这一因素在市场的有效运行中起着决定性的作用。产业组织理论的研究重点是关于市场势力和市场竞争的关系，特别是关于市场结构、市场行为、市场结果这三个方面的关系，并由此提出了评价市场有效竞争的市场结构、市场行为和市场结果等三个标准。在这三个标准中，产业组织理论研究的重点是市场结构。②

市场结构的标准是从相关市场的长期性组织结构出发，要求市场上必须保持足够的竞争者以维护竞争性的市场结构。根据这种理论，只要市场上出现了垄断者或者出现了一种垄断的趋势，政府就需要采取措施干预市场，以降低市场的集中度、调整市场结构。

市场行为是企业为获得市场利益而采取的垄断或竞争行为。在市场经济条件下，企业市场行为的目的是追求利润的最大化。通常市场行为可分为三类，即价格行为、非价格行为和组织调整行为。市场行为标准是为企业提供关于市场行为的规范，如果企业的市场行为损害了其他企业在市场上的自由权利，或者损害了消费者的权益，那么政府就会采取措施进行干预。按照产业组织理论的观点，尽管市场行为并不直接与企业的市场份额或者市场集中度相联系，但是由于大企业拥有市场势力，极可能会滥用市场支配地位，从而损害竞争，因而国家要对大企业的行为进行管制。

市场结果，亦称市场绩效，是以市场结构为基础，由企业市场行为形成的资源配置和利益分配状态。它通常由利润率的高低和分布、技术进步和生产效率、管理价格和价格弹性、企业

---

① 参见陈秀山：《现代竞争理论与竞争政策》，58～59 页，北京，商务印书馆，1997。

② 参见王晓晔：《企业合并中的反垄断问题》，23 页，北京，法律出版社，1996。

内部效率等几个方面来加以说明。如果厂商有不断改进产品及生产过程的压力；在成本下降的同时价格也下降；生产在规模适当、成本低廉的企业集中；生产力向生产量有效地调整；避免了销售活动中的资源浪费，那么就可以认为市场结果好，反之，应认为市场结果不好。如果市场结果不好，政府就应该对市场进行干预。

在产业组织理论中，竞争是作为实现经济政策目标的手段，而不是作为目标本身；为了保持有效竞争，获得令人满意的市场结果，必须运用竞争政策对市场结构和市场行为进行干预、调节。产业组织理论的这些观点至今仍富有现实意义。

【背景资料】

贝恩在其1959年出版的代表作《产业组织》一书中，第一次完整而系统地论述了产业组织理论的体系，明确地阐述了产业组织理论研究的目的和方法，提出了现代产业组织理论的三个基本范畴：市场结构、市场行为和市场绩效。20世纪六七十年代，谢勒又在贝恩的理论思想基础上进一步揭示了市场行为与市场绩效的关系，建立了“结构—行为—绩效”三段论范式（即 structure-conduct-performance paradigm，简称 SCP 范式），这一范式的形成标志着产业组织理论已初步形成。

二、最佳竞争强度理论

最佳竞争强度理论是由德国经济学家康岑巴赫在20世纪60年代在有效竞争理论和产业组织理论的基础上提出的，对德国在二战后的竞争政策有重要的影响。

康岑巴赫认为，竞争功能的实现程度取决于竞争的形式，特别是竞争的强度，竞争理论研究的目的就是要寻找一种能够使竞争功能在整个国民经济范围内实现最佳组合的竞争形式，这种最佳的竞争形式也就当然地成为一个合理的竞争政策的理想模式。①

最佳竞争强度理论的核心是试图说明在一定的市场结构下，可以使竞争强度达到最佳，因而竞争最为有效。② 为此，康岑巴赫集中分析了市场竞争者的数量、市场不完善性与竞争强度的相互关系，确立了实现有效竞争的具体标准。

最佳竞争强度理论提出的竞争政策措施首先集中运用在市场结构方面，创造和保持具有最佳强度的市场结构，为获得有益的市场结果创造前提条件。具体措施主要有：(1) 在竞争充分的市场，通过促进企业协作和企业兼并来使市场向规模化方向发展；(2) 在已存在宽松寡头的市场，实行兼并控制措施，力图防止垄断的形成；(3) 在紧密寡头市场，通过拆散大企业措施，增加竞争者数量，对那些不能实行拆散措施的大企业要实行有效的监控，防止其滥用优势地位而影响竞争机制作用的发挥。保持宽松寡头市场结构，带有适度产品差异和市场透明度，被视为达到了最佳竞争强度的有效竞争标准。

最佳竞争强度理论的主要缺陷是没有对市场进出的自由、限制竞争行为对竞争的影响和市场行为因素的影响作出相关的分析。

---

① 参见陈秀山：《现代竞争理论与竞争政策》，67页，北京，商务印书馆，1997。

② 这里的竞争强度是指由技术进步为企业带来的优先利润被竞争重新拉平的速度，它主要取决于两类不同企业相互关联程度的大小。或者可以说，企业的这种通过不断的创新活动以新的市场优势取代旧的市场优势的速度就是竞争强度。

三、竞争自由理论[①]

德国经济学家霍普曼在古典自由竞争理论和哈耶克新自由主义思想的基础上提出了竞争自由理论。霍普曼将系统理论运用于对市场竞争过程的分析，认为竞争是一种市场过程的形式，是一种自然形成的秩序，竞争的前提是形成自由的竞争和保持自由的竞争，竞争自由是最高目标，竞争自由的对立面是滥用市场力量形成的竞争限制。竞争自由与经济效益是同一竞争过程的两个方面，不存在冲突的情形。

竞争自由理论认为，竞争政策的任务主要是创造和保持使市场竞争双方都具有竞争自由的市场环境；围绕竞争的市场行为标准，预先确定一般的禁止规则，从而保证竞争自由的市场环境，而只要保持竞争自由就可以获得有益的市场结果。霍普曼主张，对人为的竞争限制实施反垄断政策措施，预先确定规则，阻止企业的人为竞争限制的形成；对国家限制竞争的行为，可以通过除外制度的建立，将其归入“政策上的竞争例外范围”；对自然的竞争限制，也可以通过除外制度的设计，将其纳入“自然的竞争例外范围”，并通过预先确定的规则加以监督、控制。[②]

四、芝加哥学派的竞争理论[③]

芝加哥学派是美国在20世纪70年代发展起来的一个由经济学家和法学家组成的学派，该学派对20世纪70年代以来美国的竞争政策有重要的影响。芝加哥学派竞争理论的代表人物是博克和波斯纳。芝加哥学派质疑SCP范式所依赖的经验研究的可靠性，并且认为SCP范式仅仅是一种描述性的框架，缺乏坚实可信的经济理论基础，从而彻底颠覆了哈佛学派的SCP范式。芝加哥学派的竞争理论与有效竞争理论和产业组织理论的观点不同：该学派不承认在市场结构、市场行为和市场结果之间存在某种关系，从而特别反对政府对企业并购进行规模上的干预。

芝加哥学派认为：市场竞争过程是一个没有国家干预条件下市场力量自由发挥作用的过程，主要任务是为市场竞争过程确立制度框架条件。竞争的唯一目标是运用价格杠杆促进经济效益提高以保证消费者福利最大化，而实施竞争政策和判断竞争行为的衡量标准主要是资源配置效率和生产效率。

芝加哥学派主张国家应尽量减少对市场竞争过程的干预，制定一套简单明确、切实可行的竞争政策。[④] 该学派认为：对于市场结构，除了集中程度过高的个别情况外，国家一般不应采取干预措施，而要留给市场机制去解决；竞争政策的重点是对企业市场行为的干预和控制，其中主要是禁止企业间的横向价格协调行为和划分市场行为，因为这些市场行为导致了产出限制

---

① 在德国，对康岑巴赫的最佳竞争强度理论的批评主要来自竞争自由理论，双方的论战在20世纪70年代达到顶峰，就像美国芝加哥学派和哈佛学派的论战一样。

② 参见陈秀山：《现代竞争理论与竞争政策》，81页，北京，商务印书馆，1997。

③ 实际上，在美国，哈佛学派的学者并不都是特别强调国家干预主义的，大多数芝加哥学派的学者也赞同对横向垄断协议行为进行控制。在对竞争进行经济分析时，产业经济学越来越受到重视。

④ 芝加哥学派的一些拥护者认为，不应该相信法官或者政府机关能够塑造出最好的市场结构，经济管制的历史证明，这种干预不但不会成功，而且会成为利益集团争逐的场所。

却没有提高生产效率，从而损害了消费者福利。

芝加哥学派竞争理论的主要缺陷在于过分相信市场的自我调节能力，弱化了国家竞争政策的作用，把竞争目标仅仅归结为消费者福利最大化，忽视了市场竞争机制作为监督控制机制的作用，排除了竞争政策在保证公平分配、控制市场力量形成方面的作用。

【延伸阐述】①

哈佛学派与芝加哥学派的争论主要围绕两个问题展开：一是市场份额在认定垄断上的作用，二是垄断力量是否可以继续保持。很显然，芝加哥学派认为市场份额在认定垄断上的作用并没有哈佛学派所认为的那么大，市场份额只能是若干因素中的一个。与其他认定因素如竞争者的供给弹性相比，市场份额是最容易确定的，因此在反垄断的实践中，当涉及垄断或者垄断力量的认定问题时，对市场份额的分析仍是最重要的一步。但是，芝加哥学派的观点也提醒了反垄断政策的制定者和执行机构，不要对市场份额或市场集中度的作用估计过高。

哈佛学派和芝加哥学派在多年的论争中都在不断修正和完善各自的观点，也在一些问题上取得了共识，但是在对反垄断的认识上还是存在本质的区别。哈佛学派倾向于支持政府的非集中化措施，芝加哥学派则持反对态度。哈佛学派的观点影响了美国 20 世纪五六十年代的反垄断实践，这一时期被称为结构主义的分析时期。芝加哥学派的观点在 20 世纪 70 年代以后逐渐占据主导地位，这一时期的反垄断侧重于对达到或维持垄断之行为的效果进行分析，故这一时期被称为行为主义分析时期。值得注意的是，美国法院在审理反垄断案件时，步子迈得比芝加哥学派慢得多，两者的步伐并不完全一致。

五、新产业组织理论②

哈佛学派和芝加哥学派曾先后占据了美国反托拉斯分析的主导地位，美国的反托拉斯政策也随之经历了严厉与自由放任两个不同的阶段。随着博弈论和信息经济学等新的分析工具的引入，新产业组织理论蓬勃兴起。从 20 世纪 90 年代初开始，美国反托拉斯分析中出现了新产业组织理论与芝加哥学派的观点交错并存、相互竞争的局面。

新产业组织理论不仅推翻了哈佛学派 SCP 范式的单向因果关系，也向芝加哥学派的静态分析发起了挑战。新产业组织理论认为，企业不是被动地对给定的外部条件作出反应，而是试图以策略行为去改变市场环境（如进入壁垒、市场中实际和潜在竞争对手的数量、行业的生产技术、竞争对手进入该行业的成本和速度、市场需求的偏好等）来影响竞争对手的预期，从而排挤竞争对手或阻止新对手进入市场。市场结构和绩效是企业博弈的结果并取决于企业间博弈的类型。这样，哈佛学派 SCP 范式便被打破了。新产业组织理论还认为，需要某种新的效率推理形式以及更为严谨的关于策略行为的经济学，为诸如掠夺性定价的评价提供一个更为可靠的经济学基础。新产业组织理论运用非合作博弈模型实现了对于限制进入价格、默契合谋等策略行为的动态分析，从而使一些在芝加哥学派看来非理性的或者有利于提高效率的价格或非价格行为，在引入博弈论和不完全信息后得出了不同的结论，如掠夺性定价行为和纵向限制竞争

---

① 关于哈佛学派和芝加哥学派具体的论争可参见王传辉：《反垄断的经济学分析》，109～120 页，北京，中国人民大学出版社，2004。

② 参见辜海笑：《美国反托拉斯理论与政策》，32～48 页，北京，中国经济出版社，2005。

行为。虽然新产业组织理论尚未形成一个很完整的体系，但是新模型的出现使现在的产业组织理论更加具体化、复杂化和贴近市场现实。

进入 20 世纪 90 年代，美国经济环境的变化为新产业组织理论在反托拉斯实践中的运用创造了条件。在 1992 年的柯达案中，美国联邦最高法院驳斥了下级法院判案时所采用的芝加哥学派的观点，首次大篇幅地引用了新产业组织理论的分析，并且认为用简单的经济学理论来代替对“市场现实”的分析是危险的。从此，新产业组织理论的分析和概念开始在反垄断的执法实践和司法实践中发挥重要作用。

【延伸阐述】

哈佛学派、芝加哥学派和新产业组织理论的简单比较①

	哈佛学派	芝加哥学派	新产业组织理论
竞争学说	结构—行为—绩效范式	新古典经济学价格理论	策略行为理论
政策目标	经济权力分散化	静态效率	静态效率和动态效率
对市场的基本看法	市场不能依靠自身的调节实现良好的市场绩效	市场具有很强的自我调节能力，因而总是有效的	市场不完善是存在的，市场并不总是有效的
基本政策主张	严格控制市场结构和企业行为	最低限度的干预	温和的干预
对市场集中度的看法	市场集中度越低越好	只有少数竞争者的市场才是有效的	只有少数竞争者的市场才是有效的
市场进入壁垒	进入壁垒普遍存在	只有政府施加的法律限制才是进入壁垒	企业策略行为可以造成进入壁垒
合谋	即使在集中度不是很高的市场上，合谋也容易发生	合谋是很难维持的	重复博弈的情况下合谋的可能性较大
市场力量的来源	企业之间的水平合作和纵向限制	企业之间的水平合作	企业间水平合作和纵向限制（因策略行为而加强）

现代竞争理论除了上述几个具有重要影响的流派，还出现了其他各种各样的竞争理论观点，例如，“可竞争市场”理论、公司组织理论等。由于这些理论的影响相对较小，本书就不一一介绍了。

第三节　市场规制理论

竞争与市场是联系在一起的，竞争的过程和竞争的结果必须在市场中才能得到体现和验证。谁真正了解市场变化，掌握市场的规则，谁就能在市场竞争中获得主动，取得市场竞争的胜利。因此，市场规制的理论也是竞争和竞争法的理论基础。

① 参见辜海笑：《美国反托拉斯理论与政策》，48 页，北京，中国经济出版社，2005。

一、市场规制及其特征

（一）市场规制的定义

“规制”一词，主要来源于日本的学术著作。日本学者植草益认为规制来源于英文 regulation 或 regulatory constraint，其含义是有规定的管理，或有法规条例的制约。[①] 它与管制、控制、制约等概念既有较为紧密的联系，又有一定的区别。在日本学术界一般将“regulation”译为“规制”，以区别于“管制”“控制”等概念。在汉语词汇中，虽然管制也有国家干预的意思，但它突出的是国家单方面直接的强制管理，而规制更接近英文原义，它所强调的是通过法律和规章制度的实施与运用来约束和规范市场主体及其行为，故称之为规制更为恰当。所以，市场规制是指通过法律和规章制度的实施，对市场主体及其行为的约束和规范活动的总称。

（二）市场规制的特征

1. 调整方法的直接性

市场规制的直接性，体现于其直接规定规制主体与受规制主体的权利义务关系。这与宏观调控等间接调控手段不同，宏观调控行为通过利率、金融等手段来影响市场机制，从而体现国家的政策意图。直接规制与间接调控是国家干预市场的两种基本手段，从而在经济法领域就形成了“市场规制法”与“宏观调控法”两大领域。

2. 调整内容的法定性

市场规制的法定性，是指市场规制关系的主体、权利（力）与义务、责任及市场规制的程序都必须由法律明文规定。这是“依法治国”“依法行政”的根本体现，是限制“执法权力”的根本要求。相比较而言，虽然宏观调控的基本制度也要受到法律约束，但其政策工具的具体使用乃至调控幅度等经济变量的选择，却更多地在调控者的自由裁量范围之内。而市场规制关系的“直接性”“负担性”要求将其纳入法律较为确定的调整范围，调整内容的法定性会有更具体的体现。

3. 调整领域的特定性[②]

市场规制的特定性是指，只有在市场机制出现问题的特定领域、特定情形，才有必要进行市场规制；否则，市场规制即丧失了合理前提。这与宏观调控影响领域的广泛性、普遍性形成鲜明对比。根据所治理的市场问题的内在差异，市场规制大致可以区分为两类：（1）经济性规制。它主要针对存在自然垄断和严重信息不对称的领域，旨在扭转资源配置低效和不公平利用，对市场主体的进入和退出以及价格、服务的数量和质量等有关行为加以规制。它往往表现为行业规制、竞争规制等。（2）社会性规制。它主要针对外部性和信息不对称等市场缺陷，以保障劳动者和消费者的安全、健康、卫生以及保护环境、防止灾害为目的，对物品和服务的质量以及因提供它们而产生的各种活动制定一定的标准，或禁止、限制特定行为。典型的如消费者权益保护、医药管制、生产安全监管、环境保护、资源监管等。

---

① 参见［日］植草益著，朱绍文等译：《微观规制经济学》，1页，北京，中国发展出版社，1992。

② 参见盛学军、陈开琦：《论市场规制权》，载《现代法学》，2007（4）。

二、市场规制理论的发展

市场规制理论演进中的三个阶段理论，包括公共利益理论、俘虏理论和新兴市场规制理论。[①]

（一）市场规制公共利益理论

市场规制公共利益理论认为，市场规制发生的基础是存在着“市场失灵”：由于市场存在一定的信息不对称、外部性、公共利益的缺失等现象，市场机制在某些程度上不能有效地运行，典型的如“侵害消费者权利”“反不正当竞争”“垄断”等。在这些情况下，政府作为公共利益的代表者，有必要对市场进行一定的干预、规制。这一理论把政府对市场的规制看作是政府对公共利益和公共需要的反应，它包含着这样一个理论假设，即市场是脆弱的，如果放任自流，就会导致不公正或低效率。所以，政府规制是针对私人行为的公共行政政策，是从公共利益出发而制定的规则，目的是防止和控制受规制的企业对价格进行垄断或者对消费者滥用权利，具体措施包括控制市场门槛、规定经营者义务、制定产品质量标准、反不正当竞争与反垄断等。

（二）市场规制俘虏理论

市场规制俘虏理论认为，政府对市场进行规制是为了满足产业对市场规制利益的需要（即立法者被产业所俘虏），而市场规制机构最终会被产业所控制（即执法者被产业所俘虏）。市场规制俘虏理论是在国家控制资源、各利益主体具有自己最大化效益理性的前提下，证明市场规制是因应利益集团最大化自己的收入要求而产生的、规制者被俘虏的理论。

（三）新兴市场规制理论

19 世纪 80 年代前的市场规制实践表明：市场规制与市场失灵并没有太强的相关性（这与市场规制的公共利益理论相冲突）；市场规制也并不是一味地偏袒被规制者（这与市场规制俘虏理论相冲突）。因此，有必要形成一种能够解释过去和当前实践的理论。新兴市场规制理论正是在此背景下产生的。新兴市场规制理论主要包括寻租理论、政治企业家职能理论等。

1. 寻租理论

从广义而言，寻租活动是指人类社会中非生产性的追求经济利益活动，或者说是指那种维护既得的经济利益或对既得利益进行再分配的非生产性活动。狭义的寻租活动，亦即现代社会中最多见的非生产性的追求利益行为，是指利用行政法律的手段来阻碍生产要素在不同产业之间自由流动、自由竞争以维护或攫取既得利益。寻租理论是俘虏理论的延伸，它与俘虏理论的不同之处是它对规制者被俘虏的过程进行了深入的经济分析和研究。寻租理论通过讨论创租、抽租、护租和卖租，分析了规制机构面临的政治成本；并从公共选择的角度对规制过程中的官僚角色进行了进一步的研究。该理论认为：规制机构利用规制手段保持规制企业垄断地位的目的在于设立规制租金，从而在企业争夺规制租金过程中获得不同形式的回报；市场规制为规制机构创造了寻租的场所，使其成为创造租金和分享租金的工具；由于寻租活动会带来社会成本，所以市场规制的社会成本还应包括垄断带来的社会成本和寻租带来的社会成本。由此，寻

---

① 参见王万山：《市场规制理论研究述评》，载《江苏社会科学》，2004（6）。

租理论否认了公共利益的规范性假设。这种理论的不足在于过度剖析了市场规制的弊病，而忽视了市场规制所具有的种种优点。

2. 政治企业家职能理论

与寻租理论相反，政治企业家职能理论肯定政治家在市场规制中的作用和效率。该理论认为：市场规制是政治家的基本职责，这种职责与企业在经济领域的职责一样。政治家的作用是将公民组织起来，让公民参加到政治体系中来；他们与选民交流，同时接受大众媒体的自由的宣传；假如政治家能够以有吸引力的和容易被人理解的方式传达信息，使选民确信目前的规制政策低效而需要改革，那么他们将成功地得到更多的政治支持者，从而进行规制政策改革。政治企业家职能理论运用公共选择理论中的多数制理论作为理论基础，认为一系列多数制选举实际上能够产生任何技术上适宜的政策。无论现存的政策是什么，多数制选举能够支持任何其他的政策。与寻租理论相反，政治企业家职能理论把规制者假设得过于完美，使其只能解释“好”的规制而不能解释“坏”的规制。

总之，市场规制理论是从国家干预主义理论中派生的，主要研究在市场经济体制下政府如何依据一定的法律、法规对市场微观经济行为进行制约、干预或管理。现代市场规制理论的共识是：市场机制的局限性和市场失灵是政府或公共机构进行规制的前提，针对市场失灵的现象，政府或公共机构需要设计出相应的规制制度来调控市场，约束和规范经济主体的行为，以保证市场规范有序地运行。但市场规制是把“双刃剑”：一方面市场规制可预防、减少市场失灵，但另一方面规制主体的运作过程必须花费大量的社会成本。更重要的是，政府在规制过程中由于规制者寻租、被产业所俘虏等原因，容易产生“政府失灵”。因此，如何在有效地预防和应对“市场失灵”现象的基础之上规制“政府失灵”现象，也就成了市场规制理论的重点。

三、市场规制与竞争秩序

（一）市场失灵与市场规制

市场是在需求、价格等机制作用下对资源进行配置，在配置的过程中，各个市场主体都是在竞争的压力下推动市场发展的。竞争与市场是联系在一起的，各个市场主体只有在不断的竞争过程中，才能实现市场的“帕累托”最优。然而，竞争往往会埋下毁灭自身的种子，即竞争通常会导致不正当竞争和垄断，这是市场主体趋利避害的本性所造成的。垄断行为或限制竞争行为会造成对合理的市场结构的破坏，而不正当竞争行为则会造成对市场竞争秩序的破坏。首先，在竞争的压力下，各个市场主体为了降低风险、减少成本，容易作出在彼此之间控制价格、划分市场等联合限制竞争行为，以避免两败俱伤。同时，竞争将导致资源向个别市场主体集中，而优势主体利用自身的经济优势来排除竞争、操纵市场、控制供给、安排价格，将使竞争机制的功能难以正常发挥，以维持高额的垄断价格，获取垄断利益。此外，竞争会导致不正当竞争行为的产生。在日趋激烈的竞争中，为了追逐利益最大化，一部分经营者通过采用与商业道德相悖的不正当手段，损害他人的利益，为自己谋取竞争优势，如混淆行为、侵犯商业秘密行为、不正当商业宣传行为。如此种种将严重破坏市场的竞争机制，导致市场的竞争秩序混乱，侵害其他正当经营者、消费者的利益。因此，市场的“失灵”现象需要国家适时地介入，从而需要政府与公共利益的代表者对市场进行规制，通过立法禁止不符合社会利益的垄断行为与不正当竞争行为，在执法中追究各种破坏市场竞争秩序的行为。

（二）政府失灵与市场规制

同样，政府在市场规制的过程中，也会产生“政府失灵”的现象。政府在对市场规制的过程中，是以假设的“理性”的“公共利益代表者”出现的，然而实际上，各级政府、各个政府部门之间存在着“政府利益”“部门利益”，在这种利益的驱使下，各级政府、各个政府部门也会利用手中的权力为本区域、本部门谋取各种不法的利益，如各种行政性垄断行为、限制竞争行为。此外，“寻租理论”向我们解释了个别行政机关、行政机关工作人员利用行政权力这种稀缺资源获取不法利益的现象。此外，政府也有可能在信息不对称的情况下产生“政府失灵”现象等。凡此种种，都需要在市场规制的过程中，明确规制主体，确定规制权力，制定规制程序，追究规制者责任等。

因此，作为市场规制法体系中一员的竞争法就要调整两种关系：一种是平等主体之间的竞争关系；另一种是避免“政府失灵”的竞争管理关系。

【延伸阐述】

随着新制度经济学的发展，新制度经济理论的研究范畴和分析方法已经拓展并融入市场规制理论，形成独具一格的新制度经济学规制理论。其中，产权理论、交易费用理论、委托—代理理论和契约理论等都对市场规制起到很大的创新、推动作用。

产权理论认为，产权的配置和规范深刻影响个体的市场行为。在企业组织内部，产权配置的复杂性使个体的行为动机很难被观察，需要将合约设立为把指定的剩余权利进行梯式的安排和配置；在市场组织上，产权明晰和流动是交易者之间有效率交易的前提，也是规制者和被规制者之间减少信息租争夺的前提。

交易费用理论关注的是规制实施前后交易双方的交易成本问题，认为：在交易过程中，由于机会主义行为，可能形成双边垄断。因此，像公共产品、自然垄断等这类交易活动宜由政府组织来协调，因为作为公权力组织的政府具有权威界定职能，能够减少对公共性、专用性产权的界定费用，并能从社会利益出发，与买者签订价格合理且保障供给的合约，避免或降低因买卖双方的机会主义行为而引发的交易费用。

委托—代理理论把规制理论的解释上升到契约理论层次，这也是新制度经济学规制理论的核心。规制理论中的契约是指规制相关各方就如何规制和被规制所达成的协议。从契约理论出发，市场规制过程实际上是消费者和企业共同委托公权力机构（主要为政府）去代理规制市场失灵的过程。劳伯和马盖特早在 1979 年就将规制过程看成了委托—代理关系，这与俘虏理论相一致。据此，对规制者进行反规制是非常必要的制度安排。一般情况下，对规制机构进行监督的往往是议会等立法机构，这里的立法机构就是政治委托人，其通过立法等形式将规制任务委托给规制机构即政府具体的职能部门。

总之，新制度经济学规制理论开创了市场规制理论研究的新视角和新途径，使市场规制理论深入产权、交易、规则等“微微观”层次，从而较好地补充了传统规制理论研究中把规制双方的组织都视为“黑箱”的不足。

问题与思考

1. 1865 年美国南北战争结束后，随着全美铁路网的建立和扩大，原来地方性和区域性的小市场被迅速融为全国统一的大市场。大市场的建立一方面推动了美国经济的迅速发展，另一方面也推动了垄断组织即托拉斯的产生和发展。1879 年美孚石油公司即美国石油业第一个托拉斯的建立，标志着美国历史上第一次企业兼并浪潮的开始，托拉斯在美国从而成为不受控制的经济势力。过度的经济集中不仅使社会中下层人民饱受垄断组织滥用市场势力之苦，而且使市场普遍失去活力，从而直接危及资本主义市场经济赖以存在的前提，即自由竞争。在这种背景下，美国在 19 世纪 80 年代爆发了一场抵制托拉斯的大规模群众运动。这种反垄断的思潮最后导致美国在 1890 年颁布了《保护贸易与商业不受非法限制与垄断侵害法》（即《谢尔曼法》）。

针对上述历史事实，请思考下列问题：

（1）自由竞争与市场经济有何关系？

（2）竞争法产生的客观基础是什么？

（3）为什么竞争法在推动市场经济发展中具有重大的作用？

2. 在 1962 年的布朗鞋（Brown Shoe）案中，美国联邦最高法院认定，共同占有 5%市场份额的两个企业的合并违反了美国反垄断法。当时美国法院认为合并的经济效益应从属于对美国的社会民主、政治民主和经济民主的考虑。从 1977 年的西尔维尼阿（Sylvania）案开始，美国法院在反垄断案件中开始注重经济分析，特别是注重价格分析。在美国联邦最高法院关于 1992 年的柯达（Kodak）公司案的判决说明中，美国联邦最高法院驳斥了下级法院判案时所采用的芝加哥学派的观点，首次大篇幅地引用了新产业组织理论的分析，并且认为用简单的经济学理论来代替对“市场现实”的分析是危险的。从此，新产业组织理论开始在反垄断执法与司法的实践中发挥重要作用。

根据上述美国竞争法的历史演变，请思考下列问题：

（1）竞争理论与竞争法之间有何关系？

（2）我国现阶段的竞争立法、执法和司法实践应当如何选择竞争理论作为指导？

参考文献

1. 陈秀山. 现代竞争理论与竞争政策. 北京：商务印书馆，1997

2. ［美］W. 吉帕·维斯库斯，约翰·M. 弗农，小约瑟夫·E. 哈林顿. 反垄断与管制经济学. 陈甬军等译. 北京：机械工业出版社，2004

3. 王传辉. 反垄断的经济学分析. 北京：中国人民大学出版社，2004

4. 辜海笑. 美国反托拉斯理论与政策. 北京：中国经济出版社，2005

5. ［美］丹尼斯·W. 卡尔顿，杰弗里·M. 佩洛夫. 现代产业组织（第四版）. 胡汉辉等译. 北京：中国人民大学出版社，2009

6. ［美］欧内斯特·盖尔霍恩，威廉姆·科瓦契奇，斯蒂芬·卡尔金斯. 反垄断法与经济学（第 5 版）. 任勇，邓志松，尹建平译. 北京：法律出版社，2009

7. ［美］罗伯特·皮托夫斯基等. 超越芝加哥学派——保守经济分析对美国反托拉斯的影响. 林平，臧旭恒，等译校. 北京：经济科学出版社，2013

第二章
竞争法的概念、原则与地位

本章概要

竞争法是调整竞争关系和竞争管理关系的法律规范的总称。它是经济法体系中直接保护市场公平竞争，提高经济运行效率，规范和保护经营者自主经营行为，维护消费者利益和社会公共利益的法律手段。竞争法的基本原则主要是保护竞争主体平等竞争地位的原则，维护自由、公平竞争的原则和有利于社会整体利益的原则。

竞争法的主要作用有：(1) 发挥经济竞争的积极作用，抑制经济竞争的消极作用，保障并促进社会生产力的发展；(2) 维护自由、公平竞争，保证市场调节机能的正常运行；(3) 保护消费者的利益，为消费者提供最大可能、最优质量、最廉价格的消费实惠；(4) 保护社会公共利益，促进技术进步和国民经济的稳步增长；(5) 促进国际贸易的健康发展。

竞争法的立法模式主要有：(1) 法群式的立法模式；(2) 法典式的立法模式。我国采用的是二元立法例的法典式的立法模式，分别制定了《反不正当竞争法》和《反垄断法》。

竞争法属于经济法的范畴，是经济法的重要组成部分。竞争法与许多法律，如价格法、广告法、侵权行为法、宏观调控法、知识产权法等关系紧密，但又存在明显的不同。

为了掌握竞争法的基本制度，必须懂得竞争法的基础理论知识。学习竞争法理论不仅能够为我们研究和处理竞争法律纠纷提供帮助，而且对经济法理念的形成有着重要的意义。

关键术语

竞争法　竞争关系　竞争管理关系　法群式立法模式　法典式立法模式　竞争法基本原则　社会整体利益

第一节　竞争法的概念与调整对象

一、竞争法的概念和特征

竞争法在维护市场竞争秩序，促进市场经济健康发展中具有特别重大的作用，它在西方国家有“经济宪法”“自由企业的大宪章”等美称。对竞争法概念的理解有广义和狭义之分。所谓广义或实质意义上的竞争法一般是指“调整市场竞争关系和竞争管理关系的法律规范的总和”①。它不仅包括狭义的竞争法，而且包括散见于其他法律、法规之中的与竞争行为有关的法律规范，如《价格法》《商标法》《专利法》《招标投标法》《对外贸易法》等。正因为如此，从广义的竞争法的视角出发，除了《反垄断法》和《反不正当竞争法》外，还存在大量的与竞争相关的法律制度。狭义或形式意义上的竞争法是指以竞争关系和竞争管理关系为调整对象的法律规范性文件，如《反垄断法》和《反不正当竞争法》。在美国和欧盟等国家，竞争法通常特指《反垄断法》。

竞争法是经济法体系中最基本的法律制度之一，它是市场规制法的核心内容。在现代经济发展过程中竞争法是不可或缺的法律制度，因此，竞争法除了具备经济性、社会本位性、政策性、综合性和公私法融合性等经济法的一般特征外还有其自身的特征。

1. *竞争法规制对象的特殊性*

竞争法是规范市场竞争的基本法。竞争法在调整竞争关系的过程中不仅禁止有损市场竞争充分有效进行的垄断行为和破坏市场秩序的不正当竞争行为，还要控制垄断状态的形成。竞争法不仅仅要调整行为，还要调整状态、结构②，因为占市场支配地位的企业形成的垄断状态对公平竞争会产生影响。“某些交易行为在竞争性市场条件下是合法的，但在垄断或者存在市场支配地位的条件下却失去其合法性。”③

2. *竞争法法益目标的多元性*

竞争法是公法与私法相融合的法。罗马法学家乌尔比安首次提出公私法之分时，是以不同利益为根据的。他认为规定国家利益者为公法，规定私人利益者为私法。后来许多法学家都赞同此说。现代利益说的法学家认为，凡是旨在维护公共利益的法是公法，凡是旨在维护私人利益的法是私法。竞争法对市场竞争主体之间的竞争关系进行调整，对垄断行为进行规范，其实质是公法与私法相融合的法。维护社会公共利益体现了竞争法的公法法益目标，保护和规范经营者、维护消费者利益是其私法法益目标的体现。

3. *竞争法是实体法与程序法相融合的法*

各国竞争法的立法模式虽然不同，但却有一个共同点，那就是实体法制度与程序法制度并存于竞争法之中。竞争法不仅要对竞争关系和竞争管理关系进行规范，而且必须对竞争执法机构的调查权限、调查程序等竞争法的执法程序进行规定，以保证竞争法的实施。

一般来说，竞争执法机构的地位不同于一般的执法机构，也不同于司法机关，它是一个享有准司法权、行政权的行政机关，因此竞争执法机构的职权和执法程序的规定是必不可少的，这也是“依法行政”的要求。各国竞争法均在对反垄断法与反不正当竞争法的宗旨、原则、行为方式、构成要件、法律责任、具体权利与义务等实体内容作出规定的同时，还对管理竞争活动、解决竞争争议、查处反竞争案件的方法、措施与步骤等程序内容作出规定。需要注意的是，竞争法的程序性规定并不包括有关诉讼活动的司法程序，因为各国均有专门的独立的解决诉讼活动的程序法律体系，如我国的《民事诉讼法》。

---

① 种明钊主编：《竞争法》，36～38页，北京，法律出版社，2002。

② 参见刘瑞复：《经济法学原理》，306页，北京，北京大学出版社，2000。

③ 王晓晔：《竞争法学》，291页，北京，社会科学文献出版社，2007。

二、竞争法的调整对象

关于竞争法的调整对象，存在不同的观点。有学者认为竞争法的调整对象是“市场竞争关系和竞争管理关系”①。有学者认为，“市场竞争关系是竞争法的调整对象……竞争关系可以归纳为两大类：管理性的竞争关系和平等性的竞争关系”②。有学者认为，“竞争法调整的社会关系应界定为：国家竞争政策允许的竞争领域中的竞争关系，包括竞争者之间的竞争关系和国家与竞争者之间的竞争管理关系”③。还有学者认为，“竞争法是调整竞争关系以及与其密切联系的其他社会关系的法律规范的总称”④。

从竞争法的内容和作用的角度进行分析，我们就会发现竞争管理关系应当成为竞争法的调整对象。因此，本书赞同竞争法的调整对象是竞争关系和竞争管理关系的观点。竞争法在对竞争关系和竞争管理关系进行调整时，总是试图寻求经济的充分、有效竞争和国家对经济的适度干预之间的平衡点。

（一）竞争关系

竞争关系是指相同或相关的市场经营者为争夺市场和顾客，追求自身利益的最大化进行竞争而产生的社会关系。竞争关系是竞争法调整的最基本的关系，是竞争法调整的核心内容，没有竞争关系的存在，也就不可能有竞争管理关系的存在。

竞争不仅涉及生产、销售、消费等各个市场环节，而且涉及诸如产品、劳务、资金、技术等各个市场领域。在市场经济条件下，除了法律所准许的国家垄断等极少数市场领域外，竞争活动和竞争关系无处不在、无时不有。

一般情况下，竞争关系分为直接竞争关系和间接竞争关系，经营相同产品或者提供相同服务的经营者之间存在着直接的竞争关系，经营类似产品或提供类似服务的经营者之间存在着间接的竞争关系。如在运输业中，航空公司与航空公司之间的竞争是直接竞争关系，这种竞争有时会拼得你死我活，而航空公司与铁路运输企业之间的竞争是间接竞争关系，由于提供的服务不能完全替代，竞争的激烈程度会稍逊于直接竞争关系。

当然，即使经营者之间并不存在前述的直接或间接竞争关系，竞争法也会对经营者的市场行为进行规范，如反不正当竞争法对侵犯商业秘密、误导性宣传等不正当竞争行为的规范就是比较典型的例证。

竞争法对竞争关系的调整主要通过以下几种方式实现：（1）用立法形式确认市场经济体制，创设平等、公正的竞争条件，保证市场主体的公平竞争；（2）确认和保护正当、合法的竞争关系，保证竞争机制的正常运行及竞争功能的发挥；（3）宣布不正当竞争为非法，避免、限制竞争的消极作用；（4）禁止、取消非法垄断行为，为进行竞争开辟道路、扫清障碍。

现代竞争法所禁止或反对的主要是意图垄断行为（经营者自己或者通过企业并购等方式，意图形成对市场的独占或控制）、限制竞争行为（经营者滥用经济优势或几个经营者通过协议

---

① 种明钊主编：《竞争法》，36～38页，北京，法律出版社，1997。
② 徐孟洲主编：《市场竞争的法律调整与对策》，13页，北京，中国政法大学出版社，1993。
③ 吴宏伟：《竞争法有关问题研究》，74～75页，北京，中国人民大学出版社，2000。
④ 王全兴：《竞争法通论》，33页，北京，中国检察出版社，1997。

等联合方式损害竞争对手的利益，限制竞争）、不正当竞争行为（经营者采取欺骗、胁迫、利诱以及其他违背诚信原则和公平竞争惯例的手段从事市场交易）等。

（二）竞争管理关系

竞争管理关系是指竞争执法机构依照法律赋予的职权在监督、管理市场竞争过程中所形成的社会关系，或者是指国家对与社会整体利益相悖的竞争行为进行干预的过程中所产生的社会关系。竞争管理不是为了直接参与竞争，而是为了维护有效的竞争机制和合理的竞争结构，限制或者制裁已经发生的不正当竞争行为，从而实现竞争立法的目的，为公平竞争创造良好的外部条件，而且政府对竞争的规制行为本身也是要受到法律的制约的。另外，如果政府及其所属部门滥用职权，如限制外地商品进入本地市场等，会影响我国统一大市场的形成和竞争机制作用的发挥，故竞争法也会对其进行调整。

竞争管理关系的特点主要有：第一，竞争管理关系中的双方是管理与被管理、监督与被监督关系，即一方依法享有监督管理权，另一方则依法承担接受监督与管理的义务；第二，竞争管理关系中的管理者进行管理的行为不是竞争行为，该行为也不是为了追求自身的经济利益，而是为了保护公平竞争、正当竞争和自由竞争①；第三，竞争管理关系不是一种竞争关系，也很难被称为管理性的竞争关系。竞争管理关系的管理者与被管理者之间并不存在任何竞争关系，管理竞争行为所产生的是管理关系，而不是竞争关系。

竞争法的一个重要特征就是以公法的方法对传统的私法领域进行调整，在这个调整的过程中，竞争执法机构起到了非常重要的作用。竞争管理关系中的管理者不是竞争者，管理者的行为不是竞争行为，在竞争管理中出现的管理者与被管理者之间的关系不是一种竞争关系，但这种竞争管理关系是竞争法调整对象的有机组成部分。当竞争法体现了政府对经济活动的参与、干预和调整时，就意味着政府的行为不能是任意的而必须是有法律依据的，因此，竞争法在赋予竞争执法机构调整市场竞争关系的权限时，在规范竞争执法机构调整市场竞争关系的职权和程序时，就当然使竞争管理关系成为竞争法的调整对象。

竞争法对竞争管理关系的调整，主要通过以下方式实现：（1）确立监督管理体制，赋予管理部门管理职权，明确各级各地管理部门的职责分工；（2）规定监督管理对象的范围及方式；（3）明确管理的实体法律规范依据；（4）确认市场主体在管理关系中的义务及应享有的权利；（5）规定管理活动实施的具体步骤、程序以及违反竞争管理法律规范的法律责任等内容。

第二节 竞争法的立法模式

所谓立法模式是指一国在立法时所采取的、与调整范围有关的法律类型。② 世界各国由于（地区）历史、社会条件、政治制度、经济制度等存在的差异，所属法系的不同，以及立法背景的不同，在竞争立法时会采取不同的立法模式。

① 参见种明钊主编：《竞争法》，14～15页，北京，法律出版社，2005。

② 参见孙虹主编：《竞争法学》，29页，北京，中国政法大学出版社，2001。

一、法群式立法模式

法群式立法模式，也称综合式立法模式，是指反垄断法和反不正当竞争法规范的内容分别由若干单行法律、法规来进行综合调整的立法模式。法群式立法模式是相对法典式立法模式而言的，法群式的立法模式在对意图垄断行为、限制竞争行为和不正当竞争行为进行规范时，并不作反垄断法或反不正当竞争法的明确划分，轻法典重单行法规，没有法典性质的独立的竞争法，司法判例也是竞争法的重要内容。

法群式立法模式最典型的代表是美国的竞争法。美国国会通过了一系列旨在反对垄断、促进和保护竞争的单行法规，这些单行法规既相互独立又互有联系，加上多年来执法机构基于各种案件所作的解释、行政指导规则和判例法规范，一起形成了竞争法律群。美国竞争法的特点就是轻法典重单行法规，边实践边立法，司法判例构成竞争法的重要内容。例如，1890 年的《谢尔曼法》只禁止两类限制竞争的行为，即以契约、联合或共谋的方式限制竞争的行为和个人或集体的垄断或企图垄断的行为；1914 年的《克莱顿法》开始禁止价格歧视、足以导致本质上减少竞争或形成垄断的独家交易协议、足以导致本质上减少竞争或形成垄断的兼并行为；1914 年美国国会还制定了《联邦贸易委员会法》。随后美国又根据现实经济生活的需要对上述基本法律不断加以修改、完善，制定了许多相关的单行法律、法规，加上大量的司法解释、行政指导规则和判例，形成了一个庞大的法律规范群体。

英国也属于普通法系的判例法国家。第二次世界大战后，英国先后制定了一系列规范竞争的法律、法规，如《公平交易法》《垄断企业和限制性贸易惯例法》《限制性贸易法》《转售价格法》等，加上大量的反竞争的判例，构成了英国的竞争法律群，对英国的竞争活动进行综合调整。

法群式立法模式的特征主要有①：第一，轻法典而重单行法规。例如，美国就并不存在一个专门的、内容全面和结构严谨的竞争法典，其主要通过单行法规从特定角度对有关竞争的某一方面的问题进行规范。第二，司法判例构成竞争法的重要内容。美国有关反托拉斯法的基本条文通常只是一般性原则条款，而司法判例在确定具体的法律标准方面，自始至终都具有重要作用。因此，尽管较难确认法院对各个具体问题处理的思路是否具有超越本案的普遍意义，但是如果忽略了联邦法院，尤其是最高法院的审判实践，则无法真正理解和把握美国竞争法的内容。

法群式立法模式因其实践性和灵活性而对许多成文法国家（地区）产生了重大影响，但是其因具有混合性、分散性而又不可避免地带有一定的局限性。

二、法典式立法模式

法典式立法模式是指通过专门的竞争法典对竞争关系和竞争管理关系进行调整的立法模式。各国（地区）竞争法在采用法典式的立法模式时也存在一些区别，例如根据通过的竞争法典是单一的法典还是两个法典，法典式立法模式还可具体表现为二元立法例（分立式立法模

---

① 参见吕明瑜：《竞争法》，88 页，北京，法律出版社，2004。

式）和单一立法例（统一式立法模式）。

（一）二元立法例（分立式立法模式，分别立法模式）

二元立法例，也称分立式立法模式或分别立法模式，是指反垄断法和反不正当竞争法分别单独立法的竞争法立法模式。德国和日本的竞争法就是二元立法例的典型代表。

德国的竞争法是由 1909 年的《反不正当竞争法》① 和 1957 年的《反对限制竞争法》构成，分别对不正当竞争行为和限制竞争行为进行调整。日本的竞争法采用的也是二元立法例，日本的竞争法是由 1934 年的《不正当竞争防止法》和 1947 年的《关于禁止私人垄断及确保公平交易的法律》（通常被简称为《禁止垄断法》）构成，反垄断法与反不正当竞争法也是分别单独立法。韩国于 1980 年制定了《规制垄断及公平交易法》，1986 年制定了《不正当竞争防止法》，也属于二元立法例。

二元立法例这种将反垄断法和反不正当竞争法分别立法的模式是有着明显优点的，主要表现为：第一，二元立法例有利于竞争法立法目的的实现。反垄断法和反不正当竞争法的立法目的是不同的，反垄断法的立法目的主要是保护和促进竞争，维护正常的市场竞争状态和自由竞争的实现，解决市场中竞争不足或不充分的问题，主要针对的是市场经营者的限制竞争行为；而反不正当竞争法的立法目的主要是防止经营者采取不正当的手段从事竞争活动，保护受不正当竞争行为损害的竞争者和消费者的合法利益，维护市场正常的竞争秩序。因为反垄断法和反不正当竞争法的立法目的不同，如果能够单独立法，立法目的就更明确并易于实现。第二，二元立法例可以使竞争法的执法工作更具有可操作性。反垄断法和反不正当竞争法的执法力度与执法原则是不同的：反垄断法与国家的经济政策、竞争政策密切相关，直接关系到社会整体利益的实现，且规制的对象主要是能够影响市场结构和竞争机制的大企业，其执法程序是单独规定的；而反不正当竞争法规范的不正当竞争行为中许多都是典型的侵权行为，在执法时与国家的经济政策、竞争政策的关系不像反垄断法那么密切，受害者也具体明确，适用普通的民事诉讼程序就可以予以一定程度的救济，而且其行政执法程序、执法机构的执法职权与反垄断法的执法有一定程度的区别。如果反垄断法与反不正当竞争法分别立法会使竞争执法机构的执法工作针对性和可操作性更强。第三，二元立法例便于立法规制对象的明确，也使法律的实体内容部分更加统一。反垄断法主要规制的行为是滥用市场支配地位行为、垄断协议行为、经营者集中行为、行政性垄断行为；而反不正当竞争法主要规制的行为是市场混淆行为、误导性宣传行为、侵犯商业秘密行为、商誉诋毁行为、不正当有奖销售行为、商业贿赂行为、互联网领域不正当竞争行为。两者规制的行为不同，行为的特质也不同，分别立法更容易体现各自的立法精神。

二元立法例也存在一定的缺点：反垄断法和反不正当竞争法都是对竞争进行维护的法律，如果将统一的竞争法分立为独立的两个法律制度，由不同的行政机构来执法，会不利于竞争法整体的协调与统一。

（二）单一立法例（统一式立法模式，合并立法模式）

单一立法例，也称统一式立法模式或合并立法模式，是指将反垄断法和反不正当竞争法合并统一立法的立法模式。这种立法模式的特点是将反垄断和反不正当竞争的法律统一纳入一个

---

① 德国的《反不正当竞争法》最早颁布于 1896 年，是世界上第一部《反不正当竞争法》，于 1909 年进行了全面修订并重新颁布。

法律当中，并设立统一的执法机构。鉴于反垄断法与反不正当竞争法在价值、功能上具有一致性，统一立法有利于反垄断法和反不正当竞争法的协调与促进。

单一立法例的立法模式以匈牙利、加拿大、法国、俄罗斯等国家的竞争法为代表。匈牙利于 1984 年 10 月颁布了《制止不正当经济活动法》。为了适应市场经济的需要，1990 年 12 月匈牙利议会又通过了《禁止不正当市场行为法》，该法仍然是一部采用单一立法模式的竞争法，不仅禁止欺诈性的市场行为和欺骗消费者的各种不正当竞争行为，也禁止限制竞争协议、滥用市场优势行为，并对企业的合并进行审查和限制等。加拿大于 1985 年制定了《竞争法》，法国于 1986 年制定了《公平交易法》，俄罗斯于 1995 年制定了《关于竞争和在商品市场中限制垄断活动的法律》，爱沙尼亚于 1998 年制定了《竞争法》等。

单一立法例的立法模式在立法时强调垄断行为或限制竞争行为以及不正当竞争行为的联系性，对与竞争有关的行为进行集中规范，便于竞争法的执法和司法工作。单一立法例将反垄断法和反不正当竞争法统一立法的立法模式存在许多优点，主要表现为：第一，单一立法例突出了反垄断法和反不正当竞争法的共性，立法、执法和司法时容易实现两法的内在联系。反垄断法与反不正当竞争法具有统一性，反垄断法维护的是竞争自由，反不正当竞争法实现的是竞争公平，竞争自由与竞争公平本身就是一个问题的两个方面，相辅相成。在实行二元立法例的国家（地区），在竞争法的具体执法过程中，适用其中的一个法律时往往需要同时考虑另一个法律的规定和精神，而单一立法例在立法时就可以注意到两法之间的内在联系，使二者形成有机联系的整体，这非常有助于反垄断法和反不正当竞争法相互之间的配合与促进。第二，单一立法例有利于加强对不正当竞争行为的行政执法力度。不正当竞争行为具有很明显的侵权性，因此法律救济以民事救济为主，以行政责任和刑事责任的承担为辅，单一立法例为不正当竞争行为和垄断与限制竞争行为规定了统一的竞争执法机构，间接地加强了对不正当竞争行为的执法工作。

单一立法例的立法要求高、难度大，因为在一部法律中要同时规范反垄断法与反不正当竞争法两方面的内容。垄断或限制竞争行为与不正当竞争行为作为两类行为，性质不同，调控方法、措施不同，采用单一立法例在立法时就会面临许多难题。

【延伸阐述】

1985 年制定、2002 年修订的加拿大《竞争法》以救济程序性规则为中心，是程序性规则大于实体性内容的竞争法，值得我们注意。该法第一章（第 7 条至第 24 条）是“调查和研究”，第三章（第 31 条至第 35 条）是“特别救济”，第六章（第 64 条至第 74 条）是“其他犯罪”，第七章（第 75 条至第 207 条）是“可由法院复审的事项”。

1999 年制定、2000 年 3 月生效的印度尼西亚《禁止垄断和不正当竞争法》也是采用单一立法例，宣布该法的目标是维护公共秩序，提高经济效益和人民的福利，创造公平竞争的环境，禁止垄断行为和不公平竞争行为，在所有的经济部门实现效率。

三、我国竞争法的立法模式

从本国国情出发进行竞争立法已成为各国（地区）竞争立法的一条共同经验，因此，各国

（地区）的竞争立法模式不尽相同。我国竞争法的立法工作始于1987年反不正当竞争国际研讨会的召开，我国作为《保护工业产权巴黎公约》（简称《巴黎公约》）的成员国之一，为了履行公约中规定的反不正当竞争的义务，便着手制定竞争法。

我国竞争法最初是想采用单一立法例，因此当时竞争法征求意见稿的题目是《禁止垄断和不正当竞争条例》，试图将反垄断与反不正当竞争统一在一部法律中，但因分歧较大，未能完稿上报。

1992年年初，国家工商行政管理局根据全国人大常委会的立法计划专门成立了起草小组，起草了《反不正当竞争法》征求意见稿。1993年年初，在该征求意见稿的基础上，经过多方讨论，形成了《反不正当竞争法》草案并于1993年9月2日通过。2017年11月4日，第十二届全国人大常委会第三十次会议审议通过《反不正当竞争法》修正案，新修订的《反不正当竞争法》于2018年1月1日起开始施行。

我国1993年出台的《反不正当竞争法》，虽然从名称上看体现了二元立法例的主张，但在内容上有单一立法例的特点，即对不正当竞争行为和部分限制竞争行为进行了综合调整。1993年的《反不正当竞争法》规范的11种不正当竞争行为中包括部分的限制竞争行为，如政府滥用行政权力行为、搭售和附加其他不合理条件的行为、串通招投标行为等，这些行为按照二元立法例是应由《反垄断法》来进行规范的。2017年新修订的《反不正当竞争法》删除了政府滥用行政权力行为、搭售和附加其他不合理条件的行为、串通招投标行为等本应由《反垄断法》规制的限制竞争行为，正式规定了7种不正当竞争行为。新修订的《反不正当竞争法》打破了以往我国竞争法实质上的单一立法例格局，真正实现了二元立法例。

我国是成文法国家，因此我国目前探讨竞争法的立法模式问题，主要是在合并立法和分别立法这两种法典式立法模式中进行选择。

第一，选择分别立法，形成竞争法的二元立法例。有些学者认为，采用二元立法例更适合我国现阶段的国情，有助于区别对待限制竞争行为和不正当竞争行为对我国市场经济的不同影响，有利于增强我国竞争立法的可操作性。①

第二，选择合并立法，形成竞争法的单一立法例。有些学者认为，采用单一立法例有助于最大限度地实现现行竞争法规的整合。我国《反不正当竞争法》自1993年实施以来，已经形成了相对比较完备的法规体系并已使《反不正当竞争法》承担起竞争基本法的任务，对此只有选择单一立法例才不会损失法律的完整性、稳定性和预期性，才不会浪费宝贵的立法资源，实现立法成本最小化。20世纪80年代以来，许多国家和地区的竞争立法采用了单一立法例，这表明单一立法例是竞争法发展到现阶段的必然要求，是综合性调节和一体化规制的趋势使然。国际组织的竞争立法也趋向于一元化的趋势，如经济合作与发展组织（OECD）的《竞争法基本框架》遵循的就是单一立法例。② 另外，在竞争法的实施中，有学者认为，无论是采用单一立法例还是二元立法例的国家（地区），最近在实务运作中，适用公平竞争法时必须斟酌自由竞争法之内容与精神，适用自由竞争法时亦参酌公平竞争法之内涵与目的。自由竞争法与公平竞争法乃相辅相成，两者合一构成完整之竞争法，就立法论而言，似不宜分立，同时就解释论

---

① 参见吕明瑜：《竞争法》，92～93页，北京，法律出版社，2004。

② 参见王艳林：《再论中国竞争法立法例之选择》，载王艳林主编：《竞争法评论》，第1卷，北京，中国政法大学出版社，2005。

来看，亦应朝整合方向努力。[①]

第三，我国竞争立法的现实选择。我国竞争法的立法模式采用的是二元立法例。1993 年制定了《反不正当竞争法》，《2017 年对其进行修订并于 2018 年起正式实施》；《反垄断法》于 2007 年 8 月 30 日经第十届全国人大第二十九次会议通过，并已于 2008 年 8 月 1 日起施行。《反垄断法》对我国当前的几种典型的垄断行为，包括垄断协议、滥用市场支配地位、经营者集中、行政性垄断，进行了相应的规制，因此，我国的竞争立法模式表现为《反不正当竞争法》与《反垄断法》分别立法。

第三节 竞争法的基本原则

各国（地区）竞争法的立法模式虽存在较大差异，但不同立法模式的竞争法都遵循一些基本一致的法律原则。竞争法的基本原则是贯穿竞争法规范始终的基本准则，是对竞争立法、执法、司法和守法具有指导意义的根本准则。竞争法的基本原则是竞争法基本精神的集中体现，是竞争法所追求的多元化目标的高度概括并体现在具体的竞争法律制度之中，是竞争法理论的重要组成部分。

关于竞争法有哪些基本原则，目前我国理论界存在众多的观点。有学者认为，竞争法的基本原则是合法与合理原则。[②] 有学者认为，竞争法的基本原则是竞争主体平等竞争地位的原则、促进自由公平竞争的原则、保护中小企业的原则、保护国家利益的原则。[③] 有学者认为，竞争法的基本原则是适度自由原则、实质公平原则、整体效益优先原则。[④] 有学者认为，竞争法的基本原则是自由竞争原则、公平竞争原则和公共利益原则。还有学者认为，竞争法的基本原则是自由竞争原则、平等竞争原则、公平竞争原则、诚信竞争原则和适度干预竞争原则。[⑤] 由此可见，学界关于竞争法基本原则众说纷纭、莫衷一是，尚未达成一致意见、形成权威观点，竞争法基本原则及其具体内涵仍在研究争鸣之中。

我们认为，竞争法的基本原则主要是保护竞争主体平等竞争地位的原则，维护自由、公平竞争的原则和社会整体利益优先的原则。

一、保护竞争主体平等竞争地位的原则

平等竞争是指任何参与市场竞争的经营者，无论规模大小、实力强弱、组织形态如何，在竞争中的法律地位一律平等。市场经营者的法律资格是平等的，相互之间不存在主次或从属关系；它们的法律地位是平等的，任何一方主体都不可以将自己的意志强加给另一方；它们的权

① 参见赖源河编审：《公平交易法新论》，84 页，北京，中国政法大学出版社，2002。

② 参见吴宏伟：《竞争法有关问题研究》，114～115 页，北京，中国人民大学出版社，2000。

③ 参见刘剑文等：《竞争法要论》，10～13 页，武汉，武汉大学出版社，1996。

④ 参见徐士英：《市场秩序规则与竞争法基本理论初探》，载《上海社会科学院学术季刊》，1999（4）。转引自种明钊主编：《竞争法学》，17 页，北京，高等教育出版社，2002。

⑤ 参见吕明瑜：《竞争法》，73 页，北京，法律出版社，2004。

利与义务是平等的，各竞争主体在具体竞争活动中都平等地享有权利和平等地承担义务。

竞争主体具有平等的竞争地位是竞争能够公平、自由、有效进行的前提基础。竞争法的平等原则具体表现为：

第一，不能用歧视性措施和手段将竞争主体排除在竞争范围之外，也不能给予某类竞争主体以特别优惠，使其在市场竞争中无理由地占有优势。

第二，国家创造平等的竞争条件和环境，使经营者享有同样的法律保护与适用，拥有同样的救济途径和手段。

第三，防止并制裁破坏平等竞争的行为。

二、维护自由、公平竞争的原则

维护自由、公平竞争是市场经济的基本价值和永恒追求。维护自由、公平竞争原则和制度的出现，是通过国家的“有形之手”来纠正市场之“看不见的手”所导致的弊端，同时力求使“看不见的手”在最大范围内、最大限度上发挥作用的产物。① 自由竞争与公平竞争相辅相成，为了维护公平的交易秩序，促进市场机制作用的发挥，就必须确保市场竞争行为的自由与公平。在立法过程中，反垄断法着重体现维护自由竞争的原则，反不正当竞争法则更多地贯彻维护公平竞争的原则；在执法过程中，反垄断法的执法要体现维护公平竞争的目的，而反不正当竞争法的执法要实现维护自由竞争的精神，两者不可截然分开。

许多国家（地区）竞争法的立法者都把维护自由、公平竞争原则规定在其法律条文中。例如，匈牙利《禁止不正当竞争法》的序言规定，“为维护自由而公平的竞争，国会颁布以下法令”；日本的《禁止垄断法》第1条规定，“本法的目的是，促进公平而自由的竞争”；我国《反垄断法》第1条规定：“为了预防和制止垄断行为，保护市场公平竞争……”

（一）维护自由竞争的原则

自由竞争是指竞争主体有权在国家法律、法规和政策许可的范围内，以各种合法的手段和方法，根据自己的意愿自由地从事各种竞争活动，不受他人非法干预和限制。自由竞争是市场经济的客观要求。

从竞争主体的角度而言，自由竞争要求：(1) 竞争主体必须享有为意思表示的充分自由，即竞争主体有决定参加、不参加或退出竞争的自由；(2) 竞争主体必须享有以各种法律所不禁止的手段和方法从事竞争的自由；(3) 竞争主体自由地享有或承担竞争的结果。

从国家管理的角度而言，自由竞争要求：(1) 国家必须减少并消除竞争主体进入或退出市场的障碍及烦琐程序，排除各种人为的非法干扰，给竞争主体创造一个自由竞争的环境或氛围；(2) 国家应限制或禁止各种非法垄断和抑制竞争的行为，如竞争主体之间的瓜分市场、固定价格和其他非法的共谋或共同一致的行动等；(3) 国家应采取各种措施鼓励竞争主体的自由竞争，促使在特定的市场范围内能有足够多的竞争主体和足够多的竞争产品参与市场竞争，以期形成一个自由、活跃、商品丰富的竞争局面。

自由竞争是市场经济活力的源泉，没有自由的竞争，就没有市场和市场经济，更没有市场

---

① 参见史际春主编：《经济法》，91页，北京，中国人民大学出版社，2005。

经济的繁荣和进步。但是，自由不是绝对的自由，自由竞争也不是绝对没有限制的。参与竞争的任何市场主体，都必须符合国家法律、法规的有关规定，自由竞争的自由是法律范围内的自由。参与竞争的任何市场主体必须遵守竞争的共同规则。竞争规则的基本精神是，竞争的成败胜负应完全取决于竞争主体的经营能力和管理水平，即依靠竞争主体自身拥有的技术和其他条件，依靠生产的效率、产品的质量、对市场信息的掌握程度及判断能力，依靠对消费心理、趋势和水准的适应程度等，与对手开展竞争，亦即自由竞争必须采用正当的手段，必须符合公平原则的要求。

实践证明，自由竞争具有否定自身的特性，不受约束的自由竞争必然会导致限制竞争行为或垄断行为的出现，因此当竞争实际上不再自由的时候，国家需要通过干预来调整竞争秩序，恢复竞争的自由。竞争法上的维护自由竞争原则意味着国家鼓励和保护自由竞争，否定和制裁各种限制竞争的行为。

（二）维护公平竞争的原则

公平竞争是指竞争主体在公平的市场条件下，以符合法律或商业道德的手段或方法进行自由竞争来实现其经济利益最大化，各竞争主体在竞争活动过程中都应受到公正、合理的待遇。公平竞争是市场经济良性运行和追求社会目标的必然要求。所谓公平，在通常的社会生活中是一种道德规范，它与社会正义、公正、平等、合理的含义近似。公平竞争原则是宏观和微观两方面的共同要求，体现着国家公共利益和竞争主体个体经济权益的兼顾。一方面，它要求竞争主体在市场上从事竞争活动时不得损害国家利益和社会公共利益，不得违反国家法律和行政法规；另一方面，它也要求竞争主体兼顾其他竞争对手的合法权益，不得以不正当的或欺骗性的方法进行竞争。

维护公平竞争原则作为竞争法的基本原则，其内容主要有：(1) 竞争机会公平。竞争机会是参与市场经济的权利，竞争机会公平要求每个竞争者与其他的竞争者有相同的竞争权利。当然，这里的竞争机会公平也不是绝对的，有时政府出于管理经济的需要，对竞争主体进行合理的资格限制是必要的。这种竞争资格限制的目的是维护有序的竞争秩序，但政府主管部门不能滥用经济职权。(2) 适用法律公平。法律应该对竞争主体一视同仁，不应有所偏向。这是市场机制的内在要求。

竞争法既要维护形式意义上的公平竞争，也要维护经济实力强弱不同的竞争对手之间的实质意义上的公平竞争。在各国（地区）竞争法中，对中小企业和消费者权益的宽容规定，对具有市场支配地位的经营者的限制性规定，就是竞争法维护实质公平竞争原则的具体体现。[①]

三、社会整体利益优先的原则

竞争是在现代社会经济联系日趋紧密、经济关系日趋复杂的状态下进行的。竞争的激烈程度及市场主体对最大利润的追求，可能会使一部分竞争者以社会整体利益为代价换取个人私利。实践证明，放任自由，会使市场缺陷周期性出现，造成社会财富的分配不公和巨大浪费；单纯依靠商业道德约束防止和纠正市场缺陷在目前只能是一种幻想。竞争规则应时时关注社会

---

① 参见种明钊主编：《竞争法》，20 页，北京，法律出版社，2005。

整体利益，必要时应限制个人私利，为国家和人类的长远利益留下发展的空间。

在我国的各种法律法规中，并没有“社会整体利益”的明文规定，但却存在与其相类似的概念如“公共利益”“社会利益”“社会公共利益”等（如宪法、土地管理法、行政处罚法、著作权法、专利法、民法总则、合同法以及反垄断法等法律中都有相关的概念）。这些概念的基本含义是指全社会成员的共同的、整体的利益，而不是社会成员个体的利益，也不是社会个体成员利益的简单相加，并与国家利益相区别。这些界定在法律中的作用是要对个体权利进行一种限制，是个体行使权利的界限和范围。《立法法》第 4 条规定：立法应当依照法定的权限和程序，从国家整体利益出发，维护社会主义法制的统一和尊严。

“社会”是从主体的角度强调利益的主体是社会，而“公共”是从利益的性质强调利益的公共性，而与私人利益相区别。我国现行立法并没有对“公共利益”“社会利益”“社会公共利益”进行区分。“社会整体利益”的概念被提出的意义在于：其一，强调了利益的主体是社会。其二，“整体”揭示了社会利益的产生机制。若干事物按某种方式相互联系而形成一个系统，就会产生出它的组成部分和组成部分的总和所没有的新性质，即系统质或整体质。社会就是一个系统，个体组成社会时，就会产生个体所不具备的整体性的意志与利益。其三，社会整体利益可以有效地与局部利益、地方利益相区别。其四，严格意义上的国家利益应等同于社会整体利益，但是要注意国家利益不是政府利益，政府利益是政府的独立的利益，如政府的权威、政府组成人员的整体利益等，而政府利益常常以国家利益的名义出现。① 社会整体利益包括：（1）公共秩序的和平与安全；（2）经济秩序的健康、安全及效率化；（3）社会资源与机会的合理保存与利用；（4）社会弱者利益的保障；（5）公共道德的维护；（6）人类朝文明方向发展的条件；等等。

不同国家（地区）的竞争法对社会整体利益会有不同的理解。例如，根据英国 1973 年《公平交易法》的规定，公共利益是广泛的，它包括：（1）是否符合维持和促进公共利益的需要；（2）是否符合英国消费者、购买者的利益；（3）是否符合促进成本的降低、促进新技术新产品的发展和使用，帮助新的竞争者进入已存在的市场的需要；（4）是否符合在英国维持和促进产业与就业平衡分布的需要；（5）是否符合促进英国制造商以及服务的供应者能在英国以外的市场竞争的需要。②

竞争法对社会整体利益的保护，不仅体现为对国内竞争主体的市场行为进行管制，而且体现在对国际市场中竞争主体的竞争行为进行管制。当今各国（地区）不仅在立法上对发生在国外、影响到国内的不公平交易行为进行管制，在司法上也采取“效果主义”原则或“影响”原则对此类案件进行管辖。与此同时，许多国家（地区）在发生管辖权冲突时还专门制定特别法律来对抗外国竞争法的域外适用。

社会整体利益优先原则的内容主要表现在：（1）在立法目的上，社会整体利益优先原则意味着竞争法不仅要处理竞争者之间的关系，维护竞争者的合法权益，还应该考虑广泛的利益关系，如消费者的福利、国家经济的整体发展等。（2）在适用范围上，社会整体利益优先原则意味着竞争法不能适用于某些特定的领域。在一些自由竞争并不能带来效益的领域，如公共产品、关系国家安全的产品，需要强化道德约束的自由职业等方面，出于社会整体利益的需要，竞争法为其设计了适用除外制度或通过合理原则进行平衡。（3）在执法尺度和标准上，社会整

---

① 参见李友根：《社会整体利益代表机制研究》，载《南京大学学报（哲学・人文科学・社会科学）》，2002（2）。

② 参见沈敏荣：《法律的不确定性——反垄断规则分析》，39 页，北京，法律出版社，2001。

体利益优先原则成为衡量行为合法性的标准之一。例如，根据德国《反对限制竞争法》的规定，一些虽然具有限制竞争的效果，但对整体经济有更大的好处或者有着显著的社会公共利益的企业合并，会被批准实施。而在美国，波音公司与麦道公司的合并案就是竞争执法体现社会整体利益优先原则的最好例证。我国《反垄断法》亦体现了这一原则，如经营者集中所产生的积极效果大于限制竞争的消极后果或者有利于社会公共利益时，亦会得到批准。

第四节　竞争法的作用

经济法的作用在于确立社会经济秩序，激励市场主体的良性行为以及保护各主体的权利。竞争法也不例外。从竞争法的起源和发展来看，竞争法中的反不正当竞争法律制度源于侵权法，它针对市场竞争中的不正当竞争行为，通过民事责任、行政责任和刑罚手段加以制止，维护良好的竞争秩序；而竞争法中的反垄断法律制度源于制裁限制竞争的共谋及经济垄断的对策，目的是保持经济发展的动力，促进良性有效的竞争。因此，竞争法不仅要维护公平、自由的竞争秩序，保障经营者的合法利益，而且要在反对限制竞争行为的同时，保持市场活力，增进经济民主。

一、竞争法作用的相关学说

竞争法的作用在各国（地区）竞争法的立法宗旨中有明确的体现，而关于竞争法的作用存在众多的学术观点。竞争法应起何种作用以及其主要作用是什么，学术界对此一向有不同的观点，代表性的理论主要有以下几种。

1. 政治权力分散论

持这一观点的学者认为，经济权力的集中与政治权力的集中有着紧密联系，竞争法特别是反垄断法防止经济权力的过分集中，犹如一个“社会安全阀”，使民主及民主政体永久生存。第二次世界大战后，美国政府极力倡导和坚持在日本制定规制严格的《禁止垄断法》，其目的之一就是预防军国主义、独裁的兴起。

2. 经济效益论

美国学者大多持这种观点，他们认为竞争法是为了维护市场中的竞争，以达到产生经济效益的目的；甚至认为经济效益是竞争法的唯一目的。美国法院亦受这种观点的影响，在处理竞争法案件时日益加重经济分析的比重，并且在作出判决时把经济效益看作一个重要的标准。

3. 所得重新分配论

这种观点认为，竞争法的主要功能在于避免消费者所得或财富的减少，以及生产或销售者所得或财富的增加，亦即通过法律影响所得或财富的分配和再分配。

4. 保护中小企业说

这种观点认为，竞争法的目的在于通过抑制大企业、避免产业集中等方法保护中小型企业。

从总体上看，上述各种观点都有失偏颇，但亦有其合理的成分。实际上，涵盖领域如此广泛、涉及内容如此丰富的竞争法，其目的和作用不可能是单一的。

二、各国（地区）竞争法的立法目的

各国（地区）的竞争法均在法律条文中揭示了其竞争法的立法目的。

德国的《反对限制竞争法》就明显地揭示了其具有多重目标的特点。依照德国学者的见解，德国《反对限制竞争法》至少具有三种功能：一是保障契约自由的法律功能；二是保障市场开放的经济功能；三是保障所得或财富合理分配的社会功能。

日本《禁止垄断法》第1条规定：本法的目的是通过禁止私人垄断、不正当的交易限制和不公正的交易方法，防止事业支配力的过分集中，排除因联合、协议等方法形成的对生产、销售、价格和技术等的不正当限制以及对其他事业活动的不正当约束，从而促进公正而自由的竞争，发挥事业者的创造性，繁荣事业活动，提高国民收入的实际水平，以确保一般消费者的利益和促进国民经济健康地发展。

我国《反不正当竞争法》第1条规定：为了促进社会主义市场经济健康发展，鼓励和保护公平竞争，制止不正当竞争行为，保护经营者和消费者的合法权益，制定本法。我国《反垄断法》第1条规定：为了预防和制止垄断行为，保护市场公平竞争，提高经济运行效率，维护消费者利益和社会公共利益，促进社会主义市场经济健康发展，制定本法。

各国（地区）竞争法的宗旨都不是单一的，而是多元的，其竞争法关于立法宗旨的规定也体现了竞争法作用和目标多重性的特征。努力遏制经济竞争领域中的各种不公平交易行为并消除其危害，是竞争法的初始目的；通过对各种不公平交易行为的规制来维护市场交易秩序，促进公平、自由和有效的竞争，是竞争法第二层次的目的；而保护消费者利益，促进技术进步和国民经济的发展，则是竞争法的终极目的。

三、竞争法的作用

美国司法部起诉微软公司捆绑销售、美国联邦贸易委员会查处英特尔公司不公平交易、欧盟委员会查处可口可乐公司垄断行为，均显示出竞争法的作用。从各国竞争法的实践来看，竞争法主要有以下几个方面的作用。

（一）发挥经济竞争的积极作用，抑制经济竞争的消极作用，保障并促进社会生产力的发展

在市场经济中，经营者对自身经济利益最大化的追求是产生竞争的重要原因，而竞争对社会生产力的发展既有积极功能，也有消极功能。竞争法的作用就是保障竞争积极功能的发挥，而对竞争的消极功能进行制约和规制。当竞争的积极功能得到加强、竞争的消极功能受到制约时，竞争对经济发展的推动作用就会得到发挥，社会生产力的发展也会得到促进。

（二）维护自由、公平竞争，保证市场调节机能的正常运行

在市场经济中，市场调节机制要想发挥其特有的资源配置作用是需要前提的，这个前提就是竞争是存在的，竞争是自由的，竞争是公平的。

当有一些市场主体滥用市场支配地位，使其他的竞争对手无法进入某个市场的时候，当竞争者之间通过协议、联盟的方式宣布他们不再进行竞争的时候，我们发现自由的竞争受到了影响，市场调节机制可能无法正常发挥作用。而竞争法是禁止垄断行为或限制竞争行为的法律，竞争法的这种严格规制实际上维护了自由的竞争，从而保证了市场调节机能的正常运行。

还有一些市场主体为了自身利益最大化而不择手段，仿冒名牌商品、进行误导性宣传，使公平竞争的秩序受到破坏。竞争法同样宣布这些违背诚信原则和商业道德的行为非法，对这些行为进行有效制裁。竞争法对公平竞争秩序的维护同样是市场调节机能正常运行的保障。

（三）保护消费者的利益，为消费者提供最大可能、最优质量、最廉价格的消费实惠

在市场经济体制下，良性竞争的开展将带动最优商品和服务的供给，从而促进消费者福利的提高。竞争法正是通过对限制竞争行为、不正当竞争行为的规制和对正当竞争行为的激励来实现对消费者权益的保护的。例如反垄断法禁止固定价格行为，虽然出发点是禁止联合限制竞争行为，维护自由竞争的机制，但也会使消费者得到益处，那就是任何竞争者试图通过联合来谋求高额利润的行为都是非法的，消费者就不会承受因竞争者联合而被迫接受的高价，消费者的权益也得到了保障。再如，反不正当竞争法禁止误导性宣传行为，主要目的是维护公平竞争，但实际上也保障消费者在消费时能获得真实的不被误导的信息，从而作出正确的消费选择，故也是对消费者权益的保护。

正是由于竞争法可以直接或间接地保护消费者的利益，因而有一些国家（地区）的竞争法中会规定有关保护消费者合法权益的内容，竞争执法机构也会对侵犯消费者权益的行为进行打击和制裁。

（四）保护社会公共利益，促进技术进步和国民经济的稳步增长

竞争中的市场主体都是在追求自身利益最大化，在逐利的过程中并不考虑自己的行为对社会公共利益是有益还是无益，因此在激烈的市场竞争中，会有一些市场主体通过采用新技术、加强产品质量管理、创造名牌商品、研制新兴技术等来获得竞争优势。这些市场主体在自己盈利的同时，由于是采取正当的手段来进行竞争，因而也保护了社会公共利益，促进了技术进步和国民经济的增长。对于公平、自由的竞争行为，竞争法是鼓励的。但也有一些市场主体为了牟取暴利，与其他的竞争对手进行联合来消除竞争，或者采用不正当的手段来窃取竞争对手的竞争优势，如侵犯别人的商业秘密等。这些行为对国家的经济发展有极大的阻碍作用，因此竞争法会严格禁止这些行为。竞争法对这些限制竞争行为和不正当竞争行为的禁止从另一个方面保障了社会公共利益，促进了技术进步。

（五）促进国际贸易的健康发展

当一个国家的竞争秩序良好，竞争机制有效运作的时候，这种公平有序的竞争大环境本身就会推动国际贸易的发展；反之，则会阻碍国际贸易的发展。非常典型的例证是中国和俄罗斯边境的服装贸易：最初中国的服装非常受欢迎，但由于一些经营者急功近利，出现了一些假冒伪劣商品，从而使一些名牌商品的销售受到影响，贸易环境也受到破坏。竞争法对不正当竞争行为的禁止，对自由竞争的维护，本身就为国际贸易的发展创造了条件。

另外，我们也不应忽视竞争法的间接作用。凯维思认为：“反托拉斯法的存在和实施与其说是针对被告发的少数人，不如说是对没有被发现的其他人的行为起到更大的预防作用。”竞

争法的强制性是具有威慑功能的，大多数人因为惧怕竞争法的惩罚而服从竞争法的规范，从而在很大的程度上间接形成了对竞争法的遵守，也间接地有助于自由、公平竞争的大环境的形成。当然，竞争法尤其是反垄断法受经济政策的影响较大，执法的宽严尺度不一，因此其威慑功能和预防功能就会时强时弱，缺少长期的稳定性。

第五节　竞争法的地位

一国（地区）调整经济关系的法律有多个部门众多的法律文件，但竞争法以外的其他经济法律法规，大多是关于经济的某个领域或某个方面的特殊法律制度，而竞争法则是涉及几乎所有经济领域和几乎所有经济活动的本性的法律制度。它为各个部门或各个方面的经济立法提供一般性的依据，又以自己的一些原则规定来弥补各部门或各方面经济立法可能存在的不足。竞争法从根本上维持了整个国家的市场结构和市场秩序，使竞争机制的作用得以正常发挥，由此保证经济的健康发展。正是在这个意义上，竞争法被一些国家（地区）的法学者称作“经济宪法”或市场经济的“基石”。同时，竞争法与许多法律的关系也是非常密切的，如价格法、广告法等。

一、竞争法是经济法的重要组成部分

关于竞争法在一国法律体系中的定位，理论界的观点不尽相同。有一些学者认为反不正当竞争法是民法的组成部分，是民法特别法，而反垄断法是经济法的组成部分。我国法学界一般是将反垄断法与反不正当竞争法作为一个整体来研究定位，在具体法律部门的归属上，有的学者认为应归属于民法，有的学者认为应归属于商法，还有的学者认为竞争法是一个独立的法律部门，但大多数学者认为竞争法应归属于经济法。

经济法作为一个独立的法律部门，是公法和私法相融合的法，是以社会整体利益为本位的法，是追求社会实质公平、促进社会可持续发展的法。竞争法属于经济法的范畴，是经济法的重要组成部分。

（一）现代经济法起源于国家对竞争的规制

19 世纪末 20 世纪初，资本主义由自由竞争阶段进入垄断阶段，由于垄断组织利用自身的市场支配地位来控制市场、限制竞争，因而社会生产力的发展受到严重影响，经济危机频繁发生。在这种历史条件下，西方主要资本主义国家纷纷根据本国垄断的情况，通过制定法律的方式对经济进行干预，如美国的《谢尔曼法》等。这些体现国家干预经济、促进和保护竞争的法律、法规，已突破了传统民商法的范畴，标志着现代经济法的产生。由此可见，经济法是以竞争法的立法为基础，以竞争法的规范为重要内容而形成和发展的。

（二）竞争法具有经济法的典型特征

竞争法所规制的限制竞争行为和不正当竞争行为都是自由竞争的市场经济的发展结果。限制竞争行为和不正当竞争行为作为自由竞争的异化物，是与自由的市场经济相对应的民商法无力克服的，并且它们恰恰是在民商法秩序下形成的，要克服它们所造成的诸多弊端，就必须有超越民商法的市场竞争规制法。

竞争法在对限制竞争行为、不正当竞争行为进行规制时所体现的特点也是经济法的典型特征。① 第一，竞争法体现了国家对传统私法领域的干预。现代社会中竞争行为已经成为普遍的社会问题，经营者的不法经营行为往往并非仅仅针对某一具体的竞争者，而是针对不特定多数的竞争者，危害了市场机制和竞争秩序。事实证明，这种危害单纯依靠传统的民事私法救济途径是难以克服的，国家必须运用自身的权力，通过适度干预才能实现维护公平、自由竞争的目的。第二，经济法创立并倡导社会本位的法律体系，创制了一系列公权对私权进行有效干预、公私兼容的法律，而竞争法的规范中，也体现出公权力通过直接介入私人领域的方式，建立有效和有序的竞争秩序。第三，竞争法同经济法一样，综合运用多种调整方法，对反竞争行为进行规范，体现了经济法综合性的特征。

（三）竞争法在经济法中占有重要地位

尽管学者对于经济法应该由哪几部分构成这一问题还存在着不同的认识，但是在竞争法属于经济法的主要组成部分这一问题上能够达成共识。竞争法在美国被称为“自由企业的大宪章”，在日本被称为“经济法的核心”，在德国被称为“经济宪法”，这些都表明竞争法在经济法中的重要地位。

竞争法是规制反竞争行为、激励良性竞争行为的法律，其目的在于促进市场竞争的有序展开，引导竞争者的竞争行为向高效率的方向发展。这与经济法追求的价值目标是一致的。经济法是运用公权的方式通过对市场缺陷的克服来提高资源配置的效率，而限制竞争行为、不正当竞争行为是市场缺陷的重要表现，竞争法对这部分市场缺陷的规制也说明竞争法是经济法的重要组成部分。

二、竞争法与相关法的关系

竞争法与其他许多法既联系紧密，又存在明显的不同。

（一）竞争法与价格法

经营者之间的竞争是全方位的，包括产品质量、资金、技术、售后服务、价格等，其中价格竞争是最重要的竞争，市场竞争从某种意义上说就是价格竞争。正因为如此，作为市场竞争副产品的垄断和不正当竞争行为往往直接与价格违法行为相关。由于价格行为是最普遍的市场行为，因而主要规制价格行为的价格法便同规制市场行为的反垄断法和反不正当竞争法密切相关。

价格法是经济法的重要组成部分，它以规制价格水平和价格行为为目标，因而它兼具宏观调控法和市场规制法的特点。价格法的宏观调控作用主要是通过控制物价总水平，防止恶性通货膨胀，调控经济总量，包括货币总量、财政收支、外汇收支等来实现的，目的在于优化经济结构，实现总量平衡，使主要商品价格保持基本稳定。价格法在市场规制方面的作用主要是规

① 参见种明钊主编：《竞争法学》，24页，北京，高等教育出版社，2002。

范市场价格行为，对价格卡特尔、价格歧视、不当抬价或压价等价格违法行为加以规制，以保障市场价格能通过公平有效的市场竞争来形成。正因为如此，规制市场价格行为的价格法必然会与反垄断法和反不正当竞争法发生交叉。反垄断法与反不正当竞争法中的许多规定，有的是同价格法的规定相类似的，有的则体现了价格法的精神；同时价格法中也有许多规范体现了反垄断法、反不正当竞争法的精神。

价格法与竞争法的联系来源于它们对市场价格行为的共同规制。价格法保护正当、合法的价格行为，禁止非法的价格行为，主要是为了保护正常的市场价格形成，以使市场价格能够真正反映市场供求关系，从而成为引导市场主体行为的正确信号，进而引导整个经济的良性运行。同时，市场价格作用的正常发挥，也有利于国家进行有效的宏观调控。而反垄断法和反不正当竞争法规制价格行为，主要是为了保护和促进公平、有效的竞争，维护市场竞争秩序，而良好的市场秩序是国家进行有效宏观调控的前提。

竞争法与价格法因为都对市场价格行为予以规制而联系甚为密切，在法律规范上是近似的，在法理上也有相通之处。但二者毕竟是两个不同的法律部门，其立法目标存在差异（竞争法主要是为了保护和维持市场竞争秩序，而价格法主要是从市场价格角度来对经济运行中的价格行为予以规制），所以二者的区别也是值得注意的。

（二）竞争法与广告法

广告是对公众的广泛告知，它是广告法和反不正当竞争法共同的规制对象。广告必须真实，因为它不仅影响到消费者的利益，而且影响到同业竞争者和其他竞争者的利益。正因为如此，误导性广告是违反广告法和反不正当竞争法的，两部法律都要对误导性广告行为予以制裁。

广告是促销的有力手段。在科技发展日新月异的今天，消费者对商品的质量和性能等往往缺乏了解，通过广告进行宣传和招徕是有其必要性和合理性的。但是，广告的内容不能是虚伪、夸张、欺骗性的。虚假广告不仅会造成对消费者的错误导购，使消费者因错误选择而受到损害，而且会导致进行正当活动的同类竞争者失去顾客。因此，虚假广告是一种不当招徕，它既是一种违反广告法的行为，又是为反不正当竞争法所禁止的不正当竞争行为；它不仅侵害了消费者的利益，而且破坏了公平竞争的市场秩序。实际上，无论是在国际层面还是国内层面，无论是反不正当竞争法还是广告法，对虚假广告都是加以禁止的。

反不正当竞争法和广告法在立法上是相互结合、相互交叉的，比如德国《反不正当竞争法》对出售破产商品的广告、停业处理广告、清仓处理广告、图画广告及广告违法的责任等都作了具体的规定。日本《不当赠品及不当表示防止法》也对不当或虚假的广告作了专门规定。

反不正当竞争法与广告法也有许多不同之处，最明显的就是制裁范围不同。反不正当竞争法制裁的是进行不正当竞争的市场主体，如果承揽虚假广告的广告公司并未进行不正当竞争，便不予制裁。而广告法则不然：对于承揽虚假广告的公司，无论其行为是否属于不正当竞争，它都要加以制裁。此外，两者的立法目的、任务、对象、法域等都是不尽相同的。

（三）竞争法与侵权责任法

侵权责任法是调整有关因侵害他人财产、人身的行为而产生的侵权责任关系的法律规范的总称。它主要规定侵权行为的构成要件、归责原则及责任承担方式等，是民法的重要组成部分。

许多不正当竞争行为是一种特殊的侵权行为，而国际上以侵权责任法为依据制止不正当竞争行为的历史由来已久，最早可以追溯到1850年的法国。正是由于不正当竞争行为是一种特殊的侵权行为，所以反不正当竞争法与侵权责任法在一定意义上具有特别法与一般法的关系。虽然侵权责任法关于侵权行为的构成要件、归责原则及责任承担方式对不正当竞争行为的规制有重要作用，但是根据特别法优于一般法适用的原则，在对不正当竞争行为的规制问题上，无论是不正当竞争行为的认定还是民事责任的承担，都要优先适用竞争法的有关内容。

当然，竞争法与侵权责任法的区别是非常明显的：侵权责任法是典型的私法，而竞争法是兼有公法与私法色彩的经济法；侵权责任法只能涉及民事责任的承担问题，而竞争法采取的调整手段多种多样，法律责任形式也多种多样，行政责任、民事责任、刑事责任都会涉及。

（四）竞争法与宏观调控法

所谓宏观调控法，是指调整宏观调控关系的法律规范的总称。它是经济法体系中的重要部门经济法，是国家管理宏观经济的主要法律手段之一。① 宏观调控法的调整对象是国家对国民经济和社会发展运行进行规划、调节和控制过程中发生的经济关系，它涉及现实社会中的国民经济整体利益、社会公共利益和国家根本与长远利益。根据宏观调控法的调整对象，我国宏观调控法的基本内容或体系包括以下主要法律制度：国民经济与社会发展计划法、经济稳定增长法、产业结构与布局规划法、财政法、税法、中央银行法和对外经济贸易法等。宏观调控法以维护社会整体利益为主旨，以保持社会总需求与社会总供给基本平衡为目标，以间接调控为主要手段，对国民经济运行进行系统的、整体的调节与控制，是国家管理宏观经济的主要法律手段。

在现代市场经济中，竞争规制与宏观调控都是国家为实现其经济社会政策目标而对经济进行管理的手段。竞争法与宏观调控法在实现经济社会政策目标的过程中需要互相配合。一方面，宏观调控法的各种调控手段只有在有序自由竞争的市场的基础上才能发挥有效的作用；另一方面，公平竞争的市场只有在平衡协调和持续稳定增长的宏观经济环境中才能形成和发展。

当然，竞争法与宏观调控法也有明显的区别。竞争法直接作用于微观经济领域，宏观调控法直接作用于宏观经济领域；竞争法要求以规范化的管理手段作为竞争规制的主要手段，宏观调控法要求以规范化的经济手段作为宏观调控的主要手段；竞争法规制的重点是市场结构、竞争机制和市场秩序，而宏观调控法规制的重点是经济总量供需的平衡。

（五）竞争法与知识产权法

知识产权法是确认并保护知识产权的法律，主要包括专利法、商标法、著作权法以及商业秘密法。反不正当竞争法本身并不确认知识产权，它只是从经营者公平竞争的角度，对侵犯知识产权的行为加以禁止。如我国《反不正当竞争法》第6条对使用与他人有一定影响的商品名称、包装、装潢相同或近似的标识等混淆行为的禁止，第9条对侵犯商业秘密行为的禁止，目的都是维护良好的竞争秩序。同样，反垄断法本身并不调整规范知识产权及相关行为，但是在“经营者滥用知识产权，排除、限制竞争”时，《反垄断法》会对知识产权的行使行为进行必要的规制。

---

① 参见徐孟洲：《经济法学原理与案例教程》，431页，北京，中国人民大学出版社，2006。

知识产权法和竞争法的目标是一致的，它们相互补充，共同推动和促进市场竞争，并进而增进消费者的福祉。知识产权的拥有和正当使用并不会引起反垄断法和知识产权法的冲突，但是，经营者滥用知识产权且排除、限制竞争的行为，会受到反垄断法的规制。

问题与思考

立法模式是指一国在立法时所采取的、与调整范围有关的法律类型。竞争立法方面也采取两类不同的立法模式，即法群式立法模式和法典式立法模式。在法典式立法模式中又分二元立法例和单一立法例。二元立法例，也称分立式立法模式或分别立法模式，是指反垄断法和反不正当竞争法分别单独立法的竞争法立法模式。德国和日本的竞争法就是二元立法例的典型代表。单一立法例，也称统一式立法模式或合并立法模式，是指将反垄断法和反不正当竞争法合并统一立法的立法模式。单一立法例的立法模式以匈牙利、加拿大、法国、俄罗斯等国家的竞争法为代表。

（1）有学者认为，单一立法例的兴起，是民主政治、弱势群体保护和世界经济一体化多种因素作用的结果。请运用竞争法理论对上述观点作出自己的评析。

（2）世界各国由于历史、社会条件、政治制度、经济制度等存在的差异，所属法系的不同，立法背景的不同，在竞争立法方面会采取不同的立法模式。请问目前我国竞争法选择的二元立法例模式的依据是什么？

参考文献

1. 徐孟洲主编．市场竞争的法律调整与对策．北京：中国政法大学出版社，1993
2. 吴宏伟．竞争法有关问题研究．北京：中国人民大学出版社，2000
3. 种明钊主编．竞争法．北京：法律出版社，2005
4. 王先林．竞争法学．北京：中国人民大学出版社，2009
5. 王晓晔．论反垄断法．北京：社会科学文献出版社，2010
6. 叶卫平．反垄断法价值问题研究．北京：北京大学出版社，2012
7. 李彬．竞争法的基本范畴研究．北京：知识产权出版社，2016

第三章

竞争法的历史沿革

本章概要

通过对有代表性的国家或地区的竞争法的产生和发展历史的阐述，可以从中理解到因不同的国家社会经济基础不同、社会经济制度不同，故其竞争法的产生和发展规律不同，竞争法规制的内容也会不同的原理。

美国1890年的《谢尔曼法》、1914年的《克莱顿法》和《联邦贸易委员会法》、1962年的《反托拉斯民事诉讼法》、1974年的《反托拉斯诉讼程序和惩罚法》、1980年的《反托拉斯诉讼程序改进法》和《联邦贸易委员会改进法》等这几部法律，确立了美国竞争法律制度框架。

德国是世界上最早对不正当竞争行为进行专门立法的国家，并且其将反垄断法和反不正当竞争法分别立法的体例也影响了许多国家（地区）。德国的竞争法律制度主要是由《反对限制竞争法》和《反不正当竞争法》组成。其立法模式与美国竞争法的立法模式是不同的。

日本的竞争立法在第二次世界大战前参考了德国的竞争法，二战结束后，其竞争立法较多体现了美国竞争法的色彩。日本的竞争法律制度由《禁止垄断法》和《不正当竞争防止法》以及一系列法律文件组成。

我国于1993年制定了《反不正当竞争法》并于2017年予以修订，于2007年制定了《反垄断法》，形成了两部单行法典并列的竞争法立法模式。

从1900年的《巴黎公约》中规定竞争法规范开始，到《联合国控制限制性商业惯例的多边协议的公平原则和规则》、《世界贸易组织（WTO）规则》、《欧盟条约》中的竞争法规范，清楚地表明了竞争法发展的区域化和国际化的趋势。

关键术语

美国竞争法　德国竞争法　日本竞争法　英国竞争法　法国竞争法　中国竞争法　欧盟竞争法　国际竞争法

第一节 各国竞争法的历史沿革

据考证，竞争法的早期历史可以追溯到古罗马时期。公元482年罗马帝国颁布的法律中关于对提高价格在内的所有市场垄断的禁止，是竞争法历史上反垄断法规制价格的法律制度的最早反映。罗马法对欧洲中世纪的法律有很大影响，中世纪欧洲也普遍适用上述法律原则来保护公平价格。

我国《唐律》中也有关于反垄断内容的规定，如"诸买卖不和而较固取者，及更出开闭其限一价，若参市而规自入者杖八十。已得赃重者，计利准盗论"。其意是：欺行霸市，牟取暴利，垄断市场者，将受杖刑；重者将视为盗。①

18世纪末法国大革命时期，法国政府于1791年制定了反对垄断组织的《沙波利耶法》(1884年被废除)，其作用是"反对组成卡特尔和其他限制竞争措施"②。在普通法系国家，竞争是通过法院对契约的干预而确立的。在大陆法系国家，则是运用民法中的侵权法对不正当竞争行为进行处理。例如，1850年，法国法院根据《法国民法典》第1382条对某些案例所作的判决中，最早出现了"不正当竞争"的概念，即虽未侵犯工业产权，但在某些商业活动中导致欺诈并使人误解或对此负有责任的行为，可以构成不正当竞争行为。意大利民法典设有关于竞争的章节，明确规定了应予以禁止的混淆他人名称、仿造他人产品、诋毁他人商誉等不正当竞争行为，并规定了责令立即停止不正当竞争行为及损害赔偿的救济措施。③

现代竞争法兴起于19世纪后期的资本主义垄断时期。1889年加拿大制定了《禁止限制性贸易合并法》，而1890年美国国会通过的《谢尔曼法》是现代竞争法产生的标志。

现代竞争法在发展过程中表现出了由个别到一般、由发达国家到发展中国家和由国内到国际的变化特点，并呈现出以下发展趋势：保护的利益趋向多元化；调整的领域不断扩大；技术性特征日益突出；对不正当竞争行为的制裁力度不断加大；对国内垄断的控制趋于温和与宽容；对国际竞争关系的调整更加关注；等等。④

一、美国竞争法

(一) 美国竞争法的产生和发展

19世纪末的美国，由于经济的发展，生产迅速集中，导致了市场暴利行为及托拉斯(trust)的泛滥，严重地损害了广大民众的利益和破坏了经济秩序。例如，1876年，针对铁路托拉斯公开给予大企业运输费用的各种优待，对农民则勒索高价，伊利诺伊州的农民组织展开了斗争。在农民的压力下，伊利诺伊州颁布法案规定铁路运输和谷物储存的最高价格。⑤

① 参见曹士兵：《反垄断法研究》，33页，北京，法律出版社，1996。
② 种明钊主编：《竞争法》，291～293页，北京，法律出版社，1997。
③ 参见种明钊主编：《竞争法》，10页，北京，法律出版社，2005。
④ 参见吕明瑜：《竞争法》，125页，北京，法律出版社，2004。
⑤ 参见种明钊主编：《竞争法》，59页，北京，法律出版社，1997。

为了打破托拉斯组织的垄断，促进竞争，美国国会于1890年通过了《谢尔曼法》。《谢尔曼法》由于本身规定得不够具体，解释的伸缩性大，因而影响了其适用效果。加上当时的美国总统威廉·麦金莱放松了反托拉斯政策，因此美国在1895年至1904年出现了第一次合并高潮：1901年组成的美国钢铁公司控制了美国钢铁产量的65%，美孚石油公司当时控制了全美煤油产量的90%。美国联邦政府提出的18起诉讼案中，除对铁路运价略有控制外，其他方面几乎没有什么效果。为了解决这一问题，美国国会又于1914年几乎同时制定了《克莱顿法》和《联邦贸易委员会法》。这两部法律确立了反托拉斯法的专门执法机构"联邦贸易委员会"，扩大并强化了《谢尔曼法》反托拉斯的有关规定，对限制竞争、垄断贸易的行为作出了明确的规定。由此，美国竞争法律制度基本形成。

《谢尔曼法》《克莱顿法》《联邦贸易委员会法》在实践中不断得到补充、修改、完善，例如1936年的《鲁宾逊-帕特曼法》修改了《克莱顿法》中有关价格歧视条款的适用范围；1938年的《惠勒-李法》修改了《联邦贸易委员会法》第5条的规定；1950年的《塞勒-凯弗维尔法》修改了《联邦贸易委员会法》第7条的规定（这一法案旨在弥补《克莱顿法》只禁止收买股票而不禁止收买资产的漏洞）；1980年的《反托拉斯诉讼程序改进法》又对《联邦贸易委员会法》第7条作了更严格的修改。此外，1962年的《反托拉斯民事诉讼法》、1974年的《反托拉斯诉讼程序和惩罚法》、1975年的《马格纳森-莫斯联邦贸易委员会改进法》、1976年的《哈特-斯各特-鲁迪南反托拉斯改进法》、1977年的《禁止对外贿赂法》、1980年的《联邦贸易委员会改进法》等，都使美国的竞争法律制度更加完善。①

1.《谢尔曼法》

美国对反竞争行为的规定主要体现在《谢尔曼法》的前两条。

（1）第1条是直接针对联合或共谋限制贸易活动的，即"任何契约，以托拉斯形式或其他形式的联合、共谋，用来限制州际或与外国之间的贸易或商业，是非法的。任何人签订上述契约或从事上述联合或共谋，是严重犯罪"，但未明确违法行为的具体构成，因此美国联邦最高法院在长期的审判实践中确定了"本身违法原则"和"合理原则。"

（2）第2条是针对垄断化或者图谋垄断化的，但未明确界定其含义，而由法院来解释，法院在不同时期分别采用了"结构主义规制"和"行为主义规制"来加以判定，即"任何人垄断或企图垄断，或与他人联合、共谋垄断州际或与外国间的商业和贸易，是严重犯罪"。

【背景资料】

《谢尔曼法》一共只有8条，其中非常关键的条文有：

第1条：任何契约，以托拉斯形式或其他形式的联合、共谋，用来限制州际或与外国之间的贸易或商业，是非法的。任何人签订上述契约或从事上述联合或共谋，是严重犯罪。如果参与人是公司，将处以不超过100万美元的罚款，或3年以下监禁，或由法院酌情并用两种处罚。

第2条：任何人垄断或企图垄断，或与他人联合、共谋垄断州际或与外国间的商业和贸易，是严重犯罪。如果参与人是公司，将处以不超过100万美元的罚款，或3年以下监禁，或由法院酌情并用两种处罚。

---

① 参见国家工商行政管理局条法司编著：《现代竞争法的理论与实践》，31页，北京，法律出版社，1993。

2.《联邦贸易委员会法》

《联邦贸易委员会法》除规定设立具有准司法性质的联邦贸易委员会行使反对贸易限制和保护消费者的权利外，其第5条还规定，对于商业活动中的各种不正当的竞争方法均就此宣布为非法；另外，还增加了禁止不正当竞争行为的一般条款，确立了反托拉斯的专门执法机构即联邦贸易委员会。

【背景资料】

《联邦贸易委员会法》的主要法条是：

第5条（a）（1）：商业中或影响商业的不公平的竞争方法是非法的；商业中或影响商业的不公平或欺骗性行为及惯例是非法的。

第12条：任何个人、合伙人、公司传播或导致传播虚假广告，是非法的。（1）通过美国邮局，或在商业中通过各种方式引诱，或直接间接地可能引诱对食品、药品、设备或化妆品购买的虚假广告。（2）通过各种方式引诱或可能引诱顾客购买食品、药品、设备或化妆品的虚假广告。（3）传播或导致传播虚假广告，是不公平的或欺骗性行为及惯例。

3.《克莱顿法》

《克莱顿法》指出了四种可能构成托拉斯行为的做法——价格歧视、独家交易、合并和连锁董事会，这些行为在“其结果可能实质性地削弱竞争或有助于在任何商业部门形成垄断时”，便构成违法。《克莱顿法》确立了“早期原则”，即不必等到实际的损害已经发生，也不必以已经发生的事实来证明对竞争发生的有害影响，根据预期会发生的结果，便可将前述行为认定为违法。

“早期原则”体现了《克莱顿法》和《谢尔曼法》的基本区别。有人用枪支法来比喻这两部法律：根据《谢尔曼法》型的枪支法，一个人可以携带枪支而不必担心因此被逮捕，只要他不对某人或某物射击；根据《克莱顿法》型的枪支法，只要认为这个人是危险的——如果认为他很可能对某人或某物射击，那么法警就可以没收这个人的枪支。

【背景资料】

《克莱顿法》的重要法条有：

第2条（a）：从事商业的人在其商业过程中，直接或间接地对同一等级和质量商品的买者实行价格歧视，如果价格歧视的结果实质上影响竞争或旨在形成对商业的垄断，或妨害、破坏、阻止同那些准许或故意接受该歧视利益的人之间的竞争，或者是同他们的顾客之间的竞争，是非法的。

第7条：从事商业或从事商业活动的任何人，不能直接或间接占有其他从事商业或影响商业活动的一人的全部或部分股票或其他资本份额。联邦贸易委员会管辖权下的任何人，不能占有其他从事商业或影响商业活动的人的全部或一部分资产，如果该占有实质上减少竞争或旨在形成垄断。

第8条：任何人不得同时任两家或多家公司的董事，其中任何一家公司其资产、盈余、未分配的利润累计超过100万美元，部分地或整体地从事商业。银行、银行联合会、信托公司和受1887年2月4日通过的《商业管理法》管辖的公共运输商除外。根据公司的性质、经营位置，如果公司是或将成为竞争者，那么公司间任何消灭竞争的协议，将构成对任何反托拉斯法的任何条款的违反。

4.《鲁宾逊-帕特曼法》

《鲁宾逊-帕特曼法》主要是扩大了《克莱顿法》中价格歧视条款的适用范围，并对此作出了更具体的规定，着重体现了对小企业的保护；此外，还分别对企业合并、价格歧视等垄断行为作了规定。

在美国反托拉斯的立法和判例中，其所规制的垄断大致包括横向限制竞争行为、纵向限制竞争行为、滥用市场支配以及企业合并等具体种类。

另外，美国在一百多年的执法和司法实践中，积累了大量的执法指南和司法判例，例如，于1992年颁布的《横向合并指南》[①]，1995年颁布的《知识产权许可反托拉斯指南》和《国际经营反托拉斯执法指南》，以及2000年的《关于竞争者之间联合行为的反托拉斯指南》。再如，本身违法原则和合理原则在美国法院审理的美国诉密苏里运价协会案和美国诉交通协会案中出现，合理原则在1911年的标准石油公司诉美国案中被正式确立，这些已成为美国竞争法的重要组成部分。而且，随着消费者保护运动的兴起，竞争法中对消费者保护的有关规定也受到重视，保护消费者合法权益也已成为美国竞争法律制度的一个组成部分。

至此，美国在反垄断法的立法上已经逐步形成了较为完善的体系。就立法的层次看，美国反垄断法由联邦立法和州立法两个层次构成；就立法的内在结构来看，美国反垄断法由基本法（包括修正案）、例外法和相应的判例所构成，其中基本法包括1890年的《谢尔曼法》、1914年的《克莱顿法》和《联邦贸易委员会法》。需要注意的是，美国没有对不正当竞争行为进行专门的立法，对不正当竞争行为进行规制的既有普通法，也有成文法，如《商业秘密法》《联邦贸易委员会法》《商标法》《版权法》《专利法》中的有关条文。

（二）美国竞争法规范的主要内容

1. 美国反托拉斯法规范的对象

（1）垄断与图谋垄断。

垄断和图谋垄断是《谢尔曼法》第2条所禁止的行为。根据该条规定，任何人垄断或图谋垄断，或与他人联合、共谋垄断州际间或与外国间的商业和贸易，是严重犯罪。事实上，美国反托拉斯法对垄断进行规制有一个从结构主义向行为主义转变的过程，即使在目前，其在注重对市场行为规制的同时还带有结构主义的色彩。

【延伸思考】

美国反托拉斯法对垄断与企图垄断行为进行规制的具体事例有：1911年解散标准石油公司，该公司被控通过收购对手公司、迫使铁路公司拒用其他公司的石油等手段，垄断石油市场90%的市场，最终该公司被分拆成34个公司。1984年分解了美国电话电报公司。IBM也曾被政府调查过，1982年案件被撤销。英特尔公司曾被指控非法利用垄断权力，攫取三家对手公司的技术，1999年3月，与政府达成庭外和解，被迫与其他公司分享其技术。

垄断与图谋垄断行为主要表现为以下四种。

第一，搭售行为。搭售行为是指商品出售人与买受人之间订立一种协议，规定买受人购买某种商品时，必须购买另一种商品。根据《克莱顿法》第3条，如果这种协议能导致实质上减

① 需要注意的是，这些指南一般是指美国司法部和联邦贸易委员会联合颁布的、具有指导意义和说明性意义的准则，对法院没有约束力，仅能起到参考的作用。

少竞争或形成垄断趋势，则是非法的，必须予以禁止。在司法实践中，法院对搭售行为最初采取本身违法的原则来进行判断，只要证明企业在产品市场上占有足够的优势，并且搭售行为对市场上的营业额发生了影响，不管这种影响是否明显，搭售行为都是非法的。不过，美国法院认为搭售行为本身违法的观点已经发生变化，其在对搭售行为进行判断时需要考虑搭售安排对被搭售产品市场的影响和从事搭售行为的企业所占的市场份额，主要适用合理原则对案件进行分析。

第二，独家交易行为。独家交易行为是指产品供应商与销售商之间达成的销售商只销售该供应商的产品而不得销售其他竞争者的产品的协议。《克莱顿法》第 3 条规定，任何人进行出租或销售货物，如以承租人或买主不得使用或购买其竞争对手的商品为条件，并且其结果可能会实质性地减少竞争或形成垄断，都是违法的。

第三，价格歧视行为。价格歧视是指货物的出卖人要求购买同一等级、同一质量货物的不同买受人支付不同的价格。地区性压价行为、没有正当理由对交易条件相同的若干买主实行不同的价格都是价格歧视行为的具体表现。根据《罗宾逊-帕特曼法》的规定，被禁止的价格歧视行为必须符合两个要件：其一是企业将同样的货物以不同的价格卖给了不同的顾客；其二是有理由认为这种行为会导致竞争受到损害。但是，并非所有的价格歧视行为都是本身违法的，只要供应人能够证明他相应地降低了成本，那么他实行差别价格、确定低于其他竞争者的价格是合法的。①

第四，其他反竞争行为。美国反托拉斯法规制的其他反竞争行为包括：瓶颈垄断、董事兼任、股份保有等行为。瓶颈垄断是指竞争者对其所拥有的、具有关键性作用的特殊“基础设施”进行独占使用，拒绝竞争对手以任何方式对该关键性“基础设施”加以作用，从而形成市场进入障碍的行为。董事兼任是指一个公司的董事同时担任其他有竞争关系的公司的董事。股份保有是指一个企业不正当地占有另一个企业的股票或资本份额，也包括两个企业彼此占有对方的股票或资本份额。

【典型案例】

美国 1912 年的特米纳尔公司案是典型的瓶颈垄断行为的案例。特米纳尔公司是由几家铁路公司组成的合营企业，它控制了通往圣·路易斯城的所有铁路交通工具。

特米纳尔公司不让任何新的竞争者使用这些交通设施，因而被法院判决违反了《谢尔曼法》。在一般的情况下，新的竞争者可以建造自己的设施，绕过这种“瓶颈垄断”。但是圣路易斯城的地理位置和地形特征使新竞争者不可能付出如此昂贵的代价去建造设施，特米纳尔公司拒绝他人使用自己的设施的行为就形成了新竞争者进入市场的主要障碍。②

（2）联合限制竞争行为。

美国反托拉斯法对联合限制竞争行为进行严格的规制，规制的主要行为是以下三种。

第一，固定价格行为。固定价格可以通过两种方法来实现：一种是达成价格协议，直接确定价格；另一种是彼此控制进入市场的产品的数量，从而间接控制产品的价格。固定价格限制了正常的价格竞争，造成错误的资源分配，使消费者失去了选择的机会并承担了不合理的价格，实际上是一种以隐蔽的方式对公众掠夺的行为。

---

① 参见种明钊主编：《竞争法学》，35 页，北京，高等教育出版社，2002。

② 参见吕明瑜：《竞争法》，363～364 页，北京，法律出版社，2004。

第二，市场划分行为。市场划分（地域、顾客、产品）行为同样限制了销售者之间正常的竞争，往往造成产品的单独和价格的不合理，损害消费者和用户的利益。

第三，行业协会或职业协会所从事的限制竞争行为。自由职业者认为他们所从事的职业不是普通的经营或商业，因而不应受到反垄断法的规范。但是美国反垄断法执法机构和法院认为，反托拉斯法并没有对各种需要专业知识的自由职业进行豁免，实际上，职业协会的某些活动，对协会成员间的正常竞争造成了限制，例如律师协会、医疗协会为成员确定最低收费标准的行为，会计师协会、工程师协会禁止其成员间竞争报价的行为等，都带有一定的固定价格的性质，并造成对服务对象之利益的损害，因此，要根据反托拉斯法予以禁止。

（3）企业合并行为。

美国反托拉斯法控制的企业合并行为包括横向合并、纵向合并和混合合并。《谢尔曼法》第1条和第2条对任何会削弱或取消竞争的合并行为予以严格禁止，但规定非常原则；《克莱顿法》第7条则是对企业合并行为进行反垄断规制的最重要的法律，该条款在1950年由《塞勒-克弗维尔法》修订，1976年由《哈特-斯各特-鲁迪南反托拉斯改进法》修订，1980年由《反托拉斯修正法案》补充修正。反托拉斯法对企业合并行为控制的关键点是考虑合并所产生的竞争效果，即考虑合并行为是否会导致在实质上减少竞争或形成垄断。2010年，美国司法部和联邦贸易委员会发布了新的《横向合并指南》。2011年，美国司法部发布了《合并救济指南》。

2. 不正当竞争行为

美国没有专门的反不正当竞争法。在立法实践中，也很少使用“不正当竞争行为”的概念，而更喜欢使用“不公平贸易行为”（unfair trade practices）这一概念，因“不公平贸易行为”的外延远远大于“不正当竞争行为”的外延。禁止不公平贸易行为不仅是对经营者合法权益的保护，同时也是保护消费者权益的要求。

（1）商业贿赂行为。在美国竞争法中，商业贿赂行为被严厉禁止。《克莱顿法》第2条规定：“商人在其商业过程中，支付、准许、收取、接受佣金、回扣或其他补偿是非法的。”

（2）侵犯商业秘密行为。美国有关商业秘密保护的法律是在判例的基础上形成的，这类规范在美国早期法律中属于侵权法的延伸。1939年由美国律师协会所制定的《侵权行为法第一次重述》对商业秘密的保护作出了规定。1978年美国律师协会制定了《统一商业秘密法》，广为各州立法所采用。

（3）欺骗性不正当竞争行为。美国《联邦贸易委员会法》规制一系列带有欺骗性的并直接损害消费者利益的不正当竞争行为，主要包括欺骗性定价行为、欺骗性广告宣传行为、虚假不实的标签等。

3. 竞争法的适用除外

美国反托拉斯法的适用除外制度是由专门的法律进行规定的，如1918年的《韦布-波默林法》、1922年的《凯普-伏尔斯蒂德法》、1970年的《报业保护法》、1980年的《出口贸易法》等。反托拉斯法适用除外制度的范围主要是：不影响国内市场的出口限制竞争行为；农业方面的大部分合作形式；报社出版社的合作；保险业；研究和开发合作；等等。

4. 竞争法的域外效力

反托拉斯法不但适用于美国国内企业，而且适用于美国以外的企业，只要这些企业的行为对美国国内市场产生了影响。美国反托拉斯法执法机构行使域外管辖权的依据主要是在1945年美国诉美国铝业公司案中确立的效果原则。

二、德国竞争法

（一）德国竞争法的产生和发展

德国是世界上最早对不正当竞争行为进行专门立法的国家，并且其将反垄断法和反不正当竞争法分别立法的体例也影响了许多国家，德国的竞争法律制度主要是由《反对限制竞争法》和《反不正当竞争法》组成。

19 世纪中后期，随着自由资本主义的发展，不正当竞争行为日益增多，德国没有像其他国家那样通过司法判例变通民法中有关侵权行为的规定，而是于 1896 年率先制定了《反不正当竞争法》，并于 1909 年制定了新的《反不正当竞争法》。德国的《反不正当竞争法》从 1909 年第一次重大修订至今，已进行过 15 次修订，最近一次修订是 2015 年。除这一法律外，德国有关反不正当竞争的法律还有《馈赠法令》《折扣法令》《标准合同条件法》《特别促销活动办法》《调节一般业务条件法》《夏冬季结束拍卖办法》等。

德国《反对限制竞争法》的出台比较曲折，因为德国曾是一个卡特尔非常发达的国家，即使是在制定《反不正当竞争法》时，德国还认为卡特尔对自由竞争的限制是“契约自由”的组成部分，是自由贸易可以接受的。尽管 1923 年制定了《卡特尔条例》试图对卡特尔进行限制，但 1933 年制定的《强制卡特尔法》又利用卡特尔和其他垄断组织形式将国民经济变为统一机制，准备为战争服务。直到第二次世界大战后，由于《波茨坦协议》中约定了德国要“尽可能快地消灭卡特尔、辛迪加、托拉斯等垄断集团的形成造成的过分的经济集中”，到了（20 世纪）50 年代初，德国依据《波茨坦协议》解散了大部分托拉斯等组织，加上美国反托拉斯法对德国立法的影响，德国终于在 1957 年出台了自己的反垄断基本法，即《反对限制竞争法》。为了适应不断变化的经济条件，德国的《反对限制竞争法》在 1966 年、1973 年、1976 年、1980 年、1990 年、1998 年、2005 年、2009 年、2013 年进行了修订。

【背景材料】

1897 年德国最高法院在“萨克森林卡特尔”案中指出，只要卡特尔协议没有对同业者和非同业者施加不正当压力，不违反善良风俗，不侵害商业自由，卡特尔协议有效。

1957 年制定的《反对限制竞争法》的理论基础是弗莱堡学派的思想和理论，该学派的核心理论是保护竞争和反对限制竞争不仅可以提高经济效益，而且可以保障政治民主。

（二）德国反不正当竞争法规范的主要内容

德国《反不正当竞争法》在对各种不正当竞争行为作出明确禁止的同时，对违反禁止规定实施不正当竞争行为的人不但规定了民事责任，而且规定了相应的刑事制裁措施。对于不正当竞争行为的界定，德国《反不正当竞争法》采取了原则规定加具体列举的确定方法。该法第 1 条规定了一项基本原则，即行为人在商业交易中以竞争为目的而违背善良风俗，可向其请求停止行为或损害赔偿。因此，德国《反不正当竞争法》禁止的不正当竞争行为主要包括以下几种具体行为。

（1）虚假宣传行为。德国《反不正当竞争法》禁止的虚假宣传行为主要是指在商业交易中以竞争为目的，对商业情况，尤其是对商品的原材料、制造方法、定价、仓储数量等作欺诈陈述的行为。

（2）不当身份说明行为。德国《反不正当竞争法》禁止的不当身份说明行为主要是指在与最终消费者进行商业交易时，声称自己是制造商身份——表明自己的售价比一般的商品售价低，但实际上其销售给最终消费者的价格高于销售给零售商或工业消费者的价格。

（3）不当广告行为。德国《反不正当竞争法》禁止的不当广告行为主要是指利用广告通过对商品销售数量、商品销售对象以及价格等方面的陈述造成特别优惠的销售条件的行为。

（4）不当价格说明行为。德国《反不正当竞争法》禁止的不当价格说明行为主要是指利用广告进行商品价格对比，以表明自己的商品比他人的商品售价低，或自己现在的商品售价比以前的商品售价低。

（5）不当清仓销售行为。德国《反不正当竞争法》禁止的不当清仓销售行为主要是指不符合清仓处理条件而对商品作清仓处理的销售行为。

（6）商业贿赂行为。德国《反不正当竞争法》禁止的商业贿赂行为是指商业交易中，以金钱及其他利益进行贿赂，从事不正当竞争的行为。

（7）商业诽谤行为。德国《反不正当竞争法》禁止的商业诽谤行为主要是指以竞争为目的，对他人的经营业务包括企业信誉、商品信誉以及企业主或领导人进行诋毁、诽谤的行为。

（8）滥用营业标志行为。德国《反不正当竞争法》禁止的滥用营业标志行为是指使用与他人姓名、商号及其他专用标志相混淆的名称、标志的行为。

（9）侵犯商业秘密行为。德国《反不正当竞争法》禁止的侵犯商业秘密行为是指商事企业的职员、工人或学徒，以竞争为目的，或出于私利，或为第三人谋利，或故意加害于商事企业主，在雇佣关系存续期间擅自将由于雇佣关系而向其透露的商业秘密或经营秘密告知他人的行为。

（10）其他不正当竞争行为。

（三）德国《反对限制竞争法》规范的主要内容

德国《反对限制竞争法》规制的对象主要是卡特尔行为、纵向限制竞争行为、滥用市场支配地位和相对优势地位行为、企业合并行为。该法对卡特尔行为还明确规定了合法的卡特尔形式；对构成市场支配地位或相对优势地位的市场状态预先作了法律上的明文规定，并强调只有企业滥用市场支配地位或相对优势地位才构成对《反对限制竞争法》的违反。

1. 卡特尔行为

卡特尔行为包括卡特尔合同和卡特尔决议。卡特尔合同一般是指同一经济层次上的企业（如生产同类产品的企业）之间订立的有关市场划分、产量控制、价格固定等的协议。卡特尔决议是指企业协会就成员间的生产经营活动所作出的一致性决定。德国《反对限制竞争法》第1条规定，企业或企业联合组织为达成共同的目的所订立的合同以及企业联合组织所作出的决议，如果通过限制竞争而可以影响商品的生产、交易或服务的交易，则无效。受到禁止的典型的卡特尔有固定价格卡特尔、市场划分协议、保证不竞争协议等。在德国，不是所有的卡特尔都受到禁止，《反对限制竞争法》第2条规定了可以得到豁免的卡特尔协议，第3条规定了合法的中小企业卡特尔。

【背景资料】

德国的《反对限制竞争法》相关条文：

第1条［卡特尔的禁止］

处于竞争关系之中的企业之间达成的协议、企业联合组织作出的决议以及联合一致的行为，如以阻碍、限制或扭曲竞争为目的或使竞争受到阻碍、限制或扭曲，则是禁止的。

第2条［受豁免的协议］

企业间达成的协议、企业联合组织作出的决议以及协同行为，如其能够使消费者分享由此产生的收益、有利于产品的生产或销售或者有利于促进技术和经济的进步，可以豁免适用第1条的禁令。但应排除下列情形：1. 为实现上述目标给企业强加不必要的限制；或者2. 为企业消除所涉产品实质部分的竞争提供可能性。

第3条［中小企业卡特尔］

以通过企业间的合作来实现经济行为合理化为主旨的竞争企业间达成的协议、企业联合组织作出的决议，如果能够满足下列条件，则属于第2条第1款的适用范围：1. 市场上的竞争未因此遭受严重损害；并且2. 协议或者决议有利于加强中小企业的竞争力。

2. 滥用市场支配地位行为

德国《反对限制竞争法》禁止一个企业或多个企业滥用市场支配地位，并对滥用市场支配地位行为进行了具体的列举。该法第19条规定，一个具有市场支配地位的企业作为特定商品或服务的供应者或需求者，如有下列行为，即构成滥用市场支配地位：（1）无客观正当理由，以对市场上的竞争产生重大影响的方式，损害其他企业的竞争力的；（2）提出与在有效竞争情况下理应存在的报酬和其他交易条件相悖的报酬或其他条件的，在此，特别应当考虑在存在有效竞争的可比较市场上的行为方式；（3）提出的报酬或其他交易条件差于该支配市场的企业本身在可比较市场上向同类购买人所要求的报酬或其他交易条件的，除非该差异存在客观正当理由；（4）拒绝另一个企业以给予适当报酬的方式进入自己的网络或其他基础设施的，但以该另一个企业出于法律上或事实上的事由，非使用他人网络或其他基础设施则无法在上游或下游市场上作为支配市场的企业的竞争者从事活动为限；但支配市场的企业能证明这种共同使用因经营或其他事由是不可能的或不能合理期待的，不适用本款的规定。

3. 滥用相对优势地位行为

德国《反对限制竞争法》并不禁止企业拥有相对优势地位，而是禁止相对经济优势地位的滥用。具有相对优势地位的企业不得阻碍、歧视或剥削具有依赖性的中小企业，从事拒绝供货、要求苛刻的付款和业务条件、回扣、对业务合作伙伴的歧视等滥用行为。

4. 企业合并行为

德国《反对限制竞争法》规定，如可预见，合并将产生或加强市场支配地位，联邦卡特尔局应禁止合并，但参与合并的企业证明合并也能改善竞争条件，且这种改善超过支配市场的弊端的，不在此限。

三、日本竞争法

（一）日本竞争法的产生和发展

日本的竞争立法有一定的阶段性，并受到国家产业政策的影响。在第二次世界大战前日本参考了德国的竞争法，第二次世界大战结束后，其竞争立法较多体现了美国竞争法的色彩。日本的竞争法律制度由《禁止私人垄断及确保公平交易法》（简称《禁止垄断法》）和《不正当竞争防止法》以及一系列法律文件组成。

日本的《不正当竞争防止法》是日本第一部现代竞争立法，于1934年颁布，并于1938年、1950年、1965年、1975年、1993年、2016年进行了修改。该法虽然只有6条，但对日本的反不正当竞争活动有重大影响。

日本为了集中经济实力参与国际竞争，在20世纪20年代还制定了《出口组合法》和《国家重要产业统制法》等法律对垄断进行支持和保护。第二次世界大战结束后，日本在美国占领军的压力下推行经济民主化，并仿照美国竞争法律制度于1947年颁布了《禁止垄断法》。由于该法与日本的经济发展并不太适应，于是在1949年、1953年、1977年、1996年、2005年、2013年对该法进行了修订。1949年的修改缓和了对公司持股的禁止，放宽了公司合并、国际契约等许可制度；1953年的修改认可了不景气卡特尔，放宽了对公司相互持股和兼任高级职员的限制，允许维持转售价格制度等；1977年的修改增大了执法力度，规定对价格卡特尔及其他违法行为予以罚款制裁，对股份公司的股份规定限制标准，对处于严重垄断状态的企业要求其转让技术、命令分立或转让营业的一部分等；1996年、2005年及2013年，为了适应政治、经济条件的发展变化，又分别对《禁止垄断法》进行了修订。

日本的竞争法律制度除了上述两个基本法律外，还包括《禁止私人垄断及确保公平交易法施行令》《关于禁止私人垄断及确保公平交易法的适用除外等的法律》《不公正的交易方法》《中小企业等协同组合法》《防止不当赠品类及不当表示法》《公正交易委员会审查及审判规则》等。

（二）《不正当竞争防止法》规范的主要内容

日本的《不正当竞争防止法》共6条，主要规定了各种不正当竞争行为及其法律责任，也规定了适用除外的几种情形。

不正当竞争行为主要有：（1）混淆商品行为，即使用众所周知的他人的姓名、商号、商标、商品的容器包装等与他人的商品标记相同或类似的标记，或者销售、周转或出口使用这种标记的商品，而与他人的商品产生混淆的行为。（2）混淆营业行为，即使用众所周知的他人的姓名、商号、商标等与他人营业上的标记相同或类似的标记，而与他人在营业上的设施或活动产生混淆的行为。（3）虚假原产地表示行为，即在商品或商品广告中，以让公众得知的方法标示虚假的原产地或者销售、周转或出口作这种标示的商品，而使人对原产地产生误解的行为。（4）引起误认的商品生产地表示行为，即在商品或商品广告中，以让公众得知的方法标示虚假的商品生产、制造或加工地区，而使人产生误解的行为，或者销售、周转或出口作这种标示的商品的行为。（5）虚假宣传行为，即在商品或商品广告中，使用让人对其商品的质量、内容、制造方法、用途或数量产生误解的标示，或者销售、周转或出口作这种标示的商品的行为。（6）贬低他人行为，即虚构处于竞争关系的他人营业上的信誉的虚假事实，或者散布这种虚假事实的行为。

不正当竞争行为的适用除外，是指虽然形式上构成不正当竞争行为，但根据《不正当竞争防止法》第2条的规定可以免除适用该法的行为，主要包括：（1）用通行的方法使用商品的一般名称或交易上同种商品一般惯用的标记，或者销售、周转或出口使用这种名称或标记的商品的行为。（2）在交易上，以通行的方法使用同种营业惯用的名称或其他标记的行为。（3）善意地使用自己的姓名的行为，或者销售、周转或出口使用自己的姓名的商品的行为。（4）在标记被众所周知前就善意地使用与此相同或类似标记的行为，或已经和该人所经营的商业一起继承使用该项标记的人善意使用该项标记的行为，或者销售、周转或出口使用这种标记的商品的行为。(5) 因实施特定行为而有可能使营业上的利益蒙受损失者，可以对实施行为的人请求为了防止商品或营业设施或营业活动的混淆而采用适当的标记，但单纯销售、周转或出口商品除外。

(三)《禁止垄断法》规范的主要内容

《禁止垄断法》采取了行为和结构的双重规制方法，对垄断、经济力量过度集中和协议限制竞争行为、不公正的交易方法进行了规制。

1. 垄断

日本《禁止垄断法》不仅禁止垄断行为，而且禁止垄断状态。垄断行为是指经营者单独或利用与其他经营者的结合、共谋和其他任何方法，排除其他经营者的活动或进行支配，从而违反公共利益，在一定的交易领域内实质上限制竞争的行为。垄断状态是指同种商品（包括无须对与该同种商品相关的通常的事业活动的设施或形态进行重要变更而能够提供的商品）（本款以下称为“一定的商品”）以及在国内供应的，与此商品在功能、效用上显著类似的其他商品（出口商品除外）的价额（扣除了相当于对该商品直接课以租税额后的金额），或在国内供应的同种服务的价额（扣除了相当于接受服务方对接受该服务需课以的租税额后的金额），在由政令所规定的、最近一年内的合计额超过 1 000 亿日元的，与该一定的商品或服务相关的一定的事业范围内，对以下所列市场结构及市场造成弊害的：(1) 在该一年之内，一个事业者的市场占有率［该一定的商品以及与该一定的商品在功能、效用上显著类似的其他商品在国内供应（出口商品除外）的数量，或在国内提供的该种服务的数量（不适于以数量计算时以其价额计算。本项以下相同）当中，由该事业者提供的该一定的商品以及与该一定的商品在功能、效用上显著类似的其他商品或服务的数量所占的比例（本项以下相同）］超过二分之一，或者两个事业者各自的市场占有率之和超过四分之三的；(2) 使其他事业者新经营属于该事业领域的事业显著困难的；(3) 由该事业者提供的该一定的商品或服务，在相当的期间，与需求的变动以及其供应所需要费用的变动相比，价格明显上涨或其涨幅下降极小，并且该事业者在此期间有以下所列行为之一的：1) 在该事业者所属的、政令所规定的事业种类范围内，取得了显著超过由政令所规定的该种类标准利润率的利益的；2) 支出了与该事业者所属事业领域事业者的标准销售费用及一般管理费用相比明显超出的销售费用及一般管理费用的。

2. 经济力量过度集中

日本《禁止垄断法》曾经规定公司在国内不得成立控股公司，从而使禁止控股公司成为日本反垄断法的一大特色，但该制度已逐步被取消。日本《禁止垄断法》还限制大型经营公司持有的股票总额；限制股份保有；限制董事兼任；限制企业的合并与营业的受让等。

3. 协议限制竞争行为

广义的协议限制竞争行为一般包括三种形式，即当事人之间的合同或协议、经营者团体的决定或决议、协调一致的行为等。这三种形式在《禁止垄断法》中被称为“不正当交易限制”“事业者团体的行为”“价格的统一上调”。

4. 不公正的交易方法

日本《禁止垄断法》规制的不公平交易方法主要有：不合理的歧视、强迫搭售、滥用市场支配地位等行为。

四、其他国家的竞争法

（一）英国

在英国属竞争规则的判例适用可追溯到17世纪，当时的判例已经形成了限制贸易应受谴责的原则，以此来保护竞争，英国因此成为世界上最早直接保护竞争的国家。在此之后的近三百年里，英国确立了完整的、有效的反对贸易限制和反对共谋的两大竞争规则。到20世纪初，英国的判例法特色被逐渐淡化，成文法因具有优势而被逐渐引入竞争法律体系中。1948年，英国开始竞争法的成文化运动，并先后制定了1948年的《垄断与限制竞争法》、1956年的《限制性贸易行为法》、1964年的《转售价格法》、1965年的《垄断与合并法》、1973年的《公平交易法》、1976年新的《限制性贸易行为法》、1976年新的《转售价格法》、1980年的《竞争法》等。英国议会于1998年通过了新的《竞争法》，该法取代了1976年的《限制性贸易行为法》和《转售价格法》，并取代了1980年《竞争法》的大部分内容以及有关竞争的其他立法的相关条款，于2000年3月1日起生效。

英国竞争法主要是指反垄断法。该国本身并不使用反不正当竞争法或者不正当竞争法的称谓，其关于反不正当竞争法的规定散见在众多的制定法和判例之中，包括普通法上的《合同法》《侵权法》以及1987年《消费者保护法》等一系列制定法。

英国竞争法规范的行为主要有：（1）限制竞争的协议和行为；（2）滥用市场支配地位行为；（3）企业合并行为。

（二）法国

“不正当竞争法”的概念最早出现于1850年前后的法国，是法国法院在适用《法国民法典》第1382条规定的侵权行为一般条款来规制不诚实商业行为时创造的术语。在法国制定有关反不正当竞争行为的专门法律和条例之前，《法国民法典》第1382条和第1383条是个人或者法人对不正当竞争行为人提起损害赔偿诉讼的唯一的法律基础。

法国竞争法的制定始于第二次世界大战以后。在第二次世界大战中，法国国民经济受到沉重的打击，战后国内物资匮乏、物价上涨，为了对物价进行管制，禁止各种不正当竞争行为，防止垄断和限制竞争行为，维护自由、公平竞争，法国采用两法合一的形式，于1953年颁布了53—704号竞争法令，并于1967年、1977年对竞争法进行了修订。但是，由于上述竞争法令的执行并不尽如人意，法国于1986年统一了所有的竞争法令，颁布了统一的《公平交易法》。

法国《公平交易法》规制的主要行为有：（1）限制竞争协议和行为，即企业之间具有阻碍、限制或者扭曲竞争的目的或者后果的任何协议或者协同行为；（2）滥用市场支配地位行为；（3）滥用经济依赖状态行为；（4）企业集中行为；（5）特定的限制贸易行为，如拒绝销售行为、维持转售价格行为、商业歧视行为、低于成本价销售行为、搭售行为、不诚实与不公平的竞争行为等。

【背景材料】①

禁止滥用经济依赖状态行为制度是法国竞争法极具特色的制度。法国《公平交易法》第8

---

① 参见吕明瑜：《竞争法》，408～409页，北京，法律出版社，2004。

条对这一制度作出了明确的规定，即企业或企业集团因其需求或供应企业处于无其他可替代解决途径而对其有经济依赖状态，并且有滥用行为者，应受到禁止。

经济依赖状态分为四种类型：(1) 对名牌产品的依赖。名牌产品因其品质优越，在顾客心中具有特殊地位，其交叉替代性明显小于非名牌产品。一个经销者若缺少某一名牌产品而且曾经长期经销此产品的话，显然会对该名牌产品形成依赖。(2) 因物资短缺的依赖。若某一经销商长期供给一厂商生产资料，在该生产资料因市场波动或资源短缺而供不应求时，两者之间就产生了依赖关系。(3) 因长期契约的依赖。供需双方长久建立商业往来，合作双方习惯于既定的供货渠道或模式，突然停止供应，可能使一方已投资的设备无法适应变化或给一方增加额外的经济负担并因此产生了依赖关系。(4) 对优势购买力量的依赖。由于供应者处于劣势地位，而需求者因强大的购买力而处于交易中的优势地位，依赖关系也会形成。

法国《公平交易法》禁止的滥用经济依赖状态的行为需要具备三个构成要件：(1) 存在经济依赖状态；(2) 存在滥用行为，如附加不合理的条件等；(3) 存在损害有效竞争的事实。

第二节　我国竞争法的产生和发展

中华人民共和国成立后相当长时期内实行的是计划经济体制，对市场经济持否定态度，因此直接导致了我国竞争法尤其是反垄断立法起步较晚。当然，随着我国社会主义市场经济体制的建立与完善，我国政府在大力提倡、鼓励市场竞争的同时，亦将消除行政性垄断、预防和制止经济垄断作为自己的任务。

一、我国反不正当竞争法的产生和发展

1987 年，国务院首次提出要制定全国性的制止不正当竞争法，于是由国务院法制局牵头，国家体改委、国家工商局等七个部门参加，起草了“禁止垄断和不正当竞争条例”。此后，由于立法意图发生变化，拟分别制定“反不正当竞争法”和“反垄断法”，竞争立法工作暂时搁置。与全国统一的竞争立法进程不同的是，有关竞争的地方立法却相当活跃。为了保护竞争，打击严重破坏正常的公平竞争秩序的不正当竞争行为，一些省、市地方政府开展了地方立法的尝试，如 1985 年 1 月，武汉市政府颁布了我国第一个反不正当竞争的地方性立法，即《武汉市制止不正当竞争行为试行办法》；1987 年 10 月，上海市政府颁布了《上海市制止不正当竞争暂行规定》；1989 年 2 月，江西省政府颁布了《江西省制止不正当竞争试行办法》等。这些地方性立法不仅为我国反不正当竞争立法积累了经验，而且对于制止不正当竞争行为发挥了积极的作用。

1991 年年底，“制止不正当竞争法”列入全国人大常委会立法规划，国家工商行政管理局起草了“反不正当竞争法”的征求意见稿。1993 年 6 月，国务院将该法律草案提请全国人民代表大会审议，并根据审议意见进行了修改。经过反复修改，1993 年 9 月 2 日全国人大常委会正式通过了《反不正当竞争法》。该法共有 5 章、33 条，包括总则、不正当竞争行为、监督检查、法律责任、附则等。

为了更好地实施《反不正当竞争法》，国家工商行政管理局发布了《关于禁止公用企业限

制竞争行为的若干规定》《关于禁止仿冒知名商品特有的名称、包装、装潢的不正当竞争行为的若干规定》《关于禁止侵犯商业秘密行为的若干规定》《关于禁止有奖销售活动中的不正当竞争行为的若干规定》等一系列配套的实施细则，使我国反不正当竞争法的执法更为有效。大多数的地方政府根据《反不正当竞争法》的规定，结合本地情况制定了有关反不正当竞争的条例或者办法。

总体来看，我国已经初步形成了以《反不正当竞争法》为核心，由有关规制不正当竞争的全国统一立法、地方性立法、实施竞争法的行政规章以及相关立法等不同层次法律、法规组成的反不正当竞争法律体系。目前，新修订的《反不正当竞争法》已从 2018 年 1 月 1 日起正式实施，新法共有 5 章、32 条，包括总则、不正当竞争行为、对涉嫌不正当竞争行为的调查、法律责任、附则等。

二、我国反垄断法的产生和发展

我国最早关于反垄断的规范性文件是 1980 年 7 月国务院发布的《关于推动经济联合的暂行规定》（已失效），该规定作出了“要尊重企业的自主权，不要搞不合理的行政干预”的规定。其次是 1980 年 10 月国务院发布的《关于开展和保护社会主义竞争的暂行规定》（已失效），该规定更是首次提出了反垄断特别是反对行政性垄断的任务，其中第 6 条明确规定：开展竞争必须打破地区封锁和部门分割。任何地区和部门都不准封锁市场，不得禁止外地商品在本地区、本部门销售。对本地区出产的原材料必须保证按国家计划调出，不准进行封锁。工业、交通、财贸等有关部门对现行规章制度中妨碍竞争的部分，必须进行修改，以利于开展竞争。采取行政手段保护落后，抑制先进，妨碍商品正常流通的做法，是不合法的，应当予以废止。再次是 1986 年国务院颁布的《关于深化企业改革增强企业活力的若干规定》（已失效），该规定提出，“在同一行业中，一般不搞独家垄断的企业集团，以利于开展竞争，促进技术进步”。1987 年国务院发布了《价格管理条例》及《广告管理条例》，分别规定反对价格垄断和广告经营活动中的垄断行为。同年通过的《技术合同法》也对技术转让作出了限制性规定：“不得以合同条款限制技术竞争和技术发展”。1989 年国家体改委等部门联合发布了《关于企业兼并的暂行办法》，该办法将防止垄断作为企业兼并的一个基本原则。1992 年国务院发布了《全民所有制工业企业转换经营机制条例》，该条例规定，政府为了培育和完善市场体系，发挥市场调节作用，应打破地区、部门分割和封锁，建立和完善平等竞争规则与健全的全国统一市场。

1993 年通过的《反不正当竞争法》也对几种限制竞争行为作了规制，并明确规定了相应的法律责任。1993 年 12 月，国家工商总局发布了《关于禁止公用企业限制竞争行为的若干规定》，将《反不正当竞争法》中有关禁止垄断的条文具体化，成为我国现阶段较为系统的反垄断规章，被有些人称为“现阶段的反垄断法”[①]。1997 年的《价格法》第 14 条规定的不正当价格行为中，价格卡特尔行为、低价倾销行为和价格歧视行为属于反垄断法的规范内容。1999 年的《招标投标法》规定禁止串通招投标行为，即禁止招标人对潜在投标人的歧视待遇和其他限制投标人竞争的行为。2003 年，国家发展和改革委员会制定《制止价格垄断行为暂行规定》

---

① 种明钊主编：《竞争法》，294～295 页，北京，法律出版社，1997。

（已失效），禁止经营者通过相互串通或者滥用市场支配地位，操纵市场调节价，扰乱正常的生产经营秩序，损害其他经营者或者消费者的合法权益，或者危害社会公共利益的价格垄断行为。2004 年我国修订后的《对外贸易法》（2016 年修正）第 32 条第 1 款规定："在对外贸易经营活动中，不得违反有关反垄断的法律、行政法规的规定实施垄断行为。"2006 年商务部等六部委联合发布的《关于外国投资者并购境内企业的规定》专门规定了"反垄断审查"一章。

伴随着我国社会主义市场经济体制的建立与完善，市场经济发展的客观现实要求我们尽快制定《反垄断法》，以预防和制止垄断、维护市场竞争。1998 年，全国人民代表大会将制定"反垄断法"列入立法规划。1999 年当时的国家经贸委和国家工商局联合提出了《中华人民共和国反垄断法大纲（征求意见稿）》。2001 年 10 月，提出了《中华人民共和国反垄断法（征求意见稿）》。2006 年 6 月，又在全国范围内发布了《中华人民共和国反垄断法（征求意见稿）》。2007 年 8 月 30 日《中华人民共和国反垄断法》正式通过，并于 2008 年 8 月 1 日起实施。

【背景资料】

国家发展和改革委员会发布的于 2003 年 11 月 1 日起施行的《制止价格垄断行为暂行规定》，是我国反垄断立法的探索。价格垄断行为是指经营者通过相互串通或者滥用市场支配地位，操纵市场调节价，扰乱正常的生产经营秩序，损害其他经营者或者消费者合法权益，或者危害社会公共利益的行为。该规定将五种经营行为列为价格垄断，即：(1) 通过协议、决议或者协调等串通方式操纵价格；(2) 凭借市场支配地位，向经销商提供商品时强制限定转售价格；(3) 凭借市场支配地位牟取暴利；(4) 凭借市场支配地位，以排挤、损害竞争对手为目的，以低于成本的价格倾销，或者采取回扣、补贴、赠送等手段变相降价，使商品市场销售价低于商品自身成本；(5) 凭借市场支配地位，在提供相同商品或者服务时，对条件相同的交易对象在交易价格上实行差别待遇。

为了明确经营者集中的申报标准和保证《反垄断法》的有效实施，国务院在 2008 年 8 月 3 日公布了《国务院关于经营者集中申报标准的规定》，自公布之日起施行。《关于经营者集中申报标准的规定》借鉴国际通行做法，在确立统一申报标准的同时，明确规定："营业额的计算，应当考虑银行、保险、证券、期货等特殊行业、领域的实际情况，具体办法由国务院商务主管部门会同国务院有关部门制定。"（第 3 条第 2 款）随后，商务部会同中国人民银行、中国银监会、中国证监会和中国保监会制定了《金融业经营者集中申报营业额计算办法》，经国务院反垄断委员会审议通过后在 2009 年 7 月 15 日予以公布，自公布之日起 30 日后施行。2009 年 5 月 24 日，鉴于任何竞争行为（包括具有或可能具有排除、限制竞争效果的行为）均发生在一定的市场范围内，在禁止经营者达成垄断协议、禁止经营者滥用市场支配地位，及控制具有或者可能具有排除、限制竞争效果的经营者集中等反垄断执法工作中，均可能涉及相关市场的界定问题。为了给相关市场界定提供指导，提高国务院反垄断执法机构执法工作的透明度，国务院反垄断委员会根据《反垄断法》颁布并施行了《关于相关市场界定的指南》。

2009 年 11 月 21 日，商务部为规范经营者集中申报和反垄断执法机构受理申报，根据《反垄断法》和《国务院关于经营者集中申报标准的规定》颁布了《经营者集中申报办法》。2009 年 11 月 24 日，商务部为了明确经营者集中反垄断审查程序，颁布了《经营者集中审查办法》。2009 年 1 月 5 日，商务部反垄断局发布了《关于经营者集中申报的指导意见》（2014 年修订）和《关于经营者集中申报文件资料的指导意见》供经营者参考。2010 年，商务部发布了《关于实施经营者集中资产或业务剥离的暂行规定》（已失效）。2011 年，商务部发布了《未依法申报经营者集中调查处理暂行办法》和《关于评估经营者集中竞争影响的暂行规定》。2014年，商务部公布了《关于经营者集中简易案件适用标准的暂行规定》和《关于经营者集中简易案件申报的指导意见（试行）》。2014年12月，商务部发布了《关于经营者集中附加限制性条件的规定（试行）》。2015年11月，商务部反垄断局发布了《监督受托人委托协议（示范文本）》。此外，商务部反垄断局还先后公布过《经营者集中申报表》《商务部经营者集中反垄断审查流程图》《经营者集中反垄断审查办事指南》等文件来指导当事人的反垄断申报工作。

2009年7月，国家工商行政管理总局根据《反垄断法》颁布、实施了《工商行政管理机关查处垄断协议、滥用市场支配地位案件程序规定》和《工商行政管理机关制止滥用行政权力排除、限制竞争行为程序规定》。2010年12月31日，国家工商行政管理总局公布了《工商行政管理机关禁止垄断协议行为的规定》《工商行政管理机关禁止滥用市场支配地位行为的规定》《工商行政管理机关制止滥用行政权力排除、限制竞争行为的规定》共三个反垄断配套规章。2015年4月，国家工商行政管理总局发布了《关于禁止滥用知识产权排除、限制竞争行为的规定》，该规定在《反垄断法》之"经营者滥用知识产权，排除、限制竞争的行为，适用本法。"这一原则性规定的基础上，对知识产权领域反垄断法实施中的上述重要问题作出了回答，力图有效地指引知识产权领域的反垄断执法工作。2016年4月，国家工商行政管理总局鉴于供水、供电、供气、公共交通、殡葬等行业的强制交易、滥收费用、搭售商品、附加不合理交易条件等限制竞争和垄断行为十分突出，社会反应强烈，发布《关于公用企业限制竞争和垄断行为突出问题的公告》，决定自2016年4月至10月在全国范围内开展集中整治公用企业限制竞争和垄断行为专项执法行动。

2010年12月，国家发展和改革委员会发布了《反价格垄断规定》和《反价格垄断行政执法程序规定》。2012年，最高人民法院发布了《关于审理因垄断行为引发的民事纠纷案件应用法律若干问题的规定》。

第三节　国际竞争法的产生与发展

纵观一百多年来竞争法在现代各国的发展历程，竞争立法已由个别发展为一般，由发达国家特有或独有的立法现象发展至转型国家和发展中国家共有的法律现象，从单纯的国内法发展为以国内法为主导和国际法为辅助、补充适用的法规体系。①

在各国（地区）进行国（地区）内竞争立法的同时，国际领域的竞争法律制度也得到了不断的发展。1900年的《巴黎公约》及其后来的修订本中对竞争的规范形成了最早的国际竞争法律制度。其后的许多国际性公约，如《关税与贸易总协定》《欧洲经济共同体条约》等，都对竞争法律制度有所涉及。世界知识产权组织还对世界各国的竞争立法进行系统、全面的论证，并于1996年2月出版了《反不正当竞争示范条款》及其注释，反映了各国（地区）反不正当竞争立法的趋势和导向；经济合作与发展组织（OECD）也提供了《竞争法的基本框架》供各国的竞争法律制度选择。

---

① 参见王艳林等主编：《竞争法导论》，19～23页，北京，中国地质大学出版社，1992。

一、《巴黎公约》

《巴黎公约》于1883年3月20日由11个国家在法国巴黎缔结，1883年7月7日正式生效。1900年《巴黎公约》的布鲁塞尔修订本作为国际公约和国际立法第一次对反不正当竞争作出了明确的规定，因此其不仅是最广泛、最基本的保护工业产权的国际公约，也是最早规定限制垄断、促进竞争条款的国际公约。我国于1985年3月19日正式成为该公约的成员国。

纵观《巴黎公约》中竞争法律制度的产生与发展，可以看出它经历了以下几个阶段：（1）1900年布鲁塞尔修订本中将保护工业产权的国民待遇原则扩大到反不正当竞争的领域，第一次在公约中规定了国际经济交往中反不正当竞争的内容；（2）1911年华盛顿修订本中，对制止不正当竞争的措施与方法作出了规定，同时要求各成员国履行禁止不正当竞争的义务并将这一规定载入公约第10条之2；（3）1925年海牙修订本明确提出了不正当竞争的定义，同时要求成员国向其他成员国国民提供不正当竞争救济，并将此内容载入公约第10条之3；（4）1934年伦敦修订本和1958年里斯本修订本进一步补充了不正当竞争的实例。经过几十年的修订与充实，《巴黎公约》中的竞争法律制度已日渐走向成熟与完善。[①]

《巴黎公约》关于反不正当竞争的具体性规定，主要体现在公约的第9条、第10条关于不正当竞争的定义、表现形式、救济程序等方面。《巴黎公约》认为，凡在工商业事务中违反诚实经营的习惯做法的竞争行为即构成不正当竞争的行为，其中典型的不正当竞争行为主要为：（1）非法标注商标、厂商名称行为，即未经权利人许可，擅自在商品上标注其商标、厂商名称的行为。（2）假标记行为，即直接或间接使用假的货源标记或者生产者、制造者或商人标记的行为。（3）特别应予以禁止的行为，包括用各种手段对竞争对手的企业、商品或工商业活动制造混淆的行为；在经营商业中用虚假事实损害竞争对手的企业、商品或工业活动的信誉；在商业活动中使用致使公众对商品的性质、制造方法、特点、使用目的或数量发生误解的表示或说法。

《巴黎公约》中有关反不正当竞争的规定，是世界各国，特别是欧洲几个主要国家长期以来从事反不正当竞争工作的经验总结，是各国反不正当竞争法与司法实践的概括反映，不仅为国际知识产权领域的反不正当竞争提供了法律依据，而且为以后的反不正当竞争国际立法奠定了基础，推动了一些国家反不正当竞争立法的进程。

二、欧盟竞争法

欧洲经济共同体是根据《欧洲经济共同体条约》（The European Economic Community Treaty，也称《罗马条约》）于1958年成立的。1993年生效的《马斯特里赫特条约》（也称《欧盟条约》）对《罗马条约》进行了补充并创设了欧洲联盟（European Union，简称欧盟），欧共体由此完成了从经济实体向政治实体的过渡。截至2013年7月1日，欧盟的成员国有28个。欧盟的主要组织机构有：欧洲议会、欧盟部长理事会、欧盟委员会、欧洲初审法院和欧洲法院。

按照《罗马条约》的意图，在欧盟共同市场内所有的资源都应当能够自由流动而不受国家

---

① 参见吕明瑜：《竞争法》，415页，北京，法律出版社，2004。

边界的阻碍，因此欧盟必须控制限制竞争的协议和行为。欧盟竞争法经过多年发展，已经形成了一个庞大的法律体系。但是从某种意义上讲，欧盟竞争法不是一部独立的法典，而是由《欧盟运行条约》第 101 条、第 102 条①和欧盟部长理事会第 4064/89 号条例（合并条例）所确定的规则构成的体系。欧盟竞争法主要禁止限制性协议、滥用支配地位行为和控制合并。当然，欧盟竞争法不仅包括 1992 年各成员国为成立欧洲联盟而签署的《欧盟条约》中的竞争法规范，而且包括从 1951 年起《欧洲煤炭与钢铁共同体条约》《罗马条约》以及以后经过《单一欧洲文件》《欧盟条约》等的修改、补充，并经欧盟有关机构的立法实践与执法实践和欧洲法院的司法判例与解释逐渐发展形成，以及仍为欧盟所沿用的有关欧洲煤炭与钢铁共同体、欧洲经济共同体范围的竞争法的规范。

欧盟竞争法直接影响了其成员国的竞争立法。德国、法国、英国、意大利、比利时等成员国或者按照欧盟竞争法修改本国的竞争法，或者按照欧盟竞争法制定自己的竞争法，因而其成员国的竞争法规范正趋于一致。

欧盟竞争法的主要内容包括对联合限制竞争行为、滥用市场支配地位行为和企业并购行为等三大类行为进行的法律调整。

1. 禁止联合限制竞争行为

根据《欧盟运行条约》第 101 条第 1 款的规定，联合限制竞争行为是指由若干企业共同实施的，具有阻止、限制或扭曲共同市场内的竞争的目的或效果的，可能影响成员国之间贸易的，并达到显著程度的反竞争行为。当然，根据该条第 3 款的规定，企业之间的任何协议或任何类型的协议、企业团体所作的任何决定或任何类型的决定以及任何协同一致的经营行为，若有助于改进产品的生产、销售或者促进技术或经济进步，同时又使消费者获得相当程度的实惠，并且有关企业所受到的限制对于达到前面两个目标是绝对必要的，不存在使有关企业可以在相关市场内排除竞争的可能，那么，该协议或决定或经营行为就不违反条约第 101 条第 1 款的禁止性规定。

2. 禁止滥用市场支配地位行为

《欧盟运行条约》第 102 条禁止滥用市场支配地位。企业具有市场支配地位本身不违法，且该企业有权利用此优势进行竞争。但是，该企业承担其行为不得损害欧洲共同市场有效竞争的特殊责任。2009 年，欧盟发布了《滥用市场支配地位指南》（2009/C45/02），通过导言、指南的宗旨、针对排他性行为的一般分析方法、滥用行为的具体形式等内容，对滥用市场支配地位的规制进行了具体分析。

3. 规制企业并购行为

《欧盟运行条约》并没有具体的条文对企业合并或获得控制力行为进行规定。欧盟竞争法对企业并购进行控制的法律体系主要经历了四个阶段。第一阶段主要是以《欧盟运行条约》第 101 条、第 102 条为基础，通过法院的判例构建法律体系。第二阶段是以第 4064/89 号条例为核心，并通过其他实施细则，授权欧盟委员会规定并购申报的形式、内容、有关期限以及听证等。第三阶段以第 1310/97 号并购条例为核心，同时对第二阶段的有关通知（如营业额计算、企业概念、并购概念）进行相应调整，并发布《委员会关于理事会第 4064/89 号企业并购条例全功能合营企业概念的通知》等系列法律文件。第四阶段以第 139/2004 号并购条例为核心，

---

① 1997 年《阿姆斯特丹条约》改变了《罗马条约》部分条文的顺序，其中《罗马条约》第 85 条和第 86 条分别被改为第 81 条和第 82 条，而现在的《欧盟运行条约》又将上述条款修改为第 101 条和第 102 条。

配套发布相关条例及《欧盟经营者集中控制统一通告》(2008/C95/01)等法律规范。

三、联合国《控制限制性商业惯例的多边协议的公平原则和规则》

20世纪60年代至70年代，随着跨国公司的迅速发展，发达国家的企业在国际贸易中使用限制性商业惯例的做法越来越多，对发展中国家的贸易和发展造成很大的不利影响。

为了保证限制性商业惯例不至于损害因降低关税壁垒和非关税壁垒而发展的世界贸易，鼓励和保护竞争，控制资本和经济力量的集中，鼓励创新，促进国际贸易，特别是促进发展中国家的贸易和发展；为了保护和促进各国的一般社会福利，特别是消费者的利益；为了消除跨国公司或其他企业的限制性商业惯例对贸易和发展造成的不利影响，联合国大会在1980年正式通过了《控制限制性商业惯例的多边协议的公平原则和规则》(以下简称《规则》)。

(一)《规则》的适用范围

《规则》中的“限制性商业惯例”是指企业通过滥用市场支配地位，限制进入市场，或以其他方式不正当地限制竞争，对国际贸易，特别是对发展中国家的国际贸易及经济发展造成或可能造成不利影响的做法或行为；或通过企业之间的正式或非正式、书面或非书面的协议或安排造成类似影响的做法或行为。

《规则》适用于对国际贸易，特别是对发展中国家的国际贸易及经济发展有不利影响的一切企业的限制性商业惯例，包括跨国公司的这种限制性商业惯例。《规则》不适用于政府间协定或这种协定直接造成的限制性商业惯例。

(二)《规则》的主要内容

《规则》的主要内容包括：控制限制性商业惯例的公平原则；为包括跨国公司在内的企业制定的原则和规则；为各国在国家、区域和地区规定的原则和规则；消除和阻止限制性商业行为的国际措施。

四、世界贸易组织法中的竞争法律制度

世界贸易组织(WTO)是根据1994年4月15日125个乌拉圭回合参加方的政府和欧洲共同体代表于摩洛哥马拉喀什签署的《建立世界贸易组织协议》，于1995年1月1日成立的。中国于2001年12月11日成为该组织的第143个正式成员国。

世界贸易组织法中的竞争规则主要规定于倾销与反倾销、补贴与反补贴、国营贸易及其限制、政府采购、与知识产权有关的反不正当竞争等法律制度中。此外，《与贸易有关的投资措施协议》(TRIMs)、《服务贸易总协定》(GATS)等协议中，也规定了有关竞争法律制度的内容。WTO竞争法所规制的行为主要有以下五种。

1. 倾销与反倾销、补贴与反补贴

1947年《关税与贸易总协定》(GATT 1947)第6条规定：缔约方承认倾销，即一国之产品以低于该产品的正常价值被输入另一国的商业领域，应受到谴责，如果倾销对某一缔约方领土内已建立的产业造成了实质损害或实质损害威胁，或者实质阻碍了一项产业的建立。在此情况下，缔约方为了抵消或防止倾销，可以对任何倾销产品征收数量不超过这种产品的倾销幅度

的反倾销税。该条第 3 款同时规定：反补贴税一词应理解为：为了抵消任何商品在生产、制造或出口时，直接或间接给予补助或者补贴的目的而征收的一种专门税，而该产品在原产地国或出口国制造、生产或出口时确定直接或间接给予补贴或补助的估算额则为反补贴税的最高征收额。

GATT 1947 签订逾五十年来，成员国先后签署了一系列的规范文件，其中事关反倾销、反补贴的主要有：1967 年“肯尼迪回合”的《反倾销守则》；1979 年“东京回合”的《反倾销守则》和《反补贴守则》；1993 年“乌拉圭回合”的《反倾销协议》《补贴与反补贴措施协议》等。

2. 关税限制

GATT 1947 第 28 条规定：缔约各方承认，关税常常成为贸易的严重障碍。因此在互惠互利基础上进行旨在大幅度降低关税与进出口其他税费总水平的谈判，尤其降低那些阻碍少量进口的高关税，并在谈判中充分注意本协定目的以及缔约各方的各种不同需要，对扩大国际贸易极为重要。为此，缔约方全体要时常主持这类谈判。基于此，GATT 已先后举行了八个回合的关税减让谈判，而大幅度的关税减让会促进世界范围内的贸易自由和公平竞争。

3. 数量限制

数量限制是指进口国通过进口配额制、进口许可证等方法从数量方面限制外国商品进口的行为。GATT 1947 对数量限制采取“普遍禁止、特殊例外”的控制政策。

4. 国营贸易

国营贸易是指经营国家专控产品的企业或单位所从事的国际贸易活动。专控产品一般是指盐、香烟、石油等。GATT 1947 第 17 条可尽量把从事国营贸易的企业置于和其他市场主体同等或同样的地位，使它们相互开展平等竞争，尽可能减少或消除因政府保护或操纵所导致的购销活动中的歧视性。

5. 与知识产权有关的不正当竞争行为

《与贸易有关的知识产权协议》（TRIPs）第 40 条规定了对合同性许可中反竞争做法的控制。如果许可协议或措施限制竞争，对贸易产生负面影响并妨害技术传播与转让，则成员国可以采取适当措施制止知识产权持有人滥用权利、不合理地限制贸易与竞争或采取对国际技术转让者产生负面影响的做法。这种滥用行为主要包括独占性回授条件、不允许被许可方对许可方拥有的知识产权提出质疑、强制性“一揽子许可”等。

五、竞争法的国际化趋势

世界经济的发展与经济全球化的趋势对统一的大市场以及完备的市场机制有着越来越多的需求，竞争法的国际化与国际合作也越来越引起重视。许多国家（地区）在制定或者修订竞争法时充分考虑了国际化因素，即使不调整竞争法的基本规则，在竞争法执法时也会将国际化的商业现实纳入考虑范围；而且竞争法执法的双边合作也在逐渐加强，不仅美国、欧盟、加拿大、日本等发达国家或国际组织之间已签署和实施竞争执法协作的协议，而且一些发达国家和发展中国家相互之间也签订了竞争执法合作协议，如美国和巴西就签署了此类协议。1991 年 9

月，美国与欧盟订立的反垄断政策合作协定在竞争法的国际化发展方面，就取得了引人注目的成绩。该协定不仅将相互通告信息和协商作为避免冲突的重要措施，而且约定：对于双方都有管辖权的案件，必要情况下可以联合审理；协定一方可以要求另一方制裁损害了本国出口商利益同时也违反对方竞争法和损害对方国家和消费者的利益的限制竞争行为；协定一方在适用法律时，采取的手段和措施须考虑另一国的利益。但遗憾的是，该协定未获得欧盟部长理事会的批准。

竞争法和竞争政策问题正在成为国家经贸交往中的热点问题，竞争规则统一化的进程也在逐渐加快，发展包括竞争规范的多边协议也是正在讨论中的国际合作方法。

问题与思考

1. 德国立法机关在 1909 年对原《反不正当竞争法》作了修订，其中最重要的内容便是加入了第 1 条“一般条款”，即“在商业交易中以竞争为目的而违背善良风俗者，可向其请求停止侵害和损害赔偿”。从此，该一般条款变成了“整个竞争法领域之帝王规范”。在实践中，约三分之一的不正当竞争纠纷中，其原告就是以行为人违反该一般条款为由，要求行为人承担民事责任的。德国司法机关越来越注重运用“违背善良风俗”的一般条款，对实践中所出现的各种不正当竞争行为诸如误导顾客、诱惑顾客等，予以制裁。①

根据上述材料，请思考下列问题：

(1) 对于未在《反不正当竞争法》中予以列举的不正当竞争行为，可根据一般条款予以制裁的规定有何重要意义？

(2) 学术界认为，“一般条款”应支配整部《反不正当竞争法》，在法律规定的具体事实构成难以适用的所有地方，都应适用该一般条款。请思考并评析这一观点的合理性。

2. 美国《联邦贸易委员会法》规定设立具有准司法性质的联邦贸易委员会行使反对贸易限制和保护消费者的权利。据此，请思考下列问题：

(1) 美国《联邦贸易委员会法》确立联邦贸易委员会为反托拉斯的专门执法机构的意义。

(2) 美国《联邦贸易委员会法》对我国反垄断法执法机构的设置有何影响？

3. 美国 1890 年的《谢尔曼法》、1914 年的《克莱顿法》和《联邦贸易委员会法》等法律确立了美国现代竞争法律制度框架体系。《谢尔曼法》是现代竞争法产生的标志。

根据美国竞争法的产生和发展历史，请思考并回答现代竞争法为什么最早在美国出现。

参考文献

1. 邵建东．德国反不正当竞争法．北京：中国人民大学出版社，2001

---

① 参见邵建东：《德国反不正当竞争法》，36 页，北京，中国人民大学出版社，2001。

2. 黄勇．国际竞争法研究．北京：中国友谊出版公司，2003
3. 许光耀．欧共体竞争法研究．北京：法律出版社，2002
4. 时建中．三十一国竞争法典．北京：中国政法大学出版社，2009
5. 王中美．美国反托拉斯法精解．上海：上海交通大学出版社，2011
6. 李胜利．美国联邦反托拉斯法百年历史经验与世界性影响．北京：法律出版社，2015

第四章

竞争主体

本章概要

竞争主体是竞争法律关系的主体，是参加竞争法律关系并在其中享受权利和承担义务的人。竞争主体不仅包括各类典型的从事竞争行为、不正当竞争行为、限制竞争行为的主体（统称竞争主体），也包括非典型竞争主体，如经营者团体（行业协会）和除中央政府以外的政府行政机关。

作为市场主体的经营者是竞争法规制的最广泛的主体。经营者主要包括普通商事企业、特殊企业和个人。个人依法参与生产经营活动时也会成为经营者。例如，因其从事领域的不同和参与经济活动的方式不同，经营者可以包括特定职业者、个体工商户和农村承包经营户和其他参与经济活动的个人。

但是，并非只有经营者才属于竞争主体，在对竞争关系进行法律调整过程中，还存在一些非典型竞争主体，如经营者团体从事法律禁止的垄断行为和某些行政机关因其滥用行政权力排除、限制市场竞争时，也会成为竞争法规制的非典型竞争主体。经营者团体的典型表现形式就是行业协会。

行政机关及其授权单位在一些情形下，尤其是在经济转型国家或发展中国家，会因为实施了行政性垄断或限制竞争行为而成为竞争法规制的主体，即行政性垄断行为主体。对于行政性垄断行为的主体，存在不同的描述方法。例如称“政府及其所属部门”“国家经济主管部门”“行政机关及其授权单位”等，从行政法的角度一般将其界定为“行政主体”。在我国作为非典型竞争主体的行政主体包括除国务院以外的凡滥用行政权力排除、限制市场竞争的行政机关和法律、法规授权的其他组织。

关键术语

竞争主体　经营者　特殊企业　非典型竞争主体　经营者团体　行业协会　行政主体　竞争法主体

第一节　竞争主体概述

竞争主体是竞争关系中的主体，也可以称为竞争权利、义务主体，即竞争法律关系的参加者，是竞争法律关系中权利的享受者和义务的承担者。法律关系主体都具有法律性和社会性，竞争主体也不能例外。在大多数情形下，竞争主体是经营者，因为经营者要通过市场竞争来赢得自身利益最大化，但是并非只有经营者参加的市场关系才属于竞争关系，在对竞争关系进行影响的过程中，还存在一些非典型竞争主体，如行业协会。甚至在一些特别的情形下，除中央政府以外的凡滥用行政权力排除、限制市场竞争的行政机关和法律、法规授权的其他组织，也会成为竞争法规制的非典型竞争主体，具体的表现就是反垄断法对各类行政性垄断行为的规制。因此，经营者和非典型竞争主体都是竞争法的被规制主体。

竞争法的被规制主体并没有确定的名称，各国（地区）竞争法对其称谓也不尽相同，但是有一点是相同的，即要对竞争法的被规制主体进行广义界定，只要该主体的行为损害或有可能损害公平和自由的竞争，该主体就会成为竞争法的被规制主体。竞争法的规制主体是指竞争执法机构。竞争法的规制主体和被规制主体构成竞争法的主体体系。本教材为了称呼方便，将竞争法的被规制主体统称为“竞争主体”，以此区别于作为竞争执法机构的规制主体。

一、各国（地区）竞争法对竞争主体的称谓

不同国家（地区）的竞争法对竞争主体的称谓并不相同，但其外延都远远大于“经营者”或“企业”的外延。

1. 美国《谢尔曼法》的规定

美国反托拉斯法适用的对象一般称为“person”，也就是“人”。如《谢尔曼法》第1条规定：“任何契约，以托拉斯形式或其他形式的联合、共谋，用来限制州际或与外国之间的贸易或商业，是非法的。任何人签订上述契约或从事上述联合或共谋，是严重犯罪……”[①] 根据美国联邦最高法院的判例，“任何人”是指所有的参与和影响市场活动的主体，也包括在诉讼中作为被告的市政机关。

2. 德国《反对限制竞争法》的规定

德国现行的《反对限制竞争法》中使用的是“企业”“企业联合组织”概念，但是这个“企业”具有广泛的含义。尽管德国的《反对限制竞争法》中并没有企业的概念，但是德国政府公布该法律草案时明确指出，这个法中的“企业”不一定与工商管理法中的“企业”相一致，因为这里的“企业”只是服务于《反对限制竞争法》的目的。[②]

3. 俄罗斯《关于竞争和在商品市场中限制垄断活动的法律》的规定

俄罗斯1995年的《关于竞争和在商品市场中限制垄断活动的法律》使用了“经济实体”

---

① 《各国反垄断法汇编》编选组编：《各国反垄断法汇编》，76页，北京，人民法院出版社，2001。

② 参见王晓晔：《反垄断法中的政府行为》，载王晓晔主编：《经济全球化下竞争法的新发展》，北京，社会科学文献出版社，2005。

一词。这里的经济实体是指“俄罗斯和外国的个人企业家、商业性组织及其联合体（联合会或协会）、非营利性组织，但不从事企业性活动的组织如农业消费合作社等除外……本法有关经济实体的规定也同样适用于主体集团”①。而且，在 1995 年的《关于竞争和在商品市场中限制垄断活动的法律》第 7 条和第 8 条中明确禁止联邦行政权力机构、俄联邦各部门的行政权力机构、各市政当局指向限制竞争的法令和行为。②

4. 日本的《禁止垄断法》的规定

日本 1996 年修改的《禁止垄断法》使用了“事业者”和“事业者团体”的称谓。其中，“事业者”是指从事商业、工业、金融业及其他事业者；为事业者的利益进行活动的干部（董事及公司的高级管理人员）、从业人员、代理人及其他人员被视为事业者；“事业者团体”是指以增进事业者的共同利益为主要目的的两个以上事业者组成的结合体或者联合体，它包括多种形式。③

5. 欧盟竞争法的规定

在欧盟竞争法中，“企业”一词被广泛使用，即任何从事经济活动的实体不论其法律形式及筹资方式，都可被视为企业。对于政府机构参与的经济活动是否可被视为企业活动的问题，欧洲法院在其 1991 年对 Hofner 案的判决中作出了肯定性答复。判决指出：“关于竞争法中的企业概念，首先要注意企业是指所有从事经济活动的实体，而不管它们的法律地位和筹资方式。其次，职业介绍是一种经济活动。尽管这种经济活动通常被委托给国家机构，这种国家机构只适合于政府行政部门的人员录用。因此，这里的结论是，从适用欧盟竞争法的目的出发，从事商业性职业介绍的国家机关可被视为企业。”这个判决的核心问题是，什么样的政府行为可被视为行使国家职权即行使公权力，从而可以得到反垄断法的豁免；什么样的行为得被视为企业行为，从而得适用一般的竞争规则。④

6. 世界知识产权组织《关于反不正当竞争保护的示范规定》的规定

世界知识产权组织《关于反不正当竞争保护的示范规定》对不正当竞争的主体没有限定，但规定在工商业活动中违反诚实习惯做法的任何行为或做法应构成不正当竞争，因此任何人都可能是不正当竞争的主体。例如，该示范规定第 6.02 段的注释中说明：禁止在未经合法持有人许可的情况下泄露、获得或使用秘密信息的规定适用于所有人；该规定在第 5.05 段注释中指出，除自然人和法人以外，消费者协会或传播媒介，如果它们对某企业的产品、服务或商业活动提出虚假或不当的说法，即构成不正当竞争，可以对其提起诉讼。

二、我国竞争法对竞争主体的称谓

1.《反不正当竞争法》的规定

我国《反不正当竞争法》对竞争主体的称谓使用了“经营者”的概念，其中第 2 条第 3 款就规定：“本法所称的经营者，是指从事商品生产、经营或者提供服务（以下所称商品包括服务）的自然人、法人和非法人组织”。

---

① 《各国反垄断法汇编》编选组编：《各国反垄断法汇编》，594～598 页，北京，人民法院出版社，2001。

② 参见上书，598～599 页。

③ 参见上书，407 页。

④ 参见王晓晔：《反垄断法中的政府行为》，载王晓晔主编：《经济全球化下竞争法的新发展》，北京，社会科学文献出版社，2005。

2.《反垄断法》的规定

我国《反垄断法》第12条规定，经营者是指“从事商品生产、经营或者提供服务的自然人、法人和其他组织”。另外，《反垄断法》禁止行业协会、行政机关和法律、法规授权的具有管理公共事务职能的组织的限制竞争行为。

第二节　经营者

经营者是市场经济活动中最重要的广泛主体，市场和竞争密不可分，经营者的行为影响着自由、公平竞争是否能够得以实现。因此，经营者是竞争法规范的最重要的竞争主体。

关于经营者，我国法律上有明确的定义。我国《反不正当竞争法》第2条第3款就规定，经营者是指“从事商品生产、经营或者提供服务（以下所称商品包括服务）的自然人、法人和非法人组织”。我国《反垄断法》第12条规定，经营者是指“从事商品生产、经营或者提供服务的自然人、法人和其他组织”。从我国《反垄断法》来看，经营者不能仅指在法律上取得经营资格的自然人、法人和其他组织，也应包括为了经营者或者企业的利益从事《反垄断法》所规定行为的其他的人，如合伙人或股东、董事、经理等。此外，《反垄断法》所规定的经营者，未限定其所从事的生产经营或者提供的服务是否以营利为目的，因为《反垄断法》关注的是其行为是否对现存的竞争秩序造成破坏，非营利主体并不享有当然豁免的权利。这也是国际的主流做法，如联邦德国卡特尔办公室曾在1961年对竞争法的适用对象进行解释，认为竞争法对任何人的独立行为均适用，不论其采取何种形式，也不论其是否追求营利目的。德国联邦最高法院也曾在橡皮袜案中，将不以营利为目的的社会保险机构认定为卡特尔主体。对于日本《禁止垄断法》中的事业者，通说也认为并不仅限于具体的、以营利为目的的主体。

我国竞争法中的“经营者”概念相当于德国《反对限制竞争法》中的“企业”、日本《禁止垄断法》中的“事业者”等概念，当然，这些概念并不完全一致。德国联邦法院在判决中还发展了“功能性企业”的概念，即一个组织是否可被称为企业，起决定性的不是该组织的人员，也不是该组织的法律形式，而是该组织的活动类型，即它是否参与经济活动。根据这个解释，任何在市场经济活动中作为商品或者服务的供应者或者需求者，都可被称为企业。

经营者主要包括普通商事企业、特殊企业和个人。

一、普通商事企业

普通商事企业一般是指竞争性、营利性的企业，在我国主要包括公司企业、合伙企业、个人独资企业、外商投资企业等。

1. 公司企业

公司是企业法人，有独立的法人财产，享有法人财产权。公司以其全部财产对公司的债务承担责任。有限责任公司的股东以其认缴的出资额为限对公司承担责任；股份有限公司的股东以其认购的股份为限对公司承担责任。

【背景资料】

经济实体原则：欧盟竞争法中的经济实体原则是指设在欧盟领域内的子公司与其领域外的控制其活动的母公司之间在竞争法上不被视为两个独立的经济组织，而被视为一个经济实体。当在欧盟境内的子公司存在反竞争行为时，欧盟竞争法不仅适用于该子公司，还可以适用于其境外的母公司。该原则是欧洲法院于1972年在审判ICI公司诉欧共体委员会案时确立的。

2. 合伙企业

合伙企业，是指自然人、法人和其他组织依照合伙企业法在中国境内设立的普通合伙企业和有限合伙企业。

普通合伙企业由普通合伙人组成，合伙人对合伙企业债务承担无限连带责任。有限合伙企业由普通合伙人和有限合伙人组成，普通合伙人对合伙企业债务承担无限连带责任，有限合伙人以其认缴的出资额为限对合伙企业债务承担责任。国有独资公司、国有企业、上市公司以及公益性的事业单位、社会团体不得成为普通合伙人。

3. 个人独资企业

个人独资企业是指依照个人独资企业法在中国境内设立，由一个投资人投资设立，财产归个人所有，投资人以其个人全部财产对企业债务负无限责任的经营实体。

个人独资企业的投资人不能是法律、行政法规禁止从事营利性活动的人，例如法官、检察官、人民警察、国家公务员等。

个人独资企业的投资人对企业的债务承担无限责任，但如果个人独资企业在申请设立登记时明确以家庭共有财产作为个人出资的，应当依法以家庭共有财产对企业的债务承担无限责任。

4. 外商投资企业

我国外商投资企业主要分为中外合资经营企业、中外合作经营企业和外资企业三类。在中国境内设立的外商投资企业，都是中国的法律主体；凡符合中国法律关于法人条件规定的，依法取得中国法人资格，并接受中国法律的管辖。

中外合资经营企业，是指中国合营者与外国合营者按照平等互利的原则，依照中华人民共和国的法律，在中华人民共和国境内共同投资、共同经营并按投资比例分享利润、分担风险和亏损的企业。中外合作经营企业，是指中国合作者和外国合作者依照中华人民共和国法律的规定，在中国境内共同举办的按合作协议的约定分配收益或者产品，分担风险和亏损的企业。外资企业即外商独资企业，是指依照中华人民共和国法律，在中国境内设立的全部资本由外国投资者投资的企业。外资企业不包括外国的企业和其他经济组织在中国境内设立的分支机构。

二、特殊企业

特殊企业是指依特别法、专门法规或行政命令设立和运作的企业，如我国由国务院决定设立的政策性银行、经营特殊产品或特殊行业的企业等，它们依法从事政策性经营或承担着一定的管理职能，或者从事军工、航天等关系国计民生的重要活动。[①]

特殊企业是相对于普通企业而言的，其特殊性在于受特别法调整，在组织上一般不受公司法、合伙企业法等普通商事企业法调整，在发达国家和地区也不需作商事登记。特殊企业的活动领域大体可以概括为以下几个方面[②]：

（1）政策性经营或在经营中承担一定的政府或公共管理职能的领域。如我国的政策性银行、各级政府专设的国有投资公司或控股公司等。这一领域的特殊企业在国外有中央银行、各种提供政策性贷款和担保的政府银行、国有控股公司等（如新加坡、意大利等国家均设有此类公司）。

（2）非竞争性的合法垄断领域。石油开采和管线输送、铁路等具有自然垄断性质，客观上要求由一个主体统一经营管理，方能满足社会或公众利益的要求。所以国有的采油和输油管、铁道等通常都由特殊企业或法定机构来经营，如我国的大庆石油管理局、淮南矿务局、中国铁路总公司等。此外，还有非自然垄断性的法定垄断领域，如航天、军工、邮政、造币、黄金和烟草等经营，须由特殊的企业或法人来承担。在我国有航天工业总公司、航空工业总公司、中国运载火箭技术院、邮政局、中国烟草总公司，国外也有美国国家航天与空间管理署（NASA）、法国和英国的航空航天公司、各国的邮政局、日本烟草产业株式会社等。

（3）竞争性领域和公用事业的特许经营。这一领域的特点是为了公众利益而有控制地竞争，政府对企业的经营方式和价格等都有强制性要求。特许经营未必采取特殊企业的形式，普通商事企业、私营企业等都可经政府特许而经营电力、电信、航空、铁路及水陆旅客运输、城市公共交通等公用事业，但其中由政府出资或控股的以及关系国计民生的重要的私营企业，往往采取特殊企业的形式，如中国香港电信、中国香港中华电力、日航（JA）、英国电信（BT）等。

（4）国有农场、林场、建设兵团等具有社区性、地域性、政权组织性的某些经营领域。从一定程度上说，这是中国特色，其社区性、一定的政权组织性、“企业办社会”等不可避免，故而应当将其作为特殊企业，通过行业立法或个别专门单独立法的方式予以特殊调整。

（5）为完成特殊任务而设立的特殊企业或法人。

竞争法在对企业法人进行规范时进行普通企业和特殊企业的区分是因为从事政策性垄断或自然性垄断的企业的组织形式主要是特殊企业，这些领域的竞争是不完全或有限制的。例如，公用事业的产品、服务往往要通过有线或无线电、管道、公路、铁道等网络来提供，网络建设耗资费时巨大，同样的网络难以重复建设以开展平行竞争，因而具有自然垄断特性，但自然垄断特性的形成并不代表反垄断法要对其进行豁免，公用事业领域也应引进竞争机制[③]，因此，这些特殊企业法人不仅会成为反不正当竞争法规范的主体，而且仍然会成为反垄断法规范的主体，只不过反垄断法对这些主体进行规范时会采取比较宽松的态度，在特别的情况下可以对某些特殊企业法人进行豁免。

【延伸阐述】[④]

反不正当竞争法在对其他经济组织经营者，如合伙企业、个人独资企业和个人经营者，进

---

① 参见潘静成、刘文华主编：《经济法》，3版，143页，北京，中国人民大学出版社，2008。

② 参见史际春主编：《经济法》，153～155页，北京，中国人民大学出版社，2005。

③ 关于公用事业领域也应引进竞争机制的理由，可参见史际春：《公用事业引入竞争机制与“反垄断法”》，载《法学家》，2002（6）。

④ 参见孟雁北：《反垄断法主体制度研究》，载吴志攀主编：《经济法学家》（2003），北京，北京大学出版社，2005。

行规范时，与对法人经营者的不正当竞争行为的规范没有任何不同。反垄断法在对这些主体进行规范时，虽然没有明确规定其他经济组织经营者和个人经营者可以不受反垄断法的制约，因为反垄断法在对行为主体进行规范时关注的不是行为主体的性质，而是行为主体所从事的活动的性质，但由于其他经济组织经营者和个人经营者本身的经济力量相对弱小，很难对竞争产生影响而事实上不受反垄断法的管辖，因而反垄断法在实施过程中经常会呈现出“微小不罚”的特征。

三、个人

个人在参与经济活动时也可以成为经营者。因其从事领域的不同和参与经济活动的方式不同，主要表现形式是特定职业者、个体工商户和农村承包经营户以及其他参与经济活动的个人。

（一）特定职业者

律师、注册会计师，这些自然人虽然可以通过提供服务获得很高的报酬，但营利性不应该是这类主体唯一的目标。个体演员、我国允许个人执业以后的医生、建筑师也具有这类主体的性质。这类主体可以被统称为“特定职业者”[①]。我国目前这类特殊主体主要是律师、注册会计师等。政府有关部门对这类主体主要进行行业管理，由司法部、财政部进行行政执法，另外还通过律师协会等协会组织进行行业指导。

许多国家的反垄断法曾经很长一段时间规定医生、律师、会计师、教师等自由职业者免受反垄断法的约束，因为这些组织的成员的工作具有崇高的社会性质，不能片面地追求经济效益，他们之间的竞争不符合特定职业的道德法典。各国法律都强调通过对自由职业者的行业自律而相对地放弃自由竞争。但当发明者因利用其发明而被认为属于经营者时，自由职业者不属于经营者的观点越来越受到质疑并逐步得到改变。例如，在 RAI/Unitel 案中，歌剧歌手被欧洲委员会认定为经营者；在 Reyners 案中，律师因其在自由营业中获取商业收益而被认定为经营者，其经营活动受竞争规则的约束。[②]当然，这些人员是作为雇员从事活动时，应受到反垄断法规范的主体是雇主，即律师事务所等特定职业者组织体。总之，律师、注册会计师等正慢慢从特殊地位上走下来，从免受反垄断法规范而渐渐成为反垄断法规范的当然主体。

由于社会分工及专业化，民众对特定职业者提供的服务要求越来越强烈，特定职业者也有趋于企业化的倾向并成为竞争法规范的主体。韩国的《限制垄断和公平交易法》就明文规定，医生、律师、注册会计师等从事自由职业者与第三者之间存在竞争时也应适用反垄断法。在美国的反垄断法实践中，医生等特定职业者也是反垄断法规范的特殊主体。

尽管我们可以将律师、注册会计师、律师事务所、会计师事务所视为经营者，但我国的《反不正当竞争法》还是很难对这类主体的不正当竞争行为进行执法。我国《反不正当竞争法》的执法机构是县级以上的市场监管部门，而在实践活动中，特定职业者和特定职业者组织体的

---

① 需要说明的是，“特定职业者”并不是一个准确的概念，但本教材由于没有找到更妥当的概念而暂且这样称呼市场竞争中的律师、注册会计师、建筑师、演员等自由职业者。

② 参见孔祥俊：《反垄断法原理》，333 页，北京，中国法制出版社，2001。

注册登记管理、业务管理、业务监督等均由行业主管部门和行业协会负责，故工商行政管理部门对特定职业者和特定职业者组织体进行《反不正当竞争法》的执法缺乏现实的可操作性。因此，尽管这些专业领域竞争非常激烈，误导性宣传、诋毁商誉等不正当竞争行为屡见不鲜，但还是面临着哪一个主管部门对这类主体按照《反不正当竞争法》来执法以及如何执法的问题。①

（二）其他参与经济活动的个人

个人在一定情形下也会成为经营者，虽然在大多数情况下，个人更多的是作为消费者的身份在经济关系中出现。

无论是农村集体经济组织的成员，在法律允许的范围内，按照承包合同的约定从事商品经营的农村承包经营户，还是领取了营业执照的个体经营户，其在从事经营活动的过程中，都属于经营者。

另外，即使个人没有取得合法的经营资格，但因为其行为事关经营活动，故其也属于广义的经营者的范畴，例如，侵害单位的商业秘密的公司雇员，接受商业贿赂的经营者的法定代表人或具体经办人，进行无照经营活动的个人等。

第三节　经营者团体

竞争法，尤其是反垄断法不仅规制经营者，而且一定会规制经营者团体。经营者团体的典型表现形式就是行业协会。从立法规定看，德国《反对限制竞争法》也明确区分企业与企业联合组织，企业联合组织的决议为该法第 1 条“卡特尔”禁止的对象。行业协会等经营者团体属于竞争主体体系中的非典型竞争主体。

经营者团体在国外也有诸多的称谓，如非政府机构、非营利机构、第三部门、独立部门、志愿部门等，其中与竞争联系最为密切的是包括职业者协会在内的行业协会。

一、行业协会与竞争

行业协会是指以同一行业的共同利益为目的，以为同行经营者提供各种服务为对象，以政府监督下的自主行为为准则，以非官方机构的民间活动为方式的非营利的法人组织。② 行业协会本身从事的并不是市场经营行为，因此其既不是经营者，也不是反不正当竞争法规范的主体。例如，某协会为了维护消费者利益而对某类商品进行质量检验，然后公布质量信得过企业或产品的名单，如果抽检的产品不全面，只抽检了同类产品中的部分产品，那么公布出来的名单就是不全面的，而未被抽检的产品即使质量好也没有办法被宣布为质量信得过产品。协会这

---

① 参见孟雁北：《反垄断法主体制度研究》，载吴志攀主编：《经济法学家》（2003），北京，北京大学出版社，2005。

② 参见梁上上：《论行业协会的反竞争行为》，载《法学研究》，1998（4）。

样的质量抽检行为对未参加检验的企业实质上是不公平的，但该协会的行为即便实际造成了社会公众对未参加抽检但质量非常好的产品的社会评价的降低，影响了竞争的公平性，也不能将协会的行为认定为不正当竞争行为，受害主体只能追究协会不当抽检行为损害其名誉权或商誉权的侵权责任。

行业协会限制价格竞争的方式是多种多样的，最为典型的是作出有关商品或服务定价的决议并要求所有会员遵守。行业协会并不一定代表所有会员意志，因此行业协会作出的有关定价的决议一般被视为横向联合限制竞争行为的特殊形式，行业协会也作为特殊主体而被纳入反垄断法的调整范围。[①] 如我国《反垄断法》第 11 条规定："行业协会应当加强行业自律，引导本行业的经营者依法竞争，维护市场竞争秩序。"第 16 条规定："行业协会不得组织本行业的经营者从事本章禁止的垄断行为。"

需要注意的是，包括职业协会在内的行业协会等各种协会组织对竞争的影响具有两面性：一方面，行业协会的某些行为可以促进自由竞争，维护公平竞争；另一方面，行业协会的行为如订立行业同盟，会对竞争进行限制。

二、竞争法对行业协会维护竞争行为的鼓励[②]

行业协会在很多情形下可以很好地引导会员从事维护竞争的行为，最典型的表现是行业协会在制定协会内部的竞争规则时，如果竞争规则的内容是重复或加强竞争法的规定，倡导会员遵守竞争法的具体规范，禁止违反竞争法的行为，则竞争法就应该鼓励行业协会的这种行为。

为了发挥协会竞争规则行业自律的特点，各国竞争法对有益竞争的协会竞争规则是鼓励的。德国《反对限制竞争法》第四章专门规定了竞争规则，其中第 24 条规定："经济联合会和企业联合会可以为其领域制定竞争规则。竞争规则是指那些规范企业在竞争中的行为，以抵制竞争中有悖正当竞争原则或有效的效能竞争原则的行为，并鼓励在竞争中形成符合这些原则的行为的规定。经济联合会或企业联合会可以向卡特尔当局提出承认竞争规则的申请。"尽管有观点认为，协会的竞争规则只是重复反垄断法的规定，并无实质意义，但事实上，协会制定的竞争规则在维护竞争的过程中具有不可忽视的作用，主要有：(1) 行业协会制定的竞争规则可以使竞争法的不确定性降低而可预见性提高。竞争法的政策性及对经济理论的依赖性，使企业不好把握，即便行业协会制定的竞争规则只是重复反垄断法的规定和反垄断执法机构的解释，对企业也有教育和咨询的作用。(2) 行业协会制定的竞争规则通过团体自治，反映行业的特殊性，是一种新的经济自治竞争模式。由各行业自行制定规则，可以避免立法的不足与偏颇，因为各行业的特点是不同的，从而使对市场经济的引导具有更高的准确性，立法者和司法者也可从此了解到行业更多的资讯。(3) 行业协会制定的竞争规则可以为反垄断法的立法和修订提供参考性意见。协会制定的竞争规则的约束力是有限的，可以先通过在行业内部的实践来判断是否有利于竞争，在实践的基础上，立法者再考虑是否将规则上升为法律。

德国的经济联合会和企业联合会缔结的竞争规则，可通过协会自治实现公平交易的理念，也可节省执法成本，是落实反垄断法的好办法。在我国，协会承担一定的反限制竞争的自律义

① 参见梁上上：《论行业协会的反竞争行为》，载《法学研究》，1998 (4)。
② 参见孟雁北：《反垄断法视野中的行业协会》，载《云南大学学报（法学版）》，2004 (3)。

务也有先例可循，如《证券法》就授权证券交易所对上市公司进行指引就属于同类规范。

三、竞争法对行业协会反竞争行为的制约

行业协会是为了维护一定行业的特定多数主体的利益而设立的，当特定的行业利益与社会整体利益发生矛盾时，行业协会选择的可能是为会员企业或行业的局部利益服务。一旦行业协会被从事联合限制竞争行为的主体所利用，或行业协会本身试图组织竞争者进行联合限制竞争行为，那么行业协会就是竞争者进行讨论和形成协议的天然、隐蔽的场所。行业协会的组织统一，相对于一般的联合限制竞争行为，行业协会决议的执行更富有效率，对社会的危害也就越大，因此行业协会成为竞争法必须规范的主体。

行业协会本身并不是经营者，因此反垄断法在对其进行规范时需要制定不同于经营者的规范原则，会出现更多的例外和更多的合理因素的考虑。如果行业协会的限制竞争行为有利于克服当前的经济不景气状态，有利于促进社会整体经济利益；或者协会的限制竞争行为没有超过必要的限度，同时没有不当地损害一般消费者及有关市场主体的利益的危险，那么行业协会的行为本身由于不具有严重限制竞争的后果，而更可能得到反垄断法的豁免。当然，行业协会从事的对竞争没有任何影响的联合行为也会被豁免。

第四节　除国务院以外的行政主体

在反垄断法律关系中，政府及其所属部门在大多数情况下是反垄断法的执法部门，但是在一些情况下，尤其是在经济转型国家或发展中国家，行政机关及其授权单位也会因为实施了行政性垄断或限制竞争行为而成为竞争法规制的主体，即行政性垄断行为主体。在我国作为非典型竞争主体的行政主体包括除国务院以外的凡滥用行政权力排除、限制市场竞争的行政机关和法律、法规授权的其他组织。

一、行政主体概述

对于行政性垄断行为的主体问题，存在不同的描述方法。例如“政府及其所属部门”“国家经济主管部门”“行政机关及其授权单位”等。但是，从行政性垄断行为的本质出发，如果将行政性垄断行为的主体局限于“政府及其所属部门”或“国家经济管理部门”，则有大量经法律、法规授权行使一定经济管理职权的其他组织的限制竞争行为没有被包括在内，对行政性垄断行为主体的界定就过于狭窄。“行政机关及其授权单位”的概念从内涵上讲是对的，但是对这样的主体通常从行政法的角度将其称为“行政主体”。

（一）行政主体的界定

行政主体是指享有行政权力，能以自己的名义行使行政权，作出影响行政相对人权利、义务的行政行为，并能独立承担由此产生的相应法律责任的社会组织。

行政主体主要有以下几点特征。[①]

1. 行政主体是社会组织

在人类社会，只有由个人组成的社会组织，才有能力管理行政事务、实现国家行政职能，才能被法律赋予行政权而代表国家实施行政行为，成为行政主体。但并非所有的社会组织都能成为行政主体，只有在法定条件下，某个社会组织才有可能成为行政主体。任何个人，包括国家公务员，都不能成为行政主体。

2. 行政主体是享有行政权力的组织

行政权力是指国家赋予的、运用国家强制力对公共利益进行维护和分配的权力。某个社会组织要成为行政主体，必须依法享有行政权。在我国，国家行政机关可以通过宪法和法律赋予而享有行政权，可以成为行政主体。一定的行政机构和其他社会组织，经法律、法规授权，也可以成为行政主体。

3. 行政主体是能以自己的名义行使行政权的组织

以自己的名义行使行政权，是指在法律范围内依照自己的判断作出决定、发布命令，并以自己的职责保障这些决定和命令的实施等。能够以自己的名义行使行政权，是判断行政机关及其他组织能否成为行政主体的主要标准。

4. 行政主体是能够独立承担法律责任的组织

能否独立承担法律责任，是判断行政机关及其他组织能否成为行政主体的关键条件。要成为行政主体，必须享有行政权，并以自己的名义去实施行政权，同时还必须能够独立参加行政复议和行政诉讼活动，独立承担因行使行政权而产生的法律责任。

（二）行政主体与行政性垄断行为

行政主体具有行政职权，这些行政职权包括行政立法权、行政决策权、行政决定权、行政许可权、行政命令权、行政执行权、行政检查权、行政强制权、行政处罚权、行政司法权等。如果行政主体违反法律规定的职权范围和行使职权的程序来行使行政职权，则属于行政职权的滥用。这种权力的滥用在一些情形下会限制竞争。

行政性垄断行为的主体只能是行政主体，即依法享有行政管理权的行政机关及经法律、法规授权的其他社会组织。依法享有行政管理权的行政机关是当然的行政性垄断行为主体，而经过法律、法规授权的其他社会组织的主体属性则应视具体情况而定，因为这类组织同时也是市场主体，它们所实施的垄断可能是行政性垄断，也可能是经济垄断，只有在滥用行政权力实施限制竞争行为的情况下，它才成为行政性垄断行为的主体。

我国《反垄断法》第8条规定："行政机关和法律、法规授权的具有管理公共事务职能的组织不得滥用行政权力，排除、限制竞争。"虽然使用的是"行政机关和法律、法规授权的具有管理公共事务职能的组织"这一用语，但其与行政主体基本上同义。

二、除国务院以外的行政机关

中央政府能否成为行政性垄断行为的主体是一个值得探讨的问题。有学者认为，行政性垄

① 参见全国注册税务师执业资格考试教材编写组编：《税收相关法律》，10～11页，北京，中国税务出版社，2006。

断行为的主体应当是上至中央政府下至乡镇政府。但大多数学者认为，中央政府尽管是行政机关，也有排斥和限制竞争的可能性，但中央政府是国家的代表，其所实施的垄断本质为国家垄断，不应与行政性垄断混为一谈。国务院为国家最高行政机关，宪法已赋予了中央政府广泛的干预和管理社会经济事务的权力。中央政府无论是设立海关对进出口贸易进行垄断管理，还是对某些战略物资和日常消费品的指定经营都代表了国家的意志和利益，其本质应当是国家垄断而不是行政性垄断行为。[①] 并且，如果中央政府制定了与宪法和法律相抵触的行政法规，造成某些事实上的不合理垄断时，也应当按照宪法和法律的规定由全国人大或其常委会予以纠正，而不能成为反垄断法的规范对象。

行政机关是指依照宪法和有关组织法的规定设置的，行使国家行政职权，负责对国家各项行政事务进行组织、管理、监督和指挥的国家机关。根据行政机关职权管辖的范围，行政机关有中央行政机关和地方行政机关之分。

（一）中央行政机关

中央行政机关是指所管辖区域及事务范围涉及全国的行政机关，包括国务院、国务院组成部分、国务院直属机构和国务院部委管理的国家局。其中国务院实施的垄断属于国家垄断的范畴，是合法行为。

1. 国务院组成部分

国务院组成部分即国务院职能机关，是负责国家行政管理某一方面事务或某些职能的工作机构，是国务院的组成部分，依法对某一方面的行政事务具有全国范围内的管理权限，包括国务院各部、委员会等。国务院的行政职能主要由各部委承担，各部管理比较专门的行政事务，各委员会则负责管辖比较综合性的行政事务。

2. 国务院直属机构

国务院直属机构是国务院主管某项专门业务的机构，如国家税务总局等。它们由国务院根据工作需要和精简的原则设立。直属机构的法律地位低于各部委，但也具有独立的职权和专门职责，可以在主管事项的范围内，对外发布命令、指示。

3. 国务院部委管理的国家局

国务院部委管理的国家局是国务院根据国家行政事务管理的需要，依法设立的由相应部委实施管理的行政主管职能部门。

（二）地方行政机关

地方行政机关是指活动范围及管辖事项仅限于国家一定行政区域范围内的行政机关，包括地方各级人民政府及其职能部门。

1. 地方各级人民政府

地方各级人民政府是地方各级权力机关的执行机关，负责组织和管理本行政区域内的一切行政事务，依照宪法和组织法的规定，以自己的名义独立行使相应行政职权，都是行政主体。

2. 地方各级人民政府的职能部门

地方各级人民政府可以根据工作需要，设立若干职能部门，承担某一方面事务的组织与管

---

① 参见种明钊主编：《竞争法》，298 页，北京，法律出版社，2005。

理。政府工作部门受本级人民政府统一领导，并受上级人民政府主管部门的领导和业务指导。它们能以自己的名义独立行使宪法和有关法律规定的职权，并承担相应的法律后果。

3. 地方人民政府的派出机关

地方人民政府的派出机关是指县级以上地方人民政府因工作需要，经有权机关批准而在一定行政区域内设立的承担该区域内各项行政事务的国家行政机关，市辖区、不设区的市人民政府经上一级人民政府批准设立的街道办事处等。地方人民政府的派出机关并不是一级人民政府，但实际上履行着一级人民政府的职能，在一定区域内依法行使对所有行政事务的组织和管理权，能以自己的名义独立行使行政职权，并对其行为后果承担法律责任，因而它们具有行政主体资格。

三、法律、法规授权的组织

法律、法规授权的组织，是指依法律、法规授权而行使特定行政职能的非国家机关组织。被授权组织在行使法律、法规所授职权时，享有与行政机关相同的行政主体地位。它们可以以自己的名义行使所授职权，并对外承担法律责任。

1. 行政机构

行政机构是指国家行政机关因行政管理的需要而设置的，具体处理和承办各项行政事务的内部组织、派出组织和临时组织。行政机构不具有独立的编制和财政经费，一般不具有行政主体资格，只能以所在行政机关的名义对外实施行政行为。但是，经行政法律、法规的授权，行政机构可以成为授权行政主体。

2. 特殊企业

企业在通常情况下是行政法律关系中的行政相对人，但是在特定情况下，法律、法规也可授权其行使一定行政职能而成为行政主体。目前，我国的公用企业、金融企业、行政性专业公司往往因行政授权而成为行政主体。

3. 事业单位

事业单位是从事某种专业性活动，不以营利为目的，经费全部或部分由国家财政拨款的单位。事业单位不是行政机关，不具有行政主体地位，更多情况下是接受法律、法规的授权，取得行政主体地位，实施某项行政活动。

4. 社会团体

社会团体是指社会成员本着自愿原则，按照团体章程而依法组成的集合体。社会团体经过法律、法规授权，可以成为行政主体。

5. 其他组织

除上述社会组织外，基层群众性自治组织，如居民委员会和村民委员会等，经授权，也可从事一定的行政职能活动，成为行政主体。

问题与思考

1. 2008年8月1日，我国《反垄断法》正式实施，实施的当天以北京兆信为首的四家防伪企业，以行政性垄断为由向北京市第一中级人民法院对国家质检总局提起诉讼。据此，请思考下列问题：

（1）以北京兆信为首的四家防伪企业在竞争法律关系中属于哪一类竞争主体？

（2）国家质检总局在竞争法律关系中的主体地位如何？

2. 反垄断法对普通商事企业（经营者）的规范与反不正当竞争法的不同之处在于反不正当竞争法不会对经营者进行任何规模、领域上的区分，只要经营者从事了不正当竞争行为就是非法行为；而反垄断法在对普通商事企业进行规范时会针对不同规模、不同市场势力的企业分别进行规范，尽管这种规模和市场势力的区分本身是相对的，但各国的反垄断法由于国情、经济背景、经济政策和经济发展水平的不同，对所谓的“大企业”和“有一定的市场势力的企业”的界定是不同的。反垄断法主要规范大企业和有一定市场势力的企业，而反垄断法很少规范中小企业的行为。[①] 据此，请思考下列问题：

（1）反垄断法为什么对经营者行为进行规制时要考虑其规模、市场势力等情况，而反不正当竞争法无须对经营者进行任何规模、领域上的区分？

（2）反垄断法为什么对具有自然垄断性质的经营者不论其规模、领域均予以特别规制？

参考文献

1. 王晓晔主编．经济全球化下竞争法的新发展．北京：社会科学文献出版社，2005

2.《各国反垄断法汇编》编选组编．各国反垄断法汇编．北京：人民法院出版社，2001

3. 姚海放．经济法主体理论研究．北京：中国法制出版社，2011

---

① 参见孟雁北：《反垄断法主体制度研究》，载吴志攀主编：《经济法学家》（2003），北京，北京大学出版社，2004。

第五章

竞争法的执法机构和执法程序

本章概要

竞争法的实施除了需要当事人的自觉遵守与民事救济渠道外，一般还需要有一个专门机关负责竞争法的行政执法，以确保竞争法的立法目的能够实现。

美国的竞争法是以反托拉斯法为核心内容的。研究美国竞争法的执法机构，主要关注美国反托拉斯法的执行机构及其职能。美国反托拉斯法的执行机构有司法部反托拉斯局和联邦贸易委员会。在德国，《反对限制竞争法》的执法机构为联邦卡特尔局、联邦经济部以及依州法享有管辖权的州最高机关。联邦卡特尔局是一个独立的联邦高级机关，它属于联邦经济部长的业务范围。日本竞争法的执法采用单一的准司法机关与法院协调运作的模式：根据1947年的《禁止垄断法》设立公正交易委员会，隶属于内阁总理大臣，是内阁之外的政府行政机关。欧盟的竞争法执法机构由欧盟委员会、部长理事会、欧洲议会与欧洲法院组成，在欧盟竞争法规则的制定与实施中，它们的权限各不相同，从竞争法执行的角度看，欧盟竞争法主要的执法机构是欧盟委员会与欧洲法院。

中国竞争法执法机构，主要由市场监管总局和相关部门构成，其具体职责分工由《反不正当竞争法》和《反垄断法》及其相关法规确定。国务院反垄断委员会专门负责组织、协调、指导反垄断工作。

为了保证竞争法实施的公正、真实、准确，大多数竞争立法都在实体法内容之外规定了与竞争法的实施有关的程序，其中既包括了行政程序，也包括了与各种诉讼有关的程序。竞争法的执法程序一般包括受理、调查、审议或审查、裁决、执行等步骤，但各国（地区）的具体规定差异较大。

关键术语

竞争执法机构　国务院反垄断委员会　美国司法部反垄断局　美国联邦贸易委员会　德国联邦卡特尔局　日本公正交易委员会　欧盟委员会　竞争执法程序

第一节 竞争法的执法机构

竞争法的实施机构，除了行政执法机构外，实际上还有司法机关，但由于竞争法的司法有专门的司法程序和规则，因此我们主要研究竞争法的行政执法机构。

一、西方主要国家（地区）竞争法的执法机构

（一）美国竞争法的主要执法机构

美国的竞争法是以反托拉斯法为核心内容的，所以，研究美国竞争法的执法机构，主要关注美国反托拉斯法的执行机构及其职能。

美国反托拉斯法的执行机构主要由司法部反托拉斯局和联邦贸易委员会构成。其中，司法部反托拉斯局有权就反垄断案件进行调查，并向法院提起民事、刑事诉讼；而联邦贸易委员会具有准司法机构的性质，它有权独立地对具体反垄断案件进行审理和裁决。

1. 美国司法部反托拉斯局

美国司法部反托拉斯局成立于1903年，是一个由司法部部长助理领导的独立机构。该局由华盛顿审判处、全国10个地方办事处和设在华盛顿的专家办公室三个职能部门组成。华盛顿审判处负责处理特别调查案件、大陪审团审理的案件及法院判决的执行；10个地方办事处分布在全国，职能与华盛顿审判处的职能相同；专家办公室设在华盛顿总部，负责研究、咨询涉及反托拉斯局总体工作技术问题，包括经济政策办公室、政策规划办公室、外国商业组织办公室、工业办公室等。

司法部反托拉斯局拥有广泛的调查权力，在完成调查事项后，可根据案件情况提起民事诉讼或刑事诉讼。司法部反托拉斯局曾经是美国唯一的竞争法执行机关，即便在联邦贸易委员会设立之后，它仍是美国最主要的竞争法执行机构，像著名的IBM案、微软案等，都是司法部反托拉斯局负责办理的。

2. 美国联邦贸易委员会

美国于1914年通过《联邦贸易委员会法》而设立了联邦贸易委员会。联邦贸易委员会设立的目的是利用其具有法律、经济和商业的专业知识，比司法部更为独立自主、积极主动地提供商业指导原则，以确认和制止发生的反托拉斯问题，并通过特殊的行政程序确保执法效果。此外，联邦贸易委员会还可以实施其他相关法律。

联邦贸易委员会除委员会议外，主要包括竞争局、消费者保护局、经济局、政策发展室、行政法官室、主要官员办事处、公共事务室、国会关系室、法律总顾问室、地区办事处及地区站。联邦贸易委员会的执法程序主要是调查，签发“同意令”，行政法官初步裁决，上诉，救济程序，制定贸易管理规则等。

联邦贸易委员会主要有以下职权。

（1）行政权。联邦贸易委员会的行政权具体表现为：对经营者的相关资料的收集和调查权；对不正当竞争及欺诈行为发布禁令的权力；对违反反托拉斯法的调查权；传唤证人听取证

言，要求提供书证、复制抄录证据的权力；讯问权；同意命令权；行政指导权等。

(2) 准立法权。联邦贸易委员会享有国会授予的制定与法律具有同等效力的行政规则和命令的权力。1963年联邦贸易委员会颁布的第一个“贸易法规规则”，就是对《联邦贸易委员会法》第1条“不正当的竞争方法或不正当的欺骗性做法”的具体化和明确化。

联邦贸易委员会拥有特殊的权力，能够“对商业中或影响商业的不正当或欺骗性的行为或做法制定解释性的规则和发布普遍性的政策声明”，能够通过制定一些规则来“规定哪些特定的行为或做法是商业中或影响商业的不正当或欺骗性的行为或做法”，而这些规则“可能包括一些标准，规定这些标准是为了防止这种特定的行为或做法”①。

(3) 准司法权。联邦贸易委员会拥有对具体的违法案件进行审理和裁判的权力。联邦贸易委员会采取类似于司法的体制和程序进行裁决，当事人对其裁决不服时可以请求联邦上诉法院进行司法审查，直至联邦最高法院。而法院一般都会尊重联邦贸易委员会作出的这些具有专业性的裁决。

(二) 德国竞争法的执法机构

在德国，《反对限制竞争法》的执法机构有一个特有的称谓叫“卡特尔当局”。1998年修订的德国《反对限制竞争法》第二编“卡特尔当局”第48条规定：“卡特尔当局是联邦卡特尔局、联邦经济部以及依州法享有管辖权的州最高机关。”1958年，德国《反对限制竞争法》生效后，依据该法设立了联邦卡特尔局。联邦卡特尔局是一个独立的联邦高级机关，所在地设在波恩。它属于联邦经济部长的业务范围。

联邦卡特尔局具有很高的权威性和独立性，这主要体现在其下设的决议处可以完全独立地对具体案件进行审理和裁定，任何组织或个人都无权干涉。而有关的上诉法院和联邦法院可以审查联邦卡特尔局的裁定并依法改判。

联邦卡特尔局的决定由依据联邦经济部的规定而设立的各个决议处作出。此外，由联邦卡特尔局局长颁布工作条例，规定联邦卡特尔局的业务分工和业务程序。工作条例须经联邦经济部确认。决议处以一名主席和两名委员的名义作出决定。决议处的主席和委员必须是终身公务员，并具备担任法官职务或高级行政职务的能力。联邦卡特尔局的成员既不得是企业的所有人或领导人，也不得是企业、卡特尔、经济联合会或企业联合会的董事会或监事会成员。联邦卡特尔局虽然是行政机关，但其作出决议具有准司法性。

德国联邦卡特尔局下设行政科、诉讼程序与一般法律事务科、欧洲与国际卡特尔处、基本问题处、新闻室和10个决议小组。其高级官员中有半数是法律学家和经济学家。

联邦卡特尔局的职权主要有：讯问权；查阅和检查权；搜查和扣押权；对已登记卡特尔的异议权；命令经济同业团体接纳特定企业权；许可废止权；命令企业变更卡特尔契约或协议的效力；企业结合的解散权；告诫权；对卡特尔契约或协议作出不准生效的处置权；禁止权；罚款权；处分权；不当利益没收权；卡特尔登记权等。

根据《反对限制竞争法》，在德国还设立了一个独立的顾问咨询机构，即垄断委员会。垄

① [美] 马歇尔·C. 霍华德著，孙南申译：《美国反托拉斯法与贸易法规》，49页，北京，中国社会科学出版社，1991。

断委员会共有 5 名成员，他们由联邦共和国总统根据联邦政府的建议任命。5 名成员分别具有经济、商业管理、社会政策或商法领域的专门知识和经验。垄断委员会没有决策权，它的任务主要是制作报告：每两年发表一份报告，对有关合并监控的法律规定的适用作出评价，并就其他竞争政策方面的现实问题发表意见。此外，它有权就提请联邦经济部长批准合并的申请提出有关意见。垄断委员会所在地设在科隆。[①]

【背景资料】[②]

德国联邦经济部的主要职责包括：(1) 审批成立特别卡特尔；(2) 当出口合同的适用明显损害了国家对外经济的利益时，指定成员企业修改合同，或宣布合同无效；(3) 当成员企业不能证明通过联合会产生更好的竞争条件并因此改善市场被控制的局面，反而可能出现控制市场或加强控制市场的地位时，宣布禁止这种联合的产生。联邦经济部长依据《反对限制竞争法》颁布的禁止令或裁决，若作过一般性指示，则应在联邦公报上公布该类指示。

（三）日本竞争法的执法机构

日本的竞争法采用的是二元立法例，由 1934 年的《不正当竞争防止法》和 1947 年的《禁止垄断法》构成。日本竞争法的执法机构采用单一的准司法机关与法院协调运作的模式。根据 1947 年的《禁止垄断法》设立的公正交易委员会，是由委员长和 4 名委员组成的合议制的行政机关。日本之所以设立这种行政委员会性质的公正交易委员会，除了仿照美国联邦贸易委员会而设置的历史原因外，最主要的原因是要通过慎重的程序，判断是否违反反垄断法；并在此基础上采用多数专家合议的制度，合议制度不仅可以排除政治上的党派性，而且在法的执行方面可以确保它的连续性和一贯性。

公正交易委员会隶属于内阁总理大臣，是内阁之外的政府行政机关。委员长和委员独立行使职权，在执法上不受总理大臣的指挥和监督；对违法案件采取裁判程序。公正交易委员会的职权具有准司法权的属性。

公正交易委员会的职权主要有：进行调查的强制性权力；委托调查权；必要事项的公开权；采取适当措施的权力；调查上的强制处分权；对违法者的劝告审决权；罚款权；申请法院没收提存物权；申请法院命令停止营业权等。《禁止垄断法》第 27 条之二规定，公正交易委员会掌管下列事务：(1) 有关私人垄断的规制；(2) 有关不正当交易限制的规制；(3) 有关不正当交易方法的规制；(4) 有关垄断状态的规制；(5) 就实质性限制一定交易领域竞争的行为的规制，对可能会妨害公平竞争的行为的规制，为防止事业支配力过度集中的规制以及其他对事业活动不正当限制的规制，而进行有关事业活动及经济实际状况的调查或者调整经济法令等；(6) 除以上各项规定外，依据法律规定属于公正交易委员会掌管的事务。[③]

（四）欧盟竞争法的执法机构

欧盟竞争法的执法机构由欧盟委员会、部长理事会、欧洲议会与欧洲法院组成。在欧盟竞

① 参见李国海：《反垄断法实施机制研究》，65～70 页，北京，中国方正出版社，2006。

② 参见种明钊主编：《竞争法》，329 页，北京，法律出版社，2005。

③ 参见《各国反垄断法汇编》编选组编：《各国反垄断法汇编》，430 页，北京，人民法院出版社，2001。

争法规则的制定与实施中，它们的权限各不相同。从竞争法执行的角度看，主要的竞争法执行机构是欧盟委员会与欧洲法院。

欧盟委员会是欧盟竞争法当然的执行机构。《关于实施欧盟条约第 81、82 条竞争规则的 1/2003 号决议》的第 4 条，直接赋予欧盟委员会执行欧盟条约第 81、82 条的权力。欧盟委员会通过 23 个总局工作，其中第四总局及竞争总局具体负责竞争政策与法律的实施。最初欧共体竞争局的部门设置主要按照企业或企业组织违法形态来进行划分：反托拉斯部、集中控制部与国家补贴部。此后欧共体竞争局经过机构改革后，除国家补贴部外，将原有的部门重新按照经济产业来划分，设立了计划与资源部、政策与战略部，以及能源水利食品与卫生部、信息通信与传媒部、服务业部、工业部和消费品部几个专业部门。近年来在竞争总局增加了总经济师的职位，总经济师从专家角度提供独立的专业性意见供总局局长决策参考。此外，欧盟委员会还有一名专门负责竞争事务的委员。

欧洲法院对欧盟委员会所作出的决定有无限制的管辖权，成员国、企业甚至个人对欧盟委员会的决定不满都可以向欧洲法院起诉，欧洲法院通过判例来弥补法律规定的不足。为了减轻工作负担，欧共体在 1988 年 10 月 24 日设立了初审法院，可以从事实上和法律上审查欧盟委员会所作出的决定，二审法院则限于审查决定中的法律问题。

欧盟委员会执行竞争法时的职权主要有：(1) 调查权。欧盟委员会为了履行其职能首先需要对进入市场的企业与企业组织是否违反了相关反垄断法进行了解与调查，这是欧盟委员会的一项基础性权力，也是使职权能够得到公正实施的前提。(2) 审查权。这是指对涉及合并的企业或者企业组织的协议进行调查后作出批准或者不批准的权力，以及是否符合法定豁免的权力。(3) 罚款权。此权力的设置使欧盟委员会的权力具有制裁的性质。①

从上述各国和欧盟的情况看，在设立专门机关负责竞争法的执法上，西方各国的思路是一致的，但在设置一个什么样的机关即具体的体制上有各自不同的特点：(1) 在反垄断机构设置的数量上，有的国家由一个机关作为竞争执法机构，如日本的公正交易委员会、匈牙利的经济竞争局；有的国家则由两个或者两个以上的机关作为竞争执法机构，如德国的联邦经济部、联邦卡特尔局等，美国的联邦贸易委员会和司法部反托拉斯局等。(2) 在反垄断专门机关的性质及隶属关系上，有的国家的竞争执法机构具有准司法性，如美国的联邦贸易委员会、日本的公正交易委员会，它们分别隶属于总统和内阁总理大臣，独立从事竞争法的执法活动，除享有一般行政权限外，还享有准司法权，其裁决案件的程序大体相同于法院；有的国家则以典型的行政机关作为竞争法的执法机构，这是欧洲多数国家所采取的体制，如德国的卡特尔局、英国的公平贸易局，它们分别隶属于经济部长和商业部长，当然，这些专门机关在对具体案件的裁决上有相当的独立性，尤其是德国的卡特尔局，其决议处在对卡特尔案件作出裁决时，不管是经济部长还是卡特尔局长都不得对具体案件发布指令。(3) 在反垄断执法机关与反不正当竞争执法机关的关系上，有的国家实行反垄断执法机关与反不正当竞争执法机关合一的模式，即由一个机关统一来执行反垄断法和反不正当竞争法（或由一个机关来执行单一立法例模式的竞争法），如日本公正交易委员会；有的国家则实行反垄断执法机构与反不正当竞争执法机构分立的模式，或者只有反垄断执法机构而没有专门的反不正当竞争执法机构，如德国的卡特尔局和法国的竞争审议委员会只负责执行反垄断法。②

---

① 参见胡光志主编：《欧洲竞争法前沿研究》，189～191 页，北京，法律出版社，2005。

② 参见王先林：《关于中国反垄断执法机构的设置与职责问题的探讨》，载《中国行政管理》，2000 (8)。

二、我国竞争法的执法机构

（一）我国竞争法的执法机构的现状

我国于2018年1月1日起正式实施新修订的《反不正当竞争法》，该法第4条规定：县级以上人民政府履行工商行政管理职责的部门对不正当竞争行为进行查处；法律、行政法规规定由其他部门查处的，依照其规定。我国《反垄断法》第9条规定，国务院设立反垄断委员会，负责组织、协调、指导反垄断工作，履行下列职责：（1）研究拟订有关竞争政策；（2）组织调查、评估市场总体竞争状况，发布评估报告；（3）制定、发布反垄断指南；（4）协调反垄断行政执法工作；（5）国务院规定的其他职责。国务院反垄断委员会的组成和工作规则由国务院规定。《反垄断法》第10条规定：国务院规定的承担反垄断执法职责的机构（以下统称国务院反垄断执法机构）依照本法规定，负责反垄断执法工作。国务院反垄断执法机构根据工作需要，可以授权省、自治区、直辖市人民政府相应的机构，依照本法规定负责有关反垄断执法工作。由此可见，我国反不正当竞争法的执法机构主要是“县级以上人民政府履行工商行政管理职责的部门”，而反垄断执法机构是在反垄断委员会的组织、协调和指导下的国务院承担反垄断执法职责的机关。

根据第十一届全国人民代表大会第一次会议批准的国务院机构改革方案和《国务院关于机构设置的通知》（国发［2008］11号），在反垄断执法工作方面，明确由商务部承担国务院反垄断委员会组织、协调、指导反垄断工作的具体工作，同时明确了国家发改委、商务部、国家工商管理总局在不同领域反垄断方面的职责分工：国家发改委拥有“依法查处价格违法行为和价格垄断行为”的职责①；商务部负责“经营者集中的反垄断审查等工作，并承担国务院反垄断委员会的具体工作”②；国家工商行政管理总局则“负责垄断协议、滥用市场支配地位、滥用行政权力排除限制竞争方面的反垄断执法工作（价格垄断行为除外）”③。2018年3月，第十三届全国人民代表大会第一次会议批准的国务院机构改革方案中，国务院将国家工商行政管理总局的职责，国家质量监督检验检疫总局的职责，国家食品药品监督管理总局的职责，国家发展和改革委员会的价格监督检查与反垄断执法职责，商务部的经营者集中反垄断执法以及国务院反垄断委员会办公室等职责整合，组建国家市场监督管理总局，作为国务院直属机构。

（二）我国竞争执法机构的职权

竞争法在对竞争执法机构设置的组织体制作出规定的同时，还需要对其职责、权限作出明确的规定，使其能依法充分、严格地行使权力，同时又受到必要的约束。实际上，对于国家机关来说，其职责与权限是一个问题的两个方面，其享有的任何权力又是其应尽的职责。

我国《反不正当竞争法》第13条规定，监督检查部门调查涉嫌不正当竞争行为，可以采

---

① 参见《国家发改委新“三定”方案获批 集中精力抓宏观调控》，见 http：//news. xinhuanet. com/ fortune/ 2008-08/21/content 9573632. htm，访问日期：2008-10-29。

② 《中国商务部新“三定”方案获国务院批准 成立反垄断局》，见 http：//news. xinhuanet. com/newscenter/ 2008-08/23/content _ 9651448. htm，访问日期：2008-10-29。

③ 《国务院批准国家工商总局主要职责内设机构和人员编制规定》，见 http：//sz. egs. gov. cn/structure/gsdt/ xwxxzw? infid=465，访问日期：2008-10-29。

取下列措施：（1）进入涉嫌不正当竞争行为的经营场所进行检查；（2）询问被调查的经营者、利害关系人及其他有关单位、个人，要求其说明有关情况或者提供与被调查行为有关的其他资料；（3）查询、复制与涉嫌不正当竞争行为有关的协议、账簿、单据、文件、记录、业务函电和其他资料；（4）查封、扣押与涉嫌不正当竞争行为有关的财物；（5）查询涉嫌不正当竞争行为的经营者的银行账户。

我国《反垄断法》第38、39条规定，反垄断执法机构依法对涉嫌垄断行为进行调查。反垄断执法机构在调查涉嫌垄断行为时，可以采取下列措施：（1）进入被调查的经营者的营业场所或者其他有关场所进行检查；（2）询问被调查的经营者、利害关系人或者其他有关单位或者个人，要求其说明有关情况；（3）查阅、复制被调查的经营者、利害关系人或者其他有关单位或者个人的有关单证、协议、会计账簿、业务函电、电子数据等文件、资料；（4）查封、扣押相关证据；（5）查询经营者的银行账户。

但这些调查权或措施对于查处违反竞争法的行为是远远不够的，因此我国的竞争法执法机构还应具备一些特别调查权，如搜查权、扣押权、监听权、传唤权等，这些权力对于反垄断法的执法尤为重要。当然，这些特别调查权必须得到法律的专门授权，并遵循行使这些权力时应遵循的程序，否则可能会对经营者的权利构成不当的限制。综上所述，目前，我国竞争法执法机构的职权应包括以下内容。

1. 调查检查权

竞争法执法机构为履行其职能，对市场竞争参与者的行为是否违反竞争法的规定进行调查了解和检查监督，是其最基本的权力，也是行使其他职权的前提。通过调查和检查，竞争法的执法机构可以及时了解和掌握市场主体在竞争中的表现。在竞争法的执法机构行使调查检查权的过程中相对人也负担一些程序上的义务，如必须配合调查、检查，如实说明情况和提供有关资料等。相应地，竞争法的执法机构也必须依照法律规定的权限和程序进行，如在检查时应出示证明文件等。当然，在调查过程中，为防止当事人之间串通，毁灭证据等，也应允许竞争法执法机构在特定情况下不通知被调查者而进行秘密调查。

2. 审核批准权

竞争执法机构具有对企业合并等行为进行调查并作出批准或者不批准决定的权力，以及审查被调查的企业的限制竞争行为是否构成法定豁免或除外的权力。竞争法执法机构在作出这样的决定时，要根据反垄断法的规定并考虑到特定时期的国家经济政策和产业政策等情况。因此，这一权力的行使有较大的弹性，竞争法执法机构的自由裁量权也比较大。

3. 行政处罚权

竞争法执法机构在依法经调查确认行为人违反竞争法的情况下，有权依法对违法者施加行政制裁措施，如罚款、没收非法所得等。这种权力的行使直接影响到相对人在实体上的权利(剥夺或限制一定的权益)，因此必须严格依法进行。

4. 行政强制措施权

为保障竞争法执法机构各项职权的行使和职能的实现，应赋予其在特定情况下采取行政强制措施的权力，如查封、扣押等。这种强制措施对相对人的生产经营影响较大，因此应严格规定其行使的条件。

5. 行政裁决权

这是竞争法执法机构对某些违法行为进行裁决的权力，是其作为行政执法机构所享有的一种准司法权。这是现代社会行政日趋专门化以及复杂社会关系需要强大行政力量的结果。尤其是在反垄断案件中，因其专业性强，行政裁决更有优势。行政裁决作为一种行政决定，具有执行性，但不具有终局性。因此，在确认竞争法执法机构享有行政裁决权时必然要确定法院对这种行政裁决的司法审查权。

6. 规章制定权

竞争法执法机构（主要是反垄断执法机构）应有权在反垄断法规定的范围内就具体实施反垄断法制定行政规章，以利于反垄断法的实施，指导和规范市场主体的竞争行为。这可以称为反垄断执法机构的准立法权。

第二节 竞争法的执法程序

竞争法的实施，对反竞争行为的调查、处理不仅具有高难技术性，而且会产生巨大的社会经济影响。为了保证竞争法实施的公正、真实、准确，大多数国家在竞争法中除规定实体性内容之外，还规定了与竞争法实施有关的程序性内容，其中既包括行政程序，也包括与各种诉讼有关的程序。

竞争法的执法程序一般包括受理、调查、审议或审查、裁决、执行等步骤，但各国的具体规定差异很大。

一、西方主要国家竞争法的执法程序

（一）美国竞争法的执法程序

美国的竞争法执法机构主要是司法部反托拉斯局和联邦贸易委员会。美国竞争法的实施途径主要有以下两种。

（1）司法部反托拉斯局既可以提起禁止继续违法的民事诉讼，又可以提起对单位处以罚金、对个人处以监禁和罚金的刑事诉讼。

司法部反托拉斯局的执法程序主要分为两个阶段：一是依法对涉嫌违反《谢尔曼法》《克莱顿法》的行为进行调查；二是根据调查结果提起刑事诉讼或民事诉讼。该局是在普通法院提起民事诉讼或者刑事诉讼，需要遵循一般的民事诉讼或者刑事诉讼的程序规则。法院根据法律规定，在刑事责任方面对被告人作出罚金或者限制人身自由的处罚，在民事责任方面对被告人作出下达某一方面的禁令或者包括拆分企业措施在内的处罚。

此外，司法部反托拉斯局还可以进行非正式的和解程序，将其作为正式执法程序的补充。非正式和解程序是指司法部反托拉斯局在提起一些反托拉斯诉讼之前，与将要被指控的当事人进行同意令的谈判，当事人并不需要承认自己有违法行为，而只需要对司法部反托拉斯局提出的有关不再实施某种行为的要求作出承诺，司法部反托拉斯局相应地承诺不对其提起诉讼。这种通过谈判的形式取得的和解必须呈送到法院进行审查，以进一步保证和解程序是出于公共利益的需要。①

① 参见孔祥俊：《反垄断法原理》，743页，北京，中国法制出版社，2001。

(2) 联邦贸易委员会可以对违反某种反托拉斯法的行为作出行政裁决，也可以提起民事诉讼，但不能提起刑事诉讼。

联邦贸易委员会的执法程序主要包括对违法行为进行调查、签署“同意令”、初步裁决、发出“停止违法令”、要求救济等内容等。

联邦贸易委员会认为存在违法行为，而且该行为同公众利益极为相关的，会启动行政裁决程序，对当事人发出、送达起诉状，说明起诉的理由和审理的时间、地点。经过审理，行政法官可以作出初步裁决。当事人如对裁决不服，可以向联邦贸易委员会提起上诉。联邦贸易委员会在听取上诉意见后会作出决定，当事人如不服，可向上诉法院提起上诉直至联邦最高法院。

联邦贸易委员会可以向行政法官起诉，在某些情况下，也可以直接向联邦法院起诉。

此外，州总检察长除可以实施州反托拉斯法外，还可以在某些情形下根据联邦反托拉斯法提起对继续违法行为发布禁令和损害赔偿的民事诉讼。个人认为其被违反反托拉斯法的行为侵害时，可向联邦法院起诉，请求发布禁止实施该违法行为的禁令以及请求相当于损失额 3 倍的赔偿金。

(二) 德国竞争法的执法程序

德国的《反对限制竞争法》由卡特尔当局负责执行，而《反不正当竞争法》是作为特别侵权法而存在的，没有相关的行政执法机构来执行，而是由法院来执行的。

德国卡特尔当局的执法程序主要是依职权或依当事人的申请审理案件，确认管辖权，询问、口头辩论，调查、取证，搜查、扣押，要求提供情况，发布中间命令，作出处理决定等。具体介绍如下。

1. 程序的开始

卡特尔当局依职权或依当事人的申请开始执法程序。

2. 关于管辖权的先行裁定

当事人主张卡特尔当局不具有地域管辖权或事务管辖权的，卡特尔当局可以就管辖权作先行裁定。对该裁定可以单独以抗告撤销。当事人并未主张卡特尔当局不具有地域管辖权或事务管辖权的，则不得以卡特尔当局不正确地行使了管辖权为由提出抗告。

3. 询问、口头辩论

卡特尔当局应当给当事人以发表意见的机会，并应依当事人申请，传唤他们参加口头辩论。卡特尔当局可以在适当的情况下，给相关的经济各界的代表发表意见的机会。如果口头辩论事关公共利益或公共秩序，卡特尔当局应当依当事人的申请或依职权，全部或部分排除辩论的公开性。

4. 调查、取证

卡特尔当局可以进行一切必要的调查并获取一切必要的证据。

5. 搜查、扣押

卡特尔当局可以扣押那些作为证据对调查具有重要性的物品。扣押应及时向相关人公布。扣押时既没有相关人在场，又没有其成年的亲属在场，或者相关人及当相关人不在场时的成年亲属对扣押明确地提出异议的，卡特尔当局必须在 3 天内向扣押地的初级法院请求确认。相关人可以随时就扣押向法院请求裁定。

6. 要求提供情况

为了实现《反对限制竞争法》的立法任务，卡特尔当局可以要求企业或者企业联合组织提供有关其经济关系的情况，并要求其提交有关资料；可以在通常的营业时间内查阅和审核企业以及企业联合组织的业务资料；可以要求经济联合会和企业联合会提供有关章程、决议以及决议应适用的成员的数量和姓名等方面的情况。

7. 发布中间命令

为了规范临时状态，卡特尔当局可以就《反对限制竞争法》规定的授权事项发布中间命令。

8. 作出处理决定

卡特尔当局作出的决定应陈述理由，并连同向当事人所作的其允许使用的法律救济手段的说明一起，依法予以送达。

（三）日本竞争法的执法程序

日本公正交易委员会的执法程序通常要经过违法事件的发现与审查、劝告审决、同意审决、审决和提起诉讼这几个阶段。

1. 违法案件的发现与调查

日本公正交易委员会发现违法案件一般通过经营者的举报、自己依职权调查和检察总长通知几种途径。根据事件的内容和可信程度，公正交易委员会决定是否对涉嫌违反反垄断法的案件进一步展开调查，如果必要，还可以委托国家机关、依特别法设立的法人、学校、事业人团体或者有组织经验者进行调查。

2. 劝告审决

公正交易委员会确认违法行为后，一般应对违法行为人提出劝告，即劝告其停止违法行为。违法行为人接受这种劝告时，该劝告成为审决劝告，公正交易委员会可以不经审判程序径作出与该劝告同一内容的审决。

3. 同意审决

公正交易委员会作出审判开始决定后，如果被审人同意审判开始决定书记载的事实及法律适用，并以书面形式向公正交易委员会申请不经过其后的审判程序而接受审决，并提出补救措施计划书的，则公正交易委员会如认为适当，可不经过其后的审判程序而作出与该计划书记载的具体措施内容相同的审决。

4. 审决

公正交易委员会的审理程序是一种类似于司法程序的准司法程序，审理程序结束后所作出的判决的内容包括：列举事实；提出该事实与法律规定相违背的地方；作为排除措施而命令行为人采取的行动。公正交易委员会可以发布禁令，责令行为人停止违法行为。

5. 提起诉讼

当事人如果对公正交易委员会作出的裁决不服，可以向专属法院提起诉讼。法院只有在裁决缺少实质的证据和裁决违反了宪法与其他法律的情况下，才能取消公正交易委员会的裁决，否则，公正交易委员会提出的能够证明违法事实的实质证据对法院具有约束力。

对于严重违反《禁止垄断法》的行为，公正交易委员会会提出指控，移交总检察官提起刑事诉讼，依照刑事诉讼程序进行审理。

另外，根据《禁止垄断法》第 76 条的规定，日本在 1953 年就制定了《公正交易委员会审查及审判规则》，并在 1996 年进行了修订。该法规对于日本竞争法执法机构的执法程序进行了详尽的规定。

二、我国竞争法的执法程序

我国《反不正当竞争法》没有规定专门的竞争法的执行程序，仅在该法第 3 条规定："各级人民政府应当采取措施，制止不正当竞争行为，为公平竞争创造良好的环境和条件。""国务院建立反不正当竞争工作协调机制，研究决定反不正当竞争重大政策，协调处理维护市场竞争秩序的重大问题。"第 4 条规定："县级以上人民政府履行工商行政管理职责的部门对不正当竞争行为进行查处；法律、行政法规规定由其他部门查处的，依照其规定。"这虽然确认了我国《反不正当竞争法》的执法主要由各级政府履行工商行政管理职责的部门进行，但对其执法权限、执法程序很少规定，所以履行工商行政管理职责的部门的独立性和权威性都受到了限制。2007 年颁布的《反垄断法》对反垄断执法机构的执法程序作出了规定，特别是《反垄断法》第六章对涉嫌垄断行为的调查程序作出了具体的规定。

（一）反不正当竞争法执法程序

1. 立案与管辖

竞争法执法机构查处不正当竞争行为应当立案。县级以上监督检查部门对不正当竞争行为，可以进行监督检查。

2. 调查与检查

立案以后，竞争法执法机构应进行调查、检查以收集与不正当竞争行为有关的证据，办案人员在行使职权时应遵守有关的程序。

监督检查部门工作人员监督检查不正当竞争行为时，应当出示检查证件。监督检查部门在监督检查不正当竞争行为时，被检查的经营者、利害关系人和证明人应当如实提供有关资料或者情况。

监督检查部门调查涉嫌不正当竞争行为，可以采取下列措施：(1) 进入涉嫌不正当竞争行为的经营场所进行检查；(2) 询问被调查的经营者、利害关系人及其他有关单位、个人，要求其说明有关情况或者提供与被调查行为有关的其他资料；(3) 查询、复制与涉嫌不正当竞争行为有关的协议、账簿、单据、文件、记录、业务函电和其他资料；(4) 查封、扣押与涉嫌不正当竞争行为有关的财物；(5) 查询涉嫌不正当竞争行为的经营者的银行账户。

采取前述措施，应当向监督检查部门主要负责人书面报告，并经批准。采取前述第四项、第五项规定的措施，应当向设区的市级以上人民政府监督检查部门主要负责人书面报告，并经批准。

监督检查部门调查涉嫌不正当竞争行为，应当遵守《中华人民共和国行政强制法》和其他有关法律、行政法规的规定，并应当将查处结果及时向社会公开。

3. 行政处罚

经营者违反法律规定从事不正当竞争，有主动消除或者减轻违法行为危害后果等法定情形的，依法从轻或者减轻行政处罚；违法行为轻微并及时纠正，没有造成危害后果的，不予行政处罚。

经营者违反法律规定从事不正当竞争，受到行政处罚的，由监督检查部门记入信用记录，并依照有关法律、行政法规的规定予以公示。

4. 行政复议或行政诉讼

当事人对竞争法执法机构作出的处罚决定不服的，可以自收到处罚决定书之日起 15 日内向上一级主管机关申请复议；对复议决定不服的，可以自收到复议决定书之日起 15 日内向人民法院提起诉讼，也可以直接向人民法院提起诉讼。

5. 执行

被处罚人对处罚决定或复议决定拒不执行的，竞争法执法机构应依法申请人民法院强制执行。

（二）反垄断执法机构对涉嫌垄断行为的调查程序

根据《反垄断法》第六章的规定，反垄断执法机构对涉嫌垄断行为的调查程序分为一般程序和特别处理程序两类。

1. 反垄断调查的一般程序

（1）调查程序的启动。

反垄断执法机构调查的启动，除执法机构在工作中自行发现涉嫌垄断行为外，应当鼓励和保障单位和个人举报涉嫌垄断行为，这是提高反垄断执法效率的需要。我国《反垄断法》采用了反垄断执法机构依职权主动立案和依单位与个人举报立案两种调查程序的启动方式。《反垄断法》第 38 条规定，对涉嫌垄断行为，任何单位和个人有权向反垄断执法机构举报。反垄断执法机构应当为举报人保密。举报采用书面形式并提供相关事实和证据的，反垄断执法机构应当进行必要的调查。

（2）反垄断执法机构实施调查。

反垄断执法机构对涉嫌垄断行为立案后，即可依法实施调查。根据《反垄断法》第 39 条的规定，反垄断执法机构调查涉嫌垄断行为，可以采取下列措施：第一，进入被调查的经营者的营业场所或者其他有关场所进行检查。第二，询问被调查的经营者、利害关系人或者其他有关单位或者个人，要求其说明有关情况。第三，查阅、复制被调查的经营者、利害关系人或者其他有关单位或者个人的有关单证、协议、会计账簿、业务函电、电子数据等文件、资料。第四，查封、扣押相关证据。第五，查询经营者的银行账户。

采取上述措施之前，应当向反垄断执法机构主要负责人书面报告，并经批准。执法人员进行调查时，不得少于二人，并应当出示执法证件。执法人员进行询问和调查，应当制作笔录，并由被询问人或者被调查人签字。反垄断执法机构及其工作人员对执法过程中知悉的商业秘密负有保密义务。

《反垄断法》对被调查者在反垄断执法机构进行调查中的权利与义务也作出了规定：第一，被调查的经营者、利害关系人有权陈述意见。反垄断执法机构应当对被调查的经营者、利害关系人提出的事实、理由和证据进行核实。第二，被调查的经营者、利害关系人或者其他有关单位或者个人应当配合反垄断执法机构依法履行职责，不得拒绝、阻碍反垄断执法机构的调查。

（3）作出处理决定。

根据《反垄断法》第 44 条的规定，反垄断执法机构对涉嫌垄断行为调查核实后，认为构成垄断行为的，应当依法作出处理决定，并可以向社会公布。

2. 反垄断调查的特别处理程序

根据《反垄断法》45 条的规定，经营者在调查过程中也可以作出消除其垄断行为后果的承诺，反垄断执法机构对其可以采取三种处理方式。

(1) 中止调查。对于反垄断执法机构调查的涉嫌垄断行为，被调查的经营者承诺在反垄断执法机构认可的期限内采取具体措施消除该行为后果的，反垄断执法机构可以决定中止调查。中止调查的决定应当载明被调查的经营者承诺的具体内容。

(2) 终止调查。反垄断执法机构决定中止调查的，应当对经营者履行承诺的情况进行监督。经营者履行承诺的，反垄断执法机构可以决定终止调查。

(3) 恢复调查。有下列情形之一的，反垄断执法机构应当恢复调查：第一，经营者未履行承诺的；第二，作出中止调查决定所依据的事实发生重大变化的；第三，中止调查的决定是基于经营者提供的不完整或者不真实的信息作出的。

此外，我国《反垄断法》第 10 条规定，国务院反垄断执法机构依照本法规定，负责反垄断执法工作。国务院反垄断执法机构根据工作需要，可以授权省、自治区、直辖市人民政府相应的机构，依照本法规定负责有关反垄断执法工作。也就是说，我国反垄断执法工作主要由国务院设置的反垄断执法机构承担，其具体的执法程序与反不正当竞争执法程序相似，须经立案、调查与检查、行政处罚、行政复议或行政诉讼以及执行等阶段。

三、竞争法实施的司法程序

竞争法实施的司法程序主要有：第一，民事诉讼程序。第二，行政执法程序。美国、德国、日本等国家的竞争法中规定了行政执法程序及对行政执法程序的上诉程序，明确了竞争执法机构与法院的相互关系。第三，刑事程序。美国、日本等的竞争法中规定了一些特别刑事诉讼程序，以明确有关反竞争刑事诉讼中检察机构与反垄断机构的相互关系问题。

(一) 民事诉讼程序

竞争法的民事诉讼程序主要涉及两大内容：其一，是否在竞争法中规定受损害的竞争者或消费者作为一般民事主体的民事诉权和民事诉讼程序。在市场经济中，垄断行为、限制竞争行为、不正当竞争行为等造成的损害结果较为复杂，损害的不只是一个竞争对手的权益，经常会损害众多的不特定的竞争对手的合法权益，同时还会损害相当数量的消费者的利益。这必然使民事权利救济的方法具有特殊性，因此，有关竞争法的一般民事主体的民事诉权和民事诉讼程序就有了单独规定的必要。其二，是否规定行政机关的民事诉讼程序，即竞争法执法机构是否对特定的某些违反竞争法的行为具有民事诉权。当违法的垄断行为、限制竞争行为或不正当竞争行为造成的损害结果较为复杂或数额巨大，或涉及的民事主体超过一定的数量，或事关社会整体利益的损失时，竞争法执法机构是否能代表全体的被害者提起民事诉讼就是竞争法实施过程中需要解决的问题。

实践中，已有学者在这方面提出了民事公诉制度的说法[①]，这一说法很准确地指出了竞争法民事诉讼程序的性质。民事公诉制度是指通过授予竞争法执法机构对部分违反竞争法的行为提起民事诉讼的权（利）力，来保障其他利害相关人的合法权益。竞争法中的民事公诉制度是经济法的社会责任本位理念的具体体现。

---

① 参见史际春：《关于中国反垄断法概念和对象的两个基本问题》，载王晓晔编：《反垄断法与市场经济》，北京，法律出版社，1998；吴传凯：《建立反垄断国家起诉制度的有关问题》，载《亚太经济》，2000 (6)。

（二）行政执法程序

行政执法程序是约束行政机关正确行使职权，保证公正实施法律，保护当事人合法权益的重要条件。竞争法的实施涉及巨大的经济利益，事关市场经济的竞争机制，因此，非常有必要明确规定竞争法执法机构的行政执法程序、政令形式和适用情形等。

行政执法程序在竞争法的实施中需要注意的是，竞争执法机构作为行政机关，按照准司法程序审理特定案件，裁决特定争议的活动中准司法权的正确运用的问题。所谓"准司法程序"，是指此种程序具有司法程序的某些形式（如申请裁决、送达申请、答辩、听证、陈述、对质、辩论、裁决等）和适用司法程序的某些原则（如公开、公平、公正等），但它又不是完全的司法程序，不及司法程序严格、正式，行使的也不是司法权。

调查、认定违法的垄断行为、限制竞争行为、不正当竞争行为及其损害结果，是一项复杂的专业性很强的工作，而对违反竞争法的行为的处理，又常具有重大的经济影响，因此，许多国家建立的具有准司法性的行政执法制度，值得我国借鉴。

（三）刑事诉讼程序

我国现行刑法中虽然有涉及不正当竞争行为方面的规定，但缺乏针对竞争犯罪的明确规范。市场经济中，违法的垄断行为、限制竞争行为和其他不正当竞争行为会消除、阻碍竞争机制作用的发挥，破坏公平竞争的秩序，损害竞争对手和消费者的权益，损害社会公共利益。因此，在刑法中增设竞争犯罪的规定，是非常必要的。

当然，如果刑法增加了竞争犯罪的实体法内容，就会产生竞争法执法机构作为专属机构在刑事诉讼中的地位和职责问题，也必然需要规定相应的程序。因此，在竞争法中规定一些特别刑事诉讼程序，以明确有关竞争案件的刑事诉讼中检察机构与竞争法执法机构的相互关系问题，也是必要的。

问题与思考

欧盟委员会于 2007 年 7 月 30 日宣布，对于涉嫌垄断各自国家相关市场的德国能源企业意昂集团和法国天然气公用事业公司正式启动反垄断调查程序。此案起源于 2006 年的一项市场调查，欧盟委员会调查人员根据所获信息初步认定，德国能源企业意昂集团和法国天然气公用事业公司两家企业订下协议：互不进入对方国内能源市场以确保垄断地位。此举严重违反了欧盟条约中有关限制性经营行为的规定。据此，欧盟委员会宣布对德国能源企业意昂集团和法国天然气公用事业公司启动反垄断调查程序。[①]

根据上述案例请思考下列问题：

（1）欧盟委员会在欧盟竞争执法体系中处于何种地位？

（2）反垄断执法机构调查的启动方式有哪些？欧盟委员会对德国能源企业意昂集团和法国天然气公用事业公司反垄断调查程序的启动属于哪一种方式？

---

① 参见史际春等：《反垄断法理解与适用》，280 页，北京，中国法制出版社，2007。

参考文献

1. 刘宁元．中外反垄断法实施机制研究．北京：北京大学出版社，2005
2. 史际春等．反垄断法理解与适用．北京：中国法制出版社，2007
3. 李国海．反垄断法实施机制研究．北京：中国方正出版社，2006
4. 王健．反垄断法的私人执行——基本原理与外国法制．北京：法律出版社，2008
5. 文学国，孟雁北，高重迎．反垄断法执行制度研究．北京：中国社会科学出版社，2011
6. 蒋岩波，喻玲．反垄断司法制度．北京：商务印书馆，2012
7. 刘宁元主编．比较法视野下中国反垄断法运行机制研究．北京：法律出版社，2015

第二编

反垄断法

第六章

反垄断法总论

本章概要

关于垄断、垄断行为的概念，经济学家认为，垄断是一种没有相近替代品的产品的唯一卖者企业。垄断产生的基本原因是进入市场的障碍。进入障碍有三个主要原因：一是关键资源由一家企业拥有，从而形成资源性垄断；二是政府给予一个企业或少数企业排他性地生产某种产品或劳务的权利，从而由政府创造垄断；三是生产成本使一个生产者生产比众多生产者生产更有效率，从而形成自然垄断。从法学角度定义：垄断是指经营者或其他主体在经济活动中所从事或形成的受法律禁止的限制和阻碍竞争的行为或状态。

反垄断法的概念，有形式意义上的反垄断法和实质意义上的反垄断法之分。形式意义上的反垄断法，一般是指以“反垄断法”或“反对限制竞争法”等命名的法律规范性文件（成文法律或法典）。实质意义上的反垄断法，一般是指调整因规制垄断和限制竞争行为而产生的社会关系的法律规范系统（法律规范总称）。反垄断法除了具有公法和私法融合的特征外，还具有国家干预性、社会本位性和经济政策性。反垄断法的调整对象是因禁止排除或者限制市场竞争的状态或行为而产生的社会关系，主要体现为排除、限制竞争的垄断状态和垄断行为。现代反垄断法规制的主要是垄断行为。

反垄断法实施的原则是反垄断法基本精神和理念的体现与贯彻，通常贯穿于反垄断立法、执法、司法以及守法之始终。现代反垄断法经常适用和讨论的是源自美国反垄断法实践的两个原则，即本身违法原则与合理原则。

各国反垄断法大多有域外管辖权的规定。我国法律规定：对于域外的垄断行为，只要其对我国的竞争产生排除、限制影响，就可以对其行使管辖权，有关机关有权依据我国《反垄断法》的规定予以处理；外国在处理影响我国境内市场竞争的垄断行为时，应当以我国《反垄断法》作为准据法。

关键术语

反垄断法　垄断状态　垄断行为　本身违法原则　合理原则　域外管辖权

第一节　垄断和垄断行为概述

一、垄断和垄断行为的概念

垄断是一个古老的概念，亚里士多德在其《政治学》一书中，就使用了“垄断”和“竞争”，并且提出了优胜劣汰的规律。[①] 垄断作为一种经济现象，产生于资本主义社会，是自由竞争的对立物，又是自由竞争发展的必然结果。列宁也指出：“集中发展到一定阶段，可以说就自然而然地走到垄断。因为几十个大型企业彼此之间容易达成协议；另一方面，正是企业的规模巨大造成了竞争的困难，产生了垄断的趋势。”[②]

关于垄断、垄断行为的概念，在理论界历来存在着不同的理解。从经济学角度看，有的学者认为，垄断意味着人们在商品的生产、交换、买卖等商品贸易活动中的独占活动或寡头统治；或认为垄断是指经济活动主体通过激烈的市场竞争形成的对产品的供给乃至价格进行控制的行为或状态；有的学者则基于限制竞争行为与垄断行为区分的难度，干脆将这两种行为都概括为限制竞争的一种行为，如“垄断是与自由竞争相对的一个概念，是指排斥、限制竞争的各种行为的总称”，等等；还有的经济学家认为，垄断是一种没有相近替代品的产品的唯一卖者企业。垄断产生的基本原因是进入市场的障碍。进入障碍有三个主要原因：一是关键资源由一家企业拥有，从而形成资源性垄断；二是政府给予一个企业或少数企业排他性地生产某种产品或劳务的权利，从而由政府创造垄断；三是生产成本使一个生产者生产比众多生产者生产更有效率，从而形成自然垄断。[③]

对于垄断、垄断行为的概念，法学上的理解与经济学上的是不完全相同的。在各国的反垄断法中所称的垄断，强调其危害性与违法性，是一种受到法律禁止的经济行为。例如美国《谢尔曼法》第 2 条规定，任何人垄断或企图垄断，或与他人联合、共谋垄断州际或与外国间的商业和贸易，是严重犯罪。又如日本《禁止垄断法》第 2 条定义的“私人垄断”，是指事业者无论是单独地还是采取与其他事业者相结合或合谋等任何方式，排除或者支配其他事业者的事业活动，从而违反公共利益，实质地限制一定交易领域内竞争的行为。

目前对于垄断的概念和含义还没有统一的认识，各国对垄断的法律控制的范围和手段也不尽相同，这与每一个国家的经济发展、法律文化、政治需要等多种因素是相互联系的。垄断作为一种经济现象，有时是指一种垄断结构状态，有时是指垄断行为。由于垄断行为与垄断结构状态联系非常紧密，所以人们在大多数的场合所称的垄断是将垄断结构状态和垄断行为都包括在内的。

因此，从法学角度可以这样界定垄断：垄断是指经营者或其他主体在经济活动中所从事或形成的受法律禁止的限制和阻碍竞争的行为或状态。

---

① 参见王明湖主编：《反不正当竞争法概论》，4 页，北京，中国检察出版社，1994。

② 《列宁选集》，3 版，第 2 卷，585 页，北京，人民出版社，1995。

③ 参见［美］曼昆著，梁小民译：《经济学原理》，2 版，326～328 页，北京，三联书店、北京大学出版社，2001。

二、垄断行为的传统分类

在理论上，人们对垄断行为的表现形式的分类，主要有以下几种方法。[①]

（一）依垄断组织的具体表现形式不同进行分类

根据这种分类方法，垄断可以分为：短期价格协定、卡特尔、辛迪加、托拉斯、康采恩以及其他垄断组织形式。

（1）短期价格协定。短期价格协定是指大企业之间通过口头或书面方式规定在一定时期内共同控制某类商品的价格，从而获取高额利润。这种垄断形式因不具有长期性和稳定性而无法成为垄断行为的主要表现形式。

（2）卡特尔（Cartel）。卡特尔是指生产同类商品的企业通过以协定的方式来划分市场、规定产量或者确定价格而形成的垄断组织。卡特尔的各成员企业在生产、销售、财务上均保持自身的独立。卡特尔比短期价格协定涉猎的范围更广，也更稳定。

（3）辛迪加（Syndicat）。辛迪加是指同一生产部门的垄断企业在流通过程中通过订立共同销售产品和采购原材料的协定所建立的一种垄断组织。在这种组织中，各成员企业仍然享有法律上的独立地位，生产也各自独立，但是流通过程中涉及采购或销售时，各成员企业将失去其独立地位，而不得不根据协定服从于整个组织总办事机构的安排和指挥。

（4）托拉斯（Trust）。托拉斯是指生产同类商品或在生产上有密切投入一产出关系的企业，从生产到销售进行联合并组成一种近乎经济统一体的组织。虽然在这种组织中，参加者名义上仍然是独立的企业，但事实上几乎丧失了在法律上的独立性和经济上的产销自主权。托拉斯组织之间具有相当的紧密性和稳定性。托拉斯董事会集中掌握全部业务活动和财务活动，原来的企业实质上已成为托拉斯的股东，按股权分配利润。

（5）康采恩（Konzern）。康采恩是指不同部门的企业组成以实力最为雄厚的企业为核心的垄断联合，其参加者并不限于某一行业或某一生产部门的企业，生产、金融、服务等领域的企业均可成为该组织的成员。康采恩一般以金融控制为基础，其核心或为大公司，或为大银行，这些大公司或大银行又是持股公司。

（6）其他垄断组织形式。垄断组织的形式随着经济的发展而不断地变化，新出现的垄断组织有混合联合公司、联合制及国际托拉斯等。

（二）依垄断行为特征的不同进行分类

根据这种分类方法，垄断可以分为：协议垄断、经济优势的滥用和经营者集中。

（1）协议垄断。协议垄断是指企业之间通过协议，约定协调行动，在一定市场范围内限制或排斥他人的竞争。

（2）经济优势的滥用。经济优势的滥用是指在竞争关系中处于优势经济地位的生产或销售企业，利用自己的经济优势对其他竞争者进行排斥和限制的行为。各国法律对经济优势的认定标准和经济优势的滥用的认定有不同的规定。

---

① 参见种明钊主编：《竞争法》，286～290页，北京，法律出版社，1997。

（3）经营者集中。从法律规制的角度来看，不仅包括企业兼并，也包括收购、控制、干部兼任等。我国《反垄断法》第 20 条规定：经营者集中是指下列情形：1）经营者合并；2）经营者通过取得股权或者资产的方式取得对其他经营者的控制权；3）经营者通过合同等方式取得对其他经营者的控制权或者能够对其他经营者施加决定性影响。反垄断法对经营者集中的规制并不是基于资产的转移或者人格的变化，而是基于企业结合之后对竞争的破坏。

（三）依垄断发生的地域不同进行分类

根据这种分类方法，垄断可以分为：国内垄断和国际垄断。

（1）国内垄断。国内垄断是指在一国境内发生作用的垄断，如行业垄断和地区垄断等。

（2）国际垄断。国际垄断是指发生在国际市场，阻碍了国际市场的竞争的垄断。国际垄断是由于国际经济的发展和跨国公司、多国公司等垄断组织相继出现而形成的。

（四）依垄断的产生与行政权力关系的不同进行分类

根据这种分类方法，垄断可以分为：经济性垄断和行政性垄断。

（1）经济性垄断。经济性垄断是指市场主体利用自己的经济优势或者通过联合组织或合谋等方式，排除、限制或阻碍市场竞争的行为。在西方传统反垄断法理论中所称的垄断一般都是指经济性垄断。

（2）行政性垄断。行政性垄断是指地方政府、政府经济主管部门、其他政府职能部门或者具有某些政府管理职能的行政性公司，凭借行政权力排除、限制或阻碍市场竞争的行为。行政性垄断是我国反垄断法在对垄断行为进行规制时必须考虑的一个问题。

【背景知识】

经济性垄断具有下列三个特征①：

（1）经济性垄断的实施主体只能是市场主体，因为没有市场主体参与的经济不是市场经济，也不可能产生经济性竞争。一切非市场主体不论是政府机构还是事业单位所实施的排除、限制或阻碍市场竞争的行为，都不属于经济性垄断的范畴，因为其垄断地位不是在市场竞争中形成的，而是由于其拥有的国家权力而获得的。

（2）经济性垄断的基础是垄断主体具有相当的经济优势。这种经济优势主要是通过竞争取胜、联合组织以及串通合谋形成的，没有经济优势的主体无法形成经济垄断。

（3）经济垄断的目的是获得垄断利润。市场主体从事生产、经营的根本动力和最终目标是谋求利润，尽管经济性垄断从形式上看排除、限制或阻碍了市场竞争，但实施垄断行为的市场主体目的是凭借其获得的经济优势来实现垄断利润。

三、垄断行为和限制竞争行为的比较

关于垄断行为和限制竞争行为是否为同一种行为，我国理论界在对垄断行为和限制竞争行为进行研究的过程中，出现了意见不同的“合并说”和“分别说”的观点。

---

① 参见种明钊主编：《竞争法》，298～299 页，北京，法律出版社，1997。

“合并说”认为，限制竞争行为和垄断行为是很难在理论上分清的，有的行为既可以是限制竞争行为，也可以是垄断行为，因此只要行为导致了垄断或限制竞争的后果，即可被视为垄断行为或称限制竞争行为。基于“合并说”的考虑，有些竞争法教材将这两种行为合并在一个部分进行阐述；有的学者认为：“人为地区分垄断和限制竞争，在竞争法领域并无实际价值，相反，这样做会在理论上、逻辑上模糊垄断的性质。因为垄断也是限制竞争，而且是典型的限制竞争的行为和状态。垄断和限制竞争基本上属于同等概念，垄断更可以为限制竞争所包容，关键是要明确不同的垄断及限制竞争情形具有何种客观效果，以便对其作出合理、有效的规范。”①

“分别说”则认为，垄断的本质是限制竞争，限制竞争的表现形式也可以是垄断，但这两者还是可以区别的，从而应分别依不同的竞争法律规范予以调整。根据其他国家的竞争立法和实践，有的学者②认为，对限制竞争行为和垄断行为应该以该行为处于何种竞争过程予以区分。按照竞争活动的过程讲，竞争可大致分为三个阶段：一是竞争主体的组织结构状态；二是竞争主体的竞争活动的进行；三是竞争主体的竞争活动对社会和经济产生的影响。竞争主体的组织结构状态，说的就是主体内部结构本身的变化，包括主体的投资者的变化、经济规模的变化、经营范围的变化等内容。主体内部结构的变化往往导致其在竞争中的地位变化，即人们通常所说的是否具有垄断地位。竞争主体的竞争活动的进行，说的是主体如何运用竞争手段进行竞争活动的本身是合法竞争还是非法竞争、正当竞争还是不正当竞争的问题，所以，人们往往依据手段并辅助以后果来判断该行为的合法与非法。竞争主体的竞争行为的影响，说的是竞争行为在市场竞争中产生的反应，即行为所导致的客观后果。

如果依此来认识竞争行为的话，就可以发现，采用不正当手段形成不正当竞争行为，而这一行为是在竞争的过程中发生并对竞争秩序发生影响的。还有一种行为，其采用的手段很难说是否正当，但是该行为的主观目的（无论其是有意识的还是无意识的）均是限制他人竞争，并在客观后果上影响竞争秩序的正常运行。这种也是在竞争活动的动态中进行的反竞争行为，应区别于不正当竞争行为和垄断行为而被称为限制竞争行为；从竞争主体的垄断地位而言，围绕着主体内部为竞争而变化的行为，如扩大经济规模等变化，应称为垄断行为。

可见，限制竞争行为与垄断行为是既有联系又有区别的。两种行为的主要相同点是：在大多数情况下，两种行为都采用合同或契约的方式进行；两种行为的客观后果均是阻碍、窒息竞争。两种行为的主要区别是：前者发生在竞争活动的动态之中，而后者发生在相对静态的主体变化过程中；前者的目的在于限制他人竞争，后者的目的在于控制其他企业或扩大自己的经济规模；前者一般而言是短期的，达到限制竞争的目的即可，后者一般而言是长期的，即要达到使自己“独占”市场地位的目的，以根据上述这种区分标准及限制竞争行为的性质，限制竞争行为是指竞争者违背竞争法规定而实施的，以合同等形式体现控制他人竞争活动的目的，以牟取最大经济利益、扰乱社会竞争秩序的竞争行为。

本书基于垄断和限制竞争行为均会对竞争机制和竞争秩序带来损害这一事实，为了论述的方便，对垄断行为和限制竞争行为不作区分。

---

① 史际春：《关于中国反垄断法概念和对象的两个基本问题》，载王晓晔编：《反垄断法与市场经济》，北京，法律出版社，1998。

② 参见吴宏伟：《竞争法有关问题研究》，131～134页，北京，中国人民大学出版社，2000。

第二节　反垄断法的概念与调整对象

反垄断法是竞争法的核心，是经济法体系中的支柱性法律制度，是维护市场经济竞争秩序的“经济宪法”。为了理解和明确反垄断法的精神、制度和地位，必须对反垄断法的概念和调整对象等这样一些反垄断法的基础理论问题进行研究与领悟。

一、反垄断法的概念

反垄断法的概念，有形式意义上的反垄断法和实质意义上的反垄断法之分。形式意义上的反垄断法，一般是指以“反垄断法”或“反对限制竞争法”等命名的法律规范性文件（成文法律或法典）。各国（地区）形式意义上的反垄断法具体的名称并不相同，例如在美国一般被称为“反托拉斯法”，在德国一般被称为“反对限制竞争法或卡特尔法”，在日本一般被称为“禁止垄断法”。我国立法使用“反垄断法”，即《中华人民共和国反垄断法》。

实质意义上的反垄断法，一般是指调整因规制垄断和限制竞争行为而产生的社会关系的法律规范系统（法律规范总称）。目前，关于实质意义上的反垄断法概念，理论界也无统一的定义。有的学者认为，反垄断法是有关禁止阻碍、限制或妨害竞争的经营者间协议、合谋、联合行动和滥用经济优势的行为，借以保护市场公平竞争，维护市场秩序的法律规范体系。① 有的学者认为，反垄断法乃是通过规范垄断和限制竞争行为来调整企业和企业联合组织相互间竞争关系的法律规范的总和。② 有的学者认为，反垄断法是指禁止行为主体排除或者限制市场竞争的行为的法律部门或者法律规范的总称。③ 还有学者认为，反垄断法是调整国家在规制市场主体（企业、企业联合组织）或其他机构以控制市场为目的而实施的反竞争行为过程中所发生的社会关系的实体法和程序法规范的总和。④ 尽管对反垄断法的界定并不相同，但是基本表达了对限制竞争行为进行规制的理念。

本书所指反垄断法，是指在实质意义上理解的反垄断法。因此，从内涵上讲，反垄断法是调整因禁止排除或者限制市场竞争的状态或行为而产生的社会关系的法律规范系统；从外延上讲，反垄断法是禁止反竞争的联合行为、滥用市场优势行为、经营者集中行为和行政性垄断行为的各种法律规范的有机系统或法律规范的总称。

反对垄断和保护竞争成为市场经济秩序一个必不可少的组成部分，竞争是历史上最伟大和最出色的剥夺权力的手段，因此，反垄断法的主要任务是抵制经济势力的滥用，大多数国家的反垄断法都体现了这个具有普遍意义的原则。反垄断法的宗旨在于从宏观上防止市场的竞争力度、活力不足，培育竞争环境，提高本国企业和整体经济的竞争实力。

---

① 参见徐孟洲主编：《市场竞争的法律调整与对策》，66页，北京，中国政法大学出版社，1993。

② 参见曹士兵：《反垄断法研究》，8页，北京，法律出版社，1996。

③ 参见孔祥俊：《反垄断法原理》，8页，北京，中国法制出版社，2001。

④ 参见李昌麒主编：《经济法学》，340页，北京，中国政法大学出版社，1999。

二、反垄断法的调整对象

各国反垄断法所规制的垄断的侧重点和具体形式不完全相同，但它们的重点一般均不放在市场结构上，而是放在市场行为上，并且主要着眼于其消极后果，因而受到法律禁止或限制的垄断行为要同时具备危害性和违法性的构成要件。

现代各国反垄断法的实体规范一般是由禁止滥用市场支配地位行为制度、禁止联合限制竞争行为制度、控制企业集中行为制度这三个最基本的方面组成，其他的一些具体制度都是附属于这些基本制度或由这些基本制度派生出来的，例如豁免与例外制度是反垄断法中的一个重要内容，但它们往往是分别附属于前面三个制度的，构成它们各自的有机组成部分，因而一般可不作为独立的基本制度存在。另外，少数国家还有一些特别的制度，如日本反垄断法中的垄断状态规制制度。除此之外，反垄断法还是实体法与程序法的结合，因此，反垄断法的程序性制度也非常重要。

反垄断法并不是反对所有的垄断（包括状态和行为），更不是一概反对大企业，而是有各自特定的对象或范围，即只有控制、反对那些实质性限制和损害竞争且具有违法性的垄断状态和垄断行为才是其调整对象。德国经济法学家费肯杰等认为，市场竞争可能仅仅因为某种市场权力的存在而受到威胁甚至完全消失，也可能因为企业间的合纵、连横而被人为地削弱或剥夺，因此，反垄断法的调整对象是因禁止排除或者限制市场竞争的状态或行为而产生的社会关系，主要体现为排除、限制竞争的垄断状态和垄断行为。

垄断状态和垄断行为两者关系密切，常常互为因果关系。一方面，垄断状态是垄断行为所追求的目标；另一方面，垄断状态形成后又往往导致另一些垄断行为，比如搭售、差别待遇等。因此，两者往往是结合在一起的，在确定某些垄断行为（结构性垄断行为）时需要对相关垄断状态进行确定，如对企业合并行为进行控制时需要对合并后的市场垄断状态进行分析。当然，也有许多垄断行为如订立各种卡特尔协议的行为，并不一定都发生在具有垄断状态的企业之间，只是在具有垄断状态的企业之间发生的这种行为对竞争的限制更明显。

（一）垄断状态

垄断状态是指经济力高度集中，是企业的资本、生产经营规模和市场占有份额的大规模化，即当一个企业或者少数几个企业在某种商品或服务领域的市场占有率达到或超过一定比例，使该领域的竞争受到实质限制时，就被判定为构成垄断。按照反垄断法的规定，这种市场将要进行结构调整，如判令分割垄断企业或者划出部分营业，以增加市场竞争主体，恢复有效竞争。垄断状态既包括单个企业的大规模化，也包括多个企业通过协议、联盟的形式已经形成或正在形成的大规模化。

（1）明确对垄断状态本身进行直接规制的只有个别国家，如日本的《禁止垄断法》，日本的这部法律是典型的结构主义的反垄断立法，但它关于垄断状态的规定还没有被真正运用过。

（2）大多数国家的反垄断法并不认为单纯的垄断状态或者市场支配地位本身是违法的，而是规定滥用市场支配地位的行为才违法。这实际上是对垄断行为的规制，而不是对垄断状态的规制，只是这种行为以一定的垄断状态为前提，因此常被称为结构性垄断行为。

【背景资料】

如美国，法院或主管机构根据不同时期的经济形势对“垄断化或图谋垄断化”加以认定或处理，对反垄断法是否规制垄断状态的态度并不一贯。

1920 年美国诉美国钢铁公司案中，法院称，“法律不会仅因为企业的规模或具有尚未发挥的支配力而宣布该企业违法”。

1945 年美国诉美国铝业公司案中，法院在判决中否定了被告作出的“企业具有大规模并非违法”的辩解，认为“没有一个垄断者不知道它自己所进行的是垄断行为”。

1964 年美国诉格里内尔（Grinnel）公司案中，法院的态度又与 1945 年美国诉美国铝业公司案的态度不同，认为需要有滥用的行为要件。

美国法院近几十年一般并不认为企业拥有垄断地位本身违法，并有放松企业兼并控制的迹象，但由于美国反垄断法中保留了分割、解散大企业的制裁措施，因而美国反垄断法仍然带有“准结构主义”的色彩。

（二）垄断行为

垄断行为是指形成垄断状态或谋求垄断状态的各种行为，以及凭借垄断状态所实施的各种限制竞争的行为。垄断行为是各国反垄断法的规制对象，在许多国家还是唯一的反垄断法的规制对象。

在反垄断法中，各种限制竞争行为就是垄断行为，垄断本来就是对竞争的限制或阻碍，垄断行为与限制竞争行为的含义也是一致的。垄断行为主要包括以下两种。

（1）具备市场支配地位的企业滥用其垄断地位的限制竞争行为。具体包括搭售及附加不合理交易条件、差别待遇、掠夺性定价、强制交易、限制转售价格、独家交易等。

（2）以谋求获得垄断利益为目的的限制竞争行为。具体包括订立固定价格、限制产量、瓜分市场等各种卡特尔协议以及企业兼并、股份保有、董事兼任等。

除此之外，需要注意的是，如同竞争管理关系是竞争法的调整对象一样，垄断管理关系也当然是反垄断法的调整对象，反垄断法必然会对反垄断执法机构在控制垄断状态和垄断行为时的职权和程序进行规定。

三、我国垄断行为的具体表现

（一）经济性垄断行为

经济性垄断行为是指经营者利用自己的经济优势或者通过联合组织或合谋等方式，排除、限制或阻碍市场竞争的行为。虽然我国目前经济性垄断的表现还不是很充分，但经济性垄断的危害是我们应该注意的：经济性垄断破坏了竞争的结构，使市场竞争受到伤害，阻碍了市场要素或社会资源的合理配置，使市场竞争被减少到最大限度，使竞争的动力和压力功能无法发挥。在西方传统的经济学和法学上，人们一般所称的垄断实际上指的就是经济性垄断，反垄断立法实际上就是反经济性垄断的立法。

依据我国《反垄断法》的规定，我国经济性垄断行为的表现形式主要有以下三种。

1. 垄断协议

垄断协议，又称联合限制竞争行为，是指排除、限制竞争的协议、决定或者其他协同行为，即两个或两个以上的经营者以协议的方式排除、限制或阻碍竞争的行为。按照经营者之间的关系垄断协议可以分为横向联合限制竞争行为和纵向联合限制竞争行为。在我国现实经济生活中，横向联合限制竞争行为主要表现为：固定或者变更商品价格；限制商品的生产数量或者销售数量；分割销售市场或者原材料采购市场；限制购买新技术、新设备或者限制开发新技术、新产品；联合抵制交易；国务院反垄断执法机构认定的其他垄断协议。纵向联合限制竞争行为主要表现为：固定向第三人转售商品的价格；限定向第三人转售商品的最低价格；国务院反垄断执法机构认定的其他垄断协议；等等。

2. 滥用市场支配地位行为

滥用市场支配地位行为是指具有市场支配地位的企业滥用其市场支配地位，对市场竞争产生排除、限制影响的行为。该类行为具体表现为：(1) 以不公平的高价销售商品或者以不公平的低价购买商品；(2) 没有正当理由，以低于成本的价格销售商品；(3) 没有正当理由，拒绝与交易相对人进行交易；(4) 没有正当理由，限定交易相对人只能与其进行交易或者只能与其指定的经营者进行交易；(5) 没有正当理由，搭售商品或者在交易时附加其他不合理的交易条件；(6) 没有正当理由，对条件相同的交易相对人在交易价格等交易条件上实行差别待遇；(7) 国务院反垄断执法机构认定的其他滥用市场支配地位的行为。

3. 经营者集中行为

依据我国《反垄断法》的规定，经营者集中行为是指经营者合并、经营者通过取得股权或者资产的方式取得对其他经营者的控制权，以及经营者通过合同等方式取得对其他经营者的控制权或者能够对其他经营者施加决定性影响。我国并不反对经营者集中行为，事实上，为了实现新旧体制的转变，我国较长时间对经济联合持鼓励态度。经营者集中行为可分为垄断性集中行为和非垄断性集中行为，两者区分的标准是集中行为是否产生了垄断的实际可能和效果或者集中行为是否有垄断的主观目的，如某地几个生产同一产品的企业，以形成“独家经营”为目的进行合并或合并后形成了事实上的“独家经营”就是一种典型的垄断性集中行为。

(二) 行政性垄断行为

行政性垄断[①]，在我国《反垄断法》第五章被称为“滥用行政权力排除、限制竞争行为”。我国《反垄断法》第8条规定：行政机关和法律、法规授权的具有管理公共事务职能的组织不得滥用行政权力，排除、限制竞争。《反垄断法》第五章专门规定了法律禁止的具体的行政性垄断行为。中国也存在市场障碍，存在垄断问题，但是与发达国家比较起来，由于中国处于从计划经济向社会主义市场经济转轨的阶段，地区封锁、部门垄断等行政性垄断或者限制竞争行为较为突出，而经济性垄断行为不够突出。当前行政性垄断的主要表现是政企不分，企业假借政府名义进行部门垄断、地区封锁等。

第三节 反垄断法的特征

反垄断法调整的竞争关系是经济关系中的一种，主要属私法的调整对象，而反垄断法的调

① 国内有学者认为“行政性垄断”的提法不准确或不正确，因为这种现象的本质是行政机关及相关组织滥用行政权力，排除、限制竞争，与一般的经济垄断有根本区别，所以笼统地称为“行政性垄断”是不科学的，因而称为“滥用行政权力排除、限制竞争行为”更为恰当。这一说法亦被立法机关所吸纳。为了行文方便，本书姑且沿用习惯叫法“行政性垄断”。

整方法却是公法的方法，如禁止、命令、承认、认可、指定等。用公法的方法调整原本由私法调整的领域，正是反垄断法兼具公法和私法的原因。反垄断法也采用某些私法的调整方法，如美国反垄断法允许受害的当事人提起3倍或不超过3倍的损害赔偿之诉，不过这种私诉主要是用以弥补公诉力量的不足，并以私人对损害的3倍求偿权作为威慑的一种利益机制来实现反垄断的公益目标，而弥补受害人作为私人的损失只是一个相对次要的目标。反垄断法除了具有公法和私法相融合的特征外，还具有国家干预性、社会本位性和经济政策性。

（一）国家干预性

反垄断法的国家干预不是为了干预而干预，也不是为了限制、消除经济自由而干预，而是为了排除对经济自由的不正当限制以实现自由、公平的竞争而干预。反垄断法所体现的国家干预不是对民法所确认的经营自由和契约自由的否定，而是为了更好地确保这种自由，是立足于社会整体利益而进行的调整，是为了实现实质的公平与正义。只有建立在公平、正义基础上的效率才是有意义、值得追求的效率，也只有在实现社会整体效率基础上的公平、正义才是更高层次的公平、正义。反垄断法应当体现实质公平的价值。反垄断法的介入就是要矫正那些形式上公平（借助经营自由、契约自由）而事实上不公平的结果，追求的是实质公平而不是形式公平。反垄断法以促进和保障在自由、平等的基础上进行竞争为目标。反垄断法对联合限制竞争行为的规制就是通过矫正那些形式上公平而事实上不公平的情形，来实现社会的公平、正义，实质的公平、正义。[①] 日本学者也认为："现代私法保障的形式的自由和平等，在现实中给经济的社会的弱者带来不自由和不平等。经济法（主要是禁止垄断法）就具有纠正这种不自由和不平等，而实现实际的自由和平等的一面。"[②]

（二）社会本位性

反垄断法的社会本位是指它对竞争关系的调整立足于社会整体利益，在任何情况下都以大多数人的意志和利益为本位。反垄断法重点保护的是竞争机制和竞争秩序，维护广大消费者利益和社会公共利益，而不是单纯保护作为竞争者的某一经营者的利益。

反垄断法的社会本位性还体现社会整体效率的价值。公平正义是法律的基本价值，但并不是唯一的价值标准，经济领域中的法律还应当具有效率或效益的价值。在市场经济下，效率主要通过竞争来实现。反垄断法的效率价值主要是通过其对竞争的保护，达到社会整体效率的普遍提升。反垄断法通过保障消费者选择权和技术创新来促进市场公平、有序竞争，最终目标还是维护广大消费者的利益和社会公共利益。

（三）经济政策性

从历史的角度考察，发达市场经济国家最初的竞争政策或反垄断政策主要是通过法律的形式表现出来的，在很多情况下，反垄断政策同时就是反垄断法的内容。在许多国家，反垄断法往往被称为竞争政策法。

反垄断法的制定、修改本身与国家的经济政策密切相关，而且其执法和司法活动也带有很

---

① 参见王先林：《知识产权与反垄断法——知识产权滥用的反垄断问题研究》，73页，北京，法律出版社，2001。

② ［日］丹宗昭信、厚谷襄儿编，谢次昌译：《现代经济法入门》，50页，北京，群众出版社，1985。

强的政策性，从而具有较大的灵活性。同样的反垄断法法条在不同的国家以及不同国家的不同时期、不同政策背景下的执行情况会有较大的差异。例如，“条文大同小异的反垄断法，在美国被执行的力度就比诸如日、韩等国要严厉得多；在美国，不同时期对反垄断法的执行力度也是不一样的”[①]。这是因为美国反垄断法政策性特别强。反垄断法的政策性要求其适用，除了依据法条外，还必须依据国家一定时期的基本经济政策。

第四节　反垄断法实施的原则

美国反托拉斯法在规制协议垄断行为的过程中，产生了两项非常重要的原则被用作判断、认定垄断协议违法与否的标准，即本身违法原则与合理原则。这两项原则最初适用于规制协议垄断行为，后来被广泛运用于对所有的反竞争行为的规制。

一、本身违法原则和合理原则的由来

从本身违法原则和合理原则的产生背景看，其孕育于英国的限制贸易协议管制制度。在18世纪以前，英国法院禁止当事人履行契约中限制竞争性质的辅助条款，因为它们不利于公正的商业活动的进行。18世纪后，法院转向允许当事人履行限制竞争的辅助条款，只要这些条款是合理的。[②] 早在1711年，英国的帕克勋爵就在米切尔诉雷诺兹案中主张将限制竞争行为划分为一般和特殊两类，并认为前者应当予以禁止，而后者因其限制竞争具有合理性而可以容忍。[③] 应当说，18世纪前后的英国习惯法中已经有了本身违法原则和合理原则思想的萌芽。而本身违法原则和合理原则的正式出现，来源于美国法院对《谢尔曼法》进行适用时形成的判例。

适用本身违法原则时，法院重点关注特定的限制竞争行为是否发生，只要发生了特定的行为，就当然认定该行为是违法行为，至于行为的后果，并不是认定行为违法与否时考虑的要素。在实践中，适用本身违法原则的限制竞争行为主要有固定价格行为、划分市场行为、限定产量行为、联合抵制行为等。

合理原则是指当事人实施了某种行为后，只有显著地、不合理地限制了竞争才构成违法。在运用合理原则判断行为是否违法时要考虑多种因素，即评价被指控行为的目的和后果，据此才能决定该行为是否违法。一般来讲，如果行为只牵涉产业中一个较小部分的厂商，或行为对整个产品市场没有普遍影响，或协议的目标是合理的，不以限制竞争为目的，或行为人不滥用特权，未造成共同涨价，那么这些行为就是合理的，不构成反垄断法上的违法行为。

美国联邦贸易委员会和司法部《关于竞争者之间联合行为的反托拉斯指南》指出，联邦最高法院运用两种分析模式决定竞争者之间的协议的合法性：本身违法原则和合理原则。有些类型的协议非常可能损害竞争以及没有重大的促进竞争的好处，以至于没必要花费时间和费用对

---

① 史际春、邓峰：《经济法总论》，59页，北京，法律出版社，1998。

② 参见曹士兵：《反垄断法研究》，201页，北京，法律出版社，1996。

③ 参见种明钊主编：《竞争法》，248页，北京，法律出版社，2005。

其后果进行专门的调查。一旦予以认定，对此类协议就按照本身违法予以指控。对所有其他的协议根据合理原则予以评估，即涉及对协议的总体竞争后果进行事实调查。正如美国联邦最高法院所解释的，合理分析规则要求进行灵活的调查，并且，其重点和细节因协议的性质与市场条件的不同而变化。①

在反垄断法的实践中，实际上是先有合理原则，然后基于执法和司法效率的考虑，才对一些典型的对竞争损害极大的行为一律适用本身违法原则来判定行为的违法性，不再审查行为的合理性。

本身违法原则和合理原则由美国创立后，在世界其他国家（地区）得到了借鉴和发展。欧洲各国在自己的反垄断立法中也确立了合理原则，如欧盟《罗马条约》第 85 条规定，限制竞争协议、联合一致的行动和贸易联合组织的决议，必须是产生了“对成员国间贸易的显著影响”，才受到法律禁止。

二、本身违法原则

本身违法原则（per se rule），又称自身违法原则、当然违法原则，是指对市场上的某些限制竞争行为，不必考虑其具体情况和后果，即可直接认定其严重损害竞争，构成违法而进行禁止的原则。② 由于这些行为对竞争的破坏作用明确、稳定，一般不会因为其他因素的影响而有实质性的变化，所以无须加以证明。典型的本身违法行为包括固定价格行为、搭售行为、联合抵制行为、划分市场行为等。

United States v. Trenton Potteries Co. （1927）案是最早在认定行为的违法性时引入本身违法原则的案件。在该案中，卫浴设备的制造商形成了一个卡特尔，协议进行固定价格行为。美国联邦最高法院认为竞争者之间所固定的价格的“合理性”（reasonableness），与确定该协议是否不合理地限制竞争而构成违法行为没有任何关系；并指出，这些以任何实质性方式控制（州际商业的市场）的统一固定价格，都是为《谢尔曼法》第 1 条所禁止的，并不管“协议达成的特定价格”的合理性如何。美国联邦最高法院的理由实际上是认为一个固定价格行为的结果就是消除竞争，所以不需要对案件作进一步的分析。接着，美国联邦最高法院在 United States. v. Socony-Vacuum Oil（1940）案中确定了本身违法原则的含义，将本身违法原则直接适用于固定价格行为，因为当产业价格结构的自然规律不容人为干预是多数经济学家的主要观点时，本身违法原则就有了需求的空间和适用的经济学基础。③ 1958 年，美国联邦最高法院在 Northern Pacific Railway Co. v. United States 案中，将本身违法原则的适用范围延伸到固定价格行为以外的其他行为，并在该案中认为，被告对于铁路搭售分配优先路权的协议，当然违反《谢尔曼法》第 1 条。

（一）适用本身违法原则的优点

（1）适用本身违法原则可以给企业一个确定的合法性标准，使企业在计划和实施商业行为

① 参见孔祥俊：《反垄断法原理》，383 页，北京，中国法制出版社，2001。

② 参见王保树主编：《经济法原理》，230～231 页，北京，社会科学文献出版社，1999。

③ 参见林廷机：《公平法有关不公平竞争行为，应如何适用“合理原则”或“当然违法”原则》，载《辅仁法学》，第 17 期。

时不必担心可能招致突如其来的反托拉斯法律打击，包括 3 倍损害赔偿，从而提高了法律的稳定性和当事人的可预见性。

例如，从事固定价格行为有很大的吸引力，如果固定价格行为的合法性并不确定，企业就会尽量尝试可允许行为的临界点，希望不被竞争法执法机关查获，或者其结果可以被解释为合理的行为，这样反而对竞争有较大的损害。如果对一些行为确定了简洁明了的合法与违法的标准，就可以预先告知企业哪些行为是法律禁止的，不允许其进行尝试。在法律采取刑事制裁措施的情况下，确定明确禁止的标准尤其重要。

(2) 适用本身违法原则可以减少竞争法执法机构和法院进行调查和取证的程序，从而可以节约反垄断诉讼的时间和费用。

如果适用本身违法原则，法院、竞争法执法机构和企业不需要花费大量的资源，对行为是否属合理行为进行个案评价，也就可以避免对诉讼中非常难以决断的经济和商业问题（如其后果是损害还是促进竞争）进行旷日持久的司法调查。对于那些总是损害竞争而对社会没有或者几乎没有益处的行为而言，或者说如果竞争法执法机构、司法机关有充分的经验确定某种行为实质上总是损害竞争，适用本身违法原则显然更为合适，而且，直接宣布此类行为违法还可以大大地节约司法资源。何况，这些行为属于中性或者对竞争有促进作用的情形极为罕见，如果花费极大的成本去认定这种极为罕见的情况，本身也是不经济和没有效率的。

(3) 适用本身违法原则对市场主体具有威慑力。

适用本身违法原则实际上使原告只要证明这种行为存在就可以了，行为本身就是当然禁止的。因此适用该原则对市场主体具有威慑力，使其尽量避免从事此类行为。

(二) 适用本身违法原则的缺陷

1. 适用本身违法原则可能会损害公平和正义

任何法律在对经济生活进行规制时都希望能做到公正和效率的完美结合，但公正是法律或规则首先要追求的。尽管本身违法原则的适用可以很好地解决效率的问题，但是本身违法原则的合理基础应是被禁止的行为在绝大多数情况下确实损害了竞争并影响了国家整体经济利益的实现。但是，简明标准会限制或妨碍对许多于竞争和经济发展而言利大于弊的行为的判断，在行为的竞争后果具有多面性的情况下，以评价证据有难度为由而一概采取简明标准，没有充分的理由，也会损害公平和正义。

2. 本身违法原则的简单化使其在适用时不可避免存在失误

波斯纳指出："语言所固有的模糊性以及人类预见能力和知识的局限性，限制了决策者精确和穷尽地列举应当适用一般原则的具体情形的能力。因此，将一项标准转换为几项规则，实际上必然导致涵盖面过宽和过窄。"而本身违法原则在适用时过于简单，没有充分考虑经济行为的复杂性，非常有可能存在失误。

1972 年美国的 Topoco 案就是典型的运用本身违法原则而引起不公正结果的例子。Topoco Association Inc. 是由 25 家小的食品杂货连锁店组成的，为了同大的连锁店竞争而在地域基础上建立的排他性市场。地区法院依合理原则认为 Topoco 的行为提高了其成员与全国连锁店和地域中其他超级市场进行竞争的能力，因此符合反托拉斯法。但是，美国联邦最高法院撤销原判，认为竞争者在同一市场水平安排地域和减少竞争的协议是适用本身违法原则的传统例子，因此下级法院适用合理原则进行判定是错误的。不过，美国联邦最高法院也承认，如果运用合理原则，会出现不同的判决结果。[1] 在 United States. v. Socony-Vacuum Oil（1940）案中，美国联邦最高法院确定了本身违法原则的含义，即道格拉斯法官所认为的："根据反托拉斯法，一项行为的目的和后果如果是哄抬、打压、限制、固定或者稳定各州之间商品交易的价格，则当然违法。"该案中，Socony-Vacuum 涉及一项大石油公司间对独立经销商抛售的汽油进行购买的共同计划，法院首先认定该计划是一种固定价格协议，并在此基础上认为，提高或者左右价格的协议是违法的，不管由此产生的价格合理还是不合理，因为，根据《谢尔曼法》第 1 条，左右价格的协议本身是违法的。该案判决还宣告，协议本身是违法的，与该案的下列事实是无关的：（1）仍然存在的市场竞争；（2）被告之间不能固定或者确定统一的价格；（3）被告之间所使用的左右价格结构的方式是间接的；（4）协议的目的是防止"过度的"或者"灾难性的竞争"。法院指出："不论认为特定的固定价格具有怎样的经济合理性，法律不允许调查其经济合理性。由于其对经济的中枢神经系统所具有实际的或者潜在的影响，对它们一概予以禁止。"[2]

为了防止适用本身违法原则导致不公正的判决，美国法院已经产生了两种不同的本身违法原则，即纯粹的本身违法原则和修正的本身违法原则；同时，对市场占有份额小的联合限制竞争行为不再当然适用本身违法原则，而是适用合理原则。

三、合理原则

合理原则（rule of reason）是指某些对竞争的限制比较模糊的行为是否构成违法，必须在慎重考察企业的目的、行为的方式及后果等因素后才能作出判断，只有在企业存在谋求垄断的意图，并通过不属"企业发展的正常方式"来实现目的，造成对竞争的实质性限制的情况下，其行为才构成违法，否则便是合理的行为。至于什么是谋求垄断的意图，以及什么是"企业发展的正常方式"，并没有统一的标准，要取决于法官的主观判断。[3] 该原则的适用为执法机构提供了充分的自由裁量权，执法机构、司法机关就某些行为是否构成违法需要对行为的具体情况进行分析，如在合同中订立有关限制性条款的目的、合同双方的市场支配力、合同条款对相关市场产生的实际影响等，在综合分析的基础上才能认定行为是否违法。

合理原则是美国联邦最高法院大法官怀特在 1911 年的"标准石油公司诉美国"案（Standard Oil Co. v. United States）的判决中正式确立的。被告新泽西州的标准石油公司被控通过非法合并、排他性交易、掠夺性做法垄断国内石油工业，因此被控违反了《谢尔曼法》第 2 条。大法官怀特在审理此案时运用了"合理原则"的分析方法，拒绝对《谢尔曼法》作字面解释，并且声称如果没有以合理性为标准，则未来的执法工作，甚至《谢尔曼法》的公共政策都不可能实现。该案的判决认为，每一个涉及贸易的协定或联合行为多多少少都会限制竞争，而对行为的违法性判断必须适用合理原则加以分析，最后作出只有不合理的限制竞争的契约或行为才是违法的结论。所谓不合理的行为，是指其结果导致垄断或企图垄断的结果。在适用合理原则时，需要考虑两个因素：其一是该协议的善意竞争目的，其二是反竞争效果。也即如果该协议

---

① 参见沈敏荣：《反垄断法不确定性及其克服》，载徐杰主编：《经济法论丛》，第 3 卷，北京，法律出版社，2002。

② 孔祥俊：《反垄断法原理》，388～389 页，北京，中国法制出版社，2001。

③ 参见工商行政管理局条法司：《现代竞争法的理论与实践》，42 页，北京，法律出版社，1993。

目前或将来的善意竞争目的超过了目前或将来的反竞争效果，则可以认为该协议是合理的贸易限制，因而根据《谢尔曼法》第1条是合法的，反之，则不合理。

（一）适用合理原则的优点

1. 适用合理原则对联合限制竞争行为的违法性作出的判断更公正

合理原则使竞争执法机构、司法机关能够考虑经济生活中的变量，从而对某种联合限制竞争行为进行较为准确的判断，使反垄断法的适用能更好地适应复杂的经济情况，避免机械的执法可能对正常经济生活造成的消极影响。

2. 适用合理原则可以使国家的整体利益更容易实现

合理原则赋予了执法者较大的自由裁量权，使执法者能够根据实际情况，灵活运用法律来规制限制竞争行为，从而更容易实现社会整体利益。

（二）适用合理原则的缺陷

1. 适用合理原则增加了竞争法执法和司法的成本

竞争法执法机构和司法机关适用合理原则时，需要考虑多方面的要素，如被指控行为对竞争所具有的正反两方面的影响、该行业中的竞争结构、被指控的企业的市场份额及市场力量等，由于对这些要素的举证比较复杂，审理过程就不可避免地变得很长，执法和司法成本也当然会相应增加。

2. 适用合理原则阻碍了竞争法执法和司法效率的实现

反垄断法的举证规则的运用极其麻烦，一般需要很长的时间来讨论每个文件的有效性以及收集资料、收集专家证词。有的案件从起诉到判决长达十数年。[①] 效率在经济生活中也是非常重要的，当事人在经济生活中希望非常快地得到一个确定的答案，而适用合理原则时需要考虑各种因素，会使竞争法执法和司法的效率无法实现，而“迟延的公正就是不公正”。

合理原则的适用使问题变得十分复杂，因为竞争法执法机构和司法机关要花费极大的精力，去考察众多方面的有关因素，以证明行为是否违法。这往往影响了反托拉斯行为的效果。著名经济学家萨缪尔森说：“合理原则几乎使反托拉斯政策毫无结果。”

3. 适用合理原则增加了权力被滥用的可能性

适用合理原则加强了竞争法执法机构和司法机关的自由裁量权，这使反垄断纠纷的解决可能具有更大的非连续性和不可预见性，增加了公共决策者产生错误和滥用行为的危险。

4. 适用合理原则使行为的合法与否具有不确定性

适用合理原则会使商业企业面对增加的不确定性，无法判定行为是否合法。至少在一些边缘经济领域，商业活动不能确定地进行，除非竞争法执法机构或司法机关发表相应的意见。以合理原则作为违法行为确认规则的反垄断法，就缺少一般法律所具有的确定性和对行为的指导性。

在适用合理原则方面，欧盟条约第81条第1款所禁止的是“与共同市场不相容的”“可能影响成员国之间的贸易并具有阻碍、限制或者扭曲共同市场内的竞争目的或者效果的”行为，欧洲法院一般要根据企业的市场占有率、市场地位、财务资源、产品范围、贸易量、进入壁垒、行为影响范围等因素进行衡量，这也是适用合理原则来认定行为违法性的表现。

---

① 例如，美国商用机器公司案：1969年政府提起诉讼，1982年撤销诉讼，持续了十多年。

【延伸思考】

在反垄断法实施的发展过程中，本身违法原则被适用于案件时出现了合理化分析过程，适用合理原则也产生了“简略审查”或“快速审查”式的合理分析与全面合理分析两种方式。

本身违法原则最初的适用范围是固定价格、划分市场、联合抵制、维持转售价格、搭售等行为。随着20世纪70年代后期新自由主义抬头，以及在垄断政策的指导思想上哈佛学派的衰落和芝加哥学派的兴起，法律规则的适用也开始适应这一变化，具体表现在本身违法原则的固有适用范围不时被一些特定的案件所突破，被突破的案件在审理时注重分析行为的目的、结果等要素，从而使规则在适用中背离了本身违法原则，例如，1979年美国联邦最高法院在广播音乐有限公司案中适用了类似于“合理原则”的分析方法来对固定价格行为进行分析。因此，固定价格、划分市场、联合抵制、维持转售价格、搭售等案件不一定是“本身违法”的案件，在一些情形下，合理原则会取代本身违法原则。

合理原则在适用中也逐渐具有本身违法原则的特点，在适用中被分为“简略审查”或“快速审查”式的合理分析与全面合理分析两种方式。“简略审查”或“快速审查”式的合理分析原则的适用条件是行为具有明显的反竞争影响，即以一个具有经济学基本常识的观察者的眼光就可能得出行为对消费者和市场具有反竞争影响的结论，而不具备“简略审查”或“快速审查”式合理分析条件的案件则采用全面合理分析方法。

第五节　反垄断法的域外管辖权

一、国际法确定管辖权的基本原则

管辖权通常是指一个国家在规定和实施其权利与义务以及在管理自然人和法人、其他组织的行为等方面的法律权力。国际法上的一个重要问题就是准确划分国家间对某些问题的管辖权，从而维护一个国家的独立和主权平等。

国际常设法院曾针对荷花号案作出结论：“国际法没有限制一个国家不能对其领土之外的人、财产以及行为适用自己的法律以及行使法院的管辖权。相反，国际法给了它们很大的自由裁量权。除了某些情况的限制，每个国家都可以采用一个它认为最好和最恰当的原则。”① 但是，一个国家对某个客体主张管辖权的时候，都应当充分说明该国与被管辖的客体之间有着密切的联系。

根据国家与被管辖客体之间的联系方式，国际法上确定管辖权的主要方式有以下几种。

1. 属地管辖

属地管辖是指在原则上，一个国家可以对其领土上所有的人、财产和行为享有管辖权。属地管辖权是国家领土主权的体现，所以国家在行使这种管辖权时，领土范围特别重要。当然，如果一个经济活动同时与多个国家的地域有着较为密切的联系，则采用绝对的地域管辖原则会

---

① 王晓晔：《欧共体企业合并控制法及其新发展》，载杨紫烜主编：《经济法研究》，第1卷，北京，北京大学出版社，2000。

不可避免地产生法律冲突和管辖权冲突。

2. 属人管辖

属人管辖是指在原则上，国家对有其国籍的自然人、法人、其他组织和船舶享有管辖权。但自然人可能有双重国籍，而一个跨国公司或者一个船舶虽然在A国注册登记，但却可能由B国的母公司组织，且其经济活动也实际上由B国母公司管理。因此，即使各国均以属人原则作为行使管辖权的依据，仍然会存在法律冲突。

3. 效果原则

在适用属地原则时，可能会出现一种情况，那就是在A国领土上发生的行为可能在B国领土上产生不良影响。如果在这种情况下，B国有权力根据本国法律对A国领土上的行为进行判决，就被称为客观的地域管辖原则，或者称为效果原则（effect doctrine）。当然，其中有一个问题是必须要考虑的，那就是：如果行为人（A国人）并不知道这种行为可能会在B国引起不良后果且构成B国的违法行为或犯罪行为，那么效果原则是否应该适用？

二、美国反垄断法的域外管辖权——“效果原则”

美国作为经济大国和强国，是反垄断法域外管辖权制度的创始者，许多国家的与其相仿的域外管辖权制度就是在受到美国这项制度的压力后作为对抗手段而制定的。美国的反垄断法域外管辖权制度经历了一个由属地原则到效果原则，再到利益平衡原则的演变过程，这个演变过程说明了美国关于域外管辖权的问题经历了一个从“不承认域外效力”到“承认域外效力并不断扩大其适用范围”，再到“以合理平衡为核心自我约束的有限承认域外效力”的过程。①

美国最初的反垄断判例严格遵循“属地原则”，并没有建立域外管辖权制度，其中最典型的案例是1909年的美国香蕉公司诉联合果品公司案。在该案中，法院驳回原告的起诉的主要理由是：其一，根据国际法上通行的领土属地原则，《谢尔曼法》无权管辖被告的发生在美国领域外的行为；其二，根据国家礼让原则，为避免侵犯他国主权，导致国际争端，应认为国会根本没有将《谢尔曼法》域外适用的意图。霍姆斯法官据此认为，美国《谢尔曼法》对该案没有域外管辖权。②

但是，在美国第二巡回法院1945年关于美国诉美国铝业公司案的判决中，美国反垄断法适用范围上的效果原则却取代了属地原则。怀特法官认为，《谢尔曼法》也适用于外国企业在美国境外订立的协议，只要“其意图是影响美国出口，且事实上也影响了美国出口”，因为“任何一个国家都有权规定，即使对于那些不属于本国的臣民，也不得在其国家领域外从事被这个国家谴责的且对其境内能够产生不良后果的行为”。该案的判决认为，虽然被告设立地在加拿大，参与签订协议的行为也在美国领土之外，但美国理所当然地对被告具有管辖权。这个判例实际上就确立了美国反垄断法域外适用的效果原则。根据效果原则，发生在美国境外且与美国反托拉斯法的精神相抵触的任何行为，不管行为者国籍为何，也不管行为的实施地点在哪里，只要这种行为对美国市场竞争能够产生不良影响，美国法院对之就有管辖权。怀特法官创立的“效果原则”后来被1965年《美国对外关系法重述》（第二次）和1977年美国司法部的

---

① 参见孟雁北：《反垄断，美国法律可否过界谋应对，政府企业缘何而动》，载《时代经贸》，2005（7）。

② 参见王先林：《论我国反垄断立法中的两个基本问题》，载《中外法学》，1997（6）。

《反托拉斯法国际实施指南》进一步予以确认、阐述、发挥和系统化，成为以后相当长一个时期法院判案遵循的先例。

美国反垄断法采用的效果原则由于直接威胁到其他国家的司法管辖权，因而一直都受到其他国家的猛烈抨击和强力抵制。为了缓和周边关系，法官们将属地原则和效果原则折中调和，在1976年的廷伯雷木材公司诉美国银行案中创立了著名的利益平衡原则。[①] 乔依法官认为：美国诉美国铝业公司案确立的效果原则并不完全，因为它忽视了其他国家的合法权益以及与域外适用有关的所有因素。在域外管辖权的问题上，应先将外国和美国的利益加以比较和权衡，再作取舍，这实际上是以礼让、公正和冲突法为基础对适用域外管辖权进行一定程度的限制。当然，利益平衡原则在其后的美国反垄断法的文件中表现并不太稳定，其与效果原则左右摇摆。1982年的美国《对外贸易反垄断法修订法》规定，“《谢尔曼法》只适用于对美国国内贸易或进出口有直接的、重大的和可以预见的影响的外国行为”。1984年的《美国对外关系法重述》（第六次）也对域外管辖权的行使进行了限制。1995年美国司法部与联邦贸易委员会联合发布的《美国国际经营反托拉斯执法指南》中却规定：“对美国国内或涉外商业产生影响的反竞争行为都可能违反美国反托拉斯法，不论该行为发生地，也不论该行为当事方的国籍。”[②]

【典型案例】

中国原料药出口一直因为价格低廉而面临被起诉反倾销的危险，但是到2005年4月1日，一条简短的消息挂上了商务部的网站：中国医药保健品进出口商会于2005年3月30日公开披露，维尔康（华药集团）、维生药业（石药集团）、江山制药（华源集团）、东北制药等我国维生素C企业在海外遭遇到反垄断诉讼。美国的两家公司 Animal Science Products Inc. 和 the Ranis Company Inc. 及一些个人，分别于2005年2月7日和2005年2月17日向美国加利福尼亚州旧金山地区高等法院提出反垄断申诉，指控中国上述企业自2001年12月起联合操纵出口到美国及世界其他地区的维生素C价格与数量，触犯了美国及加利福尼亚州反垄断法规，其产品卖给美国买方的价格比未加入“价格联盟”公司的卖价高，致使两名原告蒙受损失，表示要向中国企业索取3倍的损害赔偿以及其他辅助赔偿。

案件进展中，东北制药首先仲裁和解退出，江山制药也在2012年选择以950万美元和解退出，维生药业则在案件进入法庭审判前一天决定以2 250万美元和解退出。未选择和解的维尔康（华北制药）则在2013年3月15日接到陪审团令其赔偿1.62亿美元的裁决，冲减之前已和解的900万美元后最终赔偿金额为1.53亿美元。

2016年9月20日，华北制药赢得美国反垄断案的上诉。美国第二巡回上诉法院认定：中国法律要求被告协商定价，削减维生素C出口数量，因此中国的法律体系与美国的反垄断法相冲突，这种冲突导致了被告的法律责任。根据国际礼让原则，该法院判决撤销原一审判决，驳回原告的起诉，发回原审法院并指令原审法院撤销案件。

三、欧盟竞争法的域外管辖权

欧盟竞争法和德国《反对限制竞争法》在其域外管辖权方面接受了美国反垄断法中的效果

---

① 参见王天习：《论美国反托拉斯法“模糊性”的三大表现》，载《法学评论》，2002（1）。

② 尚明主编：《主要国家（地区）反垄断法律汇编》，297页，北京，法律出版社，2004。

原则，主张本国反垄断法的域外适用。德国《反对限制竞争法》第130条第2款也规定："本法适用于一切在本法适用范围内产生影响的限制竞争行为，限制竞争行为系本法适用范围以外的原因所致的，亦同。"欧盟竞争法的域外效力主要是指欧盟竞争法适用于欧盟境外的自然人或法人、其他组织的反竞争行为的效力，其主要通过欧盟委员会的决定和欧洲法院的判例确定。目前，关于欧盟竞争法的域外管辖权问题，已经形成了经济实体原则、结果地原则以及履行地原则三大原则。①

1. 经济实体原则

经济实体原则是指设在欧盟领域内的子公司与其领域外的控制其活动的母公司之间在竞争法上不被视为两个独立的经济组织，而被视为一个经济实体，当在欧盟境内的子公司存在反竞争行为时，欧盟竞争法不仅适用于该子公司，还可以适用于其境外的母公司。该原则是欧洲法院于1972年在审判ICI公司诉欧共体委员会案时确立的。

2. 结果地原则

结果地原则是指只要反竞争行为在欧盟境内发生了可能影响成员国之间贸易的结果，即使行为人在欧盟境外也可以适用欧盟竞争法。该原则是欧共体委员会在查处纸浆（wood pulp）案中确立的。

3. 履行地原则

履行地原则是指虽然反竞争行为的协议达成地点在欧盟领域外，但只要其履行地点在欧盟领域内，就可以适用欧盟竞争法。该原则是欧洲法院在1971年审判Beguelin公司案中确立的。

欧洲法院在1988年9月关于纸浆案的判决中，曾就芬兰、美国和加拿大的企业向欧共体进口纸浆达成的价格卡特尔指出，根据《欧共体条约》第85条，如果非欧共体企业向欧共体销售产品时实施了一个在欧共体境外达成的限制竞争协议，那就违反了欧共体竞争法，欧共体从而对之就有管辖权。在这个案件中，欧共体委员会主张依据效果原则行使管辖权，欧洲法院则是采用了与之稍有一点区别的表述"实施"。虽然欧洲法院在这个判决中没有明确适用"效果原则"，但实际上的做法和适用这个原则也没有很大距离。而在一些第三国企业合并案中，欧共体委员会则毫无疑问地适用了"效果原则"。

【典型案例】

欧盟竞争法在其域外适用方面也采用了美国反垄断法中的效果原则。例如Kimberly-Clark与Scott合并案。② Kimberly-Clark公司和Scott公司是美国最重要的纸巾生产企业，其产品在欧洲市场上也进行生产和销售。Kimberly-Clark公司准备取得Scott公司的全部股份，如果这个合并成功，Kimberly-Clark公司会成为全球和西欧市场上最大的纸巾生产商。这个合并是一个会对欧洲市场具有影响的合并，依据欧盟《企业合并控制条例》的规定，参与合并的企业于1995年8月向欧盟委员会进行了申报。

欧盟委员会认为，这个企业合并会对欧洲的纸巾市场产生不利的影响，而且Kimberly-Clark公司和Scott公司的合并也会使本来处于竞争状态的它们的各自的商标"Kleenex"和"Andrex"进行联合。因此，合并后的企业不仅会提高它们在市场上已经具有的重要地位，而

① 参见阮方民：《欧盟竞争法》，72～78页，北京，中国政法大学出版社，1998。

② 参见王晓晔：《欧共体企业合并控制法及其新发展》，载杨紫烜主编：《经济法研究》，第1卷，北京，北京大学出版社，2000。

且可以产生市场支配地位。如果按照这两个企业的计划批准合并，它们之间的商标竞争（商标后面的商品的竞争）就会消除，其结果是削弱甚至消除了竞争，产品会涨价，用户和消费者的利益会受到影响。因此，欧盟委员会在第一个审查阶段就明确地告诉合并当事人该合并计划不会被批准。因此，申请合并的企业承诺修改它们的合并计划。这个案件的结果是，Kimberly-Clark 公司不仅承诺出售其卫生间纸巾的三个名牌商标——Double Velet、Quilted 和 Recycled，而且承诺出售 Scott 公司的面纸巾和手纸巾的名牌商标 Scotties 和 Handy-Andies。此外，Kimberly-Clark 公司还得转让其在英国年生产 8 万吨纸浆的纸浆生产企业 Prudhoe。

合并计划被修改后，企业合并已经不会威胁到欧洲市场的竞争，因此欧盟委员会于 1996 年 1 月附条件批准了合并，所附的条件就是参与合并的企业必须按照承诺，修改其合并计划。

四、适用域外管辖权面临的司法障碍及解决路径

反垄断法的域外管辖权真正要实行起来也有相当大的困难：首先，该域外管辖权与国际法上的国际礼让原则是冲突的；其次，域外管辖权也涉及其他国家的国家主权和司法独立的问题，如果没有其他国家的支持，域外管辖权并不能被执行到位；最后，域外管辖权本身也是把“双刃剑”，有时还会引发其他的冲突。因此，竞争法的国际化可能是解决域外管辖权问题的最好出路。

任何一个国家如果试图在反垄断诉讼中适用域外管辖权都会遇到一些障碍，这些障碍主要包括以下几种。[①]

1. 被指控企业的所在国的态度

域外管辖权与司法管辖权的冲突不是中国政府才会面临的问题，美国与日本、美国与欧洲国家都出现过类似的冲突。从维护本国司法管辖权和经济利益最大化的角度出发，许多国家，包括美国，都鼓励和支持纯出口的联合限制竞争行为，而进口国反垄断法适用域外管辖权会影响到出口国的主权和经济利益，因此，一个国家的反垄断法适用域外管辖权往往受到其他国家的抵制。

2. 反垄断诉讼中取证的障碍

反垄断诉讼对证据的要求是非常高的，在法院适用反垄断法的域外管辖权时，这些证据通常存在于外国，这必然会涉及涉外取证的问题，而这种取证如果没有被指控企业所在国政府的支持，是很难完成的。尽管大多数国家均允许涉外取证，但很少积极配合，甚至会进行阻挠。例如，英国 1964 年《海运合同与商业文件法》禁止向外国反托拉斯管理机构或外国法院提供文件或资料；1975 年《证据法》不允许本国法院仅因为外国法院主张域外管辖权而支持其对信息的要求；1980 年《保护贸易利益法》禁止向美国提供任何反托拉斯的材料书证。[②] 新西兰的法律规定，外国当局提出的索取文件或资料的要求如侵犯新西兰的管辖权或有损于新西兰的主权和经济、贸易利益，任何新西兰法院均不得满足这种要求。[③]

3. 适用域外管辖权的国家在反垄断法立法内容上的逻辑障碍

为了维护本国利益，许多国家，包括美国，都对本国企业的一些纯出口的限制竞争行为予

---

① 参见孟雁北：《反垄断，美国法律可否过界谋应对，政府企业缘何而动》，载《时代经贸》，2005（7）。

② 参见许光耀：《反垄断法的域外适用》，载《时代法学》，2004（3）。

③ 参见王新生：《试论反垄断法域外适用的效果原则》，载《长沙电力学院学报（社科版）》，2002（4）。

以豁免或采取宽松的态度，但同时对外国企业的同类行为适用域外管辖权。这在逻辑上是存在矛盾的。例如，美国 1918 年的《韦伯-波默林法》、1982 年的《对外贸易反垄断法修正法》和《出口贸易公司法》等对出口贸易中的限制竞争行为豁免适用反垄断法，鼓励和允许本国出口企业针对他国市场的限制竞争行为，同时却对外国企业的同样的行为适用域外管辖权。[①]

4. 反垄断法是国内法这一基本特征对域外管辖权的适用构成障碍

所有国家的反垄断法都是国内法，国内法的含义本身除了表明该法律的适用范围立足于国内之外，也表明国内与此相关的行为和主体必须遵照该法律的规范。而反垄断法域外管辖权的适用使同一主体的同一行为可能由两个法律来管辖，其中的冲突无法避免，而反垄断法作为国内法的属性必然会阻碍其他国家反垄断法域外管辖权的实施。

5. 反垄断诉讼中判决执行的障碍

由于适用域外管辖权引发的与被指控企业所在国司法管辖权的冲突，与该国国内反垄断法规定的内容的冲突，使判决的执行会非常艰难。例如，澳大利亚 1979 年的《（限制执行）外国反托拉斯法判决法》规定，总检察长有权颁布命令，阻止在国内承认和执行外国反托拉斯判决，或降低反托拉斯判决所处罚款。[②] 荷兰的经济竞争法规定，如果外国采取的措施与作出的裁决和国内法不符，不应遵行。[③] 许多国家通过各种程序和实体规定使适用域外管辖权作出的判决无效或削弱该判决的效力。

当适用域外管辖权面临如此众多的障碍时，政府在其中的作用非常关键，而最有效的冲突解决方法是在反垄断领域建立广泛的国际合作。1991 年，美国与欧共体签订《美国政府与欧洲共同体委员会关于竞争法的适用的协定》；1998 年双方又补充签订了《美国政府与欧盟委员会关于执行其竞争法适用积极礼让原则的协定》。美国还与德国、加拿大、澳大利亚等国家签订了类似的协定。当国际社会能就反垄断法的程序规则和实体法规则取得基本一致的意见或达成协议时，反垄断法的域外管辖权冲突和其他方面的冲突会逐渐减少。

五、我国《反垄断法》对域外管辖权的规定

我国《反垄断法》第 2 条规定，中华人民共和国境内经济活动中的垄断行为，适用本法；中华人民共和国境外的垄断行为，对境内市场竞争产生排除、限制影响的，适用本法。这意味着：一是对于符合该条规定的境外垄断行为，我国反垄断执法机构享有域外管辖权，有权依据我国《反垄断法》的规定予以处理；二是外国在处理影响我国境内市场竞争的垄断行为时，应当以我国《反垄断法》作为准据法。由此可见，我国的态度是：对于域外的垄断行为，只要其对我国的竞争产生排除、限制影响，就可以对其行使管辖权。

【典型案例】

商务部附限制性条件批准谷歌收购摩托罗拉移动经营者集中案

2011 年 9 月 30 日，商务部收到谷歌收购摩托罗拉移动的经营者集中申报。经审核，商务部认为该申报文件、材料不完备，要求申报方予以补充。11 月 21 日，商务部确认经补充的申

---

① 参见梅新育：《美国反托拉斯法域外管辖制度》，载《国际贸易》，1996 (9)。

② 参见许光耀：《反垄断法的域外适用》，载《时代法学》，2004 (3)。

③ 参见王新生：《试论反垄断法域外适用的效果原则》，载《长沙电力学院学报（社科版）》，2002 (4)。

报文件、资料符合《反垄断法》第23条的要求，对该项经营者集中申报予以立案并开始初步审查。经初步审查，商务部认为此项集中对中国移动智能终端操作系统市场可能具有排除、限制竞争效果。本案进入进一步审查延长阶段。12月21日，商务部决定对此项集中实施进一步审查。2012年3月20日，经申报方同意，商务部决定延长进一步审查期限。

审查过程中，商务部征求了相关政府部门、行业协会和下游企业的意见，并就技术问题咨询了有关专家，对申报方提交的文件、资料的真实性、完整性和准确性进行了审核。在审查期间，商务部向谷歌指出了此项集中将产生的排除、限制竞争效果，并就如何解决上述竞争问题进行了多轮商谈。2012年5月15日，谷歌向商务部提交了解决竞争问题的最终承诺。经评估，商务部认为，该承诺能够减少此项集中对竞争产生的不利影响。经审查，商务部认为谷歌收购摩托罗拉移动具有排除、限制竞争影响。根据谷歌向商务部作出的承诺，2012年5月19日，商务部决定附加限制性条件批准此项集中。谷歌应当履行如下义务：

(1) 谷歌将在免费和开放的基础上许可安卓平台，与目前的商业做法一致。安卓平台是指用于移动设备的当前及未来版本的开源软件堆栈，包括以目前发布于 http：//code.google.com/android/的形式存在的且在义务期内（除非这些义务被修改或解除）于该网站或后继网站上可获得的操作系统、中间件及关键开源应用程序在内。本项义务不影响谷歌对与安卓平台相关的软件（包括但不限于在安卓平台上运行的应用程序）保持闭源或使之闭源的权力。本项义务不影响谷歌就其提供的与安卓平台相关的产品和服务（包括但不限于在安卓平台上运行的应用程序）寻求付款或其他对价的能力。

(2) 谷歌应当在安卓平台方面以非歧视的方式对待所有原始设备制造商。本项义务仅适用于已经同意不对安卓平台进行分化或衍生的原始设备制造商。本项义务不适用于谷歌提供、许可或分销与安卓平台相关的产品和服务（包括但不限于在安卓平台上运行的应用程序）的方式。

(3) 本次交易后，谷歌应当继续遵守摩托罗拉移动在摩托罗拉移动专利方面现有的公平、合理和非歧视（FRAND）义务。

(4) 根据商务部《关于实施经营者集中资产或业务剥离的暂行规定》（商务部公告2010年第41号），谷歌委托独立的监督受托人对谷歌履行上述义务的情况进行监督。

对于第（1）项和第（2）项义务，自商务部决定之日起5年内有效。如果市场状况或市场竞争发生变化，则谷歌可以向商务部申请变更或解除此2项义务。如果谷歌不再控制摩托罗拉移动，则此2项义务失效。自商务部决定发布之日起5年内，谷歌应当每6个月就其遵守上述义务的情况向商务部和监督受托人报告。5年期满后，商务部可以继续评估中国移动智能终端操作系统市场的状况，并根据评估状况依法作出决定。商务部有权通过监督受托人或者自行监督检查谷歌履行上述义务的情况。谷歌未适当履行上述义务时，商务部有权根据《反垄断法》相关规定作出处理。

问题与思考

波音公司与麦道公司原本是美国航空制造业的老大和老二。1996年，波音公司用133亿美元兼并了麦道公司，使波音公司成为全球最大的民用大型客机制造商，也是美国大型客机市场唯一的供应商，所占市场份额上升为100%。对此，美国反垄断执法机构并没有阻止波音公司兼并麦道公司。

请依据波音公司兼并麦道公司一案，思考下列问题：

（1）什么是垄断状态？波音公司兼并麦道公司形成了“独家经营”是否形成了垄断状态？哪些国家明确对垄断状态本身进行直接规制？

（2）从美国反垄断执法机构对波音公司兼并麦道公司案的执法看，集中体现了反垄断法的哪些特征？

（3）如何理解、适用反垄断法的本身违法原则？

参考文献

1. 曹士兵．反垄断法研究．北京：法律出版社，1996
2. 吴宏伟．竞争法有关问题研究．北京：中国人民大学出版社，2000
3. 孔祥俊．反垄断法原理．北京：中国法制出版社，2001
4. 李钟斌．反垄断法的合理原则研究．厦门：厦门大学出版社，2005
5. 刘继峰．反垄断法．北京：中国政法大学出版社，2012
6. 潘丹丹．反垄断法不确定性的意义研究．北京：法律出版社，2015
7. 戴龙．反垄断法域外适用制度．北京：中国人民大学出版社，2015
8. 李彬．竞争法的基本范畴研究．北京：知识产权出版社，2016
9. 孟雁北．反垄断法．2 版．北京：北京大学出版社，2017

第七章

垄断协议行为规制

本章概要

垄断协议行为，是指排除、限制竞争的协议、决议或者其他协同行为。垄断协议行为可分为横向垄断协议行为、纵向垄断协议行为、混合垄断协议行为共三种形式。根据表现形式划分，垄断协议行为至少可分为合同、决议、联合一致等。

横向垄断协议行为是指两个或两个以上因生产或销售同一类型产品或提供同一类服务而处于相互直接竞争中的经营者，通过共谋而实施的限制竞争行为。横向垄断协议行为中，反垄断法主要禁止固定价格行为、限制产量行为、划分市场行为、联合抵制交易行为等。

纵向垄断协议行为也被称作垂直限制协议、垂直协议，是指两个或两个以上在同一产业中处于不同阶段而有买卖关系的经营者，通过共谋而实施的限制竞争行为。纵向垄断协议行为中，反垄断法重点规制维持转售价格以及其他限制交易方营业自由的行为。

垄断协议豁免制度，是指反垄断法本应限制或禁止某些垄断协议行为，但根据法律认可或依法定程序认可，允许这些行为合法进行而不予制止或不追究法律责任的制度。

关键术语

垄断协议行为　横向垄断协议行为　固定价格行为　限制产量行为　划分市场行为　联合抵制交易行为　纵向垄断协议行为　限制转售价格行为　垄断协议豁免制度

第一节　垄断协议行为概述

一、垄断协议行为的概念和特征

经营者之间以及它们与交易相对人之间采取协议、决定或者其他协同行为，从而排除、限制竞争的行为，在反垄断法学上被称为垄断协议行为，也有的反垄断法学者称之为垄断协议、限制竞争协议等。[①] 我国《反垄断法》将此界定为垄断协议，于第 13 条规定："本法所称垄断协议，是指排除、限制竞争的协议、决定或者其他协同行为。"行业协会通过"行业自律"行为来限制竞争，以行业协会决议的形式限制价格竞争，也属于垄断协议行为的一种表现形式。我国《反垄断法》第 16 条规定：行业协会不得组织本行业的经营者从事垄断协议行为。

相对于垄断状态而言，垄断协议行为属垄断行为；相对于滥用市场支配地位和经营者集中等结构性垄断行为而言，垄断协议行为属非结构性垄断行为；相对于滥用市场支配地位在多数情况下由单个经营者所实施而言，垄断协议行为总是由双方或多方所实施，因此它又被称为共同行为或联合行为。

垄断协议行为主要有以下特征。

1. *从事垄断协议行为的主体必须为两个或两个以上的独立经营者*

在反垄断法上，从事垄断协议行为的独立主体具有特殊的含义，即这种独立性既表现为法律地位上的独立性，又表现为具有事实上的独立决策的能力。有些法律地位上的独立主体，在事实上可能不具有独立的经济决策能力，这样的主体一般也不能被认定为反垄断法意义上的独立主体。例如，虽然母公司与其全资子公司在法律上各自为独立的法律主体，但子公司完全听命于母公司，没有独立的决策权，包括实施垄断协议行为的决策权。此时母公司与子公司的联合行为一般不属于反垄断法禁止之垄断协议行为。[②] 再如，被代理人与代理人订立的限制价格协议由于所反映的都是被代理人的意思，因而被代理人与代理人不构成反垄断法意义上的两个独立主体。

应当注意的是，虽然单个经营者无法形成协议或者实施联合一致的行为，但是以团体形式出现的市场主体的联合组织很容易为市场主体的联合一致提供便利条件，因此，行业协会的决定被视为经营者间的协议，一样受到反垄断法的禁止性规制。

2. *垄断协议行为主体采用的方式是协议、决定或者其他协同方式*

反垄断法上的协议、决定或者其他协同方式一般反映出经营者之间存在共谋，具有联合行动的一致意思表示，即存在主观上的合意，这种合意通过签订协议、作出共同决定或者其他协同方式表现出来。那些无意的、偶然的巧合，即不存在共谋合意的一致行动，不属垄断协议行为。反垄断法同时并且并列使用"协议"和"决定"的意图是完全涵盖应当禁止的限制竞争的约定形式，只要主观上采取了约定的方式并在限制竞争的后果上具有相同性，就属反垄断法的规制范围。决定本身是行为人通过团体的形式形成集体意思，并在团体的成员中间执行，因此，虽然决定通常是以一个法律主体的名义作出的，但在团体形式的背后是团体成员复数意思表示的产物，集中的是团体成员的意思，在性质和后果上相当于成员之间的协议。除协议和决定以外，垄断协议行为还可以采取其他形式，如行业协会或者企业协会的决议、行为人之间默契而协调一致的共同行为。

3. *垄断协议行为人基于共同的限制竞争目的而形成共同行动*

垄断协议行为的目的因其类型的不同而不同。横向垄断协议的行为人通常具有相同的目的，而垂直垄断协议行为的行为人的目的不尽相同。垂直垄断协议行为的行为人不存在竞争关

---

① 垄断协议或垄断协议行为在反垄断法中有不同的称谓，如德国称为"卡特尔"，有的学者称为"限制竞争协议"或联合限制竞争行为，美国《谢尔曼法》第 1 条使用了"合同"（contract）、"联合"（combination）和"共谋"（conspiracy）来表述，美国的理论界和执法机关也常常使用"联合"或"联合行为"（collaboration）一词。

② 参见赖源河编审：《公平交易法新论》，258～259 页，台北，月旦出版社，1997。

系，其实施行为时往往各怀目的，如维持转售价格的供应商是为了销售商进行更好的市场营销、保持其品牌的形象或者增强与其他品牌产品的竞争力等，销售商则是为了买到供应商的优势产品、获取更高的利润等。垄断协议行为的行为人基于共同的限制竞争的目的必然会实施共同的行为，如果共同的行为没有实施，那么共同的目的也无法达到。

4. 垄断协议行为人的联合常常是在有限的期限内存续

进行垄断协议行为通常要求参加者之间能做到"同心协力"、"协调一致"和"遵守"，这就需要参加者具备发现违反协议的能力以及通过制裁违反者实施该协议的能力。实际上这些能力很难具备，因此，垄断协议行为经过一段时间后往往就会停止。

5. 垄断协议行为具有阻碍、扭曲市场竞争和市场交易的后果以及存在被豁免的可能性

垄断协议行为通常是联合各方共同对商品或服务的价格、数量、地区、对象等进行限制，因而会阻碍、扭曲正常的市场竞争和市场交易。尽管经营者间的垄断协议行为对竞争构成限制是普遍的，而反垄断法禁止垄断协议，但不是所有的垄断协议行为仅因行为本身就受到禁止，只有固定价格等少数行为属于法律当然规制的情形，至于其他的垄断协议行为都是通过行为是否正当以及对竞争的影响及后果的经济分析来认定的，适用的是合理原则，而且反垄断法关于垄断协议行为豁免的规定对一部分垄断协议行为进行豁免。

二、垄断协议行为的具体表现形式

垄断协议行为是对竞争危害最大的一类行为，它主要是通过联合，开拓自己的市场，限制其他竞争者的竞争。其主要内容包括联合限定商品价格、产销数量、技术标准，划定市场或顾客以及联合拒绝购买或销售、串通投标，等等。

（一）横向垄断协议行为、纵向垄断协议行为和混合垄断协议行为

根据参与联合行为的主体所处经营领域的不同及参与联合的企业之间的相互关系，垄断协议行为可分为横向垄断协议行为（竞争者之间的行为）、纵向垄断协议行为（非竞争者之间的行为）、混合垄断协议行为三种形式。①

横向垄断协议行为，一般也被称为卡特尔，是指两个或两个以上因生产或销售同一类型产品或提供同一类服务而处于相互直接竞争中的企业，通过共谋而实施的限制竞争行为。横向垄断协议行为是竞争者之间的联合，对竞争的危害既直接又严重，因而是反垄断法所规制的重点行为。

纵向垄断协议行为是指两个或两个以上在同一产业中处于不同阶段而有买卖关系的企业，通过共谋而实施的限制竞争行为。其主要类型有维持转售价格、搭售、独家经营、独占地区以及其他限制交易方营业自由的行为。纵向垄断协议行为是非竞争者之间的联合，只有在特定的

---

① 横向垄断协议行为与纵向垄断协议行为是反垄断法对垄断协议行为的最基本的分类，也是普遍用于立法、执法、司法以及理论分析的分类方法和分析方法。在反垄断法英文文献中，有多种类似的表述方法，如"horizontal agreement"（水平协议）和"vertical agreement"（垂直协议）、"horizontal restraints"（水平限制）和"vertical restraints"（垂直限制）、"horizontal relations"（水平关系）和"vertical relations"（垂直关系）。现实经济生活中的垄断协议行为是非常复杂的，通常会同时具备横向和纵向的要素，但为了研究和比较的方便，在对垄断协议行为进行研究时，一般从横向和纵向的角度来展开研究。

情形下，如对价格进行限制，才会产生限制竞争的后果，因而需要反垄断法的规制。

但在现实生活中，有些问题较为复杂，横向限制竞争行为和纵向限制竞争行为并不是泾渭分明的，也不能截然分清。

【典型案例】

2014 年 8 月，国家发展和改革委员会对日本住友等八家零部件企业的价格垄断行为依法处罚 8.319 6 亿元，对日本精工等四家轴承企业的价格垄断行为依法处罚 4.034 4 亿元，合计罚款 12.354 亿元。经查实，2000 年 1 月至 2010 年 2 月，日立、电装、爱三、三菱电机、三叶、矢崎、古河、住友八家日本汽车零部件生产企业为减少竞争，以最有利的价格得到汽车制造商的零部件订单，在日本频繁进行双边或多边会谈，互相协商价格，多次达成订单报价协议并予实施。价格协商涉及中国市场并获得订单的产品包括起动机、交流发电机、节气阀体、线束等 13 种。经价格协商的零部件用于本田、丰田、日产、铃木、福特等品牌的二十多种车型。截至 2013 年年底，当事人经价格协商后获得的与中国市场相关的零部件订单仍在供货。

2000 年至 2011 年 6 月，不二越、精工、捷太格特、NTN 四家轴承生产企业在日本组织召开亚洲研究会，在上海组织召开出口市场会议，讨论亚洲地区及中国市场的轴承涨价方针、涨价时机和幅度，交流涨价实施情况。当事人在中国境内销售轴承时，依据亚洲研究会、出口市场会共同协商的价格或互相交换的涨价信息，实施了涨价行为。

八家汽车零部件企业和四家轴承企业涉嫌达成并实施了汽车零部件、轴承的价格垄断协议，违反了我国《反垄断法》规定，排除、限制了市场竞争，不正当地影响了我国汽车零部件及整车、轴承的价格，损害了下游制造商的合法权益和我国消费者的利益。这两个案件中，当事人多次达成并实施价格垄断协议，违法行为持续时间超过 10 年，违法情节严重，国家发展和改革委员会依法予以从重处罚，同时对主动提供重要证据的相关当事人适用了《反垄断法》关于减轻或免除处罚的条款。

汽车零部件价格垄断案的处罚决定为：(1) 对第一家主动报告达成垄断协议有关情况并提供重要证据的日立，免除处罚。(2) 对第二家主动报告达成垄断协议有关情况并提供重要证据的电装，处上一年度销售额 4%的罚款，计 1.505 6 亿元。(3) 对只协商过一种产品的矢崎、古河和住友，处上一年度销售额 6%的罚款，分别计 2.410 8 亿元、3 456 万元和 2.904 亿元。(4) 对协商过两种以上产品的爱三、三菱电机和三叶，处上一年度销售额 8%的罚款，分别计 2 976 万元、4 488 万元和 4 072 万元。

轴承价格垄断案的处罚决定为：(1) 对第一家主动报告达成垄断协议有关情况并提供重要证据的不二越，免除处罚。(2) 对第二家主动报告有关情况并提交涉及中国市场所有证据和销售数据的精工，处上一年度销售额 4%的罚款，计 1.749 2 亿元。(3) 对 2006 年 9 月退出亚洲研究会但继续参加中国出口市场会议的 NTN 公司，处上一年度销售额 6%的罚款，计 1.191 6 亿元。(4) 对提议专门针对中国市场召开出口市场会议的捷太格特，处上一年度销售额 8%的罚款，计 1.093 6 亿元。

同时，涉案企业均提出了整改措施：一是立即根据中国法律对销售政策和销售行为进行整改；二是对公司全体成员进行反垄断培训，确保员工的行为符合中国法律要求；三是采取实际行动，消除过去违法行为的后果，主动维护竞争秩序，并惠及消费者。

（二）协议限制竞争行为、决议限制竞争行为和联合一致（事实上的）限制竞争行为

根据表现形式划分，垄断协议行为至少可分为协议、决议、联合一致等。对于不同的表现形式，在反垄断法实务中认定违法的标准是不同的。

1. 协议限制竞争行为

协议限制竞争行为也被称作协议卡特尔、公开卡特尔、明确卡特尔、正式卡特尔，是垄断协议行为最初的也是最主要的表现形式。它产生于契约自由，但却限制了贸易自由。它是垄断协议行为的主体通过明确的协议来表达限制竞争的意愿并决定付诸行动，当然有时共同限制竞争的意愿也可以口头合同的形式表达。如果竞争者从事的协议限制竞争行为有书面证据或口头录音证据存在，相对来讲，其违法性比较容易认定。

当然，不是所有的协议限制竞争行为都是违法的，对有些协议限制竞争行为需要运用合理原则才能判断其违法性，而有些协议限制竞争行为是可以被豁免的。

2. 决议限制竞争行为

联合组织如行业协会、职业协会等的决议有时也会限制竞争，而该决议被联合组织的成员企业共同遵守时，实际上也是垄断协议行为。决议限制竞争行为存在书面决议，其违法性也比较容易认定。行业协会等联合组织的组建有增进共同经济利益、谋求工商业发展的积极作用，但如果该组织被不当利用，也可以起到限制竞争的作用，因此各国反垄断法均把行业协会等联合组织视为受其规范的行为主体。

联合组织的决议既可用来统一定价、限制数量、划分市场，也可用来共同抵制，拒绝交易；既可用来协调联合组织成员的竞争行为，也可用来统一联合组织成员对非成员的反竞争行为，这时，联合组织的决议就具有限制竞争的后果，就是反垄断法所要禁止的。联合组织的决议形式多种多样，包括由这类组织制定的规则（如章程、纪律等）、对其成员具有约束力的规定以及没有约束力的建议等。

【典型案例】

据报道，2013 年 5 月和 6 月，上海市发改委与国家发改委对上海黄金饰品行业协会以及上海主要金店负责人就涉嫌操纵金价进行约谈，上海多家金店向上海市价格监督与反垄断局递交“自认报告”，承认“企业之间相互串通统一价格损害消费者权益”，包括老凤祥、老庙黄金、亚一金店、城隍珠宝、天宝龙凤等上海本地及在上海开展业务的黄金饰品企业。

上海黄金饰品行业协会成立于 1996 年 12 月，为上海以黄金、铂金等贵金属为主要原材料的饰品零售、批发、生产加工行业企事业单位自愿组成的行业性社会团体法人。

该协会有各种所有制的会员单位两百余家、连锁商店三百余家。有媒体报道，相关反垄断调查主要是针对由上海黄金饰品行业协会牵头制定的《上海黄金饰品行业黄金、铂金饰品价格自律实施细则》展开的。根据该细则第 5 条、第 7 条、第 8 条的规定，上海多家金店在对所售黄金、铂金产品进行定价时，均不允许超过协会所约定“中间价”的正负 2%或正负 3%。

2013 年 8 月 12 日，国家发改委宣布，上海黄金饰品行业协会因组织部分金店垄断黄金、铂金饰品价格，被处以最高 50 万元罚款；5 家金店因价格垄断协议行为被处以上一年度相关销售额 1%的罚款，共计人民币 1.009 37 亿元。

3. 联合一致、建议或策划的限制竞争行为

垄断协议行为的主体可以通过默示的协调一致的行为来达到共同限制竞争的目的，但由于

没有明确的书面协议，经营者的意思缺少直接的证据证明，因而一些国家的法律规定了这种情况下的法律推定制度。如韩国《反垄断法》第 19 条第 5 款就将两个以上企业在一定的交易领域作出实质上限制竞争的行为，而在这种行为不存在任何约定进行共同行为的明示合意时，也推定为不正当共同行为。

联合一致行为是指："几个企业尚未达到订立协议的地步时，在它们之间实施一种实际上的合作以求避免竞争的风险的一种共同行为方式。"①

提供建议是一方向另一方指出某种东西有益并劝其接受的一种表示。② 虽建议不具有约束力，但它向竞争者传达了共谋的内容、施加了影响，若此后出现任何一致的行动，经营者间的共谋就可以得到确证。构成共谋的基础的建议必须由经营者、企业家、联合组织等提供，任何个人提供的建议不属于法律禁止的对象。

企业间的策划是英国反垄断法特有的规定。根据英国 1976 年《限制性行为法》第 43 条的规定，企业间的策划是指企业间任何传达信息、没有约束力但最终导致企业间联合行动的相互联系行为。

【典型案例】

各国对垄断协议行为的处罚也非常严厉。例如，《华盛顿邮报》1999 年 5 月 20 日报道：两家生产维生素的"巨人"公司 20 日同意接受 7.25 亿美元的罚款。两家公司向美国达拉斯地区法院表示认罪，愿意支付罚款以了结公司官司。罪名是它们合谋提高和冻结维生素的售价，而维生素几乎是美国每个家庭都要食用的。瑞士的霍夫曼·拉罗歇公司（F. Hoffmann-Laroche Ltd.）将支付 5 亿美元罚款。美国司法部部长詹尼特·雷诺在记者招待会上说，这是犯罪罚款最高的一次。因为美国人在过去 10 年里为维生素及维生素面包等食品，平白无故地按照非法提高的价格多付出数亿美元。德国巴斯夫公司（BASFAG）因参与策划在美国和世界各地涨价阴谋而支付 2.25 亿美元罚款。法国的罗纳-普纳公司因积极配合美国司法部对秘密定价的调查而被免予起诉。其中瑞士的霍夫曼·拉罗歇公司 1997 年就曾因操纵柠檬酸价格被罚款 1 400 万美元，20 世纪 80 年代曾在欧洲法院因反竞争行为被起诉和制裁。

又如，欧盟委员会于 2000 年年初宣布对美国 ADM 等 5 家公司合谋操纵世界食品添加剂市场价格的行为科以总额为 1.1 亿欧元的罚款。该委员会经过 4 年的调查证实，美国 ADM 等 5 家公司从 1990 年 7 月至 1995 年 6 月，不仅操纵世界市场上的赖氨酸价格，而且通过互换信息、确定销售限额等方式，垄断了国际市场上的赖氨酸销售。在受处罚的 5 家公司中，美国 ADM 公司是其中最大的一家，因此被科以 4 730 万欧元的罚款。日本味之素公司的罚款金额为 2 830 万欧元，另外 3 家韩国公司也被科以数额不等的罚款。

三、反垄断法规制垄断协议行为的理念

垄断协议行为试图通过联合来仿效达到市场支配地位，从而可以得到较高的市场利润。垄断协议行为属传统的私法领域，但是反垄断法在对其进行规制时体现了公法方法和私法方法的融合。例如，反垄断法以典型的公法方法为主来调整这一私法的领域，由行政机关监督查处，

① ［英］约翰·亚格纽著，徐海等译：《竞争法》，148 页，南京，南京大学出版社，1992。

② 参见戴奎生等：《竞争法研究》，126 页，北京，中国大百科全书出版社，1993。

予以罚款或责令停止违法行为，情节严重的，则可提起公诉，审判定罪后处以罚金或监禁。再如，垄断协议行为的民事责任承担中普遍规定的惩罚性赔偿，显然与传统的私法观念和私法方法不同，其动机不仅仅是个体权利的保护，也是鼓励公众、私人来监督反垄断法的执行。又如，外国的反垄断法比较注意公法方法和私法方法的衔接，像欧盟竞争法的判例和澳大利亚《贸易行为法》都规定，认定行为人有反竞争行为的公诉判决，或行政决定，可以成为受害人向加害人诉请赔偿的表面证据。这就是公法方法运用的结果，可以便利私人权利的实现和保护，从而能促使私人行使权利；而私人行使其权利追究加害人反竞争行为的民事责任，事实上加重了违法行为人的负担，提高了其违法成本，增强了竞争法的威慑力，因此，反过来有利于公众利益和竞争机制的保护。①

从社会整体利益出发，反垄断法应禁止损害竞争的联合行为和总体上对竞争的损害大于对竞争的促进的联合行为，至于促进竞争的联合行为、对竞争没有负面影响的联合行为、总体上对竞争的损害小于对竞争的促进的联合行为，则应适用反垄断法的除外制度。

（一）反垄断法禁止损害社会整体利益的垄断协议行为

反垄断法禁止的损害社会整体利益的垄断协议行为主要有以下几种。

1. 反垄断法禁止损害竞争的联合行为

有些联合行为仅仅是为了消除行为人之间的竞争，因而常常被称为“赤裸裸的”贸易限制行为、卡特尔行为或者勾结行为。固定价格、串通招投标以及划分地区和客户，就是典型的例子。这些联合行为具有毫不含糊的损害性，没有抵消其不足的经济或者社会好处。大多数国家将这些行为作为最严重的竞争违法行为，有些国家甚至将其作为犯罪论处。

事实上，一些国家将横向垄断协议行为视为非法，而不管其固定价格或者限制产量是否具有合理性，均适用本身违法原则进行判断。竞争法执法机构或者受害人只需要证明已订立了协议及其具有反竞争性，该协议没有履行或者没有反竞争后果，都不能够成为抗辩理由。此外，运用该规则免除了起诉机关或者受害人对该协议将价格抬高到正常水平以上或者该价格不合理的举证责任。有些国家虽然没有采取如此规则，但都对垄断协议行为严格对待。例如，欧盟对违反《罗马条约》第 85 条的卡特尔大量地提起诉讼，并处以高额罚款。②

2. 反垄断法规制的是总体上对竞争的损害大于对竞争的促进的联合行为

为了保证反垄断法的社会整体利益最大化目标的实现，“竞争后果”是在对垄断协议行为进行规制时必须要考虑的问题。“竞争后果”是指将反竞争的损害与促进竞争的好处进行比较所得出的最终结果。总体上说，反垄断立法和执法对竞争后果的分析应当注意把握政策。如果政策过于严格，就会妨碍有益于竞争的行为；如果政策过于宽松，就会放纵竞争者压制自然的竞争对手，提高价格和限制产量，从而既损害消费者的利益又损害经济。

如果该联合行为是具有限制产量和提高价格的固有可能性的限制竞争行为，如固定价格，那么便具有明显的违法性而不需要进行复杂的分析。除此以外，对其他限制竞争行为必须根据所涉及的市场、协议的后果和潜在后果、协议当事人的市场地位，以及限制行为与所声称的促进竞争的理由之间的关系，进行充分的评估。如果限制竞争行为与所声称的促进竞争的理由之间关系不明显，则不必进行充分的市场分析就可以得出该行为整体上限制竞争的结论。否则，

① 参见王源扩等：《经济效率与社会正义》，177 页，合肥，安徽大学出版社，2001。

② 参见孔祥俊：《反垄断法原理》，313 页，北京，中国法制出版社，2001。

竞争法执法机构或者司法机关就需要对促进竞争的好处与反竞争损害进行权衡。

（二）反垄断法对部分垄断协议行为适用豁免制度

1. 反垄断法对促进竞争的垄断协议行为适用豁免制度

对促进竞争的垄断协议行为适用豁免制度符合反垄断法的立法目的，能够实现社会整体利益的最大化。例如，竞争者之间共同建设一个任何一方都无法单独建成的工厂，从事任何一方都没有财力单独进行的研究开发，一些协会进行收集统计数字和经营信息的工作，都是对竞争和经济的发展有好处的。美国联邦贸易委员会和司法部《关于竞争者之间联合行为的反托拉斯指南》指出[①]：为确保在现代市场上进行竞争，竞争者有时需要进行联合。竞争力量正在推动走向复杂的联合，以实现扩张到国外市场。为昂贵的革新活动提供资金以及降低生产和其他成本，这些联合不但是有益的，而且是促进竞争的。的确，联邦反托拉斯机关很少对竞争者的联合行为提起民事诉讼。但是，有关反托拉斯法对现实的或者潜在的竞争者之间的协议持怀疑态度的认识，会妨碍促进竞争的联合行为的发展。

2. 反垄断法对不影响竞争的垄断协议行为适用豁免制度

有些垄断协议行为对竞争没有影响或者说是与竞争无关的，这些联合行为一般被视为中性的垄断协议行为。[②] 欧共体委员会曾于1970年发布了一项告示，即“非重要协议的告示”。该告示引述了欧共体委员会有关在竞争不被过分地损害的情况下促进中小企业利益的政策。按照欧共体委员会的观点，从事生产以及商品或者服务销售的行为人之间的协议，在符合下列两种标准的情况下，不违反《罗马条约》第85条规定，即：（1）协议所指向的产品加上“参与行为人”的其他同类产品，在所影响的欧共体市场所有同类产品市场中的份额不超过5%。（2）“参与行为人”总的年销售额不超过2亿欧元。所谓的“参与行为人”不仅包括协议的当事人，而且包括其子公司和母公司。

3. 反垄断法对总体上对竞争的损害小于对竞争的促进的垄断协议行为适用豁免制度

判断一项垄断协议行为是损害竞争还是促进竞争，可以采取下列五个步骤的分析方法，即：垄断协议行为是否具有限制产量和提高价格的固有的可能性；垄断协议行为是赤裸裸的，还是显然与促进竞争的经济资源的合作有关系的；垄断协议行为是限制了产量和提高价格，还是增加或促进了市场力量的行使；垄断协议行为是否为实现所声称的促进竞争目标所必要；联合行为促进竞争的好处是否超过了反竞争的危险。[③]

四、各国（地区）反垄断法对垄断协议行为的规制

各国（地区）的反垄断法均对垄断协议行为尤其是横向垄断协议行为进行比较严格的规制。各国（地区）对经营者集中行为的管制呈宽松趋势，但对垄断协议行为（主要是横向垄断协议行为）不仅没有放宽管制，而且有严格的趋势。例如，德国1998年第六次修订《反对限制竞争法》时取消了对折扣卡特尔、出口卡特尔和进口卡特尔的豁免规定；日本在1999年废止了在经济不景气时期适用的、被称为日本典型的豁免制度的不景气卡特尔制度。

---

① 参见孔祥俊：《反垄断法原理》，312页，北京，中国法制出版社，2001。

② 参见上书，181～183页。

③ 参见上书，313页。

各国（地区）对垄断协议行为进行规制的立法大体上可以区分为下列三种情况。

（一）对垄断协议行为作原则性或者一般性的禁止规定，对垄断协议行为的种类未作列举或者例示性规定

美国反托拉斯法对垄断协议行为的规范就是这种立法例。美国反托拉斯法对限制竞争协议没有确定固定的法律术语，其基本规定是《谢尔曼法》第 1 条，该条规定："任何契约，以托拉斯形式或其他形式的联合、共谋，用来限制州际或与外国之间的贸易或商业，是非法的。"在适用《谢尔曼法》第 1 条的案件中，主要问题是所涉及的特定合同是否为非法的贸易限制。

适用该条规定有两个前提条件：首先，该条不适用于单个企业的行为，而是适用于由两个或者两个以上的当事人达成的限制贸易协议，当事人必须是独立的法律主体。其次，两个或者两个以上的行为人必须具有某种形式的协议或者合作，两个或者两个以上的当事人必须协议从事同一个行为，几个企业仅仅是以同样的方式实施行为并不足以适用该条规定。因此，适用《谢尔曼法》第 1 条的案件的原告必须证明被告达成了其所实施的行为的协议。

对垄断协议行为的审查，通常并不着重于被告获取独占力量是成功了还是失败了，相反，司法的聚焦点在于参与者的行为或者行动，至少在反托拉斯法的实施初期是这样。正如美国联邦贸易委员会所说的：反托拉斯法以一般条款的方式规定非法行为，留给法院根据各个案件的事实和有关情况，去决定哪些具体行为是非法的。《谢尔曼法》第 1 条将限制贸易的"任何契约，以托拉斯形式或其他形式的联合、共谋"规定为非法，但在很久以前，美国联邦最高法院就决定《谢尔曼法》只禁止不合理限制贸易的那些合同或者协议。至于哪些协议是不合理的，那是法院考虑的事情。

（二）在定义性规范中例示了垄断协议行为的种类

日本采取的就是这种立法例。日本《禁止垄断法》第 1 条第 6 项在定义"不正当交易限制"时列举了几种典型情况，即"经营者以合同、协议或者其他协同行为，不管以哪种名义，与其他经营者共同固定、维持或者提高价格，对数量、技术、产品、设备或者交易对象等加以限制，以此相互限制或者实施商业活动，从而违反公共利益，在任何交易领域内实质性限制竞争的商业活动"。

（三）一般禁止规定与类型列举相结合的立法例

欧盟及其一些成员国的竞争法的规定就是这种立法例的典型代表。例如，《欧盟运行条约》第 101 条第 1 项在规定禁止限制竞争协议的同时，又列举了几种典型情况，但这种列举并没有穷尽限制竞争协议的所有类型，属于例示性规定。从《欧盟运行条约》第 101 条第 1 项来看，构成垄断协议行为需满足三项条件：（1）经营者之间的某种合谋，即符合该条规定的限制竞争形式；（2）可能影响成员国之间的贸易；（3）具有在欧盟限制竞争的目的或者后果。

我国《反垄断法》对垄断协议行为的规制也采取了这种立法例，即一般禁止规定与类型列举相结合。我国《反垄断法》第 13 条第 2 款对垄断协议行为进行了一般性的概括，即"排除、限制竞争的协议、决定或者其他协同行为"。同时，在《反垄断法》第 13 条第 1 款和第 14 条，分别列举了横向垄断协议行为和纵向垄断协议行为的具体表现形式，其中横向垄断协议行为包

括：固定或者变更商品价格；限制商品的生产数量或者销售数量；分割销售市场或者原材料采购市场；限制购买新技术、新设备或者限制开发新技术、新产品；联合抵制交易；国务院反垄断执法机构认定的其他垄断协议行为。纵向垄断协议行为包括：固定向第三人转售商品的价格；限定向第三人转售商品的最低价格；国务院反垄断执法机构认定的其他垄断协议行为。

【背景资料】

欧盟禁止限制竞争协议的基本法律渊源是《欧盟运行条约》第101条，以及第17号条例关于程序和其他细节的规定。《欧盟运行条约》第101条的内容是：(1) 下列各项因与共同市场冲突而予以禁止：行为人之间的任何协议、行为人团体的所有决议和协同行为，其可能影响成员国之间的贸易以及其目的或者结果在于防止、限制或者扭曲共同市场的竞争；特别是：1) 直接或者间接地规定购买、销售价格或者其他交易条件；2) 限制或者控制生产、市场、技术开发或者投资；3) 划分市场或者货源；4) 在同样的交易中对其他交易对方适用不同的交易条件，从而使其处于不利的竞争地位；5) 在订立合同时要求交易对方接受附带义务，而根据其性质和商业惯例，该附带义务与主合同并无联系。(2) 本条禁止的任何协议或者决议自始无效。(3) 但是，第三款的规定在下列情况下可能被宣告不适用：行为人之间的任何协议或者任何类型的协议；行为人团体的任何决议或者任何类型的决议；任何协同行为或者任何类型的协同行为。其有助于改进商品的生产或者流通，或者促进技术或者经济进步，同时使消费者公平分享由此而产生的利益，并且，1) 除非为实现这些目标所必需者外，对有关行为人不强加限制；2) 对于所涉及的产品的重要部分，不造成排除竞争的可能性。

按照上述规定，在欧盟成员国之间的所有限制竞争协议都是予以禁止的和无效的，但是，如果证明限制竞争协议具有特定的抵消性优势除外。

第二节 横向垄断协议行为

一、横向垄断协议行为概述

横向垄断协议行为，又称为横向限制竞争行为，是指两个或两个以上因生产或销售同一类型产品或提供同一类服务而处于相互直接竞争中的经营者，通过共谋而实施的限制竞争行为。企业间的横向垄断协议行为也被称作卡特尔，而在欧盟竞争法中被称为“通谋的反竞争经营行为”(collusive anti-competitive practices)。我国《反垄断法》第13条第1款列举了受到禁止的横向垄断协议行为。

参与横向垄断协议行为的企业一般在法律、生产和财务方面都保持独立性，在经营上，除遵守联合一致的约定内容外，仍在自主经营。因此，当横向垄断协议行为展开时，表面上竞争性的市场结构仍存在，但由于众多分散的企业采取协调或统一行动，它们可以轻而易举地实施破坏市场竞争统一性的阴谋。因此，其社会经济效果实际上相当于特定市场上的行业垄断，而行业垄断必然导致产量下降，价格上升，技术进步较慢，消费者整体利益受损，资源配置无效益。

同时，多个企业的卡特尔行为或联合行为与单个企业的垄断不同，它一般不会带来规模经济效益、有利于创新等积极效应，因此，这种行为常常受到比较严格的规制。在美国，对这类行为中的多数进行违法确认时要适用本身违法原则，甚至对其规定了刑事责任。在欧盟，对这类行为一般也是不予豁免的。

横向垄断协议行为的特征主要有以下几点。[①]

（1）横向垄断协议行为的主体是在生产或者销售过程中具有直接或间接竞争关系的经营者，同时也包括经营者团体。

（2）横向垄断协议行为的主体有从事限制竞争行为的故意，即主体明知其行为会带来限制和排除竞争的后果，却希望或放任这种后果的发生。对故意的认定有主观标准说、客观标准说和折中说三种观点。主观标准说是通过判定行为人主观心理状态来确定其有无过错；客观标准说是以某种客观的行为标准来衡量行为人的行为，进而认定行为人有无过错；折中说是将主观标准和客观标准结合起来确定行为人的过错的理论。[②] 由于横向垄断协议行为具有隐蔽性和不易查证的特点，在确定该类行为是否存在故意时，采折中说更为妥当。

（3）横向垄断协议行为是行为主体以口头、书面或其他方式来订立协议或实施其他共谋行为，并在实质上损害或限制了市场竞争。由此可知，横向垄断协议行为的表现形式是多种多样的，既有书面协议、口头协议形式，也有联合一致的行动。

二、固定价格行为

价格竞争是市场竞争最重要的表现形式，而固定价格行为试图消除竞争者在价格上所进行的竞争，这无异于要消除竞争机制本身，因此，反垄断法必须对这种行为作出禁止性的规定。由于价格是竞争中最敏感的信号，价格竞争是否充分也标志着竞争本身是否充分。如果从竞争的角度来看降价行为，我们就会发现降价并不仅仅是所谓的“价格战”“恶性竞争”这样的一个表层的问题，还是竞争充分展开的标志。

（一）固定价格行为的概念

固定价格行为是具有竞争关系的经营者通过协议、决议或者其他协同行为，确定、维持或者改变价格，从而减弱或消除竞争的行为。串通投标就是固定价格的一种表现形式。

固定价格行为限制了正常的价格竞争，造成错误的资源分配，使消费者失去了选择的机会并承担了不合理的价格，故它实际上是一种以隐晦的方式对公众进行掠夺的行为。

但并不是当价格具有相同性、相同的价格变化或者相同的高价格时就一定是固定价格。有时相同的价格、相同的价格变化源于正常的社会经济条件的变化。例如，强有力的竞争可以将价格拉到同样的水平，因生产减少导致的石油批发成本的普遍增加可能引起石油站同时提高零售价格，这时出现的相同价格和相同的价格变化并不是固定价格行为，甚至如果消费者对某种产品的需求特别旺盛而供应量有限时，不同竞争者的同类产品的价格也会同步上升。这样的情形就是我们在认定固定价格行为时要排除的行为，因为并没有出现竞争者联合起来限制竞争的意图和行为，竞争没有因为价格的同步变化而减弱或消除。

---

① 参见种明钊主编：《竞争法》，239～242 页，北京，法律出版社，2005。

② 参见江平、王家福主编：《民商法学大辞书》，303～304 页，南京，南京大学出版社，1998。

（二）固定价格行为的具体表现

最简单的固定价格方式是竞争者达成协议，向某些或者全部的客户收取特定的价格。如果此时客户对被固定价格的商品没有其他的选择，不能寻找到其他商品进行替代，也不能轻易地减少自己的消费量，那么被协议确定的价格就可能会有很大幅度的提高。当然，竞争者最低也会将协商的价格确定在该市场上效率最低的生产者的价格之上。

除最简单的固定价格形式外，一般下列情形也被认为是固定价格行为①：（1）关于提价的协议；（2）关于据以计算价格的标准公式的协议；（3）关于在具有竞争关系但又非相同商品之间维持固定的比率的协议；（4）关于消除价格折扣或者确定统一折扣的协议；（5）关于延伸到客户的信用条款的协议；（6）关于取消市场上用低价提供的商品以限制供应和保持高价的协议；（7）关于未经其他成员同意不得减价的协议；（8）关于遵守公布价格的协议；（9）关于除非满足商定的价格条款，否则就不予出售的协议；（10）关于使用统一的价格作为谈判的出发点的协议。

【典型案例】

国家发改委对山东潍坊顺通医药有限公司（以下简称“山东顺通”）和潍坊市华新医药贸易有限公司（以下简称“山东华新”）非法控制复方利舍平原料药，哄抬价格、牟取暴利，致相关制药企业停产的情况进行调查，并作出了严厉处罚。

复方利舍平是列入国家基本药物目录的抗高血压药，全国目前有上千万名高血压患者长期依赖此药，年消费量为80亿～90亿片。目前我国仅有两家企业正常生产复方利舍平的主要原料药盐酸异丙嗪。2011年6月9日，山东顺通和山东华新分别与两家盐酸异丙嗪生产企业签订“产品代理销售协议书”，垄断了盐酸异丙嗪在国内的销售。该协议书的内容主要是：一是这两家公司分别独家代理两家企业生产的盐酸异丙嗪在国内的销售；二是未经过山东顺通、山东华新授权，这两家企业不得向第三方发货。这两家公司控制原料药货源后，立刻将销售价格由每千克不足200元提高到300～1 350元。多家复方利舍平生产企业无法承受，被迫于2011年7月全面停产，仅靠库存向医疗机构维持供货，市场出现复方利舍平供应紧张的情况。

因上述两家公司的违法行为情节严重，性质恶劣，2011年11月14日，国家发改委依据《反垄断法》的规定，责令这两家公司立即停止违法行为，解除与盐酸异丙嗪生产企业签订的代理销售协议；对山东顺通没收违法所得37.7万元并处罚款650万元，合计687.7万元；对山东华新没收违法所得5.26万元并处罚款10万元，合计15.26万元。

（三）禁止固定价格行为

禁止固定价格行为的理论基础是，在现实的经济生活中，能够提高效率的固定价格行为是极其少见的，由执法机构和法院去识别并许可提高效率的固定价格行为，其执法和司法的认定成本会远远超过这些行为能给社会带来的收益，因此，对固定价格行为采取当然禁止是各国反垄断法的基本精神。

为获取像单个企业垄断那样的利润，竞争者之间可能以协议抑制其相互之间的竞争，共谋

---

① 参见孔祥俊：《反垄断法原理》，405页，北京，中国法制出版社，2001。

提高价格。这种联合行为必须使大多数成员乐于保持其忠实并且予以实施，由于在固定价格的情况下企业外部的竞争压力明显减小甚至消除，通常会出现技术的和组织的低效率，所以，固定价格行为对国家的整体经济利益具有确定的损害性，有必要对固定价格行为进行禁止。

【背景资料】

固定价格行为对价格的控制主要有两种表现形式，即操纵报价和实行交货价格制（通常是基点定价制和影子运费制）。

操纵报价包括相同报价与轮流进行高低不同的报价。共谋者全部提出相同报价是最简单的操纵报价方法，易于被共谋各方所理解，但这种行为的缺点在于容易引起交易方和反垄断执法机构的注意。而实行轮流进行高低不同的报价方式可避免易于引起注意的麻烦，而且共谋者可长期公平地分配交易和销售，故此种行为更经常被采用。

实行交货价格制包括基点定价制和影子运费制。基点定价制是销售厂商在协调行动中使用的一种交货价格制，在单一基点下，每个产品销售者都用同一始点，计算出该基点或离厂价格之上的追加运费额。当所有的基点价格皆相等时，在任一位置的每个销售商的产品价格也将相同。例如，美国钢铁公司都可能以匹兹堡为基点。影子运费制就是对所有买者索要同一交货价，它与基点定价制关系密切。若基点和生产位置不同处一地，则基点定价本身就意味着影子运费的存在。基点定价和影子运费以企业间共谋为前提，其对竞争的危害在于运费的定价完全是人为的，顾客完全无权按自己的需要以自己的车辆来运输所订产品，也不能在基点设仓库并在那里取货，由此买主之间的竞争和决定工厂位置的自然经济力量也受到破坏。①

三、限制数量行为

限制数量行为又称数量卡特尔，是指具有竞争关系的经营者共谋限定商品的生产数量或者销售数量的行为。限制数量的垄断协议行为通过控制生产或销售数量，人为地制造市场紧张，并使固定价格长期得到实施，导致价格上涨，对消费者的危害很大。因此，各国反垄断法对限制数量的联合行为也是严格禁止的。

限制数量的垄断协议行为实际上可以作扩大化解释，即包括限制产量、限制销量、限制库存、限制原材料、限制技术的垄断协议行为。

欧共体委员会按照《罗马条约》第 85 条第 1 项第 1 目最早查处的横向卡特尔案件之一，就是奎宁卡特尔（Quinine Cartel）案。这是一起通过限制产量而提高价格的卡特尔案件。荷兰、德国和法国的行为人不但协议价格，而且封锁、限制各自的国内市场。这些限制都是《罗马条约》第 85 条第 1 项第 2 目和第 3 目所规定的行为，而且，对于没有国内生产者的国家，还分配了配额。欧共体委员会认为这些行为限制了国内市场，损害了消费者应当从竞争中获取的利益。该决定得到了欧洲法院的支持。

【典型案例】

在奎宁卡特尔案中，该卡特尔的参与者是法国、德国和荷兰的公司。这些公司都销售用于制造治疗疟疾的药品的奎宁（quinine），以及用于合成其他药品的 synthetic quinidine。该两种

---

① 参见曹士兵：《反垄断法研究》，214～215 页，北京，法律出版社，1996。

产品都是从生长于一些第三世界国家的金鸡纳树皮中提取的。欧洲这些公司的合作可以溯及到1913年，当时签订协议的目的是稳定原材料供应的市场条件。第二次世界大战以后，刚果和印度尼亚西建立了新的金鸡纳树种植园，那时金鸡纳树皮的供应稳步增长，结果在1958年价格降到一个较低水平。与此同时，美国政府也大量拍卖其库存多年的此类产品。面对不稳定的市场，被告公司们决定联合组成一个自卫的卡特尔，涉及协调购买价格，划分对美国存货的购买，保护本国国内生产者的国内市场；还决定为特定的公司保留出口市场，并分配出口配额。最初的协议期限为5年，并且为确保协议的遵守，成员必须定期通报其销售和价格情况。有公司如果不能达到出口销售的配额，则对其他成员必须进行补偿性销售，并由荷兰的公司监督，其负责管理卡特尔以及限制有关制造者。这些安排中的有些内容是包含在“出口协议”以及其他的“君子协议”中的。尽管出口将欧共体市场排除在外，但实际上各个公司都是以其出口在欧共体市场之外的价格作为其在欧共体市场的价格的基础的，结果该协议仍然影响了欧共体市场，同期欧共体市场的价格高于其他市场的价格。

四、市场划分协议行为

市场划分协议行为，是指具有竞争关系的经营者之间通过协议、决议或者其他协同行为，分割产品销售市场或者原材料采购市场的行为。市场划分协议可以成为间接控制价格的一种方式，即经营者不仅可以通过直接的固定价格协议控制价格，而且可以通过经营者之间的相互不竞争来间接控制价格。但无论是固定价格行为还是市场划分协议行为，对竞争的危害都是同样的。

市场划分协议行为可以采取多种形式，既可以协议划分地理市场（如一方服务南方，另一方服务北方），也可以根据顾客类别（如一方服务批发商，另一方服务零售商）、产品种类，协议按照功能分配客户。这些协议的合理性在于其使生产和销售更有效率；使生产设备合理化，形成规模经济，降低销售成本，并节省运输费用。无论是划分地域还是划分顾客、产品都属于市场划分的行为。市场划分避免了市场竞争，也就避免了经营者间进行价格上的竞争，所形成的产品价格就不再反映市场竞争和价值规律，因而就等于间接地固定了价格。尤其是当原本处于竞争状态的各方共谋划分顾客时，它们轮流提出最低报价以便各方得到总营业额的适当份额，价格密谋就已经存在了。市场划分同样限制了销售者之间正常的竞争，往往造成产品的单调和价格的不合理，损害消费者和用户的利益，因而受到反垄断法的禁止。

在某些方面，市场划分协议行为比固定价格行为更能损害市场竞争。经营者通过市场划分协议行为，消除在被划定的区域中的竞争者，让自己成为唯一的经营者。尽管其是在有限的区域内具有独占地位，但这不仅让价格不受竞争影响，而且让服务、质量和革新方面也不受竞争影响。而且，市场划分可以避免成本不同的经营者的内部差异，而这正是常常引起固定价格协议破裂的原因。当然，从另一角度看，损害固定价格协议的许多因素也困扰着市场划分。如果剩下的企业将价格确定在边际成本之上，新的进入者就会出现；如果立即将新进入者吸收为成员，那么同样的既得利益必须进一步分配，这就会使该安排的吸引力减弱。

【典型案例】

信雅达等三家密码器企业垄断协议案

2010年10月20日，中国人民银行合肥中心支行牵头组织召开安徽省支付密码产品选型评审会议，从6家参选供应商中确定上海海基业高科技有限公司（以下简称海基业公司）和北京兆日科技有限责任公司（以下简称兆日公司）、信雅达系统工程有限公司（以下简称信雅达公司）作为安徽省范围内推荐使用支付密码器供应商。2010年12月7日，海基业公司和兆日公司、信雅达公司、安徽省20家银行业金融机构共同参加中国人民银行合肥中心支行组织召开的安徽省支付密码推广工作会议。该会议就安徽省支付密码器销售市场分配、产品型号、市场价格、推广宣传、销售措施、培训及相关费用等事项达成一致意见。会后，中国人民银行合肥中心支行下发了《关于安徽省支付密码推广有关工作的通知》（合银办〔2010〕284号）和《关于安徽省银行业金融机构支付密码产品服务厂商分配方案的通知》（合银办〔2010〕299号），明确了以下事项：（1）确定在安徽省内20家银行业金融机构支付密码产品市场分配方案：中国工商银行安徽省分行、中国银行安徽省分行、兴业银行合肥分行、华夏银行合肥分行、汇丰银行合肥分行、徽商银行共6家单位在安徽省内各营业网点代售海基业公司的支付密码器；国家开发银行安徽省分行、中国农业银行安徽省分行、招商银行合肥分行、民生银行合肥分行、东亚银行合肥分行、九江银行合肥分行共6家单位在安徽省内各营业网点代售兆日公司的支付密码器；中国农业发展银行安徽省分行、中国建设银行安徽省分行、交通银行安徽省分行、浦东发展银行合肥分行、浦东发展银行芜湖分行、光大银行合肥分行、中信银行合肥分行、中国邮政储蓄银行安徽省分行共8家单位在安徽省内各营业网点代售信雅达公司的支付密码器。(2) 确定支付密码器统一售价为520元/台。(3) 确定支付密码器推广初期海基业公司和兆日公司、信雅达公司在安徽省销售的产品型号以及开展集中推广宣传等事项。

海基业公司按照市场分配方案划分的销售对象，与相对应的6家银行业金融机构签订协议，供货由其代售。实施过程中，海基业公司与兆日公司、信雅达公司向相对应的银行业金融机构不交叉供货，在安徽省分割了支付密码器销售市场。在2011年至2012年期间，统一固定支付密码器售价为520元/台。2012年12月4日，海基业公司和兆日公司、信雅达公司及20家银行业金融机构参加了中国人民银行合肥中心支行组织的会议，统一将支付密码器售价调整为400元/台。后期，海基业公司与个别银行业金融机构协商，对销售价格作不同幅度的调整。自2011年1月至2015年9月，海基业公司在安徽省区域内销售支付密码器的违法所得计19 854 770.81元，其中2014年度在安徽省区域内销售支付密码器的销售额合计948 923.08元。

反垄断执法机构认为，海基业公司和兆日公司、信雅达公司均在安徽市场销售支付密码器，经营同种业务，是具有横向竞争关系的独立法人，本应依据法律规定和市场经济规则，开展充分、有序的市场竞争，但却以中国人民银行合肥中心支行行政限定为由，积极组织实施划分销售对象来分割支付密码器销售市场。虽然海基业公司与兆日公司、信雅达公司之间没有直接签订书面协议，但在实际经营活动中，共同参加了中国人民银行合肥中心支行组织召开的相关会议进行意思联络，一致按照分配方案划分的对象对应销售且不交叉供货，一致固定和调整销售价格，统一支付和取消代理服务费，共同开展宣传推广活动和应对媒体负面报道危机并承担相关费用等多项协同一致行为。

海基业公司与兆日公司、信雅达公司实施垄断协议分割销售市场行为，排除、限制了竞争，扰乱了市场竞争秩序，影响了经济运行效率。在实施垄断行为期间，其售价明显高于同期竞争状态下的市场价格，牟取了高额垄断利润。当事人的行为致使消费者仅能以高价购买指定产品，既剥夺了消费者自主选择权，又加重了消费者负担，损害了消费者的权益。

依照《中华人民共和国反垄断法》第13条第2款“本法所称垄断协议，是指排除、限制竞争的协议、决定或者其他协同行为”及《工商行政管理机关禁止垄断协议行为的规定》第2

条第4款“其他协同行为是指经营者虽未明确订立书面或者口头形式的协议或者决定，但实质上存在协调一致的行为”的规定，三家公司采取协调一致的行为在安徽省分割支付密码器销售市场，违反了《中华人民共和国反垄断法》第13条第1款“禁止具有竞争关系的经营者达成下列垄断协议”第（3）项“分割销售市场或者原材料采购市场”及《工商行政管理机关制止滥用行政权力排除、限制竞争行为的规定》第5条“经营者不得从事下列行为”第1项“以行政机关和法律、法规授权的具有管理公共事务职能的组织的行政限定为由，达成、实施垄断协议和滥用市场支配地位”之规定，构成达成并实施垄断协议行为。

五、联合抵制交易行为

联合抵制交易行为，又称为集体拒绝交易，是指竞争者之间联合起来不与其他竞争对手、供应商或者客户交易的行为。联合抵制交易行为具有多种情况。例如，有时是针对竞争者实施，有时是针对垂直关系的其他企业实施，有时是数量相当大的竞争者将特定的企业排挤出市场，有时却不是这种情况。当竞争者们联合起来迫使供应商或者客户停止与其他任何竞争对手进行交易，这就是非常典型的横向垄断协议行为。

另外，横向垄断协议行为的当事人还可以运用联合抵制交易行为来惩罚那些破坏联合协议的当事人，即联合拒绝与该背叛者的供应商做生意，或者联合拒绝向该背叛者购买商品的客户做生意。

【典型案例】

常州四药制药有限公司等横向垄断协议案①

本案相关产品市场为艾司唑仑原料药市场、艾司唑仑片剂市场。艾司唑仑具有镇静、催眠和抗焦虑疗效，是国家严格管控的二类精神药品。我国对二类精神药品原料药的准入和生产实行严格管制，全国获得艾司唑仑原料药生产批文的企业只有4家，实际在产的只有华中药业股份有限公司（以下简称华中药业）、山东信谊制药有限公司（以下简称山东信谊）和常州四药制药有限公司（以下简称常州四药）。作为艾司唑仑原料药的生产经营企业，常州四药与华中药业、山东信谊在艾司唑仑原料药市场属于具有竞争关系的经营者。

以艾司唑仑为原料药生产的制剂为艾司唑仑片剂和注射液，涉及本案的为艾司唑仑片剂。规格为1mg、2mg的艾司唑仑片属于国家基本药物目录（2012年版）中的神经系统（抗焦虑）用药。艾司唑仑片也属于国家低价药目录清单中的药品。根据《麻醉药品和精神药品管理条例》的规定，艾司唑仑片剂生产资质由省级食药监部门审批。国家食药监局网站显示，获得艾司唑仑片剂生产批文的企业共63家（截至2016年5月13日），其中包括上述三家原料药生产企业。作为艾司唑仑片剂的生产经营企业，常州四药与华中药业、山东信谊在艾司唑仑片剂市场属于具有竞争关系的经营者。

现查明，常州四药存在以下达成并实施垄断协议的事实。

一、违法的主要事实和相关证据

（一）与具有竞争关系的经营者就艾司唑仑原料药达成“联合抵制交易”的垄断协议，就艾司唑仑片剂达成“固定或者变更商品价格”的垄断协议。

---

① 参见国家发展和改革委员会行政处罚决定书［2016］7号。

经查，2014年9—10月间，常州四药与华中制药、山东信谊有关人员在河南郑州未来康年大酒店房间内会面，商讨艾司唑仑原料药和片剂的有关安排。会议对艾司唑仑原料药不对第四方供货、艾司唑仑片集体涨价进行了协商，最后达成以下一致意见：一是每家企业生产的艾司唑仑原料药仅供本公司生产片剂使用，不再对外销售；二是对艾司唑仑片剂集体涨价形成默契，虽未就具体价格水平达成确切意见，但华中药业作出了艾司唑仑片联合涨至1毛/片的提议，当事人参会人员未表示反对。

调查人员在某企业提取的文稿详细记录了上述协议内容："为确保艾司唑仑片在市场销售达到增值提量的目的，我们三方原料生产厂家经过多次会谈，最终达成了合作意向，确立了口头销售联盟：(1) 三个厂家自合作之日起，一律不能向第四生产方销售本原料。(2) 市场区域各自按原有区域市场销售成品，争议市场均要讲究风格，由市场选择，不搞恶意竞争。(3) 产品供货价格统一。供货价零售价协商制定统一执行，任何一方不得擅自降价。(4) 共同自觉遵守口头协议，共同维护同盟利益及市场规则。"

（二）实施了艾司唑仑原料药"联合抵制交易"的垄断协议。

常州四药2013年对外销售艾司唑仑原料药（略）公斤，自用（略）公斤；2014年对外销售（略）公斤，自用（略）公斤；2015年仅对外销售30公斤，自用（略）公斤。相关片剂生产企业表示，2014年12月以后多次向当事人联系采购事宜，当事人均以工厂搬迁、环保压力等理由拒绝供货。

常州四药在调查过程中辩称，艾司唑仑原料药停止供货、仅供自用是由于原料药生产存在产能限制，原料药对外销售会影响本公司制剂的生产。本机关认为，企业出于自身经营战略考虑，在不违反《反垄断法》第十七条第（三）项的前提下，独立作出减少或停止供货决定本身并不违法。而本案关键是：

(1) 相关市场是典型的寡头垄断市场。艾司唑仑原料药生产实行严格的注册审批制，市场准入门槛高，相关市场长期以来只有3个经营者，其他经营者较难进入。同时，艾司唑仑原料药是制剂生产的关键投入品，片剂生产企业对原料药生产企业高度依赖，并只能向其已经备案的原料药厂家采购，在交易过程中处于弱势地位。

(2) 常州四药与其他具有竞争关系的经营者进行了意思联络。常州四药参加了协商不对外供货的会议，参会人员没有就不对外供货的决定表示明确反对，也没有就这一事实向反垄断执法机构主动报告。

(3) 常州四药不对外供货的行为与其他具有竞争关系的经营者具有一致性。相关事实和证据证明，常州四药2015年以来停止了艾司唑仑原料药的正常供货，与垄断协议内容一致，与华中药业、山东信谊的行为一致。

基于上述事实，反垄断执法机构认为，常州四药实施了艾司唑仑原料药"联合抵制交易"的垄断协议。

（三）实施了艾司唑仑片剂"固定或者变更商品价格"的垄断协议。

经查，郑州会议结束后，山东信谊于2014年12月4日印发调价函，华中药业于12月20日印发调价函，常州四药于12月25日印发"关于艾司唑仑价格调整的说明"，对两种规格的艾司唑仑片出厂价进行上调。2015年12月20日，常州四药再次印发调价函，对两种规格的艾司唑仑片出厂价进行上调。

实际销售数据显示，2015年至今，常州四药艾司唑仑片剂出厂价格出现大幅提升，且涨价时机与其他两家企业高度一致。常州四药生产的1mg*20片/盒规格艾司唑仑片，2015年以前年均出厂价（不含税）为（略）元/片，2015 年至今提价至（略）元/片；当事人生产的 1mg*100 片/盒规格艾司唑仑片，2015 年以前年均出厂价（不含税）为（略）元/片，2015 年至今提价至（略）元/片。

常州四药在调查过程中辩称，艾司唑仑片价格根据国家政策和市场竞争状况制定，提价是基于市场上收集到的艾司唑仑片涨价信息作出的决定。本机关认为：

（1）相关市场竞争有限。经查，2013—2014 年间，常州四药、华中药业和山东信谊三家原料药生产厂家合计向 16 家艾司唑仑片剂企业供货，说明在联合拒绝供货前，艾司唑仑片剂市场至少有 19 家生产企业，市场竞争较为充分。但 2015 年联合抵制交易协议实施以来，14 家片剂企业被迫停产，在较短时间内艾司唑仑片剂市场竞争状况恶化，也为实施联合涨价行为扫清了竞争障碍。

（2）常州四药与其他具有竞争关系的经营者进行了意思联络。常州四药参加了协商艾司唑仑片联合涨价的会议，参会人员没有就涨价提议表示明确反对，也没有就这一事实向反垄断执法机构主动报告。

（3）常州四药的涨价行为与其他具有竞争关系的经营者具有一致性。郑州会议结束后，常州四药和其他两家企业一个月内相继下发调价函，调价时间基本一致；常州四药销售数据显示，2014 年 12 月以来通过两次调价，常州四药两种规格的艾司唑仑片出厂均价分别涨至（略）元/片、（略）元/片，与郑州会议协商的 1 毛/片的涨价目标基本一致。

基于上述事实，反垄断执法机构认为，常州四药实施了艾司唑仑片剂“固定或变更商品价格”的垄断协议。

二、垄断协议的达成并实施具有明显的排除、限制竞争效果

本机关对提取的生产、库存和销售数据进行了经济学分析，认为：常州四药通过实施上述垄断行为，提高了艾司唑仑片剂价格，减少了艾司唑仑片剂总供给量，损害了消费者利益，对艾司唑仑片剂市场具有明显的排除、限制竞争效果。

（一）艾司唑仑原料药市场的联合抵制交易垄断协议，是以排挤片剂市场竞争对手、提高片剂价格为目的。联合抵制交易行为导致艾司唑仑片剂市场经营者数量迅速减少。本机关认为，市场上仅有的 3 家原料药生产企业联合抵制下游交易，其目的是使其他片剂企业因为缺少关键投入品而被迫退出市场，这一方面扩大了 3 家原料药生产企业在片剂市场的市场份额，另一方面排除了其他片剂生产企业的价格竞争，使 3 家原料药生产企业在片剂市场实施联合涨价成为可能。

（二）艾司唑仑片剂市场的变更商品价格垄断协议，提高了药品价格。商品价格升高是价格垄断协议造成的直接竞争损害，经营者攫取了本应属于消费者剩余的部分，损害了消费者利益。2015 年后，常州四药、华中药业和山东信谊生产艾司唑仑片加权平均出厂价格涨幅最低 88%，最高为 329%，涨幅明显。

（三）在原料药市场、片剂市场实施垄断协议的共同作用下，艾司唑仑片剂市场供应总量减少，患者用药可及性受到影响。本机关认为，在片剂需求相对稳定、片剂生产数量需要严格审批的情况下，片剂生产企业的减少和片剂价格的上涨伴随市场供应总量的减少，意味着患者无法获得所需药品，患者的用药可及性受到影响。

三、处罚决定

反垄断执法机构认为，常州四药的上述行为违反了《反垄断法》第 13 条第 1 款第 1 项、第 5 项的规定，即禁止具有竞争关系的经营者达成并实施“固定或者变更商品价格”的垄断协

议和“联合抵制交易”的垄断协议。本案中，常州四药在垄断协议的达成、实施过程中属于跟随者，违法程度较轻，对市场竞争造成的损害较小，且能积极主动整改。依据《中华人民共和国反垄断法》第46条第1款、第49条的规定，反垄断执法机构决定对当事人作出以下处理：

(1) 责令常州四药立即停止违法行为。

(2) 处常州四药2015年度艾司唑仑片剂销售额16 147 691元人民币3%的罚款，计人民币484 431元（大写：人民币肆拾捌万肆仟肆佰叁拾壹元整）。[①]

联合抵制交易行为可能出于多种原因或者目的。但是，在一般情况下，如果通过直接拒绝与竞争对手进行交易，或者迫使供应商或者客户中断与这些竞争对手进行交易，从而将竞争对手置于不利的地位的话，那么，这种联合抵制交易行为基本上就没有什么效益可言。或者说，其限制竞争的后果是显而易见的，而促进竞争的效果却看不见。因此，这种联合抵制交易行为当然会受到反垄断法的禁止。在对此类行为进行违法确认时，就应当适用本身违法原则。

六、限制购买或者开发新技术与新产品行为

限制购买或者开发新技术与新产品行为，是指具有竞争关系的经营者之间通过协议、决议或者其他协同行为，限制购买新技术、新设备或者限制开发新技术、新产品的限制竞争行为。这种横向垄断协议行为，阻碍了社会技术的进步与新产品的开发，故意或客观上维护了技术的落后和产品的更新，损害了消费者的利益，因此，反垄断法基于发展社会生产力、提高经济效益、维护消费者的利益和社会公共利益的目的，必须禁止经营者之间限制购买或者开发新技术与新产品的行为。

【典型案例】[①]

1998年，美国运通公司向司法部指控万事达、VISA公司不允许其成员机构发行美国运通卡。为此，美国司法部调查开放式卡组织的一项排他性规则，即禁止其成员机构发行封闭式卡组织的品牌银行卡。在法庭上，两家公司强调它们是非营利性的银行协会，它们向加入协会的银行提供机会以这两家公司的名义发行信用卡，然后处理付款并从中提取一部分费用以获得盈利。除美国运通公司之外，美国投资银行摩根·斯坦利-迪恩·威特也为其信用卡发现卡（DISCOVER）的发行网加入了这起诉讼。美国司法部在联邦曼哈顿地区法院指控说：VISA卡与万事达卡合谋限制竞争，违反美国的反托拉斯法。这两家发卡公司伙同其他银行，阻止银行跟美国运通卡与发现卡往来。此外，这两家信用卡公司之间达成谅解，不在美国进行竞争活动，使消费者无法享受竞争所带来的更低的成本与创新改革。更重要的是，VISA、万事达阻碍了创新。美国司法部表示，带电脑芯片的智能卡早就有了，却被VISA、万事达有意排斥，结果15年后才由美国运通公司将其引入美国信用卡市场。

2001年，一审法院判决VISA和万事达公司败诉，这两家信用卡组织不得再禁止其会员银行通过其他信用卡网络发卡。后上诉法院和联邦最高法院先后驳回了VISA和万事达公司的上诉请求。

---

① 参见史际春等：《反垄断法理解与适用》，104页，北京，中国法制出版社，2007。

第三节 纵向垄断协议行为

一、纵向垄断协议行为概述

纵向垄断协议行为也被称作垂直限制协议，是指两个或两个以上在同一产业中处于不同阶段而有买卖关系的经营者，通过共谋而实施的限制竞争行为。其主要类型有维持转售价格以及其他限制交易方营业自由的行为。

在纵向垄断协议行为中，其“联合”的特征表现得不太明显，甚至在某些特殊场合，协议是在不十分情愿的情况下签订的，该行为是否属于“合意”有时也会存在一定的质疑。但事实上，纵向垄断协议行为中“合意”是存在并成立的，因为经营者是否签订纵向协议或从事某种行为时还是有选择权的，只是选择权受到了限制，最终从事纵向垄断协议行为还是经营者选择的结果，所以“联合”特征还是存在的，只是比较弱而已。

纵向垄断协议行为的特征主要表现为：（1）纵向垄断协议行为的主体处于不同的市场层次，这些行为主体之间并不是真正意义上的竞争者。而所谓的不同市场层次是指行为主体处于不同的相关市场，如制造商与销售商、批发商与零售商之间就属于处在不同的相关市场的情形。（2）纵向垄断协议行为可以采用多种方式进行。最典型的纵向垄断协议行为是通过订立书面协议来进行的，但行为主体也可以采用口头协议或默契的行为来进行。（3）纵向垄断协议行为的目的是保障商品或服务的销售，从而卖方对买方销售或者转售所购买的商品进行限制。（4）纵向垄断协议行为的上、下游经营者之间在决策上可能具有程度不同的事实上的统一和协调，从而可能利用这种统一和协调使某一市场层次的竞争受到限制。

纵向垄断协议行为是非竞争者之间的联合行为，其对竞争的影响比横向垄断协议行为的要小，因此，反垄断法在对其进行规制时，适用除外的情形要远比规制横向垄断协议行为时多。

反垄断法原则上禁止所有的横向垄断协议行为，只针对一些能实现社会整体利益最大化的横向垄断协议行为实行适用除外，而反垄断法原则上只禁止纵向垄断协议行为中的附条件交易行为和限制转售价格行为，并规定了相应的适用除外的情形。这就是说，纵向垄断协议行为原则上都是允许的，除非是对于社会整体利益最大化的实现构成威胁的纵向垄断协议。

在实务中最明显的体现就是，对所有的横向垄断协议行为在作违法认定时适用的是本身违法原则，只有在特殊情况下会适用合理原则；而对于纵向垄断协议行为，目前适用本身违法原则进行违法行为认定的只有附条件交易行为，甚至对限制转售价格行为也开始适用合理原则进行判断，对其他的纵向垄断协议行为更是当然适用合理原则来认定行为的违法性。

二、限制转售价格行为

限制转售价格行为（resale price maintenance，RPM），是指制造商在向商品批发商或商品零售商提供产品时，要求它们必须按照制造商所限定的固定价格向第三人销售其产品的行为。实施这种行为的后果，就是剥夺了商品批发商或商品零售商，根据市场竞争状况作出相应价格调整以更好地进行竞争的权利。以生产经营者限定的价格销售，导致了不同经销商在产品价格上竞争力的减弱，甚至消除了同一生产经营者的产品在不同的经销商手中应当存在的价格竞争。①

与横向垄断协议行为中的固定价格行为不同的是，限制转售价格行为不是竞争者之间的联合，其主体在对价格进行限制时，行为主体之间不存在竞争关系，并且不处在同一市场层面，而是由产业的上游厂商对下游厂商实施，如制造商对批发商或批发商对零售商实施。

限制转售价格行为通常只适用于产品，而不适用于服务。服务总是在供给的同时被即时消费掉，因此，一般也不存在转售问题。但是，如果某一产品的转售或某种服务的提供同时进行，而上游厂商对这种服务的最低价格作了限制，则可能被视为变相限制产品的转售价格，会受到法律的禁止。

【典型案例】

锐邦诉强生纵向垄断协议案②

该案的二审法院在判决书中认为：本案限制最低转售价格协议构成垄断协议。在对限制最低转售价格行为性质的分析判断中，相关市场竞争是否充分、被告市场地位是否强大、被告实施限制最低转售价格的动机、限制最低转售价格的竞争效果等四方面情况是最重要的考量因素，也是二审法院分析评价限制最低转售价格行为的基本方法。依据本案事实，二审法院对该案中前述四方面因素分析评判如下。

（一）本案相关市场竞争不够充分

二审法院认为，相关市场的竞争不充分应当是认定涉案限制最低转售价格协议构成垄断协议的首要条件，只有在认定相关市场缺乏充分竞争的情形，才需要进一步判断涉嫌垄断的协议的竞争效果。在一个充分竞争的市场，消费者购买商品时有充分的选择，一个企业出于某种原因限制最低转售价格，可能会减少消费者对此产品的购买，却不会妨碍消费者的其他替代选择，经济效率和消费者利益没有受损。而在一个竞争不充分的市场，由于缺乏充分的替代选择，用户依赖于某一品牌或几种品牌的产品，在某一品牌产品上采用了最低价格限制，不仅会导致该品牌内产品失去价格竞争，而且可能导致在不同品牌产品间形成定价上的默契，或者虽然没有形成默契，但会由此缺乏价格竞争的动力，导致市场价格上涨或者维持在一个较高水平，导致经济效率和消费者利益受损。因此，在相关市场竞争不充分的前提下，可以进一步分析限制最低转售价格行为对市场竞争的影响。至于对相关市场竞争是否充分的判断，二审法院认为，不仅应考虑市场的集中度，还应考虑涉案产品的替代性、潜在竞争者进入相关市场的难度、下游市场的竞争性等多种影响相关市场竞争程度的因素。

（二）强生公司在该案相关市场具有很强的市场地位

二审法院认为，实施最低转售价格限制的企业在相关市场具有很强的市场地位，能够对市场竞争产生影响，应当作为限制最低转售价格协议构成垄断协议的重要条件。企业的市场地位是企业定价行为影响市场竞争的基础，一个在相关市场缺乏市场地位的企业，通常只能是适应市场竞争，而无力影响竞争，更不可能主导竞争。如果企业在市场份额、原材料供应、关键技术、销售渠道、品牌形象等各方面均不具备任何优势，那么该企业不具备影响市场竞争的力

① 参见国家工商行政管理局条法司：《现代竞争法的理论与实践》，20～21页，北京，法律出版社，1993。
② 参见上海市高级人民法院（2012）沪高民三（知）终字第63号民事判决书。

量，其实施限制最低转售价格的行为不会影响市场竞争，或者虽然在短时间、小范围内影响竞争但很快会为更有效率的市场竞争所纠正，总之，不会产生应当通过反垄断执法来消除的排除、限制竞争的效果。因此，实施限制最低转售价格行为的企业具有很强的市场地位，应当是认定限制最低转售价格行为具有排除、限制竞争效果的前提和基础。至于实施该行为的企业的市场地位达到何种程度才是“很强的市场地位”，其限制最低转售价格行为才有可能属于排除、限制竞争的垄断协议，二审法院认为，企业的市场地位集中表现于企业的定价能力，如果一家企业具有很强的定价能力，企业在与购买者的定价谈判中占绝对优势，企业能够从容自由地定价而不必追随市场价格，相反，相关市场上其他企业的定价可能受到该企业定价的影响，那么该企业应被认为具备了影响市场竞争的很强的市场地位。

（三）该案限制最低转售价格的动机在于回避价格竞争

二审法院认为，如果一个具有很强市场地位的企业出于限制市场竞争的动机而限制最低转售价格，由于其在财力、技术、信息等各方面占优，对上下游的控制能力往往较强，其限制最低转售价格行为产生限制竞争效果的可能性将大大提高，因此应当将限制最低转售价格行为的动机作为判断该行为能否产生限制竞争效果的重要因素。二审法院结合具体证据分析判断强生公司在该案中采取限制最低转售价格行为的动机。

（四）该案限制最低转售价格协议限制竞争效果明显而促进竞争效果不明显

二审法院认为，限制最低转售价格行为既可能促进竞争又可能限制竞争。一方面，由于市场存在一定的自我修复功能，有些限制竞争的效果很快会由市场纠正；另一方面，有些限制竞争效果会被另一些促进竞争的效果抵销。因此，只有在实际产生难以克服、难以抵销的限制竞争效果时，限制最低转售价格协议才应被认定为垄断协议。因此，在分析评价该案限制最低转售价格行为的竞争效果时，应当特别关注那些对市场竞争产生实质性影响的效果。

1. 该案限制最低转售价格协议具有明显限制竞争的效果。

二审法院认为，尽管限制最低转售价格被认为具有限制品牌内价格竞争、限制经销商定价自由、容易促成价格卡特尔、造成过度广告与服务等限制竞争效果，但其中所谓过度广告与服务等不经济问题可以通过市场自行纠正，而只有对品牌内价格竞争、品牌间价格竞争的限制（包括因为限制经销商自由定价和促成价格卡特尔而产生对品牌内、品牌间价格竞争的限制）才是对市场竞争的实质性影响。

二审法院认为，现有证据尚不能证明强生公司在缝线产品上的限制最低转售价格的行为促成了缝线产品制造商之间的价格卡特尔，但本案限制最低转售价格协议明显存在以下限制竞争的效果：第一，排除品牌内竞争，长期维持较高价格水平。第二，回避品牌间价格竞争，降低了相关市场的价格竞争。第三，限制经销商定价自由，排挤有效率的经销商。

2. 该案限制最低转售价格协议不具有明显的促进竞争效果。

二审法院认为，尽管限制最低转售价格被认为可能产生防止经销商“搭便车”行为、促进新品牌或新产品进入市场、促进产品质量竞争、维护产品商誉、给消费者统一价格信息、促进经销商发展和经销网建设、抵御竞争者的折扣销售等多方面促进竞争的效果，但其中所谓维护产品声誉以及使消费者获得确定价格信息的效果，在购买者对产品很熟悉的情形下没有突出的必要；所谓促进经销网建设未必能使消费者获益；只有促进产品质量或服务提升、促进新产品或新企业进入市场的效果最为关键。

二审法院认为，现有证据不足以证明该案限制最低转售价格协议存在明显的促进竞争效果。第一，不足以证明存在促进产品质量和安全性提升的效果。第二，不足以证明该案存在解决经销商“搭便车”问题的必要。第三，不足以证明存在促进新品牌、新产品进入相关市场的必要。第四，不足以证明该案限制最低转售价格协议存在其他促进竞争的效果。

3. 该案限制最低转售价格协议属于排除、限制竞争的垄断协议。

基于强生公司在竞争不够充分的相关市场具有很强的市场地位，该案限制最低转售价格行为排挤了有效率的经销商，不仅排除品牌内价格竞争，还降低了品牌间的价格竞争。而该案现有证据尚不能证明该案限制最低转售价格协议存在促进产品质量提升、促进新产品或新品牌进入市场方面的明显必要和效果，防止经销商“搭便车”行为的明显必要和效果，以及其他在经济学上可以说明的必要和效果。两相比较，该案限制最低转售价格协议促进竞争的效果不明显或者说非常有限，远远抵不上其排除、限制竞争的效果。

因此，依据《反垄断法》第14条对限制最低转售价格协议的规定和第13条对垄断协议的定义，依据该案事实，二审法院确认该案“经销合同”中限制最低转售价格条款属于《反垄断法》所禁止的垄断协议，强生公司制定该协议和按照该协议处罚锐邦公司的行为属违法行为。

限制转售价格行为实际上是供应商与零售商对零售行为的一种共谋，这种共谋可以提高对消费者的销售价格，可能限制同一商品在不同市场层次的竞争，而且限制的还是价格竞争，因此，大多数国家对限制转售价格行为的立法最初坚持了本身违法原则的态度，如美国、澳大利亚、加拿大等，但是近年来由于对限制转售价格行为的经济效果的判断出现了变化，后来出现用合理原则对其进行违法判断的趋势。①

【背景资料】②

在我国，由于零售商的力量总体上比较单薄，普遍存在的由制造商主导的控制转售价格现象，严重阻碍了零售业的创新变革，延缓着零售方式现代化的进程。制造商主导零售经营方式，虽然在理论上比较符合广义代理理论假定的理想模式，可以很好地满足制造商的利益，但一般来说，制造商的利益与消费者的利益和社会利益总是存在着差异甚至冲突。消费者群体是复杂的，在消费倾向上充满着多样性，因此，他们对零售方式的选择也必然是多样化的，在购买同一种产品时，所要求或希望的价格和服务肯定会有较大差异。如果只让制造商来主导零售经营方式，就很难兼顾各类消费者群体的利益。

我国在设计控制转售价格方面的法律制度时，应充分考虑制造商、批发商、零售商、消费者和国家与社会等多方利益主体之间的关系。在一般情况下，控制转售价格行为侵害零售商的经营自由和选择，会使消费者丧失享受较低零售价和选择多种零售方式的利益，也会妨碍资源的有效配置，因此，应予以禁止。但在某些特殊情况下，控制转售价格也可以服务于国家的产业政策（如扶持或重点发展某些行业），或国家的其他社会政策目标（如鼓励文化作品的生产和广泛宣传），还可以在不太损害其他主体利益的情况下，实现制造商的一些正当商业目的（如维持产品形象、刺激特殊零售服务的提供等）。因此，在法律对策上，既要考虑到一般禁止

① 1960年以来，“芝加哥学派”的观点对本身违法原则提出了严峻的挑战。“芝加哥学派”认为，限制转售价格行为可以促进不同品牌商品间的竞争，增进上游制造事业的总产量，提升资源分配的效率，因此，对于与固定价格无关的限制转售价格行为，不仅不应认为其是当然“违法”的，甚至应将之视为“当然合法”（perse legal）方符合竞争法促进资源分配效率的政策目标。尽管“芝加哥学派”的“当然合法”理论有失偏颇，但还是对反垄断的执法和司法机关有重大的影响。

② 参见王源扩：《控制转售价格：经济分析与竞争法的对策》，载史际春主编：《经济法学评论》，第1卷，北京，中国法制出版社，2000。

的必要性，又要为限制转售价格政策的合理采用提供便捷的法律通道，把原则性与灵活性较好地结合起来，尽可能地满足各方的合理利益要求。

第四节　垄断协议豁免制度

传统竞争理论把垄断协议行为看作一种与私人垄断作用完全相同的集体垄断形式而归于垄断范围之列，认为垄断协议行为具有限制竞争的结果，意味着扭曲资源分配效用，使经济增长停滞、技术进步迟缓，引起分配的不公正；主张实行一律禁止卡特尔的政策。现代竞争理论则认为完全竞争不一定能实现竞争功能目标，主张在一定范围内和一定程度上允许垄断协议行为的存在或者采取某些竞争政策措施促进垄断协议行为卡特尔的形成，以发挥垄断协议行为保持市场稳定、提高竞争强度，并且有利于创新和技术进步的迅速推广的积极作用。在现代竞争理论的指引下，垄断协议豁免制度有了坚实的理论基础。

一、垄断协议豁免制度的概念

垄断协议豁免制度，是指反垄断法本应限制或禁止某些行为，但根据法律认可或依法定程序认可，允许这些行为合法进行而不予制止或不追究行为主体法律责任的制度。

垄断协议豁免制度是反垄断法中的重要制度，在各国反垄断立法的发展中，豁免制度的适用范围有不断扩张的趋势，批准程序有不断完善的趋势。例如，德国 2005 年修订《反对限制竞争法》，该法第一章“限制竞争的协议、决议及协同行为”中，第 2 条、第 3 条都是关于协议豁免适用《反对限制竞争法》的规定。当然，对于在反垄断法的协议豁免制度中，哪些垄断协议行为应被纳入豁免制度之中，如何确定协议豁免制度的批准程序，各国都是在合理原则的指导下，从本国具体国情出发来确定的。实际上，将抽象的合理原则转变为具体的协议豁免制度是一个复杂的系统工程，非常值得关注。

二、垄断协议豁免制度的具体情形

豁免制度是根据一定的事由将一些具有反竞争效果的行为从反垄断法的禁止规定中排除出去。例如，一些垄断协议行为虽然具有限制竞争的效果，但其促进竞争的后果大于其反竞争的后果，从国家的整体经济利益考虑，对其不适用反垄断法的禁止规定。再如，因为社会和经济发展的需要，签订减少竞争的保护性协议及其他行为，或者为了实现发展科学技术、增强国际竞争力、提高社会生产力、调整产业结构等国民经济目的，所作出的限制竞争的协议、合同、联合等特定的垄断协议行为，出于对社会公益或公平价值的考虑，凭借合理原则，结合个案的具体情形，受到反垄断法的豁免。

1. 出口的垄断协议行为

许多国家的反垄断法基于对本国利益的保护，都会对外国企业在本国市场上的或对本国市场产生影响的垄断行为，采取严格的管制。但是，出于维护本国利益的考虑，各国几乎无一例外地将为了发展对外贸易、加强本国企业出口竞争力而进行的有关限制竞争行为规定在豁免制度中。

美国1918年《韦伯-波默林法》规定，美国出口企业以组织联合会等形式，出口其成员的货物或在成员间划分市场，或就出口销售的经过和其他条件达成联合一致的协议，只要不是有意地人为地限制国内贸易和影响国内的价格或限制国内其他竞争者的出口，《谢尔曼法》将不予禁止。

2. 确定标准的垄断协议行为

为商品或者服务确定标准通常会有益于消费者，使市场更有效率地运作。尽管采纳标准会将不符合标准的产品或者服务排除出市场，但这种后果本身不足以成为认定其具有反竞争性并予以制裁的依据。

标准可以发挥多种社会作用：它可以为消费者提供更多的信息，使其能够对需要购买的商品作出更好的决策。它可以更快地导致供需平衡，有助于新技术更有效地扩散。而且，有关健康和安全的标准，可以帮助消费者对其难以判断的商品获取更有效的信息。标准化带来的好处远远超过其对竞争的损害。这也正是竞争法保护竞争而不是竞争者的重要体现。

当然，有些标准可能具有反竞争效果。它可以通过提高竞争对手的成本，使制定标准的市场主体不受有效竞争的影响，或者不正当地增加进入障碍。例如，某行业的成员采取故意采纳限制性标准的方式，排斥革新的低价格的产品，通过标准保护固定价格。当然，这需要具体问题具体分析。衡量标准是否具有损害竞争的属性，应当看其对贸易或者竞争的限制情况。如果标准对于市场进入不是至关重要的，或者在是否选择该标准上有充分的余地，那么该标准就没有限制竞争的可能性。

3. 实现合理化的垄断协议行为

反垄断法可以豁免那些促进技术进步、改良品质、降低成本或增进效益等促进企业合理经营的横向限制竞争行为。

4. 进口的垄断协议行为

为了提高国内企业的整体贸易效益，进口的垄断协议行为也可以得到反垄断法的豁免。

5. 经济危机时的垄断协议行为

在经济危机时期，为了克服市场上恶劣的经济环境，在一定条件下，竞争企业可以进行联合。

6. 中小企业的垄断协议行为

为了增进中小企业的经营效率，或加强中小企业的竞争能力，反垄断法一般对中小企业的横向垄断协议行为予以豁免。

三、我国垄断协议豁免制度

我国《反垄断法》第15条规定了垄断协议豁免制度，即经营者能够证明所达成的协议属于下列情形之一的，不适用该法第13条、第14条的规定：(1) 为改进技术、研究开发新产品的；(2) 为提高产品质量、降低成本、增进效率，统一产品规格、标准或者实行专业化分工的；(3) 为提高中小经营者经营效率，增强中小经营者竞争力的；(4) 为实现节约能源、保护环境、救灾救助等社会公共利益的；(5) 因经济不景气，为缓解销售量严重下降或者生产明显过剩的；(6) 为保障对外贸易和对外经济合作中的正当利益的；(7) 法律和国务院规定的其他情形。其中，属于第 (1) ～ (5) 项情形的，不适用该法第13条、第14条的规定，同时，经营者还需证明所达成的协议不会严重限制相关市场的竞争，并且能够使消费者分享由此产生的利益。

我国《反垄断法》对于可能存在豁免的垄断协议作出了规定，这为我国垄断协议除外的实践操作提供了良好的立法支持。但我们还必须对其程序进行详细的规定，以更好地发挥垄断协议豁免制度的积极作用，实现反垄断法的立法目标。

1. 研发协议

我国《反垄断法》规定，经营者能够证明，它们之间的垄断协议行为是“为了改进技术、研究开发新产品的”，且该协议不会严重限制相关市场的竞争，并且能够使消费者分享由此产生的利益的，可以不适用《反垄断法》第 13 条或第 14 条的禁止性规定。

在激烈的市场竞争中，经营者之间不仅存在竞争，有时候为了改进技术或研发新产品还有必要进行合作。这种研发合作不仅有利于提高企业的生产效率，也有利于提高消费者的社会福利，因此，研发协议很容易得到反垄断法的豁免。例如，在美国，豁免竞争者之间的研发协议已成为美国司法部和联邦贸易委员会的一个工作规则，即它们一般不干预竞争者之间的合作研发活动。当然，这种研发协议不能严重限制相关市场的竞争，并且能够使消费者分享由此产生的利益。

2. 标准化或专业化协议

我国《反垄断法》规定，经营者能够证明，它们之间的垄断协议行为是“为提高产品质量、降低成本、增进效率，统一产品规格、标准或者实行专业化分工的”，且该协议不会严重限制相关市场的竞争，并且能够使消费者分享由此产生的利益的，可以不适用《反垄断法》第 13 条或第 14 条的禁止性规定。

规格和标准一般是指对各种原材料、半成品或者成品在性能、规格、质量、等级等方面的统一要求，虽然经营者采用统一标准或者规则会限制经营者之间的竞争自由，但同类产品采用统一标准或者统一规格可以提高这些产品相互之间的可替代性和兼容性，从长远来看，通常有利于推动同类产品之间的竞争。专业化协议的目的是促进企业之间的专业化分工，使企业实现经济上的合理化，通过企业更集中生产某类产品或提供某项服务，实现效率最大化。因此，标准化或专业化协议有可能得到反垄断法的豁免。

3. 中小企业合作协议

我国《反垄断法》规定，经营者能够证明，它们之间的垄断协议行为是“为了提高中小经营者经营效率，增强中小经营者竞争力的”，且该协议不会严重限制相关市场的竞争，并且能够使消费者分享由此产生的利益的，可以不适用《反垄断法》第 13 条或第 14 条的禁止性规定。

中小企业合作协议是指中小企业为提高经济效益而在生产、研究和开发、融资、管理、广告宣传、采购、销售等方面进行的合作。中小企业合作的目的是为了实现生产经营合理化，从而可以降低企业单位产品的成本。反垄断法豁免中小企业合作协议的原因是通常情况下中小企业的合作可以改善它们与大企业竞争中的不利地位，从而在一定程度上可以推动市场的有效竞争。

4. 公共利益合作协议

我国《反垄断法》规定，经营者能够证明，它们之间的垄断协议行为是“为了实现节约能源、保护环境、救灾救助等社会公共利益的”，且该协议不会严重限制相关市场的竞争，并且能够使消费者分享由此产生的利益的，可以不适用《反垄断法》第 13 条或第 14 条的禁止性规定。

5. 经济危机合作协议

我国《反垄断法》规定，经营者能够证明，它们之间的垄断协议行为是“因经济不景气，为了缓解销售量严重下降或者生产明显过剩的”，且该协议不会严重限制相关市场的竞争，并且能够使消费者分享由此产生的利益的，可以不适用《反垄断法》第13条或第14条的禁止性规定。

6. 进出口合作协议

我国《反垄断法》规定，经营者能够证明，它们之间的垄断协议行为是“为了保障对外贸易和对外经济合作中的正当利益的”，可以不适用《反垄断法》第13条或第14条的禁止性规定。

在实践中，经营者为保障对外贸易和对外经济合作中的正当利益而订立的协议一般是为了推动产品的出口，这类协议常常被称为“出口卡特尔”。

7. 其他合作协议

我国《反垄断法》还规定了其他可以不适用《反垄断法》第13条或第14条的禁止性规定的情况，即“法律和国务院规定的其他情形”。

问题与思考

据美国《纽约时报》2001年6月3日报道①，1992年，石墨电极的主要制造商委派高级经理在伦敦市郊外的一家机场饭店秘密会晤，最后达成全球石墨电极的固定价格协议。其主要内容包括：必须迅速提高价格，较小的公司就迅速跟上主要市场厂商的模式；不准提供折扣；市场份额仍然维持现状。此后5年中，这些公司的执行官和经理在一系列会议中实施划分市场、确定价格的秘密协议。1997年，石墨电极的价格增长了60%以上。该固定价格联盟后因其中一家石墨电极公司为争取政府的特赦向政府提供重要线索而告瓦解。

根据上述案例，请思考下列问题：

(1) 石墨电极的主要制造商所达成的固定价格协议属于何种垄断协议行为？

(2) 凡属不同经营者的同类产品价格的同步上浮或下降的价格变化行为都是固定价格协议行为，应当为反垄断法所禁止。这种判断是否符合反垄断法的规定？为什么？

(3) 反垄断法禁止固定价格行为的理论基础是什么？

参考文献

1. [美] 理查德·A. 波斯纳著，孙秋宁译．反托拉斯法．2版．北京：中国政法大学出版社，2003

2. 史际春等．反垄断法理解与适用．北京：中国法制出版社，2007

① 参见王先林：《知识产权与反垄断法——知识产权滥用的反垄断问题研究》，257～258页，北京，法律出版社，2001。

3. 吴玉岭．契约自由的滥用与规制——美国反托拉斯法中的垄断协议．南京：江苏人民出版社，2007

4. 钟刚．反垄断法豁免制度研究．北京：北京大学出版社，2009

5. 唐要家．价格合谋的反垄断政策研究．北京：中国社会科学出版社，2011

6. 苏华．分销行为的反垄断规制．北京：法律出版社，2012

第八章

滥用市场支配地位行为规制

本章概要

在对垄断进行规制的问题上，反垄断法产生了两种不同的立法模式，即结构主义和行为主义的立法模式。反垄断法禁止的滥用市场支配地位行为，属于行为主义立法模式的范畴，但又是与结构主义有关的行为规制，即结构性行为规制。

滥用市场支配地位行为是反垄断法禁止的一种针对特殊经营者的行为。确认市场支配地位是确认滥用市场支配地位行为的基础。市场支配地位，又称市场优势地位或市场控制地位，我国《反垄断法》将其界定为“经营者在相关市场内具有能够控制商品价格、数量或者其他交易条件，或者能够阻碍、影响其他经营者进入相关市场能力的市场地位”。市场支配地位本身并不违法，只有在具有市场支配地位的企业有滥用这种市场支配地位的行为或者具有其他违法性时，才受到反垄断法的禁止。

滥用市场支配地位行为是指具有市场支配地位的企业不合理利用其市场支配地位，在一定的交易领域实质性地限制竞争，违背公共利益，明显损害消费者利益，损害自由公平的市场竞争秩序，应受反垄断法规制的行为。根据行为主体的目的、对于竞争危害的程度和针对对象的不同，滥用市场支配地位行为主要有：剥削性定价行为、附条件交易行为、掠夺性定价行为、不正当折扣行为、独家交易行为、差别待遇行为等。

关键术语

市场支配地位　滥用　相关市场　剥削性定价行为　附条件交易行为　搭售行为　掠夺性定价行为　不正当折扣行为　独家交易行为　差别待遇行为　滥用经济优势

第一节　禁止滥用市场支配地位行为制度概述

反垄断法禁止滥用市场支配地位行为，属于行为主义立法模式的范畴，但又是与结构主义有关的行为规制，即结构性行为规制。由于具有市场支配地位的企业具有滥用这种地位的可能性，其相对于其他企业更容易从事违法行为，因而反垄断法需要对其进行“特别的关照”——监督、控制。

一、独占、寡占与市场效果

经济学常常以效率和公平评价经济活动的效果。例如，在完全竞争市场上，由于存在着企业数量繁多、能够自由进出市场、产品具有同质性以及信息充分等条件，因而资源的配置可以达到效率最大化的效果。但是，完全的竞争市场是不可能形成的，“一切经济生活都是竞争成分和垄断成分的混合物，通行的方式是不完全竞争，而不是完全竞争”①。独占或寡占对经济发展有促进的作用，但同时也会带来许多负面效果，诸如，使资源得到错误配置，独占或寡占者坐收长期的超额利润，使非价格竞争盛行，使产量与价格不稳定，降低整体经济的弹性和稳定性，等等。

美国经济学家谢弗德（William G. Shepherd）从下列正反两方面分析了独占或寡占的经济效果。

1. 独占或寡占的正面效果

(1) 独占或寡占能够发挥生产的大规模经济效益。由于经济资源有限，在完全的竞争市场上必然存在着许多小规模的企业，难以发挥规模效益。

(2) 独占或寡占能够促进创新活动的发展。完全竞争中的厂商由于规模小，很难投资从事需要大量经费的研究开发，而独占或寡占企业往往资力雄厚，其从事创新活动的效果相对较好。

2. 独占或寡占的负面效果

(1) 独占或寡占降低了资源使用效率。由于缺乏竞争压力，经营者往往丧失警觉性，忽略了成本控制和生产力提高的重要性，这种因管理者的疏忽而导致长期平均成本提高的现象，是一种非效率；而且由于独占或寡占者可以控制产量并借以操纵价格，因而使价格无法真正反映资源的最佳配置状况。

(2) 独占或寡占利润损害了所得分配的公平性。独占或寡占者通过实施差别定价法对每个消费者收取不同的价格，使消费者的剩余完全变为生产者的剩余，财富和所得从多数人手中转到少数人手中。

(3) 长期独占或寡占能够阻碍技术进步。

(4) 独占或寡占特权心理改变社会的价值观。独占或寡占提供了一种除非不买，否则就得接受的无法选择的购物环境，损害了消费者的自由选择权。独占或寡占意味着特权，社会一旦盛行特权主义，民主制度的精神也将沦丧，社会将失去蓬勃的朝气。②

为了预防独占或寡占的形成，必须注意到防止发生市场垄断或独占状态是同对企业合并的干预和控制以及对垄断性企业行为的调控密切相关的，如美国微软公司这样的行业巨头，就时时处于美国反垄断执法机构的“关照”之中，以免它形成并滥用独占地位。当然，垄断性企业并不必然导致市场垄断状态，少数垄断性企业或垄断产品如微软的“Money”“Internet Explor-

---

① ［美］保罗·A. 萨缪尔森、威廉·D. 诺德豪斯著，高鸿业等译：《经济学》，12 版，80 页，北京，中国发展出版社，1992。

② 参见汤明辉：《公平交易法研析》，13～20 页，台北，五南图书出版公司，1992。

er”同 Intuit 的“Quiken”和 Netscape 公司的“Navigator”之间，波音客机与欧洲的空中客车之间等，也可能存在真正的竞争。

二、结构主义立法和行为主义立法

在对垄断进行规制的问题上，反垄断法产生了两种不同的立法模式，这就是结构主义和立法模式行为主义的立法模式。

划分结构主义和行为主义的标准主要有：第一，反垄断法的立法目的。根据一个国家反垄断法的立法宗旨是直接维护和创设竞争性的市场结构还是制裁反竞争的行为，来区分结构主义和行为主义，立法宗旨是直接维护市场结构的是结构主义立法，立法规范主要是行为主义立法。第二，反垄断法规范的违法构成要件。根据一个国家反垄断法规范的违法构成要件是否包含市场行为要素来进行划分，不包含市场行为要素的是结构主义立法，而包含市场行为要素的是行为主义立法。第三，反垄断法的调整方法。根据一个国家的反垄断法有没有结构性的制裁方法来进行区分，如解散大企业，有结构性制裁方法的是结构主义立法，没有结构性制裁方法的是行为主义立法。当然，结构主义和行为主义的划分并没有权威性的分类标准，相对来说，根据违法构成要件的不同来进行划分可能更妥当一些。

（一）结构主义立法

结构主义的立法是指反垄断法通过控制行业集中度或规范行业集中状态，以维护竞争性的市场结构。结构主义的立法为了维护有效的市场竞争，不仅对具有市场支配地位的企业的限制竞争行为进行规制，而且对不利于展开有效竞争的市场结构予以调整。

反垄断法的结构主义立法以日本的反垄断法为代表。根据日本《禁止垄断法》第 2 条的规定，垄断状态是指在其商品或服务领域内由于市场规模、市场结构的原因而产生市场弊害的情形。该法还针对垄断状态的构成要件、认定标准、制裁措施等作出了明确的规定，建立了系统的垄断状态控制制度。

美国的反垄断法原属结构主义立法，《谢尔曼法》第 2 条是结构主义垄断控制制度的先驱规定，任何为垄断化或企图垄断化，或与他人联合或共谋以垄断美国州际或对外贸易的任何部分者，都构成重罪。美国法院在垄断化控制实践中，主要通过 1911 年的标准石油公司案、1945 年的美国诉美国铝业公司案、1966 年的格林奈尔公司案、1998 年的微软公司案来体现对垄断化控制要件的阐释。从历史沿革来看，美国对“垄断化”要件的解释实际上徘徊在结构主义与行为主义之间，并随着竞争政策和经济学理论的变化而变化。不过，从 20 世纪 70 年代开始，美国反垄断法的行为主义色彩越来越浓厚。

（二）行为主义立法

行为主义的立法是指反垄断法通过规范具有市场支配地位的企业的市场行为，来排除或减少滥用市场支配地位行为对竞争的危害。行为主义的立法只规范行为主体的限制竞争的行为，单纯的垄断状态并不当然构成反垄断法上的禁止。

反垄断法的行为主义立法以德国的反垄断法和欧盟竞争法为代表，目前行为主义立法已成为反垄断法的主流。

结构主义立法和行为主义立法的模式确立，不仅受一个国家的立法背景、历史文化传统的影响，而且和经济学相关理论的影响密切相关。美国的反垄断法的立法模式的选择和变化就体现了这一点。20世纪70年代以前，美国反垄断法受哈佛学派的影响较深，该学派认为，市场结构决定市场行为，市场行为产生市场绩效，因此，反垄断法不仅要关注市场行为，更要关注市场结构。当时美国的反垄断法体现了结构主义的立法模式。但是，20世纪70年代以后，芝加哥学派开始发挥越来越重要的作用，该学派认为反垄断法的首要目标在于促进经济效益，实施反垄断法的重点不在于保护竞争或竞争者，而在于促进社会的经济效益。1982年、1984年、1992年和1997年美国司法部对合并指南的修改，就反映了芝加哥学派的理论影响，而美国的反垄断法也悄然向行为主义立法靠拢。

三、禁止滥用市场支配地位制度的宗旨

反垄断法创设禁止滥用市场支配地位制度的宗旨主要是：(1) 防止占有市场支配地位的企业滥用其支配地位，对其他的、尚未取得支配地位的市场也进行垄断。(2) 在已经存在支配地位的市场上，禁止有关企业实施滥用支配地位的行为，以使其他现实的竞争者能够享有充分的竞争自由，潜在的竞争者能够自由进入该市场，保证该市场一定程度的开放和自由，而不致进一步被支配或被控制。(3) 对于与占有市场支配地位的企业之间存在交易关系的交易相对人而言，禁止滥用市场支配地位，是为了保护他们免受对方当事人的不当剥削，保证他们享有充分的意思自由和公平交易的权利。

第二节　市场支配地位的认定

禁止滥用市场支配地位的法律制度是一种针对特殊主体的责任制度，是否具有市场支配地位是决定经营者是否承担某种特殊法律责任的前提。在这一制度中，确认市场支配地位是确认滥用市场支配地位行为的基础。反垄断法禁止滥用市场支配地位的行为首先需要对市场支配地位进行认定，以确定行为的主体；同时，市场支配地位本身并不违法，只有在具有市场支配地位的企业有滥用这种市场支配地位的行为或者具有其他违法性时，才受到反垄断法的禁止。因此，反垄断法对市场支配地位进行认定是必要的。

一、市场支配地位概述

（一）市场支配地位的含义

市场支配地位（market dominant position），又称市场优势地位或市场控制地位，我国《反垄断法》将其界定为“经营者在相关市场内具有能够控制商品价格、数量或者其他交易条件，或者能够阻碍、影响其他经营者进入相关市场能力的市场地位”。也就是说，市场支配地位是指经营者的一种状态，即经营者在特定市场上所具有的某种程度的支配或者控制力量，即在相关的产品市场、地域市场和时间市场上，拥有决定产品产量、价格和销售等各方面的控制能力；或者是指一个经营者或者数个经营者作为整体在相关市场内具有能够控制商品价格、数量

或者其他交易条件，或者能够阻碍、影响其他经营者进入相关市场能力的市场地位。尽管各国（地区）反垄断法中不一定都使用市场支配地位的概念，而分别有垄断状态、独占、垄断力以及占有经济优势等不同的称谓，但它们所指的经济现象是大致相同的，例如，美国的反垄断法使用的相应概念是“垄断力”（monopoly power）或“市场支配力”（market power），日本的《禁止垄断法》称其为“垄断状态”。

美国司法部和联邦贸易委员会在其联合发布的《知识产权许可反托拉斯指南》中规定：“市场力量是指为营利而在相当长的期限内将价格保持在竞争水平以上或将产量保持在竞争水平以下的能力。”欧洲法院在 United Brands 案中将“支配地位”界定为一个企业享有一定经济力量的地位，即通过给予其在相当程度上不受其竞争对手、客户以及最终消费者影响而自行其是的能力，能够使行为人防止或至少阻碍在相关市场上保持有效的竞争。①

【延伸阐述】

禁止垄断行为，实质上就是对市场结构的规制，因为有效的竞争无法离开合理的市场结构，即存在一定数量和一定规模的竞争者的竞争性的市场结构。垄断行为通过不合理的企业规模和减少竞争者数量以及对竞争企业实行控制等方式，排除竞争，造成市场结构的不合理，使竞争机制作用失效，从而破坏市场经济，损害社会公共利益。②

（二）市场支配地位的形态

市场支配地位可概括为企业在特定市场上具有控制商品价格、排除市场竞争的力量，也就是说企业取得了可以不受竞争压力影响的地位，从而其市场行为可以在较大程度上不必顾及同行竞争者和交易相对人（供应商、顾客和最终消费者）的反应。这样可使人们从总体上把握市场支配地位，也可避免将市场支配地位与市场份额完全等同的情况。③

市场支配地位的形态是指市场支配地位的具体表现形式，主要包括以下几种。

1. 独占

独占（monopoly）是指一家企业作为某种特定商品或劳务的供应者或需求者，在相关市场上没有竞争者，即具有垄断地位。如果一个企业在相关市场上没有竞争者，不面临来自任何方面现实的或潜在的竞争，可以任意支配或控制市场，则该企业属独占企业。它既可以是一种自然垄断，也可以是依法律规定而获得和维持的。

2. 准独占

准独占（quasi-monopoly）是指一家企业作为某种特定商品或者劳务的供应者或需求者，在相关市场上不存在实质性的竞争，即具有准垄断的地位。如果一个企业可以在相当程度上自主地决定自己的经营策略和经营行为，而无须特别考虑其竞争对手、购买人或供应人的存在和反应，则该企业属于准独占企业。这一般需要从市场行为和市场结构的结合上去把握。

3. 绝对优势

绝对优势（sufficient market dominant power）是指企业在相关市场中虽有竞争者，或者虽然有实质上的竞争，但该企业因其占有的市场份额、财力、进购或销售市场的渠道以及其他因

---

① 参见孔祥俊：《中国现行反垄断法理解与适用》，269 页，北京，人民法院出版社，2001。

② 参见国家工商行政管理局条法司：《现代竞争法的理论与实践》，18～20 页，北京，法律出版社，1993。

③ 参见吕明瑜：《竞争法》，150～152 页，北京，法律出版社，2004。

素，相对于其他竞争者而言具有突出的市场地位，在从事商事活动时拥有绝对的自由决策权和对竞争的绝对影响。

4. 寡占

寡占（oligopoly situation）是指两个或两个以上企业之间就某种商品或服务不存在实质上的竞争，并且这些企业在总体上具备了垄断、准垄断或者突出的市场地位的要件。不仅仅一个企业可以取得一个市场支配地位，经验表明，一个相互间没有实质性竞争的企业集团，也可以在相互不存在卡特尔协议的情况下，共同支配市场。

二、各国（地区）反垄断法对市场支配地位的界定

许多国家（地区）的反垄断法在规定禁止滥用市场支配地位时都试图对市场支配地位本身作出界定，这种界定是从各国（地区）自身的实际情况和具体的政策取向出发的，因而各自规定的具体内容不尽相同，由此也在一定程度上反映出各国（地区）反垄断法之间宽严程度的差异。但多数国家（地区）的立法都是以市场份额作为企业具有市场支配地位的法定推断标准的。市场支配地位本身有不同的形态或程度，如独占、准独占、寡头分占和绝对优势地位等，因此有些国家（地区）的反垄断法为了界定市场支配地位，分别针对市场支配地位的不同情形作出规定。

（一）美国

美国的《谢尔曼法》《克莱顿法》《联邦贸易委员会法》等有关反垄断的法律均未就何谓“独占”和“独占企业”作出相关说明，只是《谢尔曼法》在第2条中规定：对数州之间或与外国之间的任何贸易或商业实施独占、意图实施独占或者与他人结合或共谋实施独占者，应负重罪之刑事责任。若经定罪，由法院裁量，对法人处以100万美元以下罚金，对个人处以3年以下有期徒刑，单处或并处10万美元以下罚金。在此，法律并没有用状态性的文字来说明什么是“独占”，也没有提出按照市场占有率等具体状况界定“独占企业”。但美国联邦最高法院1956年的判例以及一些经济学、法学学者对独占提出了一系列见解，认为：独占是市场力的表现，即足以控制市场价格或排除竞争的力量，其量化可根据“勒氏指标”（Lerne Index）进行，而决定独占市场力是否产生反垄断质疑的重要考虑，并非价格是否已被抬高以及竞争是否已被实际排除的事实，而是该势力是否具有可依其意愿抬高价格或排除竞争的力量。

（二）德国

德国《反对限制竞争法》对具有市场支配地位作出了具体法律规定：一个企业，如其作为相关产品市场或地域市场的某种商品或服务的供应者或需求者符合下列要件，即具有市场支配地位：（1）没有竞争者或者没有实质性的竞争；或者（2）相对于其他竞争者具有突出的市场地位，在此，特别要考虑该企业的市场份额、财力，其供应渠道或进入市场的渠道，与其他企业的联系，其他企业进入市场所面临的法律上或事实上的限制，住所设在本法适用范围之内或之外的企业的事实上或潜在的竞争，将其供应或需求转向其他商品或服务的能力以及市场相对人转向其他企业的可能性。两个或两个以上企业之间就某种商品或服务不存在实质上的竞争，并且这些企业在总体上符合本款第1项的要件的，则该两个或两个以上企业具有市场支配地位。本法中的相关地域市场的概念可以广于本法的适用范围。该法第19条第3项规定：一家

企业至少占有 1/3 市场份额的，推定其具有市场支配地位。多个企业组成的整体满足下列条件的，视为具有市场支配地位：该整体由 3 家或者 3 家以下企业组成，它们共同占有的市场份额达到 50％；或者该整体由 5 家或 5 家以下企业组成，它们共同占有 2/3 的市场份额，除非这些企业能够证明在此竞争条件下它们之间能够展开实质上的竞争，或者这些企业在总体上相对于其他竞争者不具有突出的市场地位。

（三）日本

根据日本《禁止垄断法》中的定义，一个企业符合下列所有条件，就处于独占状态：（1）该企业市场份额在 50％以上，或它与另一企业共同的市场份额在 75％以上；（2）新企业进入该市场非常困难；（3）该企业的价格和利润（或其一般性支出）一直处于较高的水平。如果一个企业处于独占状态，公平交易局有权将其拆散成几个较小的企业，以改变该行业过于集中的情况。①

（四）欧盟

欧盟竞争法中的市场支配地位也不是通过立法明确加以规定的，而是由欧洲法院通过判例加以确定的。欧盟法院在 1978 年的 Chiquita 案中指出，市场支配地位是指企业可以不受限制地开展经营活动的能力，且本身构成其他企业进入市场的障碍。欧盟法院在 1983 年的 Mechelin 案中认为，市场支配地位是指“一个企业所享有的经济能力地位。这种能力地位能够使该企业无须考虑其竞争者、顾客和最终消费者反应，而采取显著程度的独立行动，来妨害相关市场内有效竞争的维持”。但是，由于市场支配地位本身含义的不确定性，认定一个企业是否具有市场支配地位是不容易的，欧盟委员会和欧盟法院也都没有作出一个明确的裁决。

2009 年《欧共体委员会适用欧共体条约第 82 条查处市场支配地位企业滥用排他行为的执法重点指南》指出：根据欧盟法律，支配地位是指一个企业所拥有的经济实力，这种经济实力能够让其在相关市场中妨碍有效竞争，且能够让其很大程度上独立于竞争者、顾客和终端消费者，从而使该企业继续保持此种市场支配地位。这里的约束性与相关企业受到竞争约束的程度有关。市场支配地位意味着对企业的竞争约束不是充分有效的，因此，相关企业在一段时间内拥有支配性的市场力量。这意味着，企业的决定在很大程度上对竞争者、客户和终端消费者的行为与反应不敏感。欧共体委员会可能认为即使存在一些实际的或潜在的竞争，仍然缺乏有效的竞争约束。通常，市场支配地位源于几个因素的组合，尽管这些因素在分开考虑时各自不一定具有决定性地位。

三、我国《反垄断法》对市场支配地位的界定

我国《反垄断法》第 17 条第 2 款规定，市场支配地位是指经营者在相关市场内具有能够控制商品价格、数量或者其他交易条件，或者能够阻碍、影响其他经营者进入相关市场能力的市场地位。同时，第 18 条规定了经营者市场支配地位的确定因素：（1）该经营者在相关

---

① 参见孔祥俊：《反不正当竞争法的适用与完善》，552～554 页，北京，法律出版社，1998。

市场的市场份额，以及相关市场的竞争状况；（2）该经营者控制销售市场或者原材料采购市场的能力；（3）该经营者的财力和技术条件；（4）其他经营者对该经营者在交易上的依赖程度；（5）其他经营者进入相关市场的难易程度；（6）与认定该经营者市场支配地位有关的其他因素。若依据第 18 条规定的因素难以确定经营者市场支配地位时，可依据第 19 条规定的相关因素，来推定经营者是否具有市场支配地位，主要包括：（1）一个经营者在相关市场的市场份额达到 1/2 的；（2）两个经营者在相关市场的市场份额合计达到 2/3 的；（3）三个经营者在相关市场的市场份额合计达到 3/4 的。具备前述第（2）项、第（3）项规定的情形，其中有的经营者市场份额不足 1/10 的，不应当推定该经营者具有市场支配地位。被推定具有市场支配地位的经营者，有证据证明不具有市场支配地位的，不应当认定其具有市场支配地位。

【典型案例】

奇虎诉腾讯滥用市场支配地位案

北京奇虎科技有限公司（以下简称奇虎）是“360 安全卫士”软件的著作权人及运营人，腾讯科技（深圳）公司、深圳市腾讯计算机系统有限公司（以下简称腾讯）分别是 QQ 即时通讯软件的著作权人和实际控制人。在中国，奇虎与腾讯之间的纠葛由来已久，被业界形象地称为“3Q 大战”。

2010 年 11 月 3 日，腾讯发布了“致广大 QQ 用户的一封信”，要求终端用户在 QQ 软件与 360 软件之间只能选择其一使用，要么删除 360 软件，要么退出 QQ 软件。在社会公众的广泛关注下，中国工业和信息化部（MITT）首先介入该事件。11 月 4 日下午，奇虎与腾讯接受询问并在工业和信息化部主持下和解，360 软件与 QQ 软件暂时可以兼容。① 国家工商总局（SAIC）随后也约见了针对腾讯提交“反垄断调查申请书”的北京律师，向其了解所反映的情况并收取了律师递交的补充材料，但是并未就该事件进行表态。

2011 年 11 月 15 日，奇虎向广东省高级人民法院（以下简称广东高院）提起诉讼，请求法院：（1）判令腾讯立即停止滥用市场支配地位的垄断民事侵权行为，包括但不限于限定 QQ 软件用户不得和奇虎交易、在 QQ 软件中捆绑搭售安全软件产品等行为；（2）判令腾讯连带赔偿奇虎经济损失 1.5 亿元；（3）判令腾讯向奇虎赔礼道歉，具体形式包括腾讯在其网站 QQ.com 连续 10 日刊登经奇虎认可的道歉声明，以及在《人民日报》《电脑报》等平面媒体上连续 3 日刊登经奇虎认可的道歉声明；（4）判令腾讯承担奇虎为维权而支付的合理开支，包括调查费、公证费、律师费等共计 100 万元；（5）判令腾讯承担本案所有诉讼费用。

【背景资料】

我国台湾地区学者认为，独占的构成有三个基本条件：其一，是特定市场。其意即指电视机是一项特定市场，小型自用车亦为一特定市场，银行提供的金融服务亦为一特定市场。随着企业之水平发展，一家中小型企业可能在数个特定市场构成独占，而一家大型企业也可能不在任何一特定市场构成独占。因此，独占与企业规模之大小，并不存在着必然的因果关系。其二，该事业在该市场内没有其他同业存在。例如在台湾地区的电力供应，除了台湾电力公司外别无其他同业存在。其三，该事业在特定市场内，虽或有其他同业存在，但该事业占有优势地

① 参见中国工业和信息化部：《关于批评北京奇虎科技有限公司和深圳市腾讯计算机系统有限公司的通报》，见 http：//www.antimonopolylaw.org/article/default.asp? id=2355，2010-11-21，访问日期：2013-04-06。

位，迫使同业无法与其展开竞争活动，致该事业独占竞争市场。此项要件具有两重意义：首先，在垂直系统上，虽然下游产业存在着竞争，但上游存在着主导厂商主控供应，且该上游厂商亦拥有销售系统，例如汽油供应市场，虽然也存在着民间加油站，但中油公司完全掌握了汽油之总供应，则中油加油站即可能被视为独占事业；其次，在水平系统上，假如市场存在着数家具有竞争性质的厂商，但由三家主控，即有相当程度的市场占用率，则此三家亦可能被视为独占。但同一市场内有数个具有相当程度的市场占用率之厂商，假若只从事非价格竞争，而不为价格竞争，或者自然形成价格领导制，则这些厂商也就可能被视为具有独占地位。①

四、市场支配地位的认定标准和方法

关于对市场支配地位的认定，西方国家曾经讨论过不同的标准，包括市场结果方案、市场行为方案和市场结构方案等。依市场结果方案，因企业的销售价格和生产成本之间的显著差别而产生的非同寻常的盈利可归结为缺乏竞争，从而可得出企业取得了市场支配地位的结论。依市场行为方案，如果一个企业在认定其销售和价格政策的时候，不受其竞争者的销售和价格政策的影响，那么这个企业就是占支配地位的企业。依市场结构方案，一个企业在特定市场上占有相当大的市场份额，就决定了该企业具有市场支配地位。在反垄断法实践中，市场结果方案、市场行为方案都不能单独作为认定市场支配地位的基本依据，而市场结构方案是被优先使用的。

（一）以市场份额为主，兼顾其他因素的市场支配地位认定标准

尽管市场份额不是决定市场支配地位的唯一标准，还必须同时考虑其他因素，如对新的竞争者进入市场的障碍、企业的财力、企业垂直联合的程度、企业转向生产其他产品的可能性、交易对手转向其他企业的可能性以及市场行为等，但是市场份额在确定市场支配地位方面仍然具有决定性的意义。在微软垄断案中，杰克逊法官也主要是基于微软在全球个人电脑操作系统的占有率已经稳定地保持在95%以上的事实，而认定其为具有市场支配地位的垄断企业。

许多国家的反垄断法在规定禁止滥用市场支配地位时，都试图对市场支配地位本身作出界定，这种界定是从各国自身的实际情况和具体的政策取向出发的，因而各自规定的具体内容就不尽相同，由此也在一定程度上反映出各国反垄断法之间宽严程度的差异。但多数国家的立法都是以市场份额作为企业具有市场支配地位的法定推断标准的，当然，市场份额不再是认定市场支配地位的唯一标准。例如，美国法院在认定企业在相关市场上是否具有垄断力时，曾经以企业占有的市场份额作为唯一的判断标准。但后来美国联邦最高法院在1956年的杜邦公司案中将垄断力定义为企业控制价格的力量或者排除竞争的力量，因而市场份额就不再是衡量市场支配地位的唯一指标。

正如P. 贝伦斯教授指出的："一个市场份额达到了50%的企业，仅当根据其他因素可以明确地作结论说，市场上仍然存在着强度足够大的残余竞争，方可不被视为占市场支配地位的

① 参见汤明辉：《公平交易法研析》，13～14页，台北，五南图书出版公司，1992。

企业。在另一方面，一个市场份额占25%的企业，仅当其他因素明确地说明，该企业的竞争者及其交易对手仅占有一个相对弱的市场地位的时候，方可被视为占市场支配地位的企业。”因此，各国反垄断法实践中大多采用的是以市场份额为主、兼顾其他因素的认定标准，但是，也存在不过分依赖市场份额认定市场支配地位的综合要素认定标准。

（二）市场支配地位的认定方法

对市场支配地位的认定主要是从相关市场的界定和企业市场支配力的确定两个角度展开的。

1. 相关市场的界定

界定相关市场是计算市场份额的基础，也是确定市场支配力和影响力的基础。一个企业是否能够影响和控制一个市场的竞争，都是就相关市场而言的。相关市场界定的范围不同，企业对市场的影响力就会不同。

相关市场是指同类产品或者替代产品竞争所存在的一定的时间范围和空间范围。反垄断法在禁止滥用市场支配地位行为时，首先面临的问题就是要合理地界定相关市场。如果相关市场界定过宽，会人为地减少一个企业的实际市场份额或淡化其市场影响力，使该企业很容易逃脱反垄断法的规制；而如果相关市场界定过窄，则会夸大一个企业的市场份额，使反垄断法对该企业的规制过于苛刻。一般认为，反垄断法里的相关市场包括相关产品市场、相关地理市场和相关时间市场。

（1）相关产品市场。相关产品市场是指能够与某种产品发生竞争关系的同类产品或替代产品市场。产品市场的确定主要是看产品之间在购买渠道、性能和价格方面是否具有可相互替代性，因此，相关产品市场界定的关键就是从消费需求和生产供给这两个层面来考察产品的可替代性。产品是否具有消费需求方面的可替代性由法院来掌握，一般来讲，只要消费者对两种产品就其价格、品质和用途等方面认为有合理的可替代性时，这两种产品就可以被认为属相关产品。消费需求的可替代性主要用来分析市场上已经存在或已经生产出来的产品，生产供给的可替代性的研究着眼于尚未生产出来的产品。产品生产供给的可替代性是以供给弹性理论为基础研究生产的潜在竞争。①

（2）相关地理市场。相关地理市场是指同类产品或具有替代关系的产品相互竞争的地理区域。相关地理市场考察的是同一产品在空间上的可替代性。确定地理市场的主要方法是考察企业的销售范围，在某种意义上，企业的销售范围等同于地理市场范围，当然，消费者是否能方便地选择竞争产品，也可作为考察地理市场范围的补充。因此，影响地理市场范围的因素主要有区域间交易障碍、潜在竞争、产品差异和产品本身的性质等，其中，运输成本和产品特性具有特别重要的意义。

（3）相关时间市场。相关时间市场是指相同或近似产品在同一区域内相互竞争的时间范围。相关时间市场考察的是同一产品在时间上的可替代性。以往反垄断法实践在界定相关市场时主要考察产品市场和地理市场，很少重视时间市场，但是随着科技的迅猛发展，许多产品的科技含量越来越高，更新的速度也越来越快，也许企业的某种产品在某一时间确实具有市场支配地位，但这种市场支配地位很可能是暂时的或稍纵即逝的。②

---

① 参见种明钊主编：《竞争法》，257页，北京，法律出版社，2005。

② 参见吕明瑜：《竞争法》，157页，北京，法律出版社，2004。

2. 企业市场支配力的确定

市场份额是判断企业在相关市场上的支配力的重要依据，除此之外，其他商品的可替代程度，新的竞争者进入市场的难易程度，该经营者控制销售市场或者原材料采购市场的能力，该经营者的财力和技术条件，其他经营者对该经营者在交易上的依赖关系及其程度等，都是判断市场支配力的重要因素。

第三节 滥用市场支配地位行为及法律规制

市场支配地位本身并不违法，因此，在确认滥用市场支配地位的行为时需要在合法地利用市场支配地位（合法的合同自由）和滥用市场支配地位（违法的合同自由）之间划出一条界线，尽管这条界线具有很大的不确定性。各国（地区）反垄断立法一般会根据本国（地区）的具体情况列举出滥用市场支配地位行为的若干典型表现，而没有关于“滥用”的一般性定义，司法判例对此也少有明确的和概括性的表述，只是就个案的具体情形分别作出判定。

【背景资料】

德国法学家狄特瑞希·霍夫曼对滥用的解释也正说明了这一点，他指出：“‘滥用’本身并无道德上或刑事上的因素，一种行为若由其他企业实施则可能是正常的竞争，但若由拥有市场支配地位的企业实施就构成‘滥用’并受到禁止，因为在第二种情况下该行为对市场结构将产生充分的影响并将威胁到有效竞争。”这也正是前述要求具有市场支配地位的企业负有特殊义务的原因。

一、滥用市场支配地位行为概述

滥用市场支配地位行为是指具有市场支配地位的企业不合理地利用其市场支配地位，在一定的交易领域实质性地限制竞争，违背公共利益，明显损害消费者的利益，损害自由公平的市场竞争秩序，应受反垄断法规制的行为。

（一）滥用市场支配地位行为的特征

滥用市场支配地位行为的特征主要表现为：（1）滥用市场支配地位行为的主体是特殊主体，即只有具有市场支配地位的企业，才需要对其进行是否滥用的考量。（2）滥用市场支配地位行为具有限制竞争性。现代反垄断法并不禁止市场支配地位本身，而是禁止滥用市场支配地位，消除或限制竞争，损害公平的竞争秩序的行为。（3）市场支配地位与损害竞争的滥用行为之间有着必然的联系，两个要件缺一不可。

（二）各国（地区）反垄断法对滥用市场支配地位行为的规定

1. 美国

美国反垄断法只对滥用市场支配地位行为作出了原则性的禁止，不具体列举应予以禁止的滥用行为，由法院根据原则性禁止规定和判例决定应予禁止的行为种类。

2. 德国

德国《反对限制竞争法》禁止一个企业或多个企业滥用市场支配地位，并对滥用市场支配地位行为进行了具体的列举。该法第19条规定，一个具有市场支配地位的企业作为特定商品或服务的供应者或需求者，如有下列行为，即构成滥用市场支配地位：(1) 无客观正当理由，以对市场上的竞争产生重大影响的方式，损害其他企业的竞争力。(2) 提出与在有效竞争情况下理应存在的报酬和其他交易条件相悖的报酬或其他条件。在此，特别应当考虑在存在有效竞争的可比较市场上的行为方式；(3) 提出的报酬或其他交易条件差于该支配市场的企业本身在可比较市场上向同类购买人所要求的报酬或其他交易条件，除非该差异存在客观正当理由。(4) 拒绝另一个企业以给予适当报酬的方式进入自己的网络或其他基础设施，但以该另一个企业出于法律上或事实上的事由，非使用他人网络或其他基础设施则无法在上游或下游市场上作为支配市场的企业的竞争者从事活动为限。但支配市场的企业能证明这种共同使用因经营或其他事由是不可能的或不能合理期待的，不适用本款的规定。

3. 欧盟竞争法

欧盟竞争法对滥用市场支配地位行为的规制集中体现在构成《里斯本条约》之一的《欧盟运行条约》的第102条（即原《欧洲共同体条约》第86条，或原《马斯特里赫特条约》第82条），具体内容为：一个或者多个在共同市场内或者其中的相当一部分地域内占有优势地位的企业滥用这种地位的任何行为，可能影响成员国之间贸易的，因与共同市场不相容而被禁止；特别是禁止包含下列内容的滥用行为：(1) 直接或者间接地实行不公平的购买或者销售价格或者其他不公平的交易条件的；(2) 限制生产、市场或者技术发展，损害消费者利益的；(3) 在相同的交易情形下，对交易当事人实行不同的交易条件，因而置其于不利的竞争地位的；(4) 要求对方当事人接受与合同主题在本质上或者商业惯例上无关联的附加义务，作为签订合同的前提条件的。

（三）我国反垄断法对滥用市场支配地位行为的规定

我国《反垄断法》第17条第1款明确规定，禁止具有市场支配地位的经营者从事滥用市场支配地位的行为，具体包括：(1) 以不公平的高价销售商品或者以不公平的低价购买商品；(2) 没有正当理由，以低于成本的价格销售商品；(3) 没有正当理由，拒绝与交易相对人进行交易；(4) 没有正当理由，限定交易相对人只能与其进行交易或者只能与其指定的经营者进行交易；(5) 没有正当理由搭售商品，或者在交易时附加其他不合理的交易条件；(6) 没有正当理由，对条件相同的交易相对人在交易价格等交易条件上实行差别待遇；(7) 国务院反垄断执法机构认定的其他滥用市场支配地位的行为。

从《反垄断法》的规定看，经营者构成该法所规制的滥用市场支配地位行为，其重要前提便是该经营者本身具备市场支配地位。这是我们学习这部分内容时值得注意的地方。

【典型案例】

3Q反垄断案件中的“滥用”认定

广东省高级人民法院在奇虎诉腾讯滥用市场支配地位案的一审判决书中认为，由于奇虎无法证明腾讯在该案相关市场中具有支配地位，所以无论腾讯的相关行为是否符合非法限定交易行为和搭售行为的要件，均不能认定其属于《反垄断法》第17条所禁止的无正当理由限制交易行为和搭售行为。

为正确界定互联网企业的哪些市场行为属于滥用市场支配地位的行为，以便规范互联网行业的市场秩序，充分保护市场竞争机制，广东省高级人民法院在该案中对2010年“3Q大战”中“用户二选一”行为的实质以及腾讯是否存在搭售行为等加以分析认定。

第一，关于腾讯实施的“产品不兼容”行为（“用户二选一”）的实质。在该案中，腾讯强迫用户“二选一”，表面上赋予用户选择权，但假如腾讯是一个具有市场支配地位的经营者的话，用户极有可能放弃360而选择QQ。腾讯采取“二选一”的目的不是拒绝与用户交易，而在于逼迫用户只能与其进行交易而不与360进行交易。腾讯的该行为实质上仍然属于限制交易的行为。

第二，奇虎所诉腾讯实施搭售行为的主张不能成立。该案中，腾讯QQ软件的主要功能是即时通讯，与QQ医生、QQ管家、安全管家、安全管理等一系列软件均属单独的软件产品；但因为腾讯在即时通讯市场中不具有市场支配地位，腾讯没有限制用户的选择权，腾讯的相关行为具有经济合理性，腾讯的相关行为未产生限制或排除竞争的效果，奇虎没有提供证据证明腾讯QQ软件打包安装QQ软件管理以及将QQ软件管理、QQ医生升级为QQ电脑管家的行为已经造成或者将会造成对消费者的损害。

（四）滥用市场支配地位行为的种类

根据行为主体的目的、对竞争危害的程度和针对对象的不同，滥用市场支配地位行为可以分为两种基本类型。

1. 剥削性的滥用行为

剥削性的滥用行为是针对交易相对人所实施的滥用行为。具有市场支配地位的企业由于不受竞争的限制，所以便对交易相对人提出了不合理的条件，其典型的表现形式是对包括供应者、顾客和最终消费者在内的各种交易相对人索取不合理的垄断性高价或不公平地以超低的价格购买商品的行为。

2. 排挤性的滥用行为

排挤性的滥用行为是针对同业竞争者所实施的滥用行为，其目的是排挤竞争对手，或者将自己的市场优势不正当地扩大到本没有竞争优势的领域，结果对自由、公平的竞争构成了损害。其主要的表现形式是掠夺性定价行为、独家交易行为、附条件交易行为等。

二、剥削性定价行为及法律规制

剥削性定价行为主要是针对交易相对人所实施的滥用行为，其目的是获得在正常、充分的竞争环境下其无法获取的利益，主要表现为超高的垄断性高价（销售）行为和不公平的垄断性低价购买行为。

（一）垄断性高价（销售）行为

垄断性高价行为是指具有市场支配地位的企业向交易相对人索取不合理的超高的销售价格的行为。具有市场支配地位的企业由于不受竞争压力的限制，就不再根据市场机制和竞争规则来确定商品价格，而通过确定较高的垄断价格使其获利最大化。例如在我国，一些市场力量与行政权力相结合的垄断行业攫取高额垄断利润的现象就非常严重。

对于反垄断法是否应禁止垄断性高价行为，一直存在着不同的观点。例如，按照经济学的观点，具有市场支配地位的企业从事垄断性高价（销售）行为，必然会刺激潜在的竞争者进入市场，从而打破其独占地位。美国法院在 Berkey Photo v. Eastman Kodak 案中认为，即使利用了独占力量，超高定价也不是自然反竞争的，反而具有促进竞争的作用，因为对独占者而言，威胁其独占地位的恰恰是准予其尽其所能地贪婪地获取最高价格。[①] 但也有观点认为，美国法院的观点完全忽略了对消费者的保护，也将市场的灵敏度理想化了，新的竞争对手进入某一市场会面临资金、技术及其他市场障碍，具有市场支配地位的企业也会尽其所能阻止其他主体的进入。[②]

有学者认为，企业拥有自由定价权，市场运行本身会对价格进行调整，即便是价格过高，只要是市场的进入本身不存在障碍，就会刺激新的企业进入，反而会加剧竞争。政府没有必要通过竞争法对超高的价格进行控制和干涉。但多数意见认为：超高的价格属于“滥用”行为，应受反垄断法的规制。[③] 原因在于垄断性高价是滥用市场支配地位的比较普遍的和典型的表现形式，是具有市场支配地位的企业剥削消费者、获取垄断利润的主要形式之一。虽然垄断性高价可以受到专门价格法律的管制，但是在规制市场支配地位的过程中，利用反垄断法对处于市场支配地位的企业滥用其这种地位而非法牟取垄断性高价的行为进行管制更方便，也可能更有效。

反垄断法对垄断性高价行为规制的难点是：产品的价格要高到什么程度才算是垄断性高价？如何确定什么价格是超高的或者不公平的？虽然证明垄断性高价并不容易，但是在反垄断法中这种情况是比较普遍的，这正是反垄断法本身的特点。正如认定市场支配地位不容易，但不能因此放弃或者取消这一制度。事实上，通过时间比较、空间比较以及成本与利润比较等方法还是可以在一定程度上判定出垄断性高价的。当然，反垄断法对垄断性高价的规制也必须从其维护市场竞争的特有角度出发，应避免反垄断法成为单纯进行价格管制的法律。

（二）不公平的垄断性低价购买行为

不公平的垄断性低价购买行为与垄断性高价销售行为是一个问题的两个方面：具有市场支配地位的企业在为了获得垄断利润而以超高的价格销售其产品的同时，为了自身利益的最大化，也会在进行原材料及其他产品的购进活动时尽可能地压低购买的价格，而由于其独占的市场地位，交易相对人同样无力拒绝该项不合理的定价，这当然也属于滥用其市场支配地位对交易相对人进行剥削的行为。

对剥削性“滥用行为”的认定是非常困难的，因为反垄断执法机构很难有充分的证据来证明行为主体的“成本”是多少，所以也很难界定出“正当的”价格应当是多少，因为有关成本和需求的精确的和及时的信息一般是不能得到的，或者得到的成本太高，而且，即便可以得出行为主体有超额利润存在，也很难直接确定这个“超额利润”本身就是经由“滥用”市场支配地位得到的，因为还存在着另外的可能性，那就是行为主体本身是竞争的胜利者，它的成本比竞争者的低；由于新技术的采用，它的劳动生产率比其他竞争者的高；由于它的需求量大，其

① 参见孔祥俊：《反垄断法原理》，550页，北京，中国法制出版社，2001。

② 参见种明钊主编：《竞争法》，262页，北京，法律出版社，2005。

③ 参见王先林：《从微软垄断案看市场支配地位及其滥用》，载史际春主编：《经济法学评论》，第1卷，北京，中国法制出版社，2000。

购进价格本就比一般的其他竞争者的低，所以，必须根据具体的情况来判断价格行为是否属于“滥用”。

在实践中，反垄断执法机构会尽量减少对企业价格的管制范围，而集中于防止支配企业实施威胁竞争的排斥性行为。而且，如果企业预见到在其增长和具有大的市场份额时其价格会受到管制，那么其革新和进入新市场的积极性就会降低，从长远来看也将损害消费者的利益。

【延伸思考】

关于判定具有市场支配地位的企业所从事交易的价格是否具有合理性，在反垄断法实践中有下列三种方法[①]：

第一，空间比较法。对于存在着价格可比性的产品，若具有市场支配地位的企业的产品价格明显高于该市场或其他市场同类产品的价格，那么该价格就应该受到合理性的质疑。

第二，时间比较法。对于不存在可比价格的产品，尤其是对于国内只有一家企业提供的产品，可以使用过去的价格与现在的价格进行比较，然后判断涨价是否合理。德国的联邦卡特尔局经常使用这种方式审查公用企业和保险公司定期涨价行为的合理性。

第三，成本与合理利润的比较。通过产品的成本与价格之间的比较，判断企业所获得的利润是否具有合理性。

（三）剥削性定价行为的认定

反垄断法禁止的剥削性定价行为需要同时具备具有市场支配地位这一主体条件和实行不公平价格这一行为条件。其中，不公平价格不是以供求关系为基础的价格，其价格明显高于或者低于在正常的竞争状态下可能实行的价格。认定价格是否公平合理应当考虑下列因素：（1）销售价格或者购买价格是否明显高于或者低于其他经营者销售或者购买同种商品的价格；（2）在成本基本稳定的情况下，是否超过正常幅度提高销售价格或者降低购买价格；（3）销售商品的提价幅度是否明显高于成本增长幅度，或者购买商品的降价幅度是否明显高于交易相对人的成本降低幅度；（4）其他相关因素。

三、掠夺性定价行为及法律规制

掠夺性定价行为是指经营者凭借市场支配地位，为了排挤竞争对手，在一定市场上和一定期限内以低于成本的价格销售商品，从而消除或限制竞争的行为。许多国家的反垄断法都禁止无正当理由而将商品或劳务以低于成本价连续在市场上供应的掠夺性定价行为，因为这种定价行为可能会将竞争者排挤出市场或者吓退欲进入该市场的潜在竞争者。但低于成本价销售行为并不一定就是掠夺性定价行为。掠夺性定价这种滥用行为的特点是有选择地降低价格，以图损害竞争对手，降价后的价格通常是达到成本或者低于成本。由于其经济势力，支配企业将会在有限的时间内承受住降价损失，但处于弱势并获得有限资源的竞争者就会被驱除出市场。该领域的大多数判例来自美国，欧盟也有此类判例。

---

① 参见种明钊主编：《竞争法》，262～263页，北京，法律出版社，2005。

（一）各国（地区）反垄断法对掠夺性定价行为的规定

美国反托拉斯法没有专门规范掠夺性定价行为的法律，而是将掠夺性定价行为作为价格歧视行为的一种特殊情形进行规范。美国对掠夺性定价行为进行规范的法律主要是《鲁宾逊-帕特曼法》第2条，即：商人在其商业过程中，在国内对同一品质、数量、等级的商品，通过给予买者比其竞争者更高的折价回扣、补贴、广告劳务费故意进行歧视，或为了破坏竞争、消灭竞争者，以低于其竞争者的价格出售，或以不合理的低价出售，是非法的。任何人违反上述规定，将被处以不超过5 000美元的罚金，或不超过1年的监禁，或两者并用。此外，《谢尔曼法》第2条关于图谋垄断的规定也适用于掠夺性定价行为。

欧盟竞争法将掠夺性定价行为视为滥用市场优势地位行为的一种具体表现，相应的法律规范主要是《欧盟运行条约》第102条对滥用市场优势地位行为的禁止性规定，其中“直接或间接地实行不公平的购买或者销售价格或者其他不公平的交易条件的”的规定，可以看作是对掠夺性定价行为的规范。

（二）成本价的界定

关于成本价的界定问题，美国的阿瑞达和特纳教授提出了一个检验掠夺性定价行为的标准，即：如果企业的定价低于可合理预见的平均可变成本，则构成掠夺性定价。由于企业的平均可变成本难以计算，他们主张用边际成本代替平均可变成本。虽然阿瑞达-特纳规则引起了许多争论，如波斯纳提出了长期边际成本规则，威廉姆森提出了产量限制规则，博克提出了无须建立反掠夺性定价的法律规则，乔斯科和科沃瑞克提出了结构与行为的两步分析规则，但美国法院在对掠夺性定价行为进行判决时，仍然倾向于采纳阿瑞达-特纳规则。[①]

而在AKZO案中，欧盟委员会认为，阿瑞达-特纳规则在欧盟并不完全适用，因为该规则是建立在对企业的经济效益采取静态和短期考察的基础上的，而欧盟的竞争政策的目的是在欧盟大市场建立有效竞争的市场结构，所以欧盟委员会在对掠夺性定价行为进行规范时并不必然要求销售价格一定低于平均可变成本，有时还考虑一些非成本的因素。在AKZO公司对欧盟委员会的裁决不服，向欧洲法院提起了诉讼后，欧洲法院认可了欧盟委员会的裁决，但也在一定程度上承认了阿瑞达-特纳规则，认为：如果销售价格低于平均可变成本，即根据生产数量发生变化的成本，就推定构成掠夺性定价行为，因为具有经济优势的企业本身不会有任何兴趣制定低于平均可变成本的销售价格，除非目的是排挤竞争对手。但由于成本不是一成不变的，有时决定成本的因素会变化得非常快，所以欧洲法院还认为，销售价格即使高于平均可变成本但低于平均总成本（固定成本加上可变成本）的，这个价格仍可能将与具有市场优势地位企业一样有效率但没有足够的财力与之抗衡的企业排挤出市场，因此也属于排斥竞争对手的滥用市场优势地位的行为。[②]

在我国，关于成本的界定缺乏一个具有可操作性的相对准确的标准。

---

① 参见文学国：《滥用与规制——反垄断法对企业滥用市场优势地位行为之规制》，288页，北京，法律出版社，2003。

② 参见孔祥俊：《反垄断法原理》，563页，北京，中国法制出版社，2001。

（三）掠夺性定价行为与倾销行为的区别

掠夺性定价行为与倾销行为存在着明显的区别。倾销是同一商品在不同国家市场上的价格歧视。这种不同不是基于成本，而是基于国内与国外人为的价格差。倾销违反了公平竞争的原则，有损进口国的工业。倾销的成立至少具备三要素：（1）产品出口价格低于正常价值；（2）倾销产品给进口国的工业造成实质性损害；（3）倾销与损害之间具有因果关系。此外，倾销不要求低于成本价销售，只要求低于正常价格销售。低于成本价销售行为适用于国内贸易，倾销适用于国际贸易，即适用领域也是不同的。

（四）掠夺性定价行为的判定

反垄断法并不是禁止所有的低于成本销售行为，而只是禁止具有市场支配地位的企业从事目的在于限制竞争、行为后果已经限制或可能限制竞争的低于成本销售行为。反垄断法禁止的掠夺性定价行为的构成要件是：（1）经营者具有市场支配地位；（2）经营者从事了低于成本销售的行为；（3）低于成本销售行为没有正当理由；（4）已经造成或可能造成排除、限制竞争的后果。

四、附条件交易行为及法律规制

附条件交易行为是指经营者利用其经济优势，违背对方交易人的意愿，在提供产品或服务时强迫对方交易人购买其不需要、不愿购买的商品或服务，或者接受其他不合理的条件的行为。附条件交易行为在欧洲也被称为“与分配政策有关的不正当竞争行为”。所谓的一揽子协议（购买者只有买下一系列产品才能买到其中的一种）也属于此类不正当竞争行为。附条件交易行为在很多情形下都被称为“搭售”，但实际上搭售只是附条件交易行为的一种主要表现形式，除了进行搭售外，经营者还可能凭借经济优势，附加其他的不合理条件，因此，我们还是将这种行为称为附条件交易行为。根据附条件交易行为本身的特征，附条件交易行为主要表现为以下几种形式。

（一）搭售行为

搭售（tying arrangements，tied selling）是指竞争者利用其经济优势，违背对方交易人的意愿，在提供产品或服务时强行搭配销售其他商品或服务，或者要求购买其单件产品的经营者必须购买其全套系列产品的一种附条件交易行为。搭售有时也被称为捆绑销售，因为销售商在购买方购买其所需要的商品时，以要求其购买其他其并不需要的商品为条件。从本质上讲，搭售也是一种附加的不合理的交易条件。我国《反垄断法》第 17 条第 1 款第 5 项规定就是对此类行为的规范：“没有正当理由搭售商品，或者在交易时附加其他不合理的交易条件”。搭售对竞争的影响主要是，可以使企业将其市场力量从一个具有较低需求弹性的市场扩展到另一个无关的市场；能够实施在其他情况下无法实施的价格歧视；能够用于提高进入障碍，排除其他企业销售相关产品的机会，或者增加那些未能提供一揽子产品的企业的进入障碍；逃避价格管制。但是，也有人持相反的观点，认为：搭售并不当然会限制竞争，甚至可以提高效率，如降低一揽子产品的生产、销售成本，确保用同等质量的商品辅助被销售的产品。例如，计算机制造商可能要求购买键盘，以防止使用其他低质量的产品可能给其机器造成损害或者妨碍其性能发挥。越来越多的人主张根据各种具体情况来确定搭售是否具有合理性，越来越多的经济学家建议按照合理规则分析搭售。原厂在授权其他厂商行使专利权时，可以约定向原厂购买原料，以确保品质。

（二）在销售商品时附加其他不合理的条件

经营者在销售商品时附加不合理的条件主要表现为：限定转销价格；限定销售地区；附加其他条件。美国诉北太平洋铁路公司案就是一个非常好的例证①：北太平洋铁路公司欲出卖或者出租其拥有的 5 000 公顷土地，但是购买或者承租的条件是买受者或者承租者必须将该土地上生产的产品交由北太平洋铁路公司来承运。美国联邦最高法院认为：北太平洋铁路公司的这一行为妨碍了买受人或者承租人进行选择的自由，限制了公平竞争。按照自由竞争的原则，如果其他运输公司可以提供更为优惠的运输条件或更好的服务，则买受人或者承租人可以选择其他公司运输货物。北太平洋铁路公司无权阻止其竞争对手以平等条件与其竞争。最后美国联邦最高法院判决北太平洋铁路公司败诉。北太平洋铁路公司之所以能对买受人或承租人进行限制，原因在于其拥有交易相对人想购买或承租的 5 000 公顷土地。自然资源的唯一性使北太平洋铁路公司拥有了可以向交易相对人附加条件的经济优势，其附加的条件是该 5 000 公顷土地上生产的产品交由北太平洋铁路公司来承运。但这样的约定使北太平洋铁路公司的竞争对手在没有竞争的情况下就失去非常多的商业机会，因此，这样的附条件交易行为理应受到竞争法的规制。

（三）在技术转让中附加不合理条件

在技术转让合同中，技术本身能给权利人带来经济优势，所以权利人会凭借技术优势给交易相对人附加一些不合理的条件，其实质是权利人对自己所拥有的知识产权的滥用。此类行为主要表现为②：限制技术的补充和材料的供应；限制受让方的生产；技术改进的限制等。美国司法部和联邦贸易委员会在 1995 年的《知识产权许可反托拉斯指南》中对知识产权许可的搭售协议作了专门的分析。③ 该指南指出，尽管搭售协议在许多情况下被认为是违法的，但是在某些情况下，搭售协议也具有正面的价值。搭售协议触犯反托拉斯法的条件是：第一，销售者对于搭售的产品具有足够的市场能力；第二，搭售协议对被搭售的产品市场中的竞争产生负面影响；第三，协议的正面效应不足以抵消其限制竞争所产生的负面影响。

附条件交易行为实际上将经营者在某一商品市场上的经济优势扩大到被搭售产品的市场上，因此，该行为就非常可能将被搭售商品市场上的竞争对手排挤出去，或非常有可能阻碍潜在的竞争对手进入被搭售商品的市场，这些经营者尤其是同业竞争者的合法权益就会受到极大的损害。

---

① 参见全国人大常委会法制工作委员会民法室编著：《〈中华人民共和国反不正当竞争法〉释义》，33 页，北京，法律出版社，1994。

② 参见刘剑文、崔正军主编：《竞争法要论》，106 页，武汉，武汉大学出版社，1996。

③ 参见王先林：《知识产权与反垄断法——知识产权滥用的反垄断问题研究》，236 页，北京，法律出版社，2001。

五、其他滥用市场支配地位行为及其法律规制

（一）拒绝交易行为

拒绝交易行为是指具有市场支配地位的经营者没有正当理由，拒绝与交易相对人进行交易的行为。尽管市场主体拥有拒绝交易权，但其在行使拒绝交易权的过程中，仍会受到法律的限制。在一般商品交易领域，适用合同自愿原则，当事人可以根据自己的意思自治，选择自己的相对交易方，较少存在拒绝交易权行使的法律规制问题。但对于具有市场支配地位的市场主体来讲，其市场力量过于强大，交易相对人或消费者很难从其他渠道获得该产品，也较难获得替代性产品，除了与其进行交易外没有更多的选择余地。因此，具有市场支配地位的市场主体由于本身市场力量的强大在没有正当理由的情形下，是不能行使拒绝交易权的，否则会构成市场支配地位的滥用。

反垄断法禁止的拒绝交易行为的构成要件是：(1) 经营者具有市场支配地位。(2) 经营者直接或间接地从事了拒绝交易行为，该行为的表现可能是：A. 削减与交易相对人的现有交易数量；B. 拖延、中断与交易相对人的现有交易；C. 拒绝与交易相对人进行新的交易；D. 设置限制性条件，使交易相对人难以继续与其进行交易；E. 拒绝交易相对人在生产经营活动中以合理条件使用其必需设施，在认定必需设施时，则应当综合考虑另行投资建设、另行开发建造该设施的可行性，交易相对人有效开展生产经营活动对该设施的依赖程度，该经营者提供该设施的可能性以及对自身生产经营活动造成的影响等因素。(3) 拒绝交易行为没有正当理由。所谓的“正当理由”包括：A. 交易相对人有严重的不良信用记录，或者出现经营状况持续恶化等情况，可能会给交易安全造成较大风险的；B. 交易相对人能够以合理的价格向其他经营者购买同种商品、替代商品，或者能够以合理的价格向其他经营者出售商品的；C. 能够证明行为具有正当性的其他理由。(4) 拒绝交易行为已经造成或可能造成排除、限制竞争的后果。该排除、限制竞争的后果，可以是立即发生的，也可以是一个逐步发生的过程。

（二）限定交易行为

限定交易行为是指具有市场支配地位的经营者，没有正当理由，限定交易相对人只能与其进行交易或者只能与其指定的经营者进行交易的行为。限定交易行为不但是对意思自治和合同自由的限制，侵犯了交易相对人的自主选择权，而且会对竞争产生无效率的排挤性效果，或会迫使竞争对手不得不寻找成本更高的销售渠道，提高竞争对手的成本，阻碍潜在的竞争，从而产生排除、限制市场竞争的后果，因此，限定交易行为是各国（地区）反垄断法禁止的滥用市场支配地位行为之一。

反垄断法禁止的限定交易行为的构成要件是：(1) 经营者必须具有市场支配地位。(2) 经营者实施了限定他人与自己交易或限定他人与自己指定的第三者交易的限定交易行为。具有市场支配地位的经营者没有正当理由，不得限定交易相对人只能与其进行交易或者只能与其指定的经营者进行交易，如限定交易相对人只能与其进行交易，限定交易相对人只能与其指定的经营者进行交易，限定交易相对人不得与其竞争对手进行交易等。(3) 限定交易行为没有正当理由。这里的“正当理由”主要是指这种强制、限定具有经营上的合理性，包括，为了保证产品质量和安全的；为了维护品牌形象或者提高服务水平的；能够显著降低成本、提高效率，并且

能够使消费者分享由此产生的利益的；是商业经营活动所允许的，如特许经营；能够证明行为具有正当性的其他理由。（4）限定交易行为已经造成或可能造成排除、限制竞争的后果。①

（三）差别待遇行为

差别待遇行为是指具有市场支配地位的经营者在提供相同产品或者服务时，没有正当理由，对交易条件相同的交易相对人实行不同的交易价格或交易条件的行为。差别待遇行为在很多情况下是经营者的一种营销战略，也是经营者行使经营自主权的表现，但是，当具有市场支配地位的经营者没有正当理由实施差别待遇时，就可能产生排除、限制竞争的后果，并因此受到反垄断法的规制。

反垄断法禁止的差别待遇行为的构成要件是：（1）经营者必须具有市场支配地位。（2）经营者对条件相同的交易相对人实行不同的交易价格或交易条件。这是指经营者所提供的商品或服务的质量、状态、级别、型号等都相同，只是由于交易相对人不同而给予不同的待遇。差别待遇的具体表现为：实行不同的交易数量、品种、品质等级；实行不同的数量折扣等优惠条件；实行不同的付款条件、交付方式；实行不同的保修内容和期限、维修内容和时间、零配件供应、技术指导等售后服务条件等。（3）经营者从事差别待遇行为没有正当理由。（4）差别待遇行为已经造成或可能造成排除、限制竞争的后果。

问题与思考

利乐国际集团公司诉欧共体委员会案②

瑞典的利乐国际集团公司（Tatra Pak International SA，以下简称利乐公司）是专门从事无菌纸质软包装经营的跨国公司，其生产的产品主要包括两类：一是包装液态和半液态食品的纸盒，其中包括防腐的和非防腐的；二是与纸盒配套的罐装设备。埃罗帕科（Elopak）公司是该公司在非防腐液体食品包装上的主要竞争对手。1983 年，埃罗帕科公司向欧共体委员会提起诉讼，称利乐的意大利分公司及其关联公司试图在特种纸盒销售方面进行掠夺性定价，而且在提供罐装设备的时候提出不合理的交易条件。1988 年，欧共体委员会启动了调查程序。1991 年 7 月 24 日，欧共体委员会在其决定中认定利乐公司的滥用行为涉及欧共体范围内四个相关市场：一是使用防腐纸盒包装液体食品的设备市场；二是与之配套的防腐纸盒市场；三是使用非防腐纸盒包装液体食品的设备市场；四是与之配套的非防腐纸盒市场。利乐公司在第一个和第二个相关市场上拥有 90%～95%的市场份额，应该说具有准独占地位。第三个和第四个相关市场的竞争程度虽然较高，但依然呈现寡头垄断的结构，其中利乐公司占据 50%～55%的市场份额。

欧共体委员会指出，利乐公司实施了违反《欧共体条约》第 86 条（即《欧盟运行条约》第 102 条）的下列限制竞争行为：（1）搭售行为。利乐公司在同客户签订的合同中包含限制性条款，尤其是将利乐公司的包装纸盒与包装设备搭售，限制了市场的潜在竞争。（2）掠夺性定

① 参见吕明瑜：《竞争法教程》，154～155 页，北京：中国人民大学出版社，2008。

② 参见上书，139 页。

价。利乐公司在意大利销售其 Tatra Rex 非防腐纸盒时，实施掠夺性价格以排挤竞争对手，同时，在英国销售包装设备时采取掠夺性定价措施。(3) 价格歧视。利乐公司在不同的成员国市场上销售包装纸盒和包装设备时推行歧视性价格。

利乐公司不服欧共体委员会的决定，向初审法院起诉，要求撤销该决定。初审法院在 1994 年 10 月 6 日作出的判决中支持了委员会的观点。利乐公司遂向欧洲法院提起上诉。然而，欧洲法院在最终判决中依然判定利乐公司败诉。

根据上述案例，请思考下列问题：

(1) 什么是市场支配地位？

(2) 滥用市场支配地位行为有哪些具体表现？

(3) 如何界定相关市场？

参考文献

1. 文学国．滥用与规制——反垄断法对企业滥用市场优势地位行为之规制．北京：法律出版社，2003

2. 吕明瑜．竞争法．北京：法律出版社，2004

3. 王先林．知识产权与反垄断法——知识产权滥用的反垄断问题研究．北京：法律出版社，2001

4. 戴龙．滥用市场支配地位的规制研究．北京：中国人民大学出版社，2012

5. 李剑．反垄断法核心设施理论研究．上海：上海交通大学出版社，2015

第九章

经营者集中行为规制

本章概要

经营者集中是指经营者合并，经营者通过取得其他经营者的股份、资产以及通过合同等方式取得对其他经营者的控制权，或者能够对其他经营者施加影响的情形或行为。经营者集中是经济活动中的普遍现象。经营者集中的结果具有两面性：一方面，有利于形成规模经济，提高经营者的竞争力；另一方面，可能产生或加强市场支配地位，对市场竞争产生不利影响。因而各国（地区）反垄断法都对经营者集中实行必要的控制，以防因经济力的过度集中而影响市场竞争。

各国（地区）反垄断法通常要对经营者的集中行为进行控制，但并不一律禁止。法律主要规定了对易形成垄断或限制竞争的集中行为应事先进行申报，只有得到批准方可进行，否则该集中行为便是非法的。

反垄断法对经营者集中行为的审查标准，是反垄断执法机构对受控制的经营者集中行为进行实质性干预的依据，是决定一种经营者集中行为应否被禁止的关键。结合各国（地区）反垄断法的规定，经营者集中行为的控制标准主要有“市场支配地位”标准和“严重损害竞争标准”。另外，反垄断法还会对可以不予禁止的经营者集中行为进行具体的规定。

符合申报条件的经营者集中行为必须在宣告集中或在订立集中协议后的一定期限内，向反垄断执法机构进行申报，其申报的前提是参与集中的企业已经就集中行为订立了一个具有法律约束力的协议。仅仅是有集中的打算或设想是不需要进行申报的。反垄断执法机构在核准过程中，分析的重点是经营者集中行为对市场竞争的影响。反垄断执法机构会根据不同的情形，批准、附条件批准或禁止某项经营者集中行为。

关键术语

经营者集中　相关市场　“严重损害竞争”标准　反垄断申报　反垄断审查

第一节　经营者集中行为法律规制概述

一、经营者集中的界定

根据我国《反垄断法》第20条的规定，经营者集中是指经营者合并，经营者通过取得股权或者资产的方式取得对其他经营者的控制权，以及经营者通过合同等方式取得对其他经营者的控制权或者能够对其他经营者施加决定性影响的情形或行为。

"经营者集中"中的"集中"包括民法或者公司法意义上的合并，但又不限于这种合并。反垄断法上的集中主要有三种情况：(1)狭义的合并，即民法或者公司法意义上的合并，英语"merger"通常指这种含义。(2)通过收购股份获取对其他企业的控制，即在收购企业与被收购企业（目标企业）不改变各自的法律主体资格的前提下，收购企业通过改变股权的方式取得对被收购企业的实际控制，成为事实上（而不是法律上）的同一主体。一项收购即使发生了控制权的完全转移，可能仍然使有关企业继续作为一个独立的实体从事经营。但是，共同控制意味着共同利润最大化，是反托拉斯机关的潜在的案源。(3)两个或者两个以上的企业在保留各自独立法律人格的前提下，通过合同、联营等方式形成控制与被控制的关系。

【背景资料】

为了保证企业合并控制政策的执行，欧盟委员会于1994年发布了一个关于企业合并概念的公告（ABl. 1994 C 385/02.）。根据该公告的精神，如果一个企业取得另一企业的少数股权，但事实上或者法律上能够全面控制被取得的企业，少数股权的参与就构成企业合并。事实上的控制是指因股东大会的表决权十分分散，少数股权持有人在股东大会已经取得多数表决权。法律上的控制是指少数股权持有人因其特殊的权利，如取得了优先股，可在股东大会取得多数表决权；或者因为享有特殊权利，如可决定企业的经营策略，或决定企业监事会或董事会一半以上的成员，而取得对企业的支配权。

1997年欧盟委员会针对南非英美有限公司（AAC）和英国Lonrho公司合并申请作出的决定，就是这方面的很好例证。① 欧盟委员会认为，AAC取得Lonrho 24.98%的股份就足以构成《欧盟企业合并控制条例》第3条意义上的企业合并。这个案子的核心问题是，AAC是否通过取得少数股份在事实上可以控制Lonrho。委员会指出，AAC除了取得Lonrho的股份外，还兼并了Lonrho的3个企业，因此占有了Lonrho 24.98%的股份。而根据Lonrho股东大会在1993年至1996年的情况，AAC由此可以取得Lonrho股东大会50%以上的表决权，因为Lonrho的第二大股东仅占3%的表决权，其余的表决权分散在更小的股东手中。由此欧盟委员会便认定AAC取得Lonrho的少数股权就构成了《欧盟企业合并控制条例》第3条意义上的企业合并。

经营者集中行为并不一定意味着两个在法律上或经济上相互独立的实体消灭而组成为一个

---

① 参见王晓晔：《欧共体企业合并控制法及其新发展》，载杨紫烜主编：《经济法研究》，第1卷，北京，北京大学出版社，2000。

新的实体。按照许多国家（地区）的反垄断法的精神，只要一个企业通过某种方式能够对另外一个企业施加支配性影响，这本身就是集中。需要注意的是，在许多竞争法的学术著作中，“合并”和“集中”经常相互替代。①

不是所有的经营者集中行为都是需要法律进行控制的，但有些对竞争构成威胁或不利影响的竞争又是法律必须监管的。反垄断法规定控制经营者集中制度的目的是对集中进行控制，也即通过控制集中防止出现过强的市场力量。因此，不论采取什么方式产生控制与被控制的关系，只要产生或者可能产生过强的市场力量或者损害竞争，其结果都是相同或者类似的，需要纳入一视同仁的监管范围。

二、经营者集中行为的具体表现

根据经营者在经济中的相互关系，经济学中通常将经营者集中分为横向集中、纵向集中和混合集中。但这种分类并不是绝对的，实践中的经营者集中并没有严格的分类标准，一个集中业务中由于经营者的众多和经营者本身业务的多样性，会同时具备不同的集中的特征和有众多的具体表现形式。

（一）横向集中

横向集中，又称水平集中，是指处于相同市场层次的或者说具有竞争关系的企业之间的集中。换言之，横向集中是指因生产或销售同一类型产品或提供同种服务而处于相互直接竞争中的企业之间的集中，是销售同样或者具有密切替代关系的产品的实际的或者潜在的竞争者之间的集中。这种方式无论是在国内市场还是在国际市场，都是最重要的集中方式。

横向集中对经济好的影响是由于企业规模的扩大，易于实现规模经济，降低单位产品的成本。但是，横向集中对经济也会有一些负面的影响，最大的负面影响是集中的结果是直接减少甚至完全消除了竞争者，结果在市场上创造了一个更大的经营者和减少了市场上的有效竞争。横向集中在消除和减弱竞争上具有非常大的可能性甚至确定性，因为：首先，横向集中后的企业可能在该领域具有市场支配地位。其次，其他企业因为集中后市场竞争主体数量的减少而发现竞争更加激烈，因此更趋向于彼此联合，对竞争进行限制。也正因为如此，各国的反垄断法都对企业的横向集中实施严格的控制。

美国司法部和联邦贸易委员会于 1992 年发布的《横向合并指南》中，对横向合并对竞争机制和竞争结构的影响作了全面的分析。② 该指南认为，合并本身并不构成限制竞争的行为，但是在一定的条件下，合并会扩大企业的市场势力，提高了企业滥用市场优势的可能性，从而间接地给竞争带来不利的影响。企业合并所带来的反竞争影响主要体现在以下两个方面：其一是过度的企业合并会减少竞争者，从而更易于形成企业间的联合限制竞争行为；其二是过度的企业合并可以导致独占，从而限制竞争。

---

① 本章在介绍不同国家（地区）反垄断法对经营者集中行为的规制时，由于“合并”概念被长期使用，在反垄断法中已有了约定俗成的相当于“集中”的含义，因而，“合并”一词在本书中相当于“集中”的内涵，并不可避免地出现了交叉使用的情况。

② 此处的“合并”与“集中”基本同义，是广义的合并，而不是公司法或民法上的合并。下文还会出现这样的情形，不再作特别说明。

（1）过度的企业合并会减少竞争者，从而更易于形成企业间的联合限制竞争行为。联合限制竞争行为不是企业合并所引起的，但由于企业合并本身提高了市场的集中度，减少了企业尤其是竞争企业的数目，因而竞争者之间的市场竞争更加尖锐，从而使企业有了联合限制竞争的动机，数目减少后的企业之间更容易进行协调，共同限制竞争。当然，企业间联合限制竞争行为的进行实际上会使竞争机制本身受到实质性的损害。

（2）过度的企业合并可以导致独占，从而限制竞争。不是在任何情况下，企业合并都会导致垄断，但是如果企业通过合并取得了相当大的市场份额，具备了一定的市场支配力，则该企业非常有可能实行对市场产生限制竞争的负面影响的行为，如单方面提高价格，进行搭售或附加其他不合理的条件。

例如，1992年的《横向合并指南》指出，在合并企业的市场份额至少占到35%的条件下，合并企业就有能力进行涨价并同时将产量降至合并前的总产量之下。在这种情况下，企业因涨价损失了的市场销售额就可以通过对产品进行涨价得到弥补。

（二）纵向集中

纵向集中，又称为垂直集中，是指处于不同市场层次的企业之间的集中，实际上是相互间有买卖关系的各个企业联系在一起。垂直集中本身并不影响市场集中度，但能够使以前相互独立的企业之间的交易不再受市场的制约，典型的表现方式即为工业与商业的集中。

垂直集中的好处是，一方面，它可以使供应方有稳定的销售渠道；另一方面，它使购买方有稳定的原材料、半成品或者产品的来源，从而节约交易费用，提高企业的生产效率。但是，纵向集中对市场竞争也有一定的影响，只是其本身并没有减少或消除竞争者，对经济和竞争没有很大的不利影响，因此各国反垄断法对纵向集中的管制并不十分严格。即使是在对纵向集中进行管制的德国，纵向集中是否被反垄断执法机构所允许，一个决定性的因素也是参与集中的企业在其相关市场上的地位。如果参与集中的一方或者双方已经在市场上取得了市场支配地位，集中将受到制止。但其他企业所进行的纵向集中，不仅是法律所容许的，而且被认为改善了市场的竞争条件。市场上具有支配地位的企业是微乎其微的，因此，大多数的纵向集中都是可以进行的。

（三）混合集中

混合集中是指处于不同市场的企业之间的集中行为。混合集中一般不会影响和改变市场结构，而且由于生产不同产品的企业可以使用共同的销售渠道或在共同研制和开发新产品中得到好处，因而可以改善企业间的资金流通，企业通过多样化的生产还可以降低市场风险。一般情况下，混合集中没有太多的不利影响，因此，混合集中大多数是被允许的，只有在混合集中产生和加强企业的市场支配地位的时候，才会出现反垄断法上的问题。

【延伸思考】

经营者集中国际化的问题。随着现代企业活动的不断区域化、国际化，各国的企业集中规制也在不断强化，同时也产生了跨越国境的“国际企业集中”现象。反垄断法对经营者集中的规制制度也开始思考区域化、国际化的问题，并出现了像欧盟企业集中规制制度这样的能够跨国适用的法律制度。同时就国内法而言，我们也需要深入研究如何应对经营者集中国际化问题。

三、各国（地区）反垄断法对经营者集中行为的规制

各国（地区）反垄断法通常要对经营者的集中行为进行控制，但并不一律禁止。法律主要规定易于形成垄断或限制竞争的集中行为应事先进行申报，只有得到批准方可进行，否则该集中行为便是非法的。

（一）美国反垄断法对经营者集中行为的规制

美国控制经营者集中的政策是复杂的，在某种程度上立法和行政执法存在着重合关系。由于美国一贯的判例法传统，《谢尔曼法》第1条、《克莱顿法》第7条、《联邦贸易委员会法》第5条，以及相关的司法判例和执法实践，都是控制经营者集中的法律依据。① 在执法机构方面有所区别：《谢尔曼法》是由司法部实施的，《联邦贸易委员会法》是由联邦贸易委员会实施的，《克莱顿法》则是由两家执法机构共同实施的。

《谢尔曼法》第1条禁止构成“限制贸易的合同、联合或者共谋”的合并，如果这种合并“用来限制州际或与外国之间的贸易或商业，是非法的。任何人签订上述契约……是严重犯罪”。该法反对垄断或反对谋求垄断，反对以订立合同或者企业联合的方式组建托拉斯或类似组织。《谢尔曼法》虽然措辞严厉，但规定得不是很明确，因此，在实践中难以操作。

《联邦贸易委员会法》第5条禁止构成“不公平的竞争方式”的合并。

美国控制企业合并的典型或者主要的法律规定是《克莱顿法》第7条。《克莱顿法》第7条规定的合并包括取得股份（股份或者其他形式的股本：stock or other share capital）以及资产（assets），即“从事商业活动或者影响商业的任何活动的任何人，不得直接或者间接获得其他同样从事商业活动或者影响商业的任何活动的任何人的全部或者部分股份或者其他形式的股本，以及属于联邦贸易委员会管辖的任何人，不得取得同样从事商业活动或者影响商业的任何活动的任何人的全部或者部分资产，如果在任何商业领域或者影响商业的任何活动中，在国内的任何地区，此种取得可能实质性地减少竞争或者可能产生垄断的话”。《克莱顿法》的意图是消除某些处于早期阶段的垄断势力，而从它们产生垄断的后果的角度，也可以依照《谢尔曼法》提起反垄断诉讼或调查。

美国《克莱顿法》规定，在有些情况下，必须向反垄断主管机关提出事先的合并申请，如一个企业拥有超过1亿美元的资产或者年净销售额，而对方至少有1 000万元资产或者年净销售额；或者，该交易将导致收购者拥有目标企业至少1 500万美元的资产，或者占有表决权的股份或者资产15%的份额。美国《哈特-斯科特-罗迪诺法案》第7A（a）条规定，并购方与被并购方在美国从事商业活动或从事任何影响美国商业的活动；并且并购结果将导致持有5 000万美元以上有表决权的股份或资产；并且如果交易额低于2亿美元，则一方当事人拥有1亿美元以上资产或销售额，而且另一方拥有1 000万美元以上资产或销售额。交易额超过2亿美元的，则无论并购当事人的资产或销售额。

【背景材料】

虽然并不是所有的企业合并都必然导致垄断，但合并造成的经济力量集中极容易形成垄

① 美国反垄断法对经营者集中行为的控制，在翻译和习惯上更多是用“企业合并”一词来表达的。

断，减少甚至排除竞争。例如，美国的微软公司在 1995 年拟收购 Intuit 公司，但美国司法部对此行为进行了干预。因为 Intuit 公司有一个在个人财务软件市场占有近 70%份额的产品“Quiken”，原本尚有微软的同类软件“Money”同其抗衡，一旦“Quiken”投入微软的麾下，个人财务软件市场就会出现垄断状态，加之微软的行业霸主地位，如果它再拥有“Quiken”，即使它不做“Money”，也不可避免地会导致垄断状态，所以美国司法部要向法院起诉微软，微软为避免涉讼拟将“Money”软件转让给 Nowell 公司，也无济于事。①

（二）德国反垄断法对经营者集中行为的规制

德国《反对限制竞争法》第七章规定了集中控制，其内容与欧盟的合并控制制度基本一致。企业集中包括获取资产、控制权、股份或者其他影响竞争的联合方式，主要的规制内容如下。

（1）下列情形，构成集中：A. 取得另一个企业的全部或者主要资产。B. 一个或者若干企业取得其他一个或者若干企业的全部或者部分的直接或者间接控制，这种控制因权利、合同或者其他方式而发生，不管采取其中一种方式还是多种方式，不管是事实上的控制还是法律上的控制，这些权利、合同或其他方式，或单独或共同地，可确保对另一个企业的活动施加决定性影响，特别是通过以下方式：a. 对该企业的全部或者部分资产享有所有权或用益权；b. 享有可确保对该企业各机关的组成、投票或决议施加决定性影响的权利，或者订立此类合同。C. 取得另一个企业的股份，致使所购股份本身或者与其他业已属于企业所有的股份相加，达到或者超过另一个资本或者表决权的 50%或者 25%。取得企业所拥有的股份，包括另一个为该取得企业的利益而工作的企业所拥有的股份；企业所有人是独资商人的，还包括作为该企业所有人其他财产的股份。若干个企业同时或者先后取得另一个企业的股份达到上述范围，则就该另一个企业所经营的市场而言，其取得行为也被视为参与取得股份的诸企业之间的集中。D. 其他任何形式的企业联合，因该联合，一个或者若干企业直接或者间接对其他企业产生竞争上的重大影响。

（2）参与合并的企业先前已经进行了合并的，也应认定为集中，但该合并不会在实质上增强业已存在的企业联合体的实力的除外。

（3）信贷机构、金融机构或保险企业以转让为目的取得另一个企业的股份的，只要此类企业不行使这些股份所产生的表决权，且在一年之内转让这些股份，则该取得行为并不是集中。如可证明在一年之内转让这些股份是不可合理期待的，则联邦卡特尔局可应申请延长这一期间。

判断经营者集中行为是否应受控制，是通过销售额来进行判断的。根据德国《反限制竞争法》的规定，德国经营者集中的反垄断申报标准为：（1）有关集中控制的规定将适用，如在集中之前的最后一个营业年度出现：a. 所有相关企业在全球的销售总额超过 5 亿欧元；并且 b. 至少一个参与企业在国内的销售额超过 2 500 万欧元，另一个参与集中的企业在国内的销售额超过 500 万欧元。（2）一个不属于第 36 条第 2 款所规定的企业，且在上一个营业年度的全球销售额低于 1 000 万欧元，与另外一个企业合并的，不适用上述申报标准的规定。公用企业的

① 参见史际春：《关于中国反垄断法概念和对象的两个基本问题》，载王晓晔编：《反垄断法与市场经济》，北京，法律出版社，1998。

集中以及政府当局属地化改革所引起的集中也不适用上述申报条款的规定。

另外，德国的《反对限制竞争法》还对企业合并的申报和报告义务、合并监控的程序、后果及例外作了规定。

（三）日本反垄断法对经营者集中行为的规制

日本《禁止垄断法》第四章专门对“股份的持有、干部的兼任、合并、分立及营业的受让”进行了规定。规制企业控股是日本反垄断法的特色之一，该制度主要是为了预防经济力量的过度集中而针对企业控股活动专门设置的。另外，日本公正交易委员会还专门制定了《关于审查零售业中的合并等的意见》《关于审查告诉合并等的事务处理基准》《关于审查公司拥有股份的事务处理基准》《关于认可金融公司持有股份的事务处理基准》《关于禁止垄断法第9条适用于风险资本的意见》等规章来对企业合并行为进行控制。日本是世界上率先将“事前申报制度”引入企业集中规制当中、最早实施事前的企业集中规制的国家，虽然在日本的反垄断法实践中，只有1969年的八幡富士制铁合并案等极少数量正式受到处理的违法合并案，但是日本的公正交易委员会通过事前的申报制度和申报前的咨询活动，已经积累了较为丰富的理论成果和运行经验。

日本《禁止垄断法》规定，下列公司中，当就该公司及其子公司的总资产额（是指依据公正交易委员会规则所规定的方法得出的资产的合计金额。本款下同），由公正交易委员会规则所规定的方法就与国内公司相关的金额得出的合计额，分别在不低于以下各项所列金额的范围内超出政令所规定的金额时，依据公正交易委员会规则的规定，应在每一事业年度结束之日起3个月以内，向公正交易委员会提交有关该公司及其子公司事业的报告书。但是，当该公司为其他公司的子公司时，则不在此限：（1）子公司股份的取得价额（在最终的资产负债表上另外附有价额时，为该价额）的合计额对该公司的总资产额的比例超过50%的公司（以下各项称“控股公司”）6 000亿日元；（2）经营银行业、保险业或第一类金融商品交易业［指《金融商品交易法》（1948年法律第25号）第28条第1款规定的第一类金融商品交易业。下条第3款及第4款亦同］的公司（控股公司除外）8万亿日元；（3）前两项所列公司以外的公司2万亿日元。

（四）欧盟竞争法对经营者集中行为的规制

《欧共体条约》中没有控制企业合并的规定，例如在1973年欧共体时期著名的大陆罐头（continental can）案中，欧共体委员会适用《欧盟运行条约》第102条关于禁止滥用市场优势地位的规定，首次在欧共体市场上禁止企业合并行为。在该案中欧共体委员会认为①：如果参与合并的企业已经在一个重大领域取得了市场支配地位，并且通过合并将会加强这个地位，该合并就构成滥用市场支配地位。② 尽管一部分企业合并行为可以受到竞争法的控制，但《欧盟运行条约》第102条仅能控制那些可能会加强市场支配地位的企业合并，而不能干预可能会产生市场支配地位的企业合并。因此，欧共体委员会开始制定控制企业合并行为的法令。

---

① 参见王晓晔：《欧共体企业合并控制法及其新发展》，载杨紫烜主编：《经济法研究》，第1卷，北京，北京大学出版社，2000。

② 注意：尽管最后欧洲法院认为欧共体委员会在本案中“界定相关市场”有错误，从而推翻了欧共体委员会的判决，但却在原则上认可了欧共体委员会运用《欧共体条约》第82条对可能加强市场支配地位的企业合并进行控制的法律观点，使一部分企业合并行为开始受到竞争法的控制。

欧盟竞争法上的企业合并控制制度最初主要由欧共体1989年《企业合并控制条例》[①] 规定。2004年，欧盟颁布了新的《企业合并控制条例》——第139/2004号条例[②]，取代了1989年的《企业合并控制条例》，即第4064/89号条例。

该条例第3条规定：

企业集中的定义

1. 如果通过以下方式，使控制权发生永久性变化，则被视作发生了企业集中：(a) 两个或者两个以上以前各自独立的企业或企业的一部分进行了合并；(b) 已经控制了至少一个企业的一人或多人，或者一个或多个企业，通过购买证券或者资产，通过合同或者其他任何方式，直接或间接地获得了一家或者多家企业的全部或者部分控制权。

2. 以下各项构成控制权：根据涉及的事实或法律，单独或共同赋予了对一家企业实施决定性影响的可能性的各项权利、合同或其他方式，特别是：(a) 所有权或者对一企业全部或者部分资产的使用权；(b) 对一个企业机构的组成、表决或者施加决定性影响的权利或合同。

3. 以下人员或企业获得了控制权：(a) 权利的持有人或者根据有关合同有资格取得这些权利的人；或者 (b) 尽管不是权利的持有人或者根据合同有资格取得这些权利的人，但有行使其衍生权利的权利者。

4. 如果建立的合营公司永久性地履行一个自主经济实体的所有功能，则被认为构成了本条第1 (b) 款中说明的企业集中。

5. 以下情况不被视作企业集中：(a) 信贷机构或者其他金融机构或保险公司的正常活动，包括为本机构或其他机构在证券市场进行交易，在临时性基础上持有一个企业的证券但其目的是转售，只要这些机构不以决定该企业的竞争行为为目的行使这些证券的表决权，或者它们行使这种表决权只是为了准备处分该企业或其资产的全部或部分，或处分所拥有的证券，并且任何这种处分发生在获得上述证券1年之内；如果这些机构或公司能够证明1年的期限确实不够，可作出延期请求，委员会可根据其请求对期限进行延长；(b) 根据一成员国有关清算、停业、破产、停止支付、和解协议或类似程序的法律规定，控制权由官员获得；(c) 本条第1 (b) 款中提及的活动，由根据关于特定类型的公司年度决算的条约第54 (3) (g) 条制定的1978年7月25日第四项理事会命令，即第78/660/EEC号命令[③]，其第5 (3) 条中提及的金融控股公司实施的第1 (b) 款规定的经营行为，只要该公司在公司财产方面行使表决权，特别是在其拥有股份的企业任命管理机构及监督机构成员的目的，仅仅是保持投资的全部价值，而不是直接或间接决定那些企业的竞争行为。

该条例第1条规定：

---

① 欧共体1989年《企业合并控制条例》的全称为：《欧共体部长理事会关于控制企业之间合并行为的4064/89号条例》，具体内容详见《各国反垄断法汇编》编选组编：《各国反垄断法汇编》，710～728页，北京，人民法院出版社，2001。

② 2004年《企业合并控制条例》的全称为：《关于企业合并控制的欧盟第139/2004号理事会条例》，具体内容详见［西］安德雷斯·冯特·葛拉雷兹等著，解琳、叶军译：《欧盟企业合并控制制度——法律、经济与实践分析》，2版，445～476页，北京，法律出版社，2009。

③ 对该命令作最新一次修订的是欧洲议会和理事会第2003/51/EC号命令。

适用范围

1. 在不影响第4(5)条和第22条的情况下，本条例适用于所有属于本条款所确定的、具有共同体规模的企业集中。

2. 如符合以下条件，则一企业集中属于共同体规模：(a) 所有相关企业在全球的共同营业额超过50亿欧元；并且 (b) 在相关企业中至少有两个，其每一个在欧盟范围内的总营业额都超过2.5亿欧元。但每一个相关企业在同一成员国内的营业额均超过其在欧盟范围内总营业额的2/3者除外。

3. 如果一企业集中不符合本条第2款规定的条件，但符合以下条件，则其也属于共同体规模：(a) 所有相关企业在全球的共同营业额超过2.5亿欧元；(b) 在至少三个成员国内，所有相关企业的总营业额在每个国家都超过1亿欧元；(c) 在为 (b) 项之目的所列的至少三个成员国内，在每一个成员国，至少两个相关企业中每一个的总营业额均超过2 500万欧元；并且 (d) 至少两个相关企业中每一个在欧盟范围内的总营业额都超过1亿欧元。但每个相关企业在同一成员国内的营业额超过其在欧盟范围内总营业额的2/3者除外。

根据2004年《企业合并控制条例》的规定，即使企业合并的营业总额未达到以上规定的最低限额，如果存在以下两种情况，也可以将合并移送给欧共体委员会来处理：一是虽不具有欧盟影响，但影响了成员国之间的贸易，并将实质性地影响欧盟内竞争；二是在通知成员国的主管机关之前，对于不具有共同体影响，但至少可以按照三个成员国的竞争法进行审查的合并。此时的合并也被视为具有共同体影响，欧共体委员会享有专有管辖权。这种“一站式审查”(one stop shop) 是为了避免涉及多国的合并受多个成员国审查而造成法律的不确定的情况。

四、我国反垄断法对经营者集中行为的法律规制

我国《反垄断法》第21条规定，经营者集中达到国务院规定的申报标准的，经营者应当事先向国务院反垄断执法机构申报，未申报的不得实施集中。也即我国《反垄断法》并未明确界定经营者集中的具体申报标准，而是授权国务院依据我国具体经济情况适时制定科学标准，以合理引导经营者集中。2008年8月3日国务院颁布的《关于经营者集中申报标准的规定》第3条规定：经营者集中达到下列标准之一的，经营者应当事先向国务院商务主管部门申报，未申报的不得实施集中：(1) 参与集中的所有经营者上一会计年度在全球范围内的营业额合计超过100亿元人民币，并且其中至少两个经营者上一会计年度在中国境内的营业额均超过4亿元人民币；(2) 参与集中的所有经营者上一会计年度在中国境内的营业额合计超过20亿元人民币，并且其中至少两个经营者上一会计年度在中国境内的营业额均超过4亿元人民币。营业额的计算，应当考虑银行、保险、证券、期货等特殊行为、领域的实际情况，具体办法由国务院商务主管部门会同国务院有关部门制定。第4条规定：经营者集中未达到本规定第3条规定的申报标准，但按照规定程序收集的事实和证据表明该经营者集中具有或者可能具有排除、限制竞争效果的，国务院商务主管部门应当依法进行调查。

第二节　控制经营者集中的标准

一、我国对经营者集中申报标准的规定

我国《反垄断法》确立了经营者集中事先申报制度，规定，经营者集中达到国务院规定的申报标准的，经营者应当事先向国务院反垄断执法机构申报，未申报的不得实施集中。为了明确经营者集中的申报标准，保证反垄断法的有效实施，我国在 2008 年 8 月 3 日公布了国务院《关于经营者集中申报标准的规定》。

确定我国经营者集中的申报标准，既要符合国家鼓励企业做强、做大的产业政策，有利于经济结构调整，又要防止因经济力的过于集中而影响市场竞争。因此，申报标准要科学、合理，既能够将具有或者可能具有排除、限制竞争效果的经营者集中纳入申报范围，又避免将过多的对市场竞争没有影响的经营者集中纳入申报范围。

因此，国务院《关于经营者集中申报标准的规定》第 3 条分两项规定了需要申报的经营者集中的标准：一是参与集中的所有经营者上一会计年度在全球范围内的营业额合计超过 100 亿元人民币，并且其中至少两个经营者上一会计年度在中国境内的营业额均超过 4 亿元人民币；二是参与集中的所有经营者上一会计年度在中国境内的营业额合计超过 20 亿元人民币，并且其中至少两个经营者上一会计年度在中国境内的营业额均超过 4 亿元人民币。经营者集中达到其中一项标准的，即应当事先向国务院反垄断执法机构申报。上述营业额的计算，还应考虑银行、保险、证券、期货等特殊行业、领域的实际情况。

另外，由于社会经济生活复杂，在某些情况下，经营者集中虽然没有达到规定的申报标准，但仍有可能产生排除、限制竞争的效果。比如，有的行业经营者的营业额普遍较低，达不到申报标准，但参与集中的经营者的市场份额相对较大，其集中行为就很有可能排除、限制竞争。对这类经营者集中，也需要有相应的控制措施。因此，我国对经营者集中申报标准的规定借鉴美国、欧盟等国家和地区的做法，结合我国实际作出了相应的规定，即经营者集中未达到国务院《关于经营者集中申报标准的规定》第 3 条的申报标准，但按照规定程序收集的事实和证据表明该经营者集中具有或者可能具有排除、限制竞争效果的，国务院商务主管部门应当依法进行调查。

二、各国（地区）反垄断法规定的控制经营者集中的审查标准

反垄断法对经营者集中行为的控制标准，是竞争执法机构对受控制的经营者集中行为进行实质性干预的依据，是决定一个经营者集中行为应否被禁止的标准。结合各国（地区）反垄断法的规定，经营者集中的控制标准主要有“市场支配地位”标准和“严重损害竞争”标准。另外，反垄断法还会对可以不予禁止的经营者集中行为进行具体的规定。

（一）“市场支配地位”标准

目前，大多数国家（地区）的共识是，并不是要等到集中后的企业成为市场上的拥有市场

支配地位的企业或者等它在事实上已经滥用了因集中行为而拥有的市场优势时，才能对经营者集中行为进行控制和禁止，而是由反垄断执法机构根据反垄断法的规定，依据经营者集中后所取得的市场地位，如果推断该经营者集中行为可能会产生限制竞争的影响，就要控制并禁止这种集中行为。

许多国家（地区）反垄断立法中都将禁止经营者集中行为的实质要件表述为“产生或加强市场支配地位”。例如，德国的《反限制竞争法》并不调整或禁止所有的企业合并行为，而只是控制具有一定经济重要性的合并行为。对于有利于市场竞争的中小企业合并行为，法律并不禁止，而对于严重损害企业竞争条件、危害企业竞争环境的企业合并行为予以禁止。因此，德国的《反限制竞争法》第 36 条规定：“如可预见，合并将产生或加强市场支配地位，联邦卡特尔局应禁止合并，但参与合并的企业证明合并也能改善竞争条件，且这种改善超过支配市场的弊端的，不在此限。”

欧盟《企业合并控制条例》规定，如果一个合并可能会产生或者加强市场支配地位，从而使共同体或其一个重大部分的有效竞争严重受到阻碍，则可宣布该合并与共同体市场不协调。由此可知，欧盟的合并审查标准包括市场支配地位和严重阻碍有效竞争两个要素，但标准的关键点在于严重阻碍有效竞争，产生或增强市场支配地位只是可能限制竞争的条件。从结果出发，欧盟竞争法关注的还是一项合并如何影响竞争，而非是否达到了“支配地位”的门槛。

（二）“严重损害竞争”标准

“严重损害竞争”标准的内涵丰富并具有一定的不确定性，在各国（地区）反垄断法中的表述也各不相同。例如，在美国反垄断法中被表述为“可以在本质上减少竞争或旨在具有形成垄断”，在日本《禁止垄断法》中被表述为“实质上形成限制竞争”，在我国的《反垄断法》中被表述为“具有或者可能具有排除、限制竞争效果”等。

我国《反垄断法》第 28 条规定：“经营者集中具有或者可能具有排除、限制竞争效果的，国务院反垄断执法机构应当作出禁止经营者集中的决定。但是，经营者能够证明该集中对竞争产生的有利影响明显大于不利影响，或者符合社会公共利益的，国务院反垄断执法机构可以作出对经营者集中不予禁止的决定。”这里的“严重损害竞争”并不仅仅是指严重损害竞争的事实，而是包括严重损害竞争的可能性。在具体审查中，评估经营者集中对竞争产生不利影响的可能性时，首先考察集中是否产生或加强了某一经营者单独排除、限制竞争的能力、动机及可能性。当集中所涉及的相关市场中有少数几家经营者时，还应考察集中是否产生或加强了相关经营者共同排除、限制竞争的能力、动机及可能性。当参与集中的经营者不属于同一相关市场的实际或潜在竞争者时，重点考察集中在上下游市场或关联市场是否具有或可能具有排除、限制竞争效果。

目前，大多数国家（地区）的反垄断法都是采用严重损害竞争标准来对经营者集中行为进行反垄断审查的。

三、经营者集中行为的抗辩

反垄断执法机构担忧经营者集中行为可能产生的反竞争并不是现实已经发生的，而是对未来状况的描述。因此，现在各国（地区）反垄断法对于经营者集中行为的态度渐趋宽松，并且允许经营者通过抗辩的方式表达其合理性。根据各国反垄断立法和执法的经验，经营者的抗辩理由主要有效率抗辩、公共利益抗辩、破产抗辩、国际竞争力抗辩等。

（一）效率抗辩

追求效率是任何企业生存和发展的首要条件，也是整个国民经济的基础推动力，没有效率就没有发展可言。德国《反限制竞争法》第36条规定，“如可预见，集中将产生或加强市场支配地位，联邦卡特尔局应禁止集中，除非企业能证明该集中也能改善竞争条件，且改善竞争环境所带来的好处超过形成市场支配地位所具体的弊端”。在实践中，有一些经营者集中行为可以改善市场竞争条件，如具有市场支配地位的大企业取得另一个市场上的小企业或取得同一市场上一个份额非常小的竞争者，具有市场支配地位的企业兼并濒临破产的企业等。

如果经营者集中行为可以促使经营者更好地整合现有资产，显著地提高企业效率，而对竞争的限制作用不太明显，则反垄断执法机构可以放宽对经营者集中的审查。加拿大《竞争法》第96条第1款规定，法院不得依第92条发出指令，如果它认为，有关请求合并或有意向的合并已经产生或可能产生效率成果，该成果将大于或将抵销任何将来自或可能来自该合并或有意向的合并的防止或削弱竞争的结果，且如果作出指令，该效率成果将不可能得到。我国《关于评估经营者集中竞争影响的暂行规定》也规定，评估经营者集中时，还需要综合考虑集中对公共利益的影响、集中对经济效率的影响、参与集中的经营者是否为濒临破产的企业、是否存在抵消性买方力量等因素。

（二）公共利益抗辩

整体经济和社会公共利益是参与集中的经营者经常援引的一项辩护理由。反垄断法控制经营者集中行为的目的就是维护竞争性的市场结构，从而保障经济的可持续发展，这与整体经济和社会公共利益通常是一致的。德国《反限制竞争法》第42条也规定，在个别情况下，如果合并对整体经济带来的利益大于限制竞争的坏处，或者某些合并符合某项重要的公共利益，则联邦经济部长可以根据当事人的请求，特别批准联邦卡特尔局所禁止的合并。当然，在批准时，也应考虑参与合并的企业在各个市场上的竞争力。只有在限制竞争的规模不危及市场经济秩序的情况下，才能批准。

我国《反垄断法》规定，经营者集中具有或者可能具有排除、限制竞争效果的，国务院反垄断执法机构应当作出禁止经营者集中的决定；但是，经营者能够证明该集中对竞争产生的有利影响明显大于不利影响，或者符合社会公共利益的，国务院反垄断执法机构可以作出对经营者集中不予禁止的决定。我国《反垄断法》对豁免理由的规定与其他国家（地区）反垄断法的相关规定相比较为原则，主要规定了“符合社会公共利益”这一抽象标准。这种做法与当前反垄断法对经营者集中的控制放松的趋势不符，同时，这一标准本身具有很强的不确定性，从而降低了该制度的可操作性。

（三）国际竞争力抗辩

面对世界范围内企业合并的浪潮，各国的反垄断立法和实践都面临一个全新的课题，即在经济全球化下本国利益和他国利益的协调问题。各国政府出于对本国经济利益的考虑，对于能提高公司企业国际竞争力的合并行为，只要不是严重危及国内市场竞争，一般不加干预，因此，各国在控制经营者集中时，不再孤立地审查集中对国内竞争秩序的影响，而是要对集中所带来的对国际竞争的积极影响和对国内竞争的消极影响进行利益权衡。[①]

(四) 破产抗辩

破产抗辩是国际上通行的禁止经营者集中的豁免理由，其理论基础在于与其让企业破产，不如让新的所有人通过合并来取得并管理该企业的资产，以便保持竞争状态。允许通过经营者集中行为对那些濒临破产的企业进行“拯救”而不使之进入破产清算程序，既有利于濒临破产的企业，也符合社会整体利益的需要。

美国司法部与联邦贸易委员会 2010 年《横向合并指南》有专门的“破产与退出资产”一节，并认为，如果参与合并的一方企业面临下述破产情形，其资产可能退出相关市场，则合并不可能加强市场力量。这种情境下合并企业一方的竞争影响正在消退，将要退出市场的企业的预期市场份额以及影响力为零。较之将这些资产纳入合并，如果这些资产退出市场，顾客面临的境况会更差。但执法机构通常不会认定破产企业的资产将退出相关市场，除非满足以下所有条件：(1) 破产企业在不久的将来将资不抵债；(2) 破产企业无法依据《破产法》第十一章的规定成功重组；(3) 破产企业已付出虽不成功但却真诚的努力，去确定对其资产合理的可选择报价，以便既能保障其有形与无形资产留存于相关市场，又可确保提议的合并对竞争造成的损害更小。[②]

第三节 控制经营者集中的程序

反垄断执法机构对经营者集中进行调整时，必然要依据法律规定程序进行。具体来说，包含以下几个程序。

一、经营者集中的申报

经营者集中申报制度作为一项事先预防措施，既可以使国家掌握市场集中的情况，又可以使审查机关及时掌握企业结合状况及发展规模，从而作出相应的决策，规范经营者集中行为。经营者合并的申报有集中前申报和集中后申报。

我国《反垄断法》亦要求经营者集中行为的当事人按照国务院规定的经营者集中申报标准，向反垄断执法机构申报，并在该法中第 23 条规定，经营者向国务院反垄断执法机构申报集中时，应提交下列文件、资料：申报书；集中对相关市场竞争状况影响的说明；集中协议；参与集中的经营者经会计师事务所审计的上一会计年度财务会计报告；国务院反垄断执法机构规定的其他文件、资料。其中，申报书应当载明参与集中的经营者的名称、住所、经营范围，预定实施集中的日期和国务院反垄断执法机构规定的其他事项。

---

① 参见刘继峰：《反垄断法》，284～285 页，北京，中国政法大学出版社，2012。

② 参见韩伟主编：《美欧反垄断新规选编》，352 页，北京，法律出版社，2016。

二、经营者集中的审查

多数经营者集中行为并不严重损害竞争，其本身是竞争机制的一部分，但达到一定规模的集中行为就需要根据反垄断法接受执法机构的审查。大多数国家的经营者集中控制法律制度只是作出一般性规定，即如果集中将“实质性损害竞争”，该集中行为可能被竞争执法机构予以制止。经营者向竞争执法机构申报集中计划后，执法机构必须在一定期限内进行审查：对不影响竞争的经营者集中，批准其实施；对严重影响竞争的经营者集中，作出不批准或者附条件批准的决定，并负责说明理由。

（一）相关市场的界定

界定相关市场是经营者集中控制法律制度中的基础性工作，是判断经营者集中行为是否会产生限制或阻碍市场竞争的违法性效果的前提。一旦界定了相关市场的范围，在该市场内的企业之间所存在的竞争关系，以及具有相互竞争的可能性的商品或服务的范围也就被确定下来。而此时相关市场的范围如何，将直接关系到认定该市场内的经营者集中行为是否具有限制竞争的违法性问题。因为对于同一个企业来说，如果相关市场界定得较小，由此计算出的其所占的市场份额就大；如果相关市场界定得较大，由此计算出的其所占的市场份额就小。相关市场的界定，对于一个企业的集中行为将会产生的法律后果的判断，具有潜在的决定性作用。

另外，相关市场的界定还具有确认经营者集中的具体行为类型的作用。例如，在对企业即将实施的集中行为进行规制时，一旦认定了参与集中的当事人所生产或销售的商品无论是在“商品”方面还是在“地理”方面均属于同一相关市场内，则由于当事人各方已成为了直接的竞争者，因而可将该项集中行为确定为“横向集中”；如果是既非竞争者之间的关系也非供给关系的企业之间所实施的集中，那么就可以将其确定为“混合式的集中”。

在东宝斯巴露事件①中，日本公正交易委员会认定东宝公司和斯巴露公司签订的“租赁营业”的合同违反了日本《禁止垄断法》第16条关于企业集中的规定。在该案中，“一定的交易领域”的划定成为诉讼的焦点，在如何划定与“商品市场”相联系的“一定的交易领域”的问题上，日本公正交易委员会以“依照一般的社会观念，有充分的理由认定存在着应当称为服务对象的一种观众群”为理由，将包括日本电影和外国电影在内的整个电影放映业划为一个“一定的交易领域”，而作为当事人的东宝公司则主张：日本电影和外国电影各具有不同的性质，应分别划为不同的“一定的交易领域”，并依此向法院提起了取消公正交易委员会裁决的行政诉讼。对此，东京高等法院作出了如下判决，即“虽然应考虑依据如电影性质构成的交易领域，但是在存在着多数电影院彼此相邻的场合，在这一地域内已产生了通晓日本电影和外国电影的观众群，必须看到其本身就已在此形成了一定的交易领域”，并据此驳回了东宝公司的请求。

一般认为，东京高等法院在界定与该案相联系的“商品市场”时，使用了由通晓日本电影和外国电影的特定观众群所确定的相互替代的可能性这一标准。然而，对于这一判决，有的学者也提出了反对意见，认为：将日本电影和外国电影作为相类似的电影放映品，而认定在它们

---

① 参见王为农：《企业集中规制中的关联市场的划定标准》，载杨紫烜主编：《经济法研究》，第2卷，北京，北京大学出版社，2001。

之间存在着竞争关系，需要从这两种电影的性质、内容、娱乐性以及票价等方面来证明，对于特定地域内的观众群（需求者层面）而言，作为具有合理的替代可能性的商品是可以被接受的。

我国《反垄断法》第12条对“相关市场”的定义是：经营者在一定时期内就特定商品或者服务（以下统称商品）进行竞争的商品范围和地域范围。

（二）认定介入相关市场的企业及其市场份额

尽管在不同的国家难以一般地确定达到什么样的市场份额竞争就会出现问题，但是如果一个企业得到超过35%的市场份额的集中，或者已经超过35%的市场份额的企业参与集中，就值得竞争执法机构进行调查。如果参与集中企业的市场份额不大，集中不会影响市场的有效竞争；如果参与集中的企业的市场份额不超过25%，集中一般也不会影响市场的有效竞争；如果集中后企业的市场份额是25%～40%，除非存在特殊情况，一般也不可能产生市场支配地位；但如果集中后企业的市场份额达到40%～75%，那么竞争执法机构就会进行严格的审查，因为这种集中非常容易产生市场支配地位。如果集中后的企业份额达到70%～75%，企业一般都会被视为占市场支配地位的企业，这种集中一般是会被禁止的。

当然，参与集中的企业在集中后所占的市场份额并不是判断企业集中行为是否会被批准的唯一标准，其他因素如集中后企业能否将多数竞争者排挤出市场、能否具有涨价能力、能否构成市场进入障碍等，都是要考虑的因素。

（三）认定集中产生的潜在的不利后果

首先，集中可能产生支配企业，增加集中度；其次，在有产品差别的市场上，集中可能产生反竞争的单方后果；最后，水平集中还会增加通谋或者其他反竞争协同行为的可能性。

【典型案例】

美国曾发生的两家面包公司的合并案件就是一个典型案例。在许多地理市场中，该拟合并的两公司都是在杂货店销售的白面包的主导生产商。固然其他面包的生产商也是它们的竞争对手，但来自该两家公司和客户的信息表明，该两种品牌的面包生产商相互之间是最为激烈的竞争者，其相互之间的竞争行为使消费者受益。美国司法部担心，在这两家公司主导的地理市场中，其合并会导致两者的价格都增长，因为不再存在你得我失、此消彼长的竞争。于是美国司法部成功地分解了该两家公司的合并。

（四）市场进入障碍

在经营者集中的审核过程中，市场进入障碍的分析是至关重要的。一般来讲，经营者集中所导致的某个市场的集中会使一些反竞争行为更有可能发生。如果市场进入无障碍或障碍较小，那么，这种因集中所形成的市场力量就会因新的竞争者进入市场所带来的竞争压力而难以发挥作用，该经营者集中一般不会被认定具有反竞争性。对市场进入障碍一般要根据新竞争者进入市场的可能性、及时性、充分度等因素来判断。

（五）效率等抗辩

大多数国家的竞争法规定了某种形式的效率抗辩。实质性损害竞争的集中，如果其对大众的好处大大超过了其对竞争造成的直接损害，就会被准许。但是，对于具体的抗辩理由并没有完全一致的观点，例如，如何确定效率的种类并进行衡量；如何对公共利益与竞争损害进行平衡；是必须将效率带来的收益以低价格和高质量的方式转移给消费者，还是简单地以低成本和高利润的方式由企业享有？

为此，我国《反垄断法》在制定过程中十分慎重地权衡了经营者集中行为的利弊，并在第27条中明确要求反垄断执法机构在审查经营者集中时，应当考虑：（1）参与集中的经营者在相关市场的市场份额及其对市场的控制力；（2）相关市场的市场集中度；（3）经营者集中对市场进入、技术进步的影响；（4）经营者集中对消费者和其他有关经营者的影响；（5）经营者集中对国民经济发展的影响；（6）国务院反垄断执法机构认为应当考虑的影响市场竞争的其他因素。这一规定使我国反垄断执法机构依法合理地审查经营者集中，确保市场竞争的有序进行。

【延伸阐述】[①]

市场集中度指标反映了在相关市场上运营的企业数目以及它们各自所占的市场份额。美国联邦政府在市场集中度测算上采用的是赫芬达尔·赫兹曼指数（HHI），HHI等于行业内各企业市场份额的平方和。为了衡量一项横向合并对市场集中度造成的影响，美国反垄断执法机构同时考虑合并后的HHI以及合并引起的HHI的上升幅度两项指标。

美国《横向合并指南》关于合并的分类[②]

兼并后HHI水平	政策建议
低于1 000：不集中	允许合并，政府无须质询
1 000～1 800：中等集中	如果使行业HHI的上升超过100点，合并就会受到质询
高于1 800：集中	如果使行业HHI的上升超过50点，合并就会受到质询

例如，如果在相关市场上有8个竞争者，分别占有30%、15%、15%、10%、10%、10%、5%、5%的市场份额，其中两个竞争者打算合并，它们分别占有的市场份额是15%和5%，那么，合并前相关市场上的HHI水平是1 700，合并后的HHI水平是1 850，合并引起的HHI上升幅度是150。根据美国《横向合并指南》，此项合并是中等集中的，HHI上升幅度超过100点，美国联邦政府可能会因此对该合并作进一步的审查。

三、经营者集中的审查决定

（一）禁止经营者集中和不予禁止经营者集中

在我国，经营者集中具有或者可能具有排除、限制竞争效果的，反垄断执法机构应当作出禁止经营者集中的决定。但是，经营者能够证明该集中对竞争产生的有利影响明显大于不利影响，或者符合社会公共利益的，反垄断执法机构可以作出对经营者集中不予禁止的决定。

---

① 参见王中美：《美国反托拉斯法精解》，141页，上海，上海交通大学出版社，2011。

② 参见［美］斯蒂格利茨著，梁小民等译：《经济学》（上册），374页，北京，中国人民大学出版社，2000。

【背景案例】[①]

中华人民共和国商务部（以下简称商务部）收到美国可口可乐公司（以下简称可口可乐公司）与中国汇源果汁集团有限公司（以下简称中国汇源公司）的经营者集中反垄断申报。立案后，商务部对此项申报依法进行了审查，对申报材料进行了认真核实，对此项申报涉及的重要问题进行了深入分析，并通过书面征求意见、论证会、座谈会、听证会、实地调查、委托调查以及约谈当事人等方式，先后征求了相关政府部门、相关行业协会、果汁饮料企业、上游果汁浓缩汁供应商、下游果汁饮料销售商、集中交易双方、可口可乐公司中方合作伙伴以及相关法律、经济和农业专家等方面意见。

审查工作结束后，商务部依法对此项集中进行了全面评估，确认集中将产生如下不利影响：(1) 集中完成后，可口可乐公司有能力将其在碳酸软饮料市场上的支配地位传导到果汁饮料市场，对现有果汁饮料企业产生排除、限制竞争效果，进而损害饮料消费者的合法权益。(2) 品牌是影响饮料市场有效竞争的关键因素，集中完成后，可口可乐公司通过控制“美汁源”和“汇源”两个知名果汁品牌，对果汁市场控制力将明显增强，加之其在碳酸饮料市场已有的支配地位以及相应的传导效应，集中将使潜在竞争对手进入果汁饮料市场的障碍明显提高。(3) 集中挤压了国内中小型果汁企业的生存空间，抑制了国内企业在果汁饮料市场参与竞争和自主创新的能力，给中国果汁饮料市场有效竞争格局造成不良影响，不利于中国果汁行业的持续健康发展。

鉴于上述原因，根据《反垄断法》第 28 条和第 29 条，商务部认为：此项经营者集中具有排除、限制竞争效果，将对中国果汁饮料市场有效竞争和果汁产业健康发展产生不利影响。鉴于参与集中的经营者没有提供充足的证据证明集中对竞争产生的有利影响明显大于不利影响或者符合社会公共利益，在规定的时间内可口可乐公司也没有提出可行的减少不利影响的解决方案，因此，决定禁止此项经营者集中。

（二）附加限制性条件

在我国，对不予禁止的经营者集中，反垄断执法机构可以决定附加减少集中对竞争产生不利影响的限制性条件。反垄断执法机构应当将禁止经营者集中的决定或者对经营者集中附加限制性条件的决定，及时向社会公布。

在审查过程中，为消除或减少经营者集中具有或者可能具有的排除、限制竞争的效果，参与集中的经营者可以提出对集中交易方案进行调整的限制性条件。根据经营者集中交易具体情况，限制性条件可以包括如下种类：(1) 剥离参与集中的经营者的部分资产或业务等结构性条件；(2) 参与集中的经营者开放其网络或平台等基础设施、许可关键技术（包括专利、专有技术或其他知识产权）、终止排他性协议等行为性条件；(3) 结构性条件和行为性条件相结合的综合性条件。参与集中的经营者提出的限制性条件应当能够消除或减少经营者集中具有或者可能具有的排除、限制竞争效果，并具有现实的可操作性。限制性条件的书面文本应当清晰明确，以便于能够充分评价其有效性和可行性。在审查过程中，为消除或减少经营者集中具有或者可能具有的排除、限制竞争效果，反垄断执法机构和参与集中的经营者均可以提出对限制性条件进行修改的意见和建议。

---

① 见 http：//fldj. mofcom. gov. cn/aarticle/ztxx/200903/20090306108494. html，访问日期：2010－10－26。

【背景案例】[①]

中华人民共和国商务部（以下简称商务部）收到美国通用汽车有限公司（以下简称通用汽车）拟收购美国德尔福公司（以下简称德尔福）的经营者集中反垄断申报。立案后，商务部对此项申报依法进行了审查，对申报材料进行了认真核实，对此项申报涉及的重要问题进行了深入分析，并通过书面征求意见、召开座谈会以及约谈当事人等方式，先后征求了有关政府部门、相关行业协会、汽车生产商以及集中交易双方等方面意见。

集中交易双方的产品和业务没有横向重叠，但在上下游市场中存在纵向关系。因此，本案中根据交易双方各自的产品分别界定相关市场。就通用汽车的产品而言，相关产品市场界定为汽车乘用车市场和汽车商用车市场；两个相关产品市场的相关地域市场均为中国市场。就德尔福的产品而言，相关产品市场界定为10个独立的汽车零部件市场，它们分别是汽车电子电气传输系统市场、汽车连接系统市场、汽车电气中心市场、汽车热能系统市场、汽车娱乐和通信市场、汽车控制和安全市场、汽车安全系统市场、汽车汽油发动机管理系统市场、汽车柴油发动机管理系统市场、汽车燃料供给和蒸发产品市场；以上10个相关产品市场的相关地域市场均为中国市场。

商务部依法对此项集中进行了全面评估，初步确认集中存在如下竞争关注：鉴于通用汽车在全球和中国汽车市场的领先地位，以及德尔福在全球和中国汽车零部件市场的领先地位和增长态势，考虑到中国相关市场的竞争状况，此项集中可能具有以下排除、限制竞争的效果：(1) 德尔福是国内多家整车厂的独家供应商，鉴于集中实施后双方的控股关系和利益一致性，有必要消除集中对于德尔福对国内其他汽车制造企业的供货稳定性、价格和质量可能带来的不利影响，从而避免因此排除、限制国内汽车市场的竞争；(2) 鉴于集中实施后双方的控股关系和利益一致性以及通用汽车对德尔福董事会的介入，有必要确保通用汽车不获得德尔福掌握的国内其他汽车制造企业的研发技术、车型资料等竞争信息，从而避免因此排除、限制国内汽车市场的竞争；(3) 鉴于集中实施后双方的控股关系和利益一致性，国内其他汽车制造企业在转换零部件供应商时，有必要确保德尔福不会采取拖延和不配合策略，提高转换成本，从而避免因此排除、限制国内汽车市场的竞争；(4) 基于集中实施后双方的控股关系和利益一致性，通用汽车可能未来增加自德尔福的汽车零部件采购，提高国内其他零部件企业进入通用汽车采购渠道的难度，使国内其他零部件企业和德尔福相比处于不利地位，从而排除、限制国内汽车零部件市场的竞争。

为了消除审查中确认的竞争关注，商务部与集中双方就附加限制性条件进行了商谈。商谈中，商务部就集中存在的竞争关注，要求集中双方提出可行的解决方案。集中双方对商务部提出的竞争关注陈述了自己的看法，并先后提出了初步解决方案及其修改方案。经过评估，商务部认为集中双方针对竞争关注提出的解决方案，可以消除此项集中可能产生的排除、限制竞争效果。

鉴于上述原因，根据《反垄断法》第28条和第29条，商务部认为，此项经营者集中可能具有排除、限制竞争的效果，对中国汽车整车市场及其上游汽车零部件市场的竞争产生不利影响。鉴于在规定时间内，集中双方提出了足以减少集中对竞争产生不利影响的解决方案，基本消除了商务部的竞争关注，商务部决定接受集中双方提出的解决方案，附加限制性条件批准此

① 见 http://fldj.mofcom.gov.cn/aarticle/ztxx/200909/20090906540211.html，访问日期：2010-10-26。

项经营者集中，具体条件如下：(1) 集中交易完成后，通用汽车、德尔福应当保证德尔福及其控股和实际控制的关联企业将继续对国内汽车厂商无歧视性地供货，并且承诺将一如既往地确保供货的及时性、可靠性及产品质量，确保在供货的价格和数量上依据市场规则和已达成的协议而定，不应附加会直接或间接排除、限制竞争的不合理条件；(2) 集中交易完成后，通用汽车不得非法寻求获得德尔福掌握的国内其他汽车厂商的竞争性保密信息，德尔福不得非法向通用汽车披露其掌握的国内其他汽车厂商的竞争性保密信息，双方不得以正式或非正式的方式非法相互交换和沟通第三方的竞争性保密信息；(3) 集中交易完成后，通用汽车、德尔福应当保证德尔福及其控股和实际控制的关联企业应客户的合法要求，配合客户平稳转换供应商，不得故意拖延或设置、主张限制性条件，以提高其他整车厂商的转换成本，从而达到限制竞争的效果；(4) 集中交易完成后，通用汽车应当对其所有汽车零部件的采购继续遵循多源供应和非歧视原则，在符合通用公司相关要求的条件下无歧视性地采购，不得专门制定对德尔福有利而对其他供应商不利的不合理条件。

四、违反申报义务的法律后果

经营者集中控制的程序是强制性的，因此，达到一定规模的经营者集中必须进行申报，没有进行申报或虽申报但未经批准的经营者集中不能以集中经营者的名义进行市场经营，否则，这些经营活动会被认定为无效，违反申报义务的经营者也要承受相应的法律责任。

同时应注意的是，负有申报义务的经营者向反垄断执法机构申报了经营者集中意向后，反垄断执法机构应当在一定期限内决定是否批准这个计划。各国反垄断法一般均就经营者集中的审查核准期限作出明确而具体的规定，但各国（地区）规定的时间并不相同。德国《反对限制竞争法》规定的最长时间是 4 个月；我国《反垄断法》规定的时间从提交申报初审、复审到延长审查期限，累加起来最长可达 6 个月，其中进行初步审查并决定是否实施进一步审查的时间是 30 日，自初步审查决定后作出是否禁止经营者集中的决定时间是 90 日，符合条件可最长延长 60 日。

问题与思考

1986 年在美国发生了可口可乐公司打算收购 Dr. Pepper 公司以及合并其经营一案。该两家公司各自制造味道不同的含二氧化碳的饮料。如果对相关市场作出相对狭窄的界定，如将相关市场界定为只包括可乐饮料，则这两家公司就不会是实际的竞争者，该合并就不会具有反竞争性。如果将相关市场界定得非常宽泛，包括多种类型的饮料，如含二氧化碳的饮料、咖啡和茶，那么该两家公司就具有竞争关系，但由于市场太大，其合并不被认为具有反竞争性。美国联邦贸易委员会在调查这些建议后得出的结论是：贴有“含二氧化碳软饮料”标签的产品在市场上属于具有竞争关系的产品。在该市场上，可口可乐公司是最大的企业，1985 年在美国的总销售额中超过了 37%，而 Dr. Pepper 公司是第四大企业，拥有 5%的销售额。美国联邦贸易委员会认为该合并会实质性地减少竞争，请求法院予以阻止。法院认为，尽管几种不同类型的饮料之间可能存在着某种竞争，但事实上可口可乐的主要竞争者是其他的“含二氧化碳软饮料”，因而这些饮料构成一个市场。最终法院命令禁止该合并。

根据上述案例，请回答下列问题：

(1) 美国是怎样对经营者集中行为进行控制的？

(2) 为什么说界定相关市场是规制经营者集中行为的基础？

(3) 以美国为例简述反垄断法控制经营者集中的程序。

参考文献

1. 王晓晔．企业合并中的反垄断问题．北京：法律出版社，1996

2. 王为农．企业集中规制基本法理——美国、日本及欧盟的反垄断法比较研究．北京：法律出版社，2001

3. ［西］安德雷斯·冯特·葛拉雷兹等．欧盟企业合并控制制度——法律、经济与实践分析．解琳，叶军译．北京：法律出版社，2009

4. 韩立余．经营者集中救济制度．北京：高等教育出版社，2011

5. 刘武朝．经营者集中附加限制性条件制度研究——类型、选择及实施．北京：中国法制出版社，2014

6. 余东华．横向并购反垄断控制中的效率抗辩研究．北京：北京大学出版社，2014

第十章
行政性垄断行为规制

本章概要

行政性垄断行为，也称行政性限制竞争行为、行政垄断行为，是指政府及经法律、法规授权的组织滥用行政权力，排除、限制或阻碍市场竞争的行为。所谓滥用行政权力，是指它们既不属于政府为维护社会经济秩序而进行的正常经济管理活动，也不属于政府为实现对国民经济的宏观调控而采取的产业政策、财政政策等经济政策和社会政策。

行政性垄断行为的特征主要有：(1) 实施行政性垄断行为的主体是除中央政府以外的行政主体；(2) 行政性垄断行为是行政主体对行政权力的滥用；(3) 行政性垄断行为客观上可能或已经“实质性地”限制了其他市场主体的公平竞争；(4) 行政性垄断行为具有抽象性、强制性和隐蔽性的特点。

根据行政主体的数量，行政性垄断行为可以分为单独行政性垄断行为和联合行政性垄断行为。由单一行政主体实施的垄断行为被称作单独行政性垄断行为；由两个或两个以上的行政主体实施的垄断行为被称作联合行政性垄断行为。根据行政性垄断行为的对象，行政性垄断行为可以分为具体行政性垄断行为和抽象行政性垄断行为。具体行政性垄断行为是指行政主体通过具体行政行为而实施的垄断；抽象行政性垄断行为是指行政主体通过抽象性行政行为，如颁布规章、命令、规定等行政规范性文件的方式而实施的垄断。根据行政性垄断行为的具体表现，行政性垄断行为可以分为地区垄断、部门垄断、强制联合限制竞争、行政性强制交易等。

1980 年 10 月国务院发布的《关于开展和保护社会主义竞争的暂行规定》，首次在我国提出了反垄断，特别是反对行政性垄断的任务。1993 年的《反不正当竞争法》、2000 年施行的《招标投标法》、2001 年修订并施行的《药品管理法》等均对行政性垄断行为进行了规制。2007 年 8 月 30 日颁布、自 2008 年 8 月 1 日起施行的《反垄断法》，也以专章的形式对行政性垄断行为作出了禁止性规定。

关键术语

行政性垄断行为　经济性垄断行为　国家垄断行为　地区垄断　部门垄断　强制联合限制竞争　行政强制交易行为

第一节 行政性垄断行为规制概述

一、行政性垄断行为的概念

我国学术界目前对行政性垄断行为还没有完全统一的界定。有学者认为，行政性垄断，是指地方政府和经济行政部门滥用行政权力，排除、限制或干涉本地区、本部门企业之间及它们与其他地区、部门的企业之间的正当竞争的行为，它是滥用行政权力的产物。① 有学者认为，行政性垄断是指政府和政府部门滥用行政权力限制竞争的行为。② 有学者认为，行政性垄断是行政干预经济的直接表现形式。③ 有学者认为，行政性垄断是和行政权力相联系的垄断，其含义为地方政府、政府经济主管部门或其他政府职能部门，或者是具有政府管理职能的行政性公司凭借行政权力，排除、限制或阻碍市场竞争，以便对市场控制和操纵。④

尽管我国学者在界定行政性垄断行为时在表述上存在分歧，但是其界定本质上是大体一致的。行政性垄断行为，也称滥用行政权力排除、限制竞争行为，是指除中央政府以外的政府及经法律、法规授权的组织滥用行政权力，排除、限制竞争或阻碍商品自由流通的行为。所谓滥用行政权力，是指它们既不属于政府为维护社会经济秩序而进行的正常经济管理活动，也不属于政府为实现对国民经济的宏观调控而采取的产业政策、财政政策等经济政策和社会政策。

行政性垄断行为和经济性垄断行为的区别在于：(1) 经济性垄断行为是市场运行规律的反映，是市场经济发展到一定阶段的产物，而行政性垄断行为并不是市场运行规律的体现，也不是市场经济发展到一定阶段的产物，是由市场之外的原因引起的限制竞争行为，其产生的根本原因在于行政权力的滥用。(2) 行政性垄断行为主要是市场以外的行政主体实施的，行政性垄断行为的实施者与行政权力存在着直接的支配与被支配的关系；经济性垄断行为只能由作为市场主体的经营者实施，经济性垄断行为的实施主体与行政权力没有直接的支配与被支配的关系。行政性垄断行为的实质是依靠政府的公权力，一方面实行严格的市场准入，即人为控制生产者的资格；另一方面控制产品或服务的数量，其结果是投资少于社会均衡投资、供给少于社会均衡供给，公众被迫用高昂的价格购买质量低下的产品或服务。

当然，行政性垄断行为与国家垄断行为是不同的，国家垄断是指国家以法律的名义对某些行业、某些领域实施的垄断⑤，两者的主要区别在于⑥：(1) 两者的主体不同。行政性垄断行为的主体是除中央政府以外的行政机关及经法律、法规授权的组织，国家垄断行为的主体是国家，国家垄断行为的主体范围比行政性垄断行为的主体范围要宽。(2) 两者的根源不同。行政

---

① 参见徐孟洲主编：《市场竞争的法律调整与对策》，63页，北京，中国政法大学出版社，1993。

② 参见王保树：《论反垄断法对行政垄断的规制》，载《中国社会科学院研究生院学报》，1998 (5)。

③ 参见盛杰民：《竞争法视野中的行政垄断——从政府干预经济的复杂性着手的探讨》，载季晓南主编：《中国反垄断法研究》，北京，人民法院出版社，2001。

④ 参见钟真真：《反垄断法与中国的行政垄断》，载季晓南主编：《中国反垄断法研究》，北京，人民法院出版社，2001。

⑤ 参见吴炯主编：《中华人民共和国反垄断法解读》，12页，北京，中国工商出版社，2007。

⑥ 参见郑鹏程：《行政垄断的法律控制研究》，35～36页，北京，北京大学出版社，2002。

性垄断行为产生的根源是局部利益与个人利益，国家垄断产生的根源是国家利益与社会公共利益。(3) 两者的性质不同。行政性垄断行为是非法的，国家垄断行为是合法的。国家垄断行为的合法性表现在其有明确的法律授权，世界上有很多国家都在有关专门法，如在《邮政法》《铁路法》等中明确规定某一业务由国家专营。

二、行政性垄断行为的特征

行政性垄断行为主要有如下几个特征。

1. 实施行政性垄断行为的主体是除中央政府以外的行政主体

这里的行政主体应作广义解释，包括职权行政主体和授权行政主体、具体行政行为主体和抽象行政行为主体。行政性垄断行为的主体只能是行政主体，即依法享有行政管理权的行政机关及具有行政管理权的企业或其他社会组织。依法享有行政管理权的行政机关是当然的行政垄断实施主体，而具有行政管理权的企业或其他社会组织的主体属性视具体情况而定，因为这类组织同时也是市场主体，它们所实施的垄断可能是行政性垄断，也可能是经济性垄断，只有在凭借行政权力实施垄断的情况下，它才成为行政性垄断行为的主体。①

国务院实施的垄断行为具备国家意志性，属于国家垄断范畴，其宗旨是维护国家整体利益与社会公共利益，故是合法行为。

2. 行政性垄断行为是行政主体对行政权力的滥用

行政主体滥用行为的表现或者是其行为本身就是行政违法行为，或者虽然其行为的违法性不是非常明显，行政主体的行为没有超出其享有的法定权限，但没有在自由裁量的范围内合理行使。

3. 行政性垄断行为客观上可能或已经“实质性地”限制了其他市场主体的公平竞争

行政性垄断行为是行政权力滥用的结果，其产生与市场运行规律没有直接的联系。市场经济是一种追求自由的经济，而行政性垄断行为依靠特殊的行政权力来限制市场主体的自由；市场经济追求人人都有参与公平竞争的机会，而行政性垄断行为是拥有行政权力的某些主体滥用行政权力，阻碍公平竞争的结果；市场经济是一种法治经济，依赖于公平竞争的市场规则，而行政性垄断行为是拥有行政权力的某些主体借助于制定或执行这些规则的先天优势来破坏这些规则的产物。②

4. 行政性垄断行为具有抽象性、强制性和隐蔽性的特点

行政性垄断行为的产生，往往不是行政机关针对某个具体的人或某件具体的事作出的具体行政行为的结果，它往往以行业规章、地方规章、命令和决定等文件的形式冠冕堂皇地出现，这些规章和命令等实质上是政府机关的抽象行政行为，并对辖区范围内的公民、法人或其他组织具有强制力，一般的市场主体根本不敢质疑这些规章和命令等的合法性和有效性。③

【典型案例】

河北省交通运输厅等部门滥用行政权力排除、限制竞争案

2014 年，国家发展改革委根据举报，依法对河北省交通运输厅、物价局、财政厅对本省

① 参见郑鹏程：《行政垄断的法律控制研究》，46 页，北京，北京大学出版社，2002。

②③ 参见种明钊主编：《竞争法》，296 页，北京，法律出版社，2005。

客运班车实行通行费优惠政策，滥用行政权力排除、限制相关市场竞争的案件进行了调查。调查发现，河北省交通运输厅、物价局和财政厅联合下发《关于统一全省收费公路客运班车通行费车型分类标准的通知》（冀交公［2013］548号），确定自2013年12月1日起，调整全省收费公路车辆通行费车型分类，并对本省客运班车实行通行费优惠政策。2013年10月30日，河北省交通运输厅下发《关于贯彻落实全省收费公路客运班车通行费车型分类标准有关事宜的通知》（冀交公［2013］574号），进一步明确规定，“优惠政策只适用于本省经道路运输管理机构批准，有固定运营线路的客运班线车辆”。国家发展改革委依据《反垄断法》相关规定，在2014年9月向河北省人民政府办公厅发出执法建议函，建议其责令交通运输厅等有关部门改正相关行为，对于在本省内定点定线运行的所有客运企业，在通行费上给予公平待遇。通过改正相关行为，保证所有客运企业之间的公平竞争。2014年9月23日，河北省交通运输厅、物价局、财政厅及时调整之前仅对本省客运班车实行通行费优惠政策的做法，联合下发《关于调整我省客运班车通行费优惠政策的通知》（冀交公［2014］407号），明确规定自2014年10月1日起，省际客运班线中与河北省客运班车互营对开的外省（市、区）籍客运班车，享受与河北省客运班车同样的通行费优惠政策。

三、行政性垄断行为的危害

政府及经法律、法规授权的组织不能滥用行政权力，损害市场竞争，影响国家统一大市场的建立。行政性垄断行为是行政权力恶性膨胀的产物，是行政权力直接介入经济、破坏正常经济秩序的集中反映。行政性垄断行为比经济性垄断行为具有更大的危害性，这不仅表现在行政性垄断行为对经济活动的危害，也表现在其本身还具有政治危害性。

1. 行政性垄断行为的经济性危害

行政性垄断行为抑制了正常的市场自由竞争，压抑了企业创新的动力，阻碍了优势企业正常的发展，降低了整个社会的经济效益，阻碍了经济进步。此外，行政性垄断行为还打乱了公平竞争的市场秩序，是一种典型的政治国家滥用权力侵害市民社会的不当行为。

行政性垄断行为不仅损害了公平和自由的竞争，而且直接损害了被庇护企业之外的其他经营者的合法权益，直接或间接地损害了消费者的利益。

2. 行政性垄断行为的政治性危害

“权力寻租”理论是公共选择学派将经济理论在政治活动或政府选择领域中运用后的一个重大发现，而行政性垄断行为往往是“权力寻租”的衍生物。而且，行政性垄断行为导致政企不分、政府效率低下，阻碍政治体制改革的进程。

第二节　行政性垄断行为的具体表现形式

对于行政性垄断行为，从不同的角度有不同的分类。（1）根据行政主体的数量不同可以分为单独行政性垄断行为和联合行政性垄断行为，由单一行政主体实施的垄断行为被称作单独行政性垄断行为，由两个或两个以上的行政主体实施的垄断行为被称作联合行政性垄断行为。（2）根据行政性垄断行为的对象不同可以分为具体行政性垄断行为和抽象行政性垄断行为。具体行政性垄断行为是指行政主体通过具体行政行为而实施的垄断；抽象行政性垄断行为是指行政主体通过抽象行政行为如颁布规章、命令、规定等行政规范性文件的方式而实施的垄断。（3）根据行政性垄断行为的具体表现，行政性垄断行为可以分为地区垄断、部门垄断、强制联合限制竞争、行政性强制交易行为等。

我国实践中的行政性垄断行为的主要表现形式有如下几种。

一、地区垄断

地区垄断是指某一地区的政府及其他政府职能部门为保护本地企业和经济利益而实施的排除、限制或阻碍外地企业参与本地市场竞争或本地企业参与外地市场竞争的行为。

社会主义市场经济要求的市场应当是统一的、开放的市场，但目前我国还存在地方保护主义，一些地方政府及其所属部门往往从狭隘的地方利益出发，人为地割裂本地经济与外界经济的联系和沟通，采用种种手法限制外地产品进入本地市场或本地产品流入外地市场，以保护地方利益。而且地区垄断多以政府命令、文件或通知的形式表现出来。

根据国务院《关于禁止在市场经济活动中实行地区封锁的规定》第3条的规定，任何单位和个人违反法律、行政法规和国务院的规定，以任何方式阻挠、干预外地产品或者工程建设类服务进入本地市场，或者对阻挠、干预外地产品或者服务进入本地市场的行为纵容、包庇，限制公平竞争的，构成地区封锁。

地区垄断人为地将大市场分割成小市场，从而将可竞争的统一的大市场转变为垄断趋向的市场结构，造成或者加强了地区经济结构的趋同化，破坏了分工协作的自然进程，破坏了比较优势，保护了落后。①

地区垄断主要表现在②：在辖区边界或交通要道设立关卡，阻碍本地商品流出或外地商品流入；规定在行政辖区内销售外地商品必须履行特定的批准手续或者必须符合其增加或提高的报验、检验标准，为外地商品进入本地设置人为障碍；用行政手段对外地商品的进入，在运输、储存、出售等环节施行强制扣押、罚款等，以此限制外地产品进入本地市场；限制或禁止本地资金、技术输往外地；限制或禁止本地大型、优秀企业与外地企业合作、联营；对本地企业和外地企业实行差别性待遇，主要有价格歧视、税费负担倾斜和对外地产品的环境控制等。

二、部门垄断

部门垄断是指政府或政府主管部门为保护某特定行业的企业及其经济利益而实施的排除、限制或阻碍其他行业参与竞争的行为。在我国，不仅存在地方利益，也同时存在部门或行业利益，而有关政府主管部门为了保护本部门或本行业的利益，常常利用手中的行政权力排除、限制或阻碍其他行业与本行业之间进行的竞争。屡禁不止的肩负行政管理与生产经营双重职能的行政性公司（也称翻牌公司）就是实施部门垄断的典型主体。

---

① 参见时建中、张杰斌：《新发展观下的经济法与地区封锁型行政垄断的规制》，载陈甦主编：《科学发展观与法制建设》，北京，社会科学文献出版社，2006。

② 参见种明钊主编：《竞争法》，323～324页，北京，法律出版社，1997。

三、强制联合限制竞争

强制联合限制竞争是指政府或政府主管部门强制本地区或本部门的企业联合行动以排除、限制或阻碍其他经营者参与竞争的行为。强制联合限制竞争的主要特征是：其一，强制联合的实施主体是政府或政府主管部门；其二，强制联合通常违背了联合各方的意志；其三，强制联合往往以行政命令、决议等为基础；其四，强制联合以维护地方、部门利益为目的；其五，强制联合不仅包括强制企业达成某种协议，而且包括强制企业进行合并、兼并。

强制联合限制竞争的行为主要包括[①]：强制本地区、本部门的企业组建企业集团；强制本地区、本部门的企业进行合并、兼并、联营等；强制本地区、本部门的企业进行组建行政性公司；强制联合定价；强制联合拒销、拒购；强制企业停止竞争，以协议方式划定生产、销售数量或范围；等等。

四、行政性强制交易行为

行政性强制交易行为是指政府或政府部门滥用行政权力限定他人购买其指定的经营者的商品，从而排挤其他经营者公平竞争的行为。如有些政府主管部门利用职权，以符合安全标准为名，要求他人购买其指定企业的产品，如消防器材、汽车安全带、防盗门、环保设备等。

在我国行政性强制交易行为的主要表现形式为[②]：明确规定在行政辖区内某些指令性计划产品只能销售给指定的企业；明确规定在行政辖区内购买某些商品必须以指定企业的商品为限；行政部门在为市场主体服务时，强制搭售某种商品；行政部门利用职权，强制一些企业订购其指定企业的产品，或者强制一些企业只能将其产品出售给指定企业；为推销指定企业的产品而阻挠、破坏他人达成交易；等等。

【典型案例】

在工业和信息化部“绿坝·花季护航”事件中，就有学者和律师质疑预装“绿坝·花季护航”软件的合法性，联名向国务院递交“公民建议书”，认为工业和信息化部下发的《关于计算机预装绿色上网过滤软件的通知》（工信部软［2009］226号）违反了《反垄断法》等相关法律，缺乏科学性和合理性；建议国务院撤销这一文件。同时还向国务院反垄断委员会递交“行政垄断违法举报信”，认为工业和信息化部要求预装“绿坝·花季护航”软件的行为涉嫌“滥用行政权力，限制和排除竞争，损害消费者利益”；并致函国家发展和改革委员会、商务部、国家工商行政管理总局等多个部委，要求制止工业和信息化部推广“绿坝·花季护航”软件的行为。在社会公众的积极参与和监督下，2009年8月13日，工业和信息化部宣布取消这一强制性要求。

2010年年底，四川省工商局根据举报，依法对某市交通管理部门在部署公交公司公交线路运营权置换出租汽车经营权工作时，要求申请方购买指定车型作为出租车的问题进行调查，

---

① 参见种明钊主编：《竞争法》，325页，北京，法律出版社，1997。

② 参见上书，327页。

并提出了执法建议，该市交通管理部门及时纠正了其违反《反垄断法》的做法。[①]

第三节　行政性垄断行为的法律规制

行政性垄断行为是在市场经济初级阶段或者经济转型国家表现尤为突出的一种限制竞争行为。

一、规制行政性垄断行为的几种不同观点[②]

对于行政性垄断行为是否应该由反垄断法来规制，我国国内的学者有不同的观点。

第一种观点是体制改革说。此种观点认为，行政性垄断行为是体制性产物，只有通过深化政治经济体制改革才能彻底解决，纯粹法律手段对体制性的行政性垄断行为无能为力，因此超经济的行政性垄断行为不是竞争法律制度和竞争政策的调整对象。

第二种观点是综合治理说。此种观点认为，解决行政性垄断问题，需要政治手段、经济手段和法律手段三者配合使用；解决行政性垄断的核心是法律手段的运用，如建立完善市场经济秩序的法律，完善行政诉讼和民事诉讼法律等。

第三种观点是法律综合治理论。此种观点认为，社会控制的主要手段是道德、宗教和法律，对行政性垄断行为的控制，道德、宗教的作用不大，主要是运用法律手段来进行控制，而法律的综合控制具体表现在反垄断法、行政程序法、财税法、诉讼法和宪法等法律上。

第四种观点是行政法规制论。此种观点认为，反垄断法一般只反对私人的经济垄断，不反对国家垄断或者行政性垄断，对待行政性垄断，应从政治改革、转换政府职能和完善行政法入手。

上述观点都有其各自的理由，但是有三个问题应该注意：其一，对行政性垄断行为的规制不能脱离法律调控的轨道；其二，反垄断法在对行政性垄断行为进行规制时是有其特有的价值和意义的；其三，反垄断法对行政性垄断行为的规制是从维护竞争的视角展开的，其规制本身并不排斥甚至需要其他法律和其他调控手段对行政性垄断行为的规制。

二、各国（地区）反垄断法对行政性垄断行为的规制

各个国家（地区）的经济生活中行政性垄断行为的情况并不相同，发达国家（地区）的反垄断法对行政性垄断行为关注得相对较少，而发展中国家和经济转型国家（地区）的反垄断法对行政性垄断行为的关注会多一些。

（一）发达国家（地区）反垄断法对行政性垄断行为的规制

在市场经济高度发达的国家（地区），反垄断法也会规制行政性垄断行为，但是反行政性

---

① 参见中国世界贸易组织研究会竞争政策与法律专业委员会：《中国竞争法律与政策研究报告》（2012年），14页，北京，法律出版社，2012。

② 参见种明钊主编：《竞争法》，308～310页，北京，法律出版社，2005。

垄断在其整个反垄断法体系中并不占据重要的位置。

1. 美国反托拉斯法对行政性垄断行为的规制

美国反托拉斯法适用的对象一般被称为“person”，也就是“任何人”。如《谢尔曼法》第1条规定：“任何人签订契约或从事上述联合或共谋，是严重犯罪。”根据美国联邦最高法院的判例，“任何人”包括在诉讼中作为被告的市政机关。

2. 欧盟竞争法对行政性垄断行为的规制

在欧盟成员国内部，尤其在一些基础设施领域，存在着大量享有一定行政管理权限的公用国有企业。为了对这些企业行使行政管理权限进行规制，欧盟竞争法不仅制止私人的各种限制竞争行为，而且制止成员国具有跨国限制竞争影响的立法和政府管制。《欧盟运行条约》第106条禁止成员国对国有企业采取特殊措施损害竞争，第107条禁止成员国采取不合理的国家援助政策损害竞争。

（二）发展中国家和经济转型国家（地区）反垄断法对行政性垄断行为的规制

发展中国家，尤其是经济转型国家（地区）都有着相似的历史背景，政府对经济领域的活动干预得比较多，因此通过制定反垄断法规制行政性垄断行为的内容也比较丰富。

1. 匈牙利禁止不正当竞争法对行政性垄断行为的规制

1990年匈牙利《禁止不正当竞争法》第63条规定：（1）如国家行政机关的决议损害了竞争的自由，竞争监督机构可作为一方当事人请求法律救济。（2）竞争监督机构可在得知违法的30天内，对第1款所指的决议向法院提起诉讼，要求对决议进行审查。决议生效6个月后，不得再提起诉讼。对于期限的延误，可以不必举证。

2. 保加利亚保护竞争法对行政性垄断行为的规制

1999年保加利亚制定的《保护竞争法》第2条规定：本法适用于执法机关和地方自治政府，只要其行为明显地或潜在地妨碍、限制、破坏或者可能会妨碍、限制、破坏国内竞争。并且，该法第二章第五节还专门针对政府行为进行了规定。

3. 俄罗斯限制垄断活动法对行政性垄断行为的规制

俄罗斯反垄断法的完善主要经历了三个阶段，每个阶段行政性垄断都是规制的焦点和重点。1991年《商品市场竞争及限制垄断行为法》第7～9条将“行政机关和地方自治管理机关限制商品市场竞争”作为一种独立限制竞争行为。2002年该法修订后，更加突出对行政性垄断的规制，将其单独列为法律中的一部分，即“俄联邦行政机关、各俄联邦主体权力机关、地方自治管理机关、受托行使职权或法律授权机关及组织颁布和实施的限制竞争的法令、行为、协议或协同行为”。2006年俄罗斯整合了《商品市场竞争及限制垄断行为法》和《金融服务市场竞争保护法》，颁布了俄罗斯《联邦竞争保护法》。

俄罗斯《联邦竞争保护法》中规制行政性垄断的制度的特点主要体现在[①]：（1）行政性垄断违法主体进一步扩大。1991—2002年的《商品市场竞争及限制垄断行为法》规定的行政性垄断违法主体主要有三类：各联邦行政机关、各俄联邦主体行政机关、地方市政当局。2002年该法修订后，行政性垄断违法主体又增加了两类主体：法律授权或受委托的权力机关或组织、除联邦国家立法机关之外的立法机关。2006年《联邦竞争保护法》将行政性垄断违法主

① 参见刘继峰：《反垄断法》，299～300页，北京，中国政法大学出版社，2012。

体进一步扩大到非国家预算的组织。(2) 调控机制上实行双轨制。对于有证据证明有违反《联邦竞争保护法》的具体行政性垄断行为，反垄断机关可以自主启动法律程序，根据违法后果作出决定并发布执行令。如果行为主体对其行为违法性认定的结论不服，可以向仲裁法院提起诉讼。为防止违法行为出现，反垄断机关可以发出禁止从事某种行为的行政指令。这种机制也适用于抽象行政行为，即反垄断机关有权依据《联邦竞争保护法》认定行政主体对发布的未生效的规范性法律文件进行修改，或者将已生效的规范性法律文件提请仲裁法院重新认定其效力。(3) 行政性垄断类型的开放性。在判断行政行为是否违法的标准上，俄罗斯采取了"概括加列举"的立法技术，规定了行政性垄断的总体特点和行政性垄断的表现形式。《联邦竞争保护法》第 15 条规定，禁止联邦国家行政机关、联邦各主体权力机关、地方自治管理机关、受委托行使职权或法律授权机关或组织从事产生或可能产生限制竞争效果的行为。

【背景资料】

俄罗斯规制的行政性垄断行为类型①

历经两次大的修订后，俄罗斯《联邦竞争保护法》除了规制的技术性手段得到完善外，规制行政性垄断的内容也趋向成熟。在规定的内容上，我国《反垄断法》与俄罗斯《联邦竞争保护法》基本上可以确定为包含与被包含关系，即我国法律规定的内容属于集合中的子集，子集项包括：投资限制、商品流转的地域限制、购买限制、招投标限制及抽象行政行为。在子集之外，俄罗斯《联邦竞争保护法》规定了如下特殊类型，展示出其规制行政性垄断的特色。

首先，不公平待遇，即无正当理由给予特别主体以经济上的优惠。其表现为以下几种：(1) 违反俄联邦法律或正式法令的规定，指令经济实体为特定的客户优先供应商品（完成工作、提供服务），或者按照优惠条件签订合同，如无根据要求在先履行或提供优先权。但法律有特殊规定的除外。(2) 给予特定主体优惠待遇或财政补贴。以财政资金给予个别经营者优待，不公平地使用国家资源，扶持不具备竞争能力的主体维持经营并人为地改变市场结构，其结果必然会破坏竞争环境。反垄断法上的优惠待遇只有在立法有明确规定或在效果上能促进经济发展的情况下才被允许。通常，行政机关给予特殊经济主体或某些经济主体以优惠待遇应经过俄联邦反垄断机关的同意，如果行政机关的优惠决定没有经过俄联邦反垄断机关的同意，则俄联邦反垄断机关有权撤销或变更该违法的决定。若行政机关不执行反垄断机关作出的撤销或变更违法行为的决定，则俄联邦反垄断机关（包括区域派出机关）有权向相应的仲裁法院起诉，要求确认行政机关作出的决定或决定依据的规章无效或部分无效。(3) 行政许可中的不公平待遇。实践中，行政许可行为破坏竞争的情形主要表现在：许可经营主体以无联邦法律依据的某种特权；没有法律依据拒绝颁发（或延长）许可证（期限）；在许可的同时限制经营活动的时间；任意废除许可等。

其次，职能混同，即权力机关的职能和经济实体的职能合为一体。俄罗斯《联邦竞争保护法》第 15 条第 3.3 款规定：禁止联邦行政机关、联邦各部门行政机关和地方市政当局的职能与经济实体的职能混同，但依联邦法律、俄联邦总统令、俄罗斯联邦政府的决定而授予经济实体以指定机关职能和权力的，包括检查和监督职能，除外。一般而言，职能混同包括以下两种情况：权力机关同时享有经营主体的职能，如国家行政机关或各地方权力机关组建自己的商业主体，或者在行政机关向市场推荐某经济主体的产品或服务等；没有法律授权或委托的经济主

① 参见刘继峰：《俄罗斯反垄断法规制行政垄断之借鉴》，载《环球法律评论》，2010 (2)。

体行使权力机关的职能和权力，包括国家机关的批准权、监督权等职能和权力。由于转型的不彻底，在2005年俄罗斯大约有1.5万家国有企业不同程度上行使或变相行使和利用行政权力从事经营。

最后，联合实施的行政性垄断行为。按照俄罗斯《联邦竞争保护法》第16条的规定，禁止行政主体相互之间、它们与经济实体之间签订导致或可能导致限制、消除竞争或损害经济实体的利益的任何形式的协议或者实行协同行动。这不完全等同于我国《反垄断法》第36条规定的“强制经营者从事本法规定的垄断行为”。后者强调权力介入的联合性，既包括权力与权力的联合，如两个行政机关联合运用行政权力阻碍新经营主体的进入或将经营主体排挤出市场，也包括行政机关与经营者“珠联璧合”，如行政机关支持划分地域市场。认定联合实施的行政性垄断行为需要具备三个条件：存在协议或协同行为；协议内容对竞争有消极影响；参加者具有共同目标、明确分工或协调一致的行动。

可以看出，在行为的外延上，我国反垄断法调整的行政性垄断只是俄罗斯《联邦竞争保护法》调整的行政性垄断的范围内的一个小圈。

4. 乌克兰禁止垄断和不正当竞争行为法对行政性垄断行为的规制

1992年乌克兰颁布《禁止垄断和企业活动中不正当竞争行为法》，对滥用行政权力限制竞争的行为予以禁止。1993年乌克兰颁布了《反垄断委员会法》，对反垄断执法机构进行了规定。

乌克兰反垄断委员会根据上述法律在1994年查处了包括邮电部、财政部、交通部以及国家铁路管理局在内的几个国家行政机关的行政性垄断案件。①

2001年，乌克兰颁布《保护经济竞争法》。该法第15条规定：（1）权力机关、地方自治政府机关、行政性经济管理和监管机关作出的任何行为（决定、命令、指示、法规等）、制作的书面或口头的指令、达成的协议或者其他任何作为或者不作为，如果导致或可能导致阻碍、消除、限制或者扭曲竞争的后果，将被认为是反竞争行为。（2）权力机关、地方自治政府机关、行政性经济管理和监管机关的下列行为应被视为反竞争行为：1）禁止或阻止在任何活动范围内的组建新企业或以其他组织形式从事企业活动，对生产、购买或销售特定类型的产品或者对特定活动设置限制；2）直接或间接地强制经济实体加入协会、康采恩、分行往来、区域性组织或其他形式的企业联合会或者其他形式的经济实体集中；3）直接或间接地强制经济实体有限签订合同，为特定的消费群体优先提供产品或者优先从特定的销售群体中购买产品；4）根据地域原则，产品的分类、销售量或购买量，消费者或者销售者群体，对产品进行集中分配或在经济实体间进行市场分配；5）禁止从本国一个地区向另一个地区销售特定产品，或者仅在符合特定数量范围或特定条件下才许可从一个地区向另一个地区销售产品；6）向特定经济实体或经济实体集团赋予特权或其他优惠条件，从而使其具有相对竞争者的优势地位，导致或可能导致阻碍、消除或限制、扭曲竞争的后果；7）相对为竞争者提供的相关条件，为其他竞争实体或经济实体集团的经济活动设置不利的或歧视性的条件；8）禁止或限制企业独立活动，包括禁止和限制产品购销、固定价格、制定经济活动设置不利的或歧视性的条件。（3）权力机关、地方自治政府机关、行政性经济管理和监管机关的反竞争行为应被禁止，并依法承担责任。第16条规定，禁止权力机关、地方自治政府机关向协会、企业和其他经济实体授权，如

① 参见姜彦君：《中外行政性垄断与反垄断法立法比较研究》，载《政法论坛》，2002（3）。

该授权导致或可能导致阻碍、消除、限制或扭曲竞争。第 17 条规定，禁止权力机关、地方自治政府机关、行政性经济管理和监管机关（学校机构或政府机构）促使经济实体、权力机关、地方自治政府机关、行政性经济管理和监管机关违反经济竞争保护法的作为或不作为，或者为违反上述法律创造条件或者使违反上述法律的行为合法化的作为或不作为。①

三、我国竞争立法对行政性垄断行为的规制

1980 年 10 月国务院发布的《关于开展和保护社会主义竞争的暂行规定》，首次在我国提出了反垄断，特别是反对行政性垄断的任务。1984 年 12 月 3 日发布的中共中央、国务院《关于严禁党政机关和党政干部经商、办企业的决定》，1990 年 11 月国务院发布的《关于打破地区间市场封锁进一步搞活商品流通的通知》，1993 年 9 月 2 日第八届全国人大常委会第三次会议通过的《反不正当竞争法》立专条规制行政性垄断行为；2007 年 8 月 30 日第十届全国人大常委会第二十九次会议通过的《反垄断法》设专章规制行政性垄断行为，表明了我国政府对禁止行政性垄断行为的一贯态度。

（一）《招标投标法》和《药品管理法》对行政性垄断行为的规制

2000 年施行的《招标投标法》第 6 条规定：依法必须进行招标的项目，其招标投标活动不受地区或者部门的限制。任何单位和个人不得违法限制或者排斥本地区、本系统以外的法人或者其他组织参加投标，不得以任何方式非法干涉招标投标活动。这一规定体现了《招标投标法》对招标投标领域的地区垄断和部门垄断行为的禁止。

《药品管理法》第 68 条规定：地方人民政府和药品监督管理部门不得以要求实施药品检验、审批等手段限制或者排斥非本地区药品生产企业依照本法规定生产的药品进入本地区。第 69 条规定：药品监督管理部门及其设置的药品检验机构和确定的专业从事药品检验的机构不得参与药品生产经营活动，不得以其名义推荐或者监制、监销药品。药品监督管理部门及其设置的药品检验机构和确定的专业从事药品检验的机构的工作人员不得参与药品生产经营活动。这一规定体现了《药品管理法》对药品经营领域地区封锁和行政性强制交易行为的禁止。

（二）国务院文件对行政性垄断行为的规制

2001 年 4 月，国务院颁布了《关于禁止在市场经济活动中实行地区封锁的规定》。这是迄今为止我国颁布的最全面的关于禁止地区封锁的法律文件，主要内容包括：（1）首次将禁止地区封锁的适用范围从产品领域扩大到工程建设类服务领域；（2）详细规定了地区封锁的主要表现形式及查处机关；（3）规定了对实行地区封锁的抽象垄断行为的处理办法；（4）将对地区封锁负直接负责的主管人员和其他直接责任人员的法律责任从行政责任上升到了刑事责任。

2001 年 4 月，国务院颁布了《关于整顿和规范市场经济秩序的决定》，决定在全国范围内开展整顿和规范市场经济秩序的工作，将“打破地区封锁和部门、行业垄断。查处行政机关、事业单位、垄断性行业和公用企业妨碍公平竞争，阻挠外地产品或工程建设类服务进入本地市场的行为，以及其他各种限制竞争的做法”作为“十五”时期整顿和规范市场经济秩序的主要

---

① 参见时建中主编：《三十一国竞争法典》，595～596 页，北京，中国政法大学出版社，2008。

内容之一。

【背景资料】

《关于禁止在市场经济活动中实行地区封锁的规定》第4条规定：地方各级人民政府及其所属部门（包括被授权或者委托行使行政权的组织）不得违反法律、行政法规和国务院的规定，实行下列地区封锁行为：(1) 以任何方式限定、变相限定单位或者个人只能经营、购买、使用本地生产的产品或者只能接受本地企业、指定企业、其他经济组织或者个人提供的服务；(2) 在道路、车站、港口、航空港或者本行政区域边界设置关卡，阻碍外地产品进入或者本地产品运出；(3) 对外地产品或者服务设定歧视性收费项目、规定歧视性价格，或者实行歧视性收费标准；(4) 对外地产品或者服务采取与本地同类产品或者服务不同的技术要求、检验标准，或者对外地产品或者服务采取重复检验、重复认证等歧视性技术措施，限制外地产品或者服务进入本地市场；(5) 采取专门针对外地产品或者服务的专营、专卖、审批、许可等手段，实行歧视性待遇，限制外地产品或者服务进入本地市场；(6) 通过设定歧视性资质要求、评审标准或者不依法发布信息等方式限制或者排斥外地企业、其他经济组织或者个人参加本地的招投标活动；(7) 以采取同本地企业、其他经济组织或者个人不平等的待遇等方式，限制或者排斥外地企业、其他经济组织或者个人在本地投资或者设立分支机构，或者对外地企业、其他经济组织或者个人在本地的投资或者设立的分支机构实行歧视性待遇，侵害其合法权益；(8) 实行地区封锁的其他行为。

（三）我国《反垄断法》对行政性垄断行为的规制

我国作为经济转型国家的代表如何在反垄断法中规制行政性垄断行为，已引起全世界的关注。我国《反垄断法》在立法起草过程中对此问题也进行了多次、反复的修改。虽然从理论上和国际通行做法来看，行政性垄断行为主要不是由反垄断法解决的，但在充分考虑我国实际情况的基础上，仍在《反垄断法》中对禁止行政性垄断行为作出了具体、明确的规定。这既表明了我国对行政性垄断行为的重视和坚决反对的态度，又能够进一步防止和制止行政性垄断行为。

我国2007年8月30日颁布的《反垄断法》在第8条原则性地规定了行政机关和法律、法规授权的具有管理公共事务职能的组织不得滥用行政权力，排除、限制竞争；同时，以第五章“滥用行政权力排除、限制竞争”专章的形式明确禁止行政性垄断行为。这表明了我国打击、制裁行政性垄断行为的态度和决心。

我国《反垄断法》的第32条至第37条，对行政性垄断行为作出了以下具体、明确的规定。

第一，行政机关和法律、法规授权的具有管理公共事务职能的组织不得滥用行政权力，限定或者变相限定单位或者个人经营、购买、使用其指定的经营者提供的商品（第32条）。

第二，行政机关和法律、法规授权的具有管理公共事务职能的组织不得滥用行政权力，以设定歧视性资质要求、评审标准或者不依法发布信息等方式，排斥或者限制外地经营者参加本地的招标投标活动（第34条）。

第三，行政机关和法律、法规授权的具有管理公共事务职能的组织不得滥用行政权力，采取与本地经营者不平等待遇等方式，排斥或者限制外地经营者在本地投资或者设立分支机构（第35条）。

第四，行政机关和法律、法规授权的具有管理公共事务职能的组织不得滥用行政权力，强制经营者从事本法规定的垄断行为（第36条）。

第五，行政机关不得滥用行政权力，制定含有排除、限制竞争内容的规定（第37条）。

第六，行政机关和法律、法规授权的具有管理公共事务职能的组织不得滥用行政权力，实施下列行为，妨碍商品在地区之间的自由流通：(1) 对外地商品设定歧视性收费项目、实行歧视性收费标准，或者规定歧视性价格；(2) 对外地商品规定与本地同类商品不同的技术要求、检验标准，或者对外地商品采取重复检验、重复认证等歧视性技术措施，限制外地商品进入本地市场；(3) 采取专门针对外地商品的行政许可，限制外地商品进入本地市场；(4) 设置关卡或者采取其他手段，阻碍外地商品进入或者本地商品运出；(5) 妨碍商品在地区之间自由流通的其他行为（第33条）。

【典型案例】

广东省深圳市斯维尔科技有限公司诉广东省教育厅滥用行政权力排除限制竞争行为案

该案从2014年广东省深圳市斯维尔科技有限公司（以下简称斯维尔公司）起诉，到2017年6月28日广东省高级人民法院作出二审判决，历时三年多时间，是我国《反垄断法》规制行政性垄断行为的标志性案例。

2013年1月17日，教育部下发《关于成立2013—2015年全国职业院校技能大赛组织委员会和执行委员会的通知》[教职成函（2013）2号]，决定成立2013—2015年全国职业院校技能大赛组织委员会和执行委员会。2014年2月15日，大赛执委会办公室公布的《2014年全国职业院校技能大赛赛项规程编制要求的通知》，规定了2014年全国职业院校技能大赛赛程实施的具体方案和政策规定，并随后公布了《2014年全国职业院校技能大赛“工程造价基本技能”赛项规程》，该规程第6条第8项规定：“竞赛所需的硬件、软件和辅助工具统一由提供赞助的软件公司提供”。第9条第1项规定：软件要求：(1) 广联达土建算量软件GCL2013；(2) 广联达钢筋算量软件GGJ2013；(3) 广联达安装算量软件GQI2013。关于“国赛”组委会指定使用广联达软件程序的做法，斯维尔公司在2014年4月16日向教育部提起了行政复议，由于原定于6月13日举办的工程造价技能的“国赛”没有举行，斯维尔公司在2014年6月18日撤回了行政复议申请。

2014年4月，以广东省教育厅、高职院校、行业企业等组成的工程造价广东省“工程造价基本技能”选拔赛组委会指定赛事软件使用广联达软件。2014年4月29日，斯维尔公司将广东省教育厅诉至广州市中级人民法院，认为广东省教育厅滥用行政权力限定、变相限定参赛者购买、使用其指定的广联达公司独家软件和相应设备，涉嫌违反公开、公平和公正的法定程序，该指定行为不具有任何法律依据，严重扭曲工程造价相关产品行业的市场竞争秩序，侵害了斯维尔公司的公平竞争权利，请求法院确认在省级赛区“工程造价基本技能比赛”中，广东省教育厅滥用行政权力指定或变相指定使用广联达公司独家软件和相应设备的具体行政行为违法。广东省教育厅认为，广东省选拔大赛的各项赛事规程是以教育部文件作为依据的，教育部主管的“国赛”组委会办公室在2014年4月2日发布了《“工程造价基本技能”赛项规程》，明确规定使用由广联达独家提供的软件。本案诉讼第三人广联达公司认为：广联达公司在2014年2月27日参加了公开遴选答辩会，经过遴选，组委会最终确定广联达为“工程造价基本技能”赛项提供竞赛平台、软件和技术支持。斯维尔公司和上海鲁班软件有限公司也参加了本次遴选，所以不存在滥用行政权力问题。2015年2月2日，广东省中级人民法院于作出一审判决：确认被告广东省教育厅指定在2014年全国职业院校技能大赛高职组广东省选拔赛工程造价基本技能赛项中独家使用第三人广联达公司相关软件的行为违法；驳回原告斯维尔公司的赔偿请求。被告广东省教育厅和第三人广联达公司上诉。2017 年 6 月 22 日，广东省高级人民法院作出二审判决，认定广东省教育厅指定广联达公司的软件为独家参赛软件的行为属于滥用行政权力，排除、限制竞争的行为，遂驳回了广东省教育厅和广联达公司的上诉请求，维持一审判决。

问题与思考

1. 吉林省人民政府于 2005 年 5 月 13 日下发了《吉林省人民政府关于支持中国第一汽车集团公司发展的意见》（吉政发［2005］12 号），详细开列了 50 条细则为一汽集团“保驾护航”，将以行政命令的形式在吉林省全境铺开、执行。其主要内容包括：在总量不足的情况下，协调有关部门优先保证一汽集团对煤炭、天然气、运力等方面的需求；省内都要尽量购买一汽集团生产的汽车。县以上行政单位，经批准购买汽车的，要按规定的标准首选一汽集团生产的汽车。省直机关及所属各单位购车和报废更新车辆时，必须购买一汽集团生产的汽车；在吉林省内购买一汽集团生产的汽车享受税收、贷款优惠；组织好省内配套企业与一汽集团的衔接，使一汽集团的配套路线向省内倾斜等。①

根据上述材料，请回答下列问题：

（1）根据我国《反垄断法》的规定，吉林省人民政府的上述行为，属于哪一类行政性垄断行为？

（2）吉林省人民政府的上述行为是否具有危害性？其危害性如何？

2. 2008 年 8 月 11 日，上海中网网络有限公司、江苏南大数码科技有限公司两家防伪企业，通过同一代理律师周泽，分别以同样的事实和理由，向北京市第一中级人民法院对国家质检总局再次提起诉讼。这是 2008 年 8 月 1 日《反垄断法》实施以来，以北京兆信为首的四家防伪企业，以行政性垄断为由将国家质检总局告上法庭后，国家质检总局遭遇的第二起反垄断诉讼。据了解，从 2005 年 4 月开始，国家质检总局不断推广一家名为中信国检的企业经营的中国产品质量电子监管网（以下简称电子监管网）的经营业务，要求我国 69 类产品的生产企业对所生产的产品必须赋码加入电子监管网，供消费者向该网站查询。入网企业需缴纳数据维护费，消费者查询需支付查询信息费和电话费。与此前的四家防伪企业一样，两原告对国家质检总局联名起诉的理由是，国家质检总局强推自己持有 30%干股的中信国检经营的电子监管网经营业务，在防伪行业限制和排除竞争，违反了《反垄断法》的规定，损害了包括原告在内的其他防伪企业的正当竞争权益。②

根据上述材料，请回答下列问题：

（1）国家质检总局强推中信国检经营的电子监管网经营业务的行为是否构成行政性垄断行为？

（2）行政性垄断行为是否应该由反垄断法来规制？

---

① 参见陈业业：《论我国行政垄断的法律规制之进程》，载游劝荣主编：《反垄断法比较研究》，北京，人民法院出版社，2006。

② 见人民网，《京华时报》讯（记者胡笑红），访问日期：2008－08－12。

参考文献

1. 王晓晔．竞争法学．北京：社会科学文献出版社，2007

2. 郑鹏程．行政垄断的法律控制研究．北京：北京大学出版社，2002

3. 吴炯主编．反垄断法解读．北京：中国工商出版社，2007

4. 关保英等．行政垄断之行政法规制．北京：中国政法大学出版社，2008

5. 翟巍．欧盟国家限制竞争行为反垄断规制及对我国启示——基于公共经济利益服务研究视域．北京：法律出版社，2016

第三编

反不正当竞争法

第十一章

反不正当竞争法总论

本章概要

反不正当竞争法作为现代竞争法的重要组成部分，对于维护市场交易活动的诚信原则，对于维护公认的商业道德，对于维护公平竞争的秩序，对于保障经营者和消费者的合法权益等都具有重要的作用。早在1824年，英国的司法判例就确认了被称为仿冒行为（passing off）的侵权行为，由此开始对受到侵害的竞争者提供相应的救济。1850年左右，法国法院在适用《法国民法典》第1382条处理某些侵权案件时，提出了“不正当竞争”的概念。1896年，德国通过了世界上第一部《反不正当竞争法》。1900年，《巴黎公约》布鲁塞尔修订本成为世界上第一个规定反不正当竞争行为的国际条约。1993年，我国颁布、实施了《反不正当竞争法》。2017年11月4日，第十二届全国人大常委会第三十次会议审议通过《反不正当竞争法》修正案，新修订的《反不正当竞争法》于2018年1月1日起开始施行。

通常认为，不正当竞争行为是指以违背诚信原则和商业道德的手段从事市场交易的行为。反不正当竞争法是指制止经营者采用欺骗、胁迫、利诱以及其他违背诚信原则的手段从事市场交易的各种不正当竞争行为，维护商业道德和交易秩序的法律制度。反不正当竞争法具有调整范围的综合性、调整手段的综合性、实体法与程序法相结合、弥补性的特征。

现代反不正当竞争法服务于三重立法目的，即保护竞争者、保护消费者以及维护代表社会整体利益的公平竞争秩序。反不正当竞争法的一般条款，是指规定执法机构或者法院在法律具体列举的不正当竞争行为以外认定其他不正当竞争行为的要件的抽象的或者概括的规范。

反不正当竞争法和反垄断法同属竞争法体系，是维护公平竞争的两项主要的法律制度，它们分别从不同的角度来保障和促进公平、有效的竞争。

关键术语

不正当竞争行为　反不正当竞争法　一般条款　反垄断法

第一节　不正当竞争行为的界定

不正当竞争行为有广义和狭义之分。广义的不正当竞争包括垄断、限制竞争和其他包括违反商业道德行为在内的所有破坏竞争的行为，如匈牙利《反不正当竞争法》对不正当竞争的界定就是采用广义的概念。狭义的不正当竞争是指除垄断、限制竞争行为以外的损害竞争的行为。大多数国家在立法上对不正当竞争的界定采用的是狭义的概念。本书也是从狭义的角度对不正当竞争行为进行研究的。

一、不正当竞争行为的概念和特征

尽管各国和地区的竞争法对不正当竞争行为本质内容的界定基本相同，但使用的概念存在差别。美国将不正当竞争行为称为“不正当或欺骗性的行为和做法”，德国将其称为“不正当竞争行为”，日本将其称为“不公正交易方法”，英国将其称为“限制性商业做法”。不正当竞争行为的实质是违反诚信的商业惯例和商业道德的行为，因此通常认为，不正当竞争行为是指以违背诚信原则和商业道德的手段从事市场交易的行为。

我国《反不正当竞争法》规定：不正当竞争行为是指经营者在生产经营活动中，违反本法规定，扰乱市场竞争秩序，损害其他经营者或者消费者的合法权益的行为。从这一定义来看，不正当竞争行为具有以下几个方面的特征。

1. 不正当竞争行为是经营者的行为

国外反不正当竞争法通常只规范经营者的行为，但我国反不正当竞争法不仅规范了一些典型的不正当竞争行为，而且规范了部分限制竞争行为，因此一些不具有经营资格却实施了限制竞争行为的政府及其所属部门，也可以成为不正当竞争行为的特殊主体。

关于经营者，法律上也有明确的定义，我国《反不正当竞争法》第 2 条第 3 款就规定：本法所称的经营者，是指从事商品生产、经营或者提供服务（以下所称商品包括服务）的自然人、法人和非法人组织。

严格来讲，政府及其所属部门的行为不能算作不正当竞争行为，在国外的竞争立法和实践中也没有类似的做法，因为政府不是经营者，不存在参与经济活动并与其他经营者进行竞争的问题。

【延伸思考】①

实践中，由于理解的不同，对经营者范围的界定存在两种不同的观点，即主体标准和行为标准。主体标准是从行为能力出发，认为只有具备合法经营资格的法人、其他经济组织或者个人才能成为经营者。此处的经营者被界定为法人及具有经营资格的其他组织或个人，不具备经营资格的主体即使从事了商品经营或者营利性服务，也不是经营者。而行为标准从行为性质的

---

① 参见孔祥俊：《反不正当竞争法的适用与完善》，64 页，北京，法律出版社，1998。

角度出发，认为不管行为人是否具备实施商品经营或营利性服务的资格，只要其参与或者从事经营行为，都认为属于《反不正当竞争法》中所界定的经营者。事实上，以行为性质来界定经营者，是公平合理的，也是符合反不正当竞争法的立法精神的。因为行为主体无论是否具有合法的经营资格，只要实施的行为损害了竞争秩序，《反不正当竞争法》都应该对其进行规制。

2. 不正当竞争行为是违法的行为

不正当竞争行为具有违法性和不合理性。[①] 违法性是法律对特定市场交易行为的不正当属性的确认，也是该行为在法律上的本质特征。不正当竞争行为的违法性不仅体现在其违反了反不正当竞争法列举的不正当竞争行为的禁止性规定，而且也表现在其违反了反不正当竞争法义务性和原则性的规范，即“经营者在生产经营活动中，应当遵循自愿、平等、公平、诚信的原则，遵守法律和商业道德”。

3. 不正当竞争行为是违反商业道德的行为

违反商业道德是不正当竞争行为的本质特征，而正是不正当竞争行为对商业道德的损害会破坏公平竞争的市场机制，从而成为法律的当然禁止对象。

4. 不正当竞争行为是侵犯其他经营者合法权益的行为

不正当竞争行为直接或间接地侵害了其他经营者的知识产权、财产权、名誉权、公平竞争权、经营权等合法权益，给其他经营者造成财产损失或名誉损害，有时对消费者利益也在一定程度上造成损害。

5. 不正当竞争行为是扰乱市场竞争秩序的行为

社会经济的发展和个人利益的实现有赖于秩序的确立与维护，而不正当竞争行为却是通过采用违反商业道德的手段来谋求个体利益的最大化，会误导消费者，扭曲商品或服务的价格，妨碍竞争机制的功能发挥，从而严重破坏市场竞争秩序。

二、不正当竞争行为的种类

不正当竞争行为在现实经济生活中的表现是纷繁复杂的，各国竞争法理论往往从不同的角度对不正当竞争行为进行分类。[②]

(一) 侵害特定同业者利益的行为和侵害全体同业者利益的行为

以侵害对象是否特定为标准，不正当竞争行为可以划分为侵害特定同业者利益的行为和侵害全体同业者利益的行为。

侵害特定同业者利益的行为主要是指市场混淆行为、商誉诋毁行为等，而侵害全体同业者利益的行为主要包括误导性宣传行为、虚假标示行为等。

(二) 欺骗性市场交易行为和利诱性市场交易行为

根据行为采取手段的性质不同，不正当竞争行为可以划分为欺骗性市场交易行为和利诱性市场交易行为。

---

① 参见徐孟洲主编：《市场竞争的法律调整与对策》，27页，北京，中国政法大学出版社，1993。

② 参见种明钊主编：《竞争法学》，85页，北京，高等教育出版社，2002。

欺骗性市场交易行为是指经营者在市场交易中通过捏造并不存在的虚假事实、隐瞒商品或者服务的真实信息等手段所进行的不正当竞争行为，如误导性宣传行为等。这类行为不仅损害了特定竞争对手的合法权益，而且损害了消费者的合法权益，对竞争秩序的破坏非常严重。

利诱性市场交易行为是指在市场交易活动中，非法利用财物、金钱或其他利益引诱对方与之进行交易的不正当竞争行为，如商业贿赂行为等。经营者以利诱性手段进行竞争，违背了市场交易中应遵循的公平、诚信原则，会破坏正常的市场竞争秩序。

（三）列举式的不正当竞争行为和概括加列举式的不正当竞争行为

以各国（地区）竞争法对不正当竞争行为的界定模式区分，不正当竞争行为可以划分为列举式的不正当竞争行为和概括加列举式的不正当竞争行为。

列举式的不正当竞争行为是指竞争法通过列举不正当竞争行为的具体形式对其加以界定。列举式的立法模式对于有效避免法律适用上的随意性非常有好处，但不利于对层出不穷的不正当竞争行为进行规制。比较典型的列举式立法是美国、日本和韩国的竞争立法。

概括加列举式的不正当竞争行为是指竞争法采用概括和列举相结合的方式对不正当竞争行为进行界定。概括加列举式的立法模式既可以通过列举的方式对典型的不正当竞争行为进行规制，又可以通过概括的方式对新出现的不正当竞争行为进行规制。比较典型的概括加列举式立法是德国的竞争立法。

（四）我国《反不正当竞争法》对不正当竞争行为的分类

根据我国《反不正当竞争法》第二章的规定，我国的不正当竞争行为可分为 7 种具体的行为。

1. 混淆行为

我国《反不正当竞争法》第 6 条规定，经营者不得实施下列混淆行为，引人误认为是他人商品或者与他人存在特定联系：（1）擅自使用与他人有一定影响的商品名称、包装、装潢等相同或者近似的标识；（2）擅自使用他人有一定影响的企业名称（包括简称、字号等）、社会组织名称（包括简称等）、姓名（包括笔名、艺名、译名等）；（3）擅自使用他人有一定影响的域名主体部分、网站名称、网页等；（4）其他足以引人误认为是他人商品或者与他人存在特定联系的混淆行为。

2. 商业贿赂行为

我国《反不正当竞争法》第 7 条规定，经营者不得采用财物或者其他手段贿赂下列单位或者个人，以谋取交易机会或者竞争优势：（1）交易相对方的工作人员；（2）受交易相对方委托办理相关事务的单位或者个人；（3）利用职权或者影响力影响交易的单位或者个人。经营者在交易活动中，可以以明示方式向交易相对方支付折扣，或者向中间人支付佣金。经营者向交易相对方支付折扣、向中间人支付佣金的，应当如实入账。接受折扣、佣金的经营者也应当如实入账。经营者的工作人员进行贿赂的，应当认定为经营者的行为；但是，经营者有证据证明该工作人员的行为与为经营者谋取交易机会或者竞争优势无关的除外。

3. 误导性宣传行为

我国《反不正当竞争法》第 8 条规定：经营者不得对其商品的性能、功能、质量、销售状况、用户评价、曾获荣誉等作虚假或者引人误解的商业宣传，欺骗、误导消费者。经营者不得通过组织虚假交易等方式，帮助其他经营者进行虚假或者引人误解的商业宣传。

4. 侵犯商业秘密行为

我国《反不正当竞争法》第 9 条规定，经营者不得实施下列侵犯商业秘密的行为：(1) 以盗窃、贿赂、欺诈、胁迫或者其他不正当手段获取权利人的商业秘密；(2) 披露、使用或者允许他人使用以前项手段获取的权利人的商业秘密；(3) 违反约定或者违反权利人有关保守商业秘密的要求，披露、使用或者允许他人使用其所掌握的商业秘密。第三人明知或者应知商业秘密权利人的员工、前员工或者其他单位、个人实施前款所列违法行为，仍获取、披露、使用或者允许他人使用该商业秘密的，视为侵犯商业秘密。本法所称的商业秘密，是指不为公众所知悉、具有商业价值并经权利人采取相应保密措施的技术信息和经营信息。

5. 不正当有奖销售行为

我国《反不正当竞争法》第 10 条规定，经营者进行有奖销售不得存在下列情形：(1) 所设奖的种类、兑奖条件、奖金金额或者奖品等有奖销售信息不明确，影响兑奖；(2) 采用谎称有奖或者故意让内定人员中奖的欺骗方式进行有奖销售；(3) 抽奖式的有奖销售，最高奖的金额超过五万元。

6. 诋毁商誉行为

我国《反不正当竞争法》第 11 条规定，经营者不得编造、传播虚假信息或者误导性信息，损害竞争对手的商业信誉、商品声誉。

7. 互联网领域不正当竞争行为

我国《反不正当竞争法》第 12 条规定，经营者利用网络从事生产经营活动，应当遵守本法的各项规定。经营者不得利用技术手段，通过影响用户选择或者其他方式，实施下列妨碍、破坏其他经营者合法提供的网络产品或者服务正常运行的行为：(1) 未经其他经营者同意，在其合法提供的网络产品或者服务中，插入链接、强制进行目标跳转；(2) 误导、欺骗、强迫用户修改、关闭、卸载其他经营者合法提供的网络产品或者服务；(3) 恶意对其他经营者合法提供的网络产品或者服务实施不兼容；(4) 其他妨碍、破坏其他经营者合法提供的网络产品或者服务正常运行的行为。

三、不正当竞争行为的危害

不正当竞争行为是与竞争制度相伴而生的，不正当竞争行为不仅损害了合法经营者和消费者的权益，而且破坏了正常的竞争秩序。

(1) 不正当竞争行为损害了合法经营者的权益，使合法经营者蒙受巨大的经济损失。不正当竞争者为了牟取个人利益，常常采取不正当手段获取交易机会，直接损害了合法经营者的权益。例如市场混淆行为中，擅自使用与他人有一定影响的商品名称、包装、装潢等相同或者近似的标识，就会引人误认为是他人商品或者与他人存在特定联系，使标识被使用的市场主体通过努力获得的商品专有性或专用性受到破坏；而诋毁商誉行为则使被诋毁的市场经营者的商誉受到损害。

(2) 不正当竞争行为直接或间接损害了用户或消费者的正当权益。尽管不正当竞争行为直接破坏的是竞争秩序，损害的是其他经营者的权益，但是，有一些不正当竞争行为同时也直接地损害了用户或消费者的合法权益，如误导性宣传行为，而有一些不正当竞争行为间接地损害了用户或消费者的合法权益，如商业贿赂行为。

(3) 不正当竞争行为破坏了正常的竞争秩序，败坏了商业道德。不正当竞争行为的存在使诚实信用的市场竞争秩序受到了破坏，而且不正当竞争行为是通过弄虚作假等非法手段来牟取暴利，如果不对这些违法行为进行规制，那么社会的商业道德将会受到严重冲击。

（4）不正当竞争行为损害了社会整体利益。不正当竞争行为属于非诚信、非道德的行为，从整体上阻碍了社会生产力的发展，也破坏了经济的正常秩序。

第二节　反不正当竞争法的概念和特征

现代反不正当竞争法就是在关于假冒行为的侵权法基础上发展起来的。从竞争法的发展史来看，最初的不正当竞争行为以及有关不正当竞争的法律规范主要是针对有形商品的市场混淆行为，而现代竞争法有关知识产权（如商业秘密）保护的分量日趋加重。其实，从竞争法的发展历程可以看出，反不正当竞争法和反垄断法两者所体现的核心与精髓是不同的，前者主要是维护商业伦理或者商业道德、维护公平竞争，后者主要是维护竞争自由。

一、反不正当竞争法的概念

反不正当竞争法是指制止经营者采用欺骗、胁迫、利诱以及其他违背诚信原则的手段从事市场交易的各种不正当竞争行为，维护公平竞争的商业道德和交易秩序的法律制度。反不正当竞争法与维护自由竞争的反垄断法一起，共同构成现代竞争法的两大重要组成部分。

反不正当竞争法是以不正当竞争行为引起的社会关系为调整对象的法律部门。它既可以是指以制止不正当竞争行为为内容并以“反不正当竞争法”的名称命名的反不正当竞争专门法或者特别法，又可以是由有关反不正当竞争的一般法典、单行法以及判例法等组成的反不正当竞争法律规范的总称。我国的反不正当竞争法是由《反不正当竞争法》、反不正当竞争的地方性法规、行政规章等法律渊源构成的。①

二、反不正当竞争法的特征

与其他有关规制市场秩序、维护市场主体合法权益的法律相比，反不正当竞争法具有调整范围的针对性、调整手段的综合性、实体法与程序法相结合、弥补性的特征。

1. 调整范围具有针对性

我国反不正当竞争法主要调整典型的不正当竞争行为，1993年制定的《反不正当竞争法》鉴于特定的立法背景以及当时诸如部门垄断、地区封锁和公用企业限制竞争等行为对经济发展的严重影响，在《反垄断法》未及时立法的情况下，将部分限制竞争行为也纳入其调整范围。而经过修订，2018年1月1日起正式实施的《反不正当竞争法》将不正当竞争行为限定为7种，删除了本应由《反垄断法》规制的几类限制竞争行为，从而呈现出调整范围针对性的特征。

---

① 参见孔祥俊：《反不正当竞争法新论》，9页，北京，人民法院出版社，2001。

2. 调整手段具有综合性，并且以行政手段为主、其他手段为辅

不正当竞争行为不仅损害了经营者的合法权益，更为严重的是破坏了竞争的秩序。因此，为了维护正常的竞争秩序，竞争的行政执法是必不可少的。由于维护整体利益和竞争秩序的最适当的主体是政府，所以反不正当竞争法有大量行政执法的规定。当然，对于具体的受害者，反不正当竞争法也通过规定民事救济的措施来对其合法权益进行维护。

3. 实体法与程序法相结合

反不正当竞争法调整的内容不仅有实体性规定，也有程序性规定。反不正当竞争法对不正当竞争行为的界定是实体性的规定，同时，竞争执法机构对于制止不正当竞争行为、维护竞争秩序有不可或缺的作用，因此关于行政职权、行政执法程序的规定也是反不正当竞争法不能缺少的。

4. 弥补性

反不正当竞争法禁止的大多数不正当竞争行为都是典型的侵权行为，但是维护公平竞争秩序，仅仅依靠侵权法、知识产权法等民商法律、法规是不够的。反不正当竞争法在传统民商法对不正当竞争行为进行调整的基础上，对这些法律的调整拾遗补缺，弥补其规制不足的方面。

第三节　反不正当竞争法的立法目的与一般条款

一、反不正当竞争法的立法目的

立法目的是制定、解释、适用及法律理论研究的依据和指针，如果能真正认识到立法目的在个案操作中的实践意义，我们就会发现立法目的在实践中的生命力并不亚于具体的法律规定。现代反不正当竞争法服务于三重立法目的，即保护竞争者、保护消费者以及维护代表社会整体利益的公平竞争秩序。反不正当竞争法的立法目的一般均在立法中作出明确的规定。不同的国家或者同一国家的不同时期，有关反不正当竞争法的立法目的是存在一定的差异的。我国反不正当竞争法的立法目的是促进社会主义市场经济健康发展，鼓励和保护公平竞争，制止不正当竞争行为，保护经营者和消费者的合法权益。

【延伸阐述】①

反不正当竞争法立法目的的形成经历了一个由单一向多元的发展过程，并出现了个人权利说、社会权利说和消费者保护说等有关学说。

(1) 个人权利说。该学说认为，反不正当竞争法的立法目的是通过制止不正当竞争行为来维护正当经营者的个人权利。这一学说反映了早期反不正当竞争法在立法目的方面的特点。反不正当竞争法在产生之初，就是作为侵权行为法的特别法出现，来保护从事竞争活动的生产者或商人的个体利益。

(2) 社会权利说。该学说认为，反不正当竞争法对不正当竞争行为的规范和制止，不只是为了保护竞争者的权益，还是为了使其他市场主体和社会公众免受不正当竞争行为的侵害，以维护公平、自由的竞争机制与以竞争秩序为内容的社会公共利益。从20世纪30年代开始，各

---

① 参见吕明瑜：《竞争法》，221～222页，北京，法律出版社，2004。

国逐渐认识到反不正当竞争法不仅要保护诚实竞争者，而且要从维护社会公共利益出发，对竞争中的弊害予以控制，承担起维护竞争机制发挥正常作用的任务。

（3）消费者保护说。该学说认为，不正当竞争行为对消费者的权益损害严重，反不正当竞争法应将对消费者权益的保护作为立法目的之一。20世纪60年代以来，伴随着消费者权益保护运动的快速发展，各国的反不正当竞争法均将保护消费者权益作为其宗旨之一，并不断加大对消费者权益的保护力度。

二、反不正当竞争法的一般条款

任何成文法都有不周延性和滞后性等固有缺陷。由于各种因素的制约，法律不可能把所有社会关系都纳入其调整范围，作出相应的规定；而且法律一旦制定出来并公布、实施，就具有相对稳定性。现实生活中除了《反不正当竞争法》所列举的行为外，还存在着各种形式的不正当竞争行为，随着社会的发展、变化，还会出现难以预见的不正当竞争行为，法律不可能对所有的不正当竞争行为作出全面的列举规定，所以必须借助一般条款加以规范和调整，以弥补立法的遗漏。

（一）一般条款的界定

一般条款又称为概括条款，它大致在两种意义上使用：（1）把法律上的要件制定为抽象的、一般的规定，以善良风俗……正当理由……为要件的规定等即为适例。其具体的适用听任法官，具有灵活性，在根据社会情况变化可追求妥当性这一点上，是有特点的。私法上多用于这一意义。（2）公法上例如“认为公益上有需要时”，指以不确定的概念为行政行为要件规定，也还有把有关的情况同一整理为对象的规定，例如，不论以什么名义逃避规制的行为都是禁止的。①

反不正当竞争法的一般条款是指反映竞争执法机构或者法院在法律具体列举的不正当竞争行为以外，认定其他不正当竞争行为的构成要件的概括性法律规范的条文。反不正当竞争法的一般条款具有下列特点：（1）一般条款规定了认定不正当竞争行为的抽象条件，即给出认定或者识别不正当竞争行为的最一般的条件，而没有也不能描述不正当竞争行为的具体特征；（2）一般条款是法院或者行政执法机关在法律具体列举的不正当竞争行为以外认定其他不正当竞争行为的条款；（3）一般条款是一种开放式的条款，即其内容具有抽象性，据此可以认定不特定的不正当竞争行为，从而使一般条款具有广泛的适用性。②

【延伸阅读】

反不正当竞争法视野中的商业道德解读③

经济理性和道德理性是影响市场主体竞争行为的重要因素，因而融合了经济理性和道德理性的商业道德自然而然就会成为判断市场竞争行为是否正当与合法的重要依据。

---

① 参见［日］我妻荣编，马军等译：《新法律学词典》，24页，北京，中国政法大学出版社，1991。

② 参见孔祥俊：《反不正当竞争法的适用与完善》，50～63页，北京，法律出版社，1998。

③ 参见孟雁北：《我国反不正当竞争法视野中的商业道德解读——以互联网行业不正当竞争行为的规制为例证》，载《中国工商管理研究》，2012（12）。

第一，反不正当竞争法律制度本身天然就蕴含了商业道德的要素。法律制度中需要包含道德因素，因为“法起源于或者说应该起源于民德，民德渐渐演化为法律。民俗和民德随着生活状况的改变而逐渐变化，但是，几乎没有可以通过有意识的行为而使它们发生根本性改变的余地，立法必须在原有的民德中寻找立足点……立法为了自强，必须与民德相一致”。在现代各国的法律框架下，道德可以为法律提供“合法性”证明，也可以弥补成文立法的不足，因为道德的法律化使“正当”“公平”既成为道德规范又成为法律规范。法律是一定社会制度下社会、经济、道德与伦理观念的集合物，有利于中和多元化的利益关系，维系市场应有的道德底线。在成文规则发生冲突时，道德标准可以成为协调的超级规范。米尔恩就深刻地指出了这种优越性，即“道德在逻辑上先于法律。没有法律可以有道德，但是没有道德就不会有法律。这是因为，法律可以创设特定的义务，却无从创造服从法律的一般义务”；“一种实在法体系要成为实在，就只有在道德已然是人们实际关注的东西的地方，即在这样一个社会共同体中，这里的绝大多数社会成员承认他们具有道德义务，而且大部分成员能够也愿意履行这些义务”。将道德原则引入反不正当竞争法律制度当中，并且作为评价行为“正当”与“不正当”，进而决定“合法”与“不合法”的评判标准，就是用法律的形式确立竞争的道德要求。

第二，商业道德已经在反不正当竞争法中被法律化。我国《反不正当竞争法》第 2 条规定：“经营者在生产经营活动中，应当遵循自愿、平等、公平、诚信的原则，遵守法律和商业道德。”德国《反不正当竞争法》第 1 条规定：“对于任何在经营过程中为竞争目的而实施违反善良风俗行为的任何人，可以请求停止行为和承担赔偿责任。”善良风俗是德国判断能否构成不正当竞争行为的标准，对于善良风俗的含义，德国学术界和实务界都认为应当按照伦理标准进行衡量，并且在案例中将“善良风俗”界定为“具体的竞争行为，依其动机、目的、方法、相关情形和效果，是否违反参与交易圈的礼仪感，或为一般大众所非难而视为不可忍受，为决定之标准”。英美法国家将“不劳而获”“不播种而收获”等作为认定不正当竞争行为的基石，这样的理解本身也具有很浓厚的道德色彩。因此，经营者市场竞争行为的道德合理性与否，构成了反不正当竞争法对其禁止与否的逻辑起点。

第三，商业道德在我国《反不正当竞争法》实施中具有重要的作用。拉德布鲁赫指出：“法的有效性是建立在道德基础上的，因为法的目的是指向道德目标的。”当“商业道德”成为我国《反不正当竞争法》认定正当竞争行为与不正当竞争行为的标准时，其在执法实践和司法实践中的作用就已经凸显。例如，《最高人民法院知识产权案件年度报告（2010）》认为，适用《反不正当竞争法》第 2 条的原则规定认定构成不正当竞争应当同时具备以下条件：一是法律对该种竞争行为未作出特别规定，二是其他经营者的合法权益确因该竞争行为受到了实际损害，三是该种竞争行为因确属违反诚实信用原则和公认的商业道德而具有不正当性或者可责性；对于竞争行为尤其是不属于《反不正当竞争法》第二章列举规定的行为的正当性，应当以该行为是否违反了诚信原则和商业道德作为基本判断标准；在反不正当竞争法中，诚信原则主要体现为商业道德；商业道德所体现的是一种商业伦理，是交易参与者共同和普遍认可的行为标准，应按照特定商业领域中市场交易参与者即经济人的伦理标准来加以评判。

（二）各国（地区）反不正当竞争法中的一般条款

由于一般条款可以克服法律的不周延性和滞后性等固有缺陷，所以大多数国家（地区）都为反不正当竞争法规定了一般条款。《巴黎公约》规定，“违背诚实惯例的任何竞争行为，构成不正当竞争行为”。这也属于一般条款。反不正当竞争法中的一般条款是法院认定不正当竞争行为的重要依据，法院根据一般条款认定了大量的法律没有列举的不正当竞争行为，在维护公平的竞争秩序方面发挥了重要的作用。

1. 德国《反不正当竞争法》的一般条款

德国《反不正当竞争法》第1条规定：“行为人在商业交易中以竞争为目的而违背善良风俗，可向其请求停止行为和损害赔偿。”该条采用了内容宽泛的措辞以及“善良风俗”的标准，是请求停止不正当竞争行为和损害赔偿的基本法律基础。这使该法成为由一般条款加行为列举构成的法律。

德国最高法院在相关判决中指出：“具体的竞争行为，依其动机、目的、方法、相关情形和效果，是否违反参与交易圈的礼仪感，或为一般大众所非难而视为不可忍受，为决定之标准。”根据德国的学说和判例，围绕第1条实际上已经形成了系统的案例法，根据该条所形成的不正当竞争行为有：引诱顾客、阻碍自由竞争、盗用和违反法定或约定的义务等。[①]

2. 瑞士《反不正当竞争法》的一般条款

瑞士《反不正当竞争法》既有对具体行为的列举性规定，又有一般条款。瑞士的《反不正当竞争法》第2条规定：“具有欺骗性或以各种方式违反诚实信用原则，并影响竞争者之间或者供应商与客户之间的关系的所有行为或者商业做法，是不公平的和非法的。”该规定被认为是该法的一般条款并被认为是该法的基石。

3. 我国《反不正当竞争法》的一般条款

从形式上说，我国《反不正当竞争法》第2条第1款对基本原则的规定以及第2款关于不正当竞争行为的概念带有一般条款的性质，但不加限制地赋予执法机构根据个案随时认定不正当竞争行为的权力，也会导致法律和权力的滥用，不利于维护市场秩序。而且，从行政执法的角度讲，由于我国反不正当竞争法没有规定相应的行政处罚条款和行政责任条款，行政主管机关无法进行认定其他不正当竞争行为的行政执法工作，所以应确立一个能够操作的一般条款。从司法实践来看，人民法院可以依据我国《反不正当竞争法》第2条来认定7种不正当竞争行为以外的其他不正当竞争行为，并追究法律责任，因此，我国《反不正当竞争法》第2条就属于一般条款。

【典型案例】[②]

原告马克·布雷克展示公司诉被告上海喜马拉雅广告公司不正当竞争纠纷案

该案是由上海市第一中级人民法院依据《反不正当竞争法》第2条认定不正当竞争行为的一审案件。

原、被告均生产展示器材并在中国销售展示器材。原告诉称被告大量抄袭、模仿原告制作的广告，包括广告摄影作品、广告彩色图片、广告语等。但被告认为，原告制造的产品并未获得外观设计专利，被告有权生产同类产品；原告的广告并非艺术作品，不享有著作权，被告在广告中使用的插图、广告语、商标、企业名称均与原告广告中的相关部分有明显区别，不会引起消费者的混淆。

---

① 参见孔祥俊、刘泽宇、武建英编：《反不正当竞争法原理·规则·案例》，7～8页，北京，清华大学出版社，2006。

② 参见孔祥俊：《反不正当竞争法新论》，203～210页，北京，人民法院出版社，2001。

但具有独创性、显著性与区别性特征的广告，无疑包含着经营者在设计、制作该广告过程中所付出的智力劳动及其智力创作成果。抄袭、模仿竞争者广告的行为，是一种不正当地利用和享有竞争者竞争优势的行为，其后果足以使消费者对两种不同经营者制作的广告发生混淆，这种混淆不仅包括将两种广告误认为同一广告，也包括将不同的经营者误认为同一企业或者关联企业。上海市第一中级人民法院依据《巴黎公约》第10条之二，我国《反不正当竞争法》《广告法》《民法通则》等，判决被告停止不正当竞争行为、赔礼道歉、销毁侵权广告、赔偿损失。

广告是一种重要的商业标识，承载并反映经营者的商品声誉和商业信誉，并可以将经营者之间的经营活动区分开来。对他人具有显著性和区别性的广告的抄袭与模仿，的确会导致与他人的经营活动相混淆，属于《巴黎公约》第10条之二中规定的"以任何方法，对竞争对手的营业所、商品或者工商业活动造成混淆的一切行为"。虽然对他人广告的模仿未被纳入我国《反不正当竞争法》第5条对仿冒行为的规范，但却属通过对他人良好广告的模仿和抄袭而导致混淆，实际上是"搭便车"的不正当竞争行为，违反了《反不正当竞争法》第2条的规定。

还应注意，模仿自由是市场竞争的必然要求，但如果对模仿自由不加限制，则会打击经营者创新的积极性，从而妨碍市场竞争。正确处理模仿自由和保护创新之间的关系，是反不正当竞争法在执法和司法中应注意把握的一项精神，是反不正当竞争法对知识产权法保护智力创作成果的加强。

第四节　反不正当竞争法与反垄断法的关系

反不正当竞争法和反垄断法同属竞争法体系，是维护公平竞争秩序的两种重要的法律制度。它们分别从不同的角度来保障和促进公平、有效的竞争。反不正当竞争法是通过制止不正当竞争的行为来避免有失诚信、有损良俗的竞争行为对竞争者和消费者的危害，是对竞争者的市场竞争行为的具体规制。反垄断法则通过对垄断和限制竞争的行为与状态的规制来防止市场出现独占，保障市场上的自由、有效的竞争，为竞争者创造良好的外部竞争环境。

一、反不正当竞争法与反垄断法的区别

反不正当竞争法旨在静态地保障个别主体的财产权和人身权，属于传统的民事侵权法向商法和公法领域的一种自然延伸，表现为从法律上具体确认市场中的特殊侵权形式以及侵权人因不同违法程度承担不同的法律责任，属于事后补救、不告不理的救济型法律。与反不正当竞争法相比，反垄断法具有政策性、灵活性和行政主导性，偏重于实现管制和行政手段的运用，如调查市场机构状况、认定某些交易方式的合法性、核准企业兼并协议、引导企业达到具有效益兼竞争的规模等。两者的主要区别在于以下几方面。

1. 目的不同

反不正当竞争法是为了防止竞争过度，消除恶性竞争的影响，维护微观的竞争秩序。反垄断法是为了防止竞争不足，维护宏观的竞争秩序。

2. 作用不同

反不正当竞争法有利于保障静态的财产权和人身权，是竞争领域的侵权法，是传统民事侵权法在经济市场化和社会化程度提升后向商法领域及公法领域的一种自然延伸。反垄断法有利于实现动态的交易安全，不是维护个别主体的具体权益的法，尽管反垄断法在对限制竞争行为和垄断行为的规制中维护了经营者和消费者的利益，但反垄断法更关注公共利益，关注自由、公平竞争的市场环境，试图在经济效益和经济民主诸价值间求得平衡。

3. 调整对象不同

反不正当竞争法针对的对象是违反商业道德的不正当竞争行为，反不正当竞争案件中大多存在受到不正当竞争行为侵害的特定的当事人。反垄断法针对的对象是限制竞争行为等损害社会整体利益的行为，反垄断案件中不一定存在受垄断行为损害的特定的当事人。

4. 规范方式不完全相同

反不正当竞争法的规定和适用则较为具体，行为的合法性和非法性非常明确。反垄断法的规定和适用较笼统，灵活性和政策性较强，有些行为是否是非法行为有时会因为依据经济环境、经济政策和经济形势来进行综合判断，而在不同的历史时期出现不同的结论性意见。

5. 调整方法和救济措施不同

反不正当竞争法主要是事后救济，以民事制裁手段、行政手段为主，辅以刑事制裁的手段。由于不正当竞争行为是典型的侵权行为，非法性极强，所以即便没有反不正当竞争法的调整，民事侵权行为法也能进行规制。因此有些大陆法系的国家，如法国，就没有专门的反不正当竞争法，法国竞争法由 1953 年制定的《保持与重建工商业自由竞争的法规》和 1986 年制定的《价格自由竞争和竞争法令》组成，其内容主要是反垄断的。① 反垄断法主要是事前管制，如调查市场结构、掌握和公布垄断情况及垄断企业名单、核准卡特尔等，偏重行政手段，并辅以民事制裁和刑事制裁手段，专门的执法机构也是必不可少的。

二、反不正当竞争法与反垄断法的联系

如果说危害社会单个主体权利的不正当竞争行为属于简单、低层次的反竞争行为的话，那么，限制竞争行为、垄断行为则属于危害社会众多主体权利的复杂、高层次的反竞争行为。垄断行为与不正当竞争行为在经济上的密切联系也使两个法律部门关系密切。垄断是竞争的异化，它常常是不正当竞争所追求的目标，而垄断的形成一方面限制了竞争的开展，另一方面在广泛的市场上也加剧了不正当竞争手段的运用。并且，有些市场行为既具有垄断性质，又是不正当的竞争行为，两者很难截然分开。正因为如此，在实践中规制垄断行为和不正当竞争行为的两个法律部门实际上也是紧密配合、互相补充的，以共同保障和促进市场竞争。

反垄断法与反不正当竞争法的联系主要表现在以下几个方面。

1. 调整范围存在交叉和重叠②

反不正当竞争法和反垄断法都着眼于对市场竞争中的社会冲突加以协调和规范，市场竞争关系是它们共同关注的调整范围。因此，在这两法确定各自的调整对象时，不正当竞争行为、限制竞争行为之间并不存在泾渭分明的绝对界限，并由此可能出现法律适用上的竞合。

---

① 参见种明钊主编：《竞争法学》，204 页，北京，高等教育出版社，2002。

② 参见种明钊主编：《竞争法》，87 页，北京，法律出版社，2005。

2. 立法存在合并和交叉

立法的合并和交叉是指在反垄断法中规定部分反不正当竞争的条款，或者在反不正当竞争法中规定少量反垄断和反限制竞争的条款（我国反不正当竞争法即属此种情形），或者一个法典包括反垄断和反不正当竞争两个完整的部分。例如，美国的反垄断法中就同时包含着对垄断行为、限制竞争行为和不正当竞争行为的规定；匈牙利的《反不正当竞争法》也规范了垄断行为、限制竞争行为和不正当竞争行为这三类行为。

3. 执法机构的统一

许多国家都以统一的专门机构来作为这两种法律的执行机关，如美国的联邦贸易委员会、日本的公正交易委员会等。当然，并不能因此而混淆这些专门机构办理两类不同案件的案由。在具体案件的执法过程中，反垄断法和反不正当竞争法的执法目的与执法手段也是不同的。

4. 违法制裁近似

各国（地区）对垄断和不正当竞争的违法制裁都很严厉，且处罚方式大体相同，刑事制裁主要是监禁和罚金，民事制裁主要是损害赔偿，行政制裁主要是责令停止违法行为和罚款。尽管如此，也不能因此混淆垄断和不正当竞争这两类不同性质的行为，对这两类行为进行规范的具体制裁手段是不同的。

问题与思考

北京金融城网络有限公司诉成都财智软件有限公司不正当竞争纠纷案[①]

原告北京金融城网络有限公司（以下简称金融城公司）与被告成都财智软件有限公司（以下简称财智公司）均为经营计算机网络信息服务的企业法人。金融城公司于 2000 年 2 月与中国建设银行北京市分行（以下简称建行北京分行）合作开设了 295 金融城网站（网址为：http：//www.295.net.cn），财智公司此前开设了财智网（网址为：http：//www.imoney.com.cn）。在这两家公司开设的网站中均有金融信息服务内容。为向公众提供外汇交易服务信息，金融城公司通过与建行北京分行合作，制作了“中国建设银行北京市分行外汇币种走势图”，并在 295 金融城网“外汇频道”中发布。金融城公司通过自己开发的专用软件对建行北京分行提供的外汇交易牌价数据进行处理后，以曲线图的形式在网上发布，交易走势图上反映的外汇行情变化曲线每 30 秒钟刷新一次。该交易走势图在 295 金融城网站页面上的显示状态是一幅独立于页面背景内容的图形，标题即为“中国建设银行北京市分行外汇币种走势图”，图页本身没有制作者标志。2000 年 6 月中旬，财智公司在所开设的财智网上，越过 295 金融城网站主页，直接对在该网外汇中心频道下的交易走势图进行了链接，将其链至财智网外汇中心栏目下。在链接期间财智公司没有对被链走势图整体显示状态进行修改。同年 8 月中旬，财智公司经与金融城公司联系，在得知金融城公司不同意此链接行为后，随即自行取消了链接。然而，金融城公司还是将财智公司推上了被告席，认为“财智公司未经本公司许可，在其开设的财智网上越过 295 金融城网站主页，直接对‘交易走势图’建立链接，其行为足以使访问者误以为财智网是‘交易走势图’的开发制作者，已构成不正当竞争”。

---

① 转引自徐孟洲：《经济法学原理与案例教程》，184～185 页，北京，中国人民大学出版社，2006。案情参见北京市第二中级人民法院（2000）二中初字第 122 号民事判决书。

根据上述案例请思考下列问题：

（1）财智公司的行为是否构成不正当竞争行为？如果是，它属于我国反不正当竞争法规定的哪一类不正当竞争行为？

（2）如何看待反不正当竞争法中的一般条款，其价值与意义如何？

参考文献

1. 邵建东．德国反不正当竞争法研究．北京：中国人民大学出版社，2001
2. 孔祥俊．反不正当竞争法新论．北京：人民法院出版社，2001
3. 种明钊主编．竞争法．北京：法律出版社，2005
4. 徐孟洲．经济法学原理与案例教程．北京：中国人民大学出版社，2006
5. 谢晓尧．竞争秩序的道德解读．北京：法律出版社，2005

第十二章

市场混淆行为规制

本章概要

自从实行市场经济体制以来，不正当竞争行为就开始在我国的市场交易中存在，并严重扰乱了社会主义市场经济秩序。在不正当竞争行为中，最常见的表现形式之一，就是有些竞争者为了谋求自身利益以假冒、仿冒的手段来侵害合法竞争者的利益，通过搭别人的“便车”销售自己的商品，造成了市场混淆，具有巨大的社会危害性。因此，各国反不正当竞争法均将市场混淆行为作为其规制对象。

市场混淆行为是指经营者采用擅自使用他人有一定影响的标识或名称等不正当竞争手段，使其商品、营业或服务与他人的商品、营业或服务相混同，而导致或者足以导致购买者误认的不正当竞争行为。

关键术语

市场混淆行为　擅自使用　有一定影响　混淆　误认

第一节　市场混淆行为概述

一、市场混淆行为的概念和特征

（一）市场混淆行为的概念

市场混淆行为也被称为欺骗性交易行为或仿冒行为，是指经营者采用擅自使用他人有一定影响的标识或名称等的不正当竞争手段，使其商品、营业或服务与他人的商品、营业或服务相混同，而导致或者足以导致购买者误认的不正当竞争行为。

我国《反不正当竞争法》第6条规定：经营者不得实施下列混淆行为，引人误认为是他人商品或者与他人存在特定联系：（1）擅自使用与他人有一定影响的商品名称、包装、装潢等相同或者近似的标识；（2）擅自使用他人有一定影响的企业名称（包括简称、字号等）、社会组织名称（包括简称等）、姓名（包括笔名、艺名、译名等）；（3）擅自使用他人有一定影响的域名主体部分、网站名称、网页等；（4）其他足以引人误认为是他人商品或者与他人存在特定联系的混淆行为。

（二）市场混淆行为的特征

市场混淆行为一个非常重要的特征在于该行为不仅损害了消费者的利益，破坏了竞争秩序，而且冒充特定竞争对手的商品或服务，也会损害竞争对手的利益。

市场混同行为的特征主要是以下几个。[①]

（1）市场混淆行为涉及三方当事人，即混淆行为的实施者、被混淆的经营者和购买者。混淆行为的实施者是从事不正当竞争行为的主体，而被混淆的经营者大多是混淆行为实施者的同业竞争者，而此处的购买者可以是在具体混淆行为中已经购买假冒、仿冒商品或服务的特定的消费者和用户，也可以是可能购买这些商品或服务的不特定的消费者和用户。

（2）被混淆的客体是其他经营者的商品或服务的特定的标识。这里被混淆的商品或服务的标识范围非常广泛，我国反不正当竞争法规定的标识具体包括与他人有一定影响的商品名称、包装、装潢等相同或者近似的标识，企业名称（包括简称、字号等），社会组织名称（包括简称等），姓名（包括笔名、艺名、译名等）。在互联网领域，被混淆的客体还包括他人有一定影响的域名主体部分、网站名称、网页等。

（3）市场混淆行为的目的是造成与其他经营者的商品或服务的混淆，行为的后果是已经或者可能造成市场混淆。从市场混淆行为的目的来看，该行为的实施者之所以要擅自使用他人有一定影响的标识或名称等，目的就是将自己的商品与别人的商品混淆在一起无法让人正确地进行区分，使购买者发生误认、误购；从市场混淆行为的结果来看，该行为在客观上已经或非常可能造成商品或服务之间的混同，混淆的后果已经或非常可能发生。

【典型案例】

“加州牛肉面大王”服务表征被仿冒案[②]

美国鸿利国际公司（以下简称鸿利公司）1986年来华经营餐饮业，其经营的餐厅一直使用“美国加州牛肉面大王”名称，使用“红蓝白”装饰牌幅，该牌幅获外观设计专利。北京市西城区馨燕快餐厅也使用了“美国加州牛肉面大王”的名称，后经鸿利公司请求和工商行政管理部门要求，改为“美加牛肉面大王”，餐厅横幅牌匾颜色的排列顺序为“红白蓝”，与鸿利公司的外观设计专利的排列顺序不同。

在本案中，“美国加州牛肉面大王”的称谓究竟是什么性质以及如何进行保护，显然是一个难点。法院认为，鉴于原告的商品为知名商品，从保护消费者利益的角度出发，被告应停止使用“美国加州牛肉面大王”名称。也即法院认为，之所以判决被告不得继续使用该名称，“主要是为了保护消费者的利益。若被告继续使用该名称，消费者往往会对被告经营的牛肉面产生误认，从而侵害了消费者的利益”。“美国加州牛肉面大王”名称既不是鸿利公司及其连锁店的企业名称或商号，也不是其注册商标，该名称更像是鸿利公司的服务名称，即标示其服务

---

① 参见种明钊主编：《竞争法学》，100～101页，北京，高等教育出版社，2002。

② 参见孔祥俊：《反不正当竞争法的适用与完善》，123～127页，北京，法律出版社，1998。

的称谓，因为从整体上看，鸿利公司的连锁店是提供服务的，横幅牌匾装潢以及“美国加州牛肉面大王”名称是其服务的装潢和名称。由此，《反不正当竞争法》第6条中的商品是否包括服务就是一个很关键的因素。

事实上，狭义上的商品（不包括服务的商品）与服务毕竟在标识形态上有着不同，服务的标识比商品的标识更为复杂，涉及服务主体（经营者）的标章等企业识别标志、从业人员的制服、营业场所的装潢、特殊的活动安排等，更体现了一种动态和组合。所有这些都是与狭义上的商品判然有别的，将对服务与狭义上的商品的仿冒行为的区分主要是基于两者之间的这些差异。

由此可知，对于商品或服务的标识无论从理论上还是实践中来说，都有必要采取例示性规定而不宜采用列举式规定。首先，这是维护法律调整严密性的需要。商品或者营业、服务的标识会随着经济的发展而发展变化，法律只能列举一些典型的标识形式，若不对与这些典型形式性质相同的其他标识作调整，必然出现漏洞，不利于维护竞争秩序。因此，使用列举性规定不如使用例示性规定严密。在《反不正当竞争法》修订之前，我国一些地方性法规已进行了突破性的尝试。一些反不正当竞争的地方性法规对仿冒、假冒商品标识的范围进行了扩展，如《四川省反不正当竞争条例》第9条规定：“经营者不得擅自使用他人的企业名称或者姓名及代表其名称或者姓名的文字、图形、代号，引人误认为是他人的商品。经营者不得擅自更换他人所产商品上的标识。”这些地方性法规将代表经营者名称或者姓名的文字、图形、代号之类的标识纳入法规的调整范围，显然扩展了《反不正当竞争法》的规定，尽管这些规定也是列举式而不是例示性的。而且，从禁止市场混淆行为的国际立法趋势来看，对于禁止仿冒的商品或服务的标识的保护范围越来越宽。我国新修订的《反不正当竞争法》禁止擅自使用与他人有一定影响的商品名称、包装、装潢等相同或者近似的标识以及他人有一定影响的企业名称（包括简称、字号等）、社会组织名称（包括简称等）、姓名（包括笔名、艺名、译名等），将原有商业标识获得保护的双重限定变更为单一限定。这一规定显然加强了对商业标识的保护，将商品和服务同时划定在法律保护范围内。

二、“误认”或“混淆”结果的认定①

在我国《反不正当竞争法》第6条的实施过程中和市场混淆行为是否构成的认定过程中，“误认”或“混淆”是否存在是一个非常关键的问题。“购买者”是否误认和市场混淆的结果是否发生应遵循个案分析的原则，具体问题具体分析。竞争执法机构和司法人员通常应遵循以下几个原则来判断“购买者”是否误认和市场混淆结果是否发生或可能发生。

（一）“误认”和“混淆”结果的发生应作广义的解释

按照传统的法学理论，混淆是指具有替代性或有竞争关系的产品的品牌、名称、包装、装潢相同或近似，并发生把仿冒品当成正品商品而误认、误购的结果。没有这种结果的，不能认定为混淆。反不正当竞争法的执法和司法实践应对“误认”和“混淆”作广义的理解而不能作狭义的理解。例如，误认不仅应包括“购买者”将甲产品、营业或服务误认为乙产品、营业或

① 参见孟雁北：《论市场混淆行为中的“购买者”问题——兼谈我国〈反不正当竞争法〉第5条的修改》，载《成人高教学刊》，2004（1）。

服务，还应包括“购买者”认为甲商品、营业或服务与乙商品、营业或服务之间有某种加盟、关联或赞助的关系，或者“购买者”对仿冒的商品、营业或服务与知名商品、营业或服务之间的关系产生联想，认为两者属于系列产品，或者属于投资或合作关系，或者两者的质量相近或相同。而国际竞争立法也倾向于对“误认”或“混淆”从广义的角度来理解，如《反不正当竞争示范条款》及其注释第 2 条第 2.04 款的规定就是从广义的角度对“误认”和“混淆”进行界定的。①

（二）“误认”和“混淆”结果的发生需要进行综合平衡

对于擅自使用他人有一定影响的标识或名称等的不正当竞争行为是否会造成“购买者”误认和市场混淆还要遵循综合平衡的原则，不能为了对拥有竞争优势的经营者进行保护就完全不考虑其他经营者的利益。

（1）判断“购买者”误认和市场混淆的结果是否发生应具有全局的视角，并不是只有假冒或仿冒者将标识或名称作为自己的商品、营业或服务的商标使用才会引起市场混淆，造成“购买者”误认，实际上标识或名称被用作其他商品、营业或服务的装潢、包装或者成为其他市场主体的企业名称、网址名称都可能造成“购买者”的误认和市场的混淆。

（2）尽管注册商标专用权、外观设计专利权、企业名称专用权和网址名称专用权都有相应的法律进行规范和维护，但当这些权利之间出现冲突的时候，或者这些权利与没有取得专用权的包装、装潢等出现冲突的时候，反不正当竞争法是最好的利益平衡的法律，而进行利益平衡的一个重要尺度就是是否造成了“购买者”的误认、是否产生了市场混淆。

（3）“误认”和“混淆”的认定灵活性非常强，同一行为主体的同一非法使用行为，如果换了不同的情境就需要重新进行认定。例如，销售地点的不同、宣传内容的不同、销售价格的不同，都会造成“购买者”判断和理解的不同。

（4）即使“误认”或“混淆”的结果已经或可能发生，我们也不能把所有的使用他人有一定影响的标识或名称的行为都视为市场混淆行为。为了进行利益平衡和实现维护竞争的立法目的，反不正当竞争法在对市场混淆行为进行规范时规定例外条款是必不可少的。

在各国（地区）的实务中，下列行为通常不被视为市场混淆行为②：

（1）使用的著名标识是商品、营业或服务的通用名称或惯用标识，例如“巨峰”葡萄、“玫瑰香”葡萄、阿司匹林等。

（2）善意地使用自己的姓名。自然人的姓名与法人的名称还存在不同，尤其我国大多数的自然人姓名字数很短，常常是 2 到 3 个汉字，因此，姓名间的区别性就比较差，自然人间姓名重合就在所难免。因此，《反不正当竞争法》禁止的主要是姓名使用上的恶意行为，善意的使用姓名行为即使造成一定程度的混淆一般也不被认定为市场混淆行为。

---

① 《反不正当竞争示范条款》及其注释是世界知识产权组织国际局于 1994 年至 1995 两年计划编撰的，供各国立法参考。该款规定为：“混淆的概念不应局限于对商业性来源或产地的混淆，还应包括可表明业务联系的任何事物，比如在同一商标或类似商标的两个使用者之间的混淆（有关附属关系的混淆）。而且混淆还应包括，在一些情况下，尽管并不认为商品或服务是同一出处，但也许因其相似性而认为有关商品或服务的商标的使用已经过另一企业同意（保证人混淆）。”

② 日本的《不正当竞争防止法》第 2 条规定了不被视为市场混淆结果发生的具体情形。这样的立法规定正是利益平衡原则的体现。具体条文可参见《各国反垄断法汇编》编选组编：《各国反垄断法汇编》，北京，人民法院出版社，2001。

(3) 他人的标识在社会公众所普遍认知前的善意使用行为。这是对在先权利的保护，反不正当竞争法在对市场混淆行为进行规范的过程中，还需要对其他市场主体的在先权利进行保护，但在先权利人也应依诚信原则来使用自己的标识，不能搭有竞争优势的市场主体的“便车”。

(4) 其他根据利益平衡原则不被视为市场混淆行为的行为。

三、市场混淆行为的法律规制

从各国（地区）竞争立法和市场经济的实践来看，市场混淆行为是一种古老的不正当竞争行为，最初的反不正当竞争法主要是针对有形商品的市场混淆。《巴黎公约》以及大多数国家的反不正当竞争法都禁止市场混淆行为。

(一)《巴黎公约》及《反不正当竞争示范条款》

《巴黎公约》在其第 10 条之二所列举的特别禁止的三类不正当竞争行为中，首先提及的就是市场混淆行为，即“不论依什么方法，性质上对竞争者的营业所、商品或工商业活动造成混淆的一切行为”。

《反不正当竞争示范条款》第 2 条规定了“与他人的企业或企业的活动产生混淆”，即：“1.【一般原则】依工商业活动中，与他人的企业或企业的活动，尤其是该企业提供的产品或服务产生或者可能产生混淆的任何行为或做法，将构成不正当竞争行为。2.【混淆的例子】混淆尤其是在有关下列事项上产生：(1) 商标，不论是否注册；(2) 商号；(3) 商标或商号以外的商业标识；(4) 产品的外观；(5) 商品或服务的表述；(6) 著名人士或众所周知的虚构形象。”

世界知识产权组织国际局对上条的注释中提到：(1) 决定一个行为是否构成不正当竞争行为时，无须考虑有没有混淆的故意，而且，也不必要求实际发生了混淆，因为混淆的可能性足以成为主张不正当竞争行为的基础。(2) 将与知名商标相同或近似的标记用于并不相同的商品或服务时，一样要承担责任。作为一般原则，既然在不同的商品或服务上未经许可使用他人的商标不可能引起混淆，那么这种行为就不被认为构成商标侵权行为，因为商标法在传统上仅保护有关相同或近似商品或服务的行为。然而，当将相同或近似于知名商标的标记用于不同的商品或服务时，可能导致混淆。在不同的商品或服务的广告中试图使消费者联想其商品服务与知名商标的商品或服务有关系的情况下，对知名商标的使用尤其会产生混淆后果。不管知名商标是否注册，这种情况都是一样的。(3)“商标或商号以外的商业标识”一词，包括一系列标识，诸如在工商业活动中传递有关企业或企业生产的商品或提供的服务的某种风格的商业代号 (business symbols)、徽章 (emblems)、标志 (logos)、标语 (slogans)。

(二) 大陆法系国家的相关规定

大陆法系国家反不正当竞争法对于市场混淆行为一般都明文予以禁止。

德国《反不正当竞争法》第 16 条规制了市场混淆行为，规定：行为人在商业交易中使用姓名、商号或使用营利业务、工业企业或印刷品的专门标志，而使用方式足以与他人有权使用的姓名、商号或特别标志相混淆的，可以对行为人请求停止使用。假如使用人已知或应知滥用程度足以引起混淆，则应对受害人负损害赔偿的责任。这些商业标志与其他用于区分这类业务与其他类业务的、在所参与的交易范围内视为营利业务标志的特定设计，都被视为营利业务的特别标志。

日本《不正当竞争防止法》主要在第1条规定禁止市场混淆行为，即“因下列各项行为之一的行为，营业上的利益可能蒙受损失者，有权要求停止该项行为：(1) 在本法施行的地区内，使用众所周知的他人的姓名、商号、商品的容器包装等与他人的商品标记相同或类似的标记，或者销售、周转或出口使用这种标记的商品，而与他人的商品产生混淆的行为；(2) 在本法施行的地区内，使用众所周知的他人的姓名、商号、商标等与他人营业上的标记相同或类似的标记，而与他人营业上的设施或活动产生混淆的行为”。

（三）英国禁止仿冒制度

英国没有专门的反不正当竞争诉讼，与市场混淆行为相对应的是称为“仿冒行为”（passing off）的侵权行为（tort）或非法行为（wrong）。简言之，仿冒行为就是一个商人因主张另一个商人仿冒了其商品或服务而提起的民事诉讼。英国反不正当竞争法主要是在仿冒诉讼的基础上发展起来的，其禁止仿冒制度则是通过禁止仿冒行为的判例累积而成的。注意：作为一种侵权行为的“仿冒行为”将损害结果作为其构成要件之一，而典型的不正当竞争行为中的市场混淆行为并不要求损害结果必然产生，只要有可能造成市场混淆就需要进行规范。

“仿冒行为”一词是1842年由 Perry v. Truefitt 案首先确立的，并奠定了现代“仿冒行为”法律制度的基础。Langdale 勋爵在此案中对“仿冒行为”的原则性陈述为以后所广泛采纳，即“一个人不得在假冒他人的商品的情况下销售其自己的商品；他不能被允许进行如此的欺骗，也不允许采取达到此种目的的手段。因此，他不能被允许使用能够引起购买者相信其所销售的商品为他人所制造的姓名、标记、文字或者其他标识”。对“仿冒行为”的要旨的界定以 Halsbury 勋爵在 Reddaway v. Banham 案中的表述最为流行，即任何人无权将自己的商品表述为他人的商品。以前，英国法院认为“仿冒行为”之诉是用来保护英国在商标或商号上的财产权，原告为获取救济，必须证明对其争议的商标或商号有独占使用权。目前，“仿冒行为”所保护的内容已明确为商誉，因虚假表示而使商誉受到损害的，可以“仿冒行为”起诉，而并非以欺诈起诉。

（四）我国反不正当竞争法对市场混淆行为的规制

我国《反不正当竞争法》第18条规定，经营者违反本法第6条规定实施混淆行为的，由监督检查部门责令停止违法行为，没收违法商品。违法经营额5万元以上的，可以并处违法经营额5倍以下的罚款；没有违法经营额或者违法经营额不足5万元的，可以并处25万元以下的罚款。情节严重的，吊销营业执照。经营者登记的企业名称违反本法第6条规定的，应当及时办理名称变更登记；名称变更前，由原企业登记机关以统一社会信用代码代替其名称。

第二节　假冒他人注册商标行为

商标是区分商品的重要标志，它与商品名称、企业名称、商品装潢等标识共同组成了商品或服务的商业表征，是商品能够进行竞争的基础。但在商标注册的问题上，大多数国家实行的是商标注册自愿的原则，未经注册的商标，不能取得商标专用权。商标注册人依法取得商标专用权，他人未经商标注册人的许可，不得在注册商标所核定的相同或类似的商品上使用与该注册商标相同或近似的商标，否则，构成商标侵权行为。我国新修订的《反不正当竞争法》删除了假冒他人注册商标的规定，强化了其与《商标法》的关系协调与衔接。

一、假冒他人注册商标行为的界定

假冒他人注册商标行为是指未经注册商标所有人的许可，在同一种商品或类似商品上使用与其注册商标相同或近似的商标的不正当竞争行为。

（一）假冒他人注册商标行为的法律规制

我国《商标法》第 57 条规定：有下列情形之一的，均属侵犯注册商标专用权：（1）未经商标注册人的许可，在同一种商品或类似商品上使用与其注册商标相同或者近似的商标的；（2）未经商标注册人的许可，在同一种商品上使用与其注册商标近似的商标，或者在类似商品上使用与其注册商标相同或近似的商标，容易导致混淆的；（3）销售侵犯注册商标专用权的商品的；（4）伪造、擅自制造他人注册商标标识或者销售伪造、擅自制造的注册商标标识的；（5）未经商标注册人同意，更换其注册商标并将该更换商标的商品又投入市场的；（6）故意为侵犯他人商标专用权行为提供便利条件，帮助他人实施侵犯商标专用权行为的；（7）给他人的注册商标专用权造成其他损害的。

对于侵犯注册商标专用权的行为，我国《商标法》第 67 条规定：未经商标注册人许可，在同一种商品上使用与其注册商标相同的商标，构成犯罪的，除赔偿被侵权人的损失外，依法追究刑事责任。伪造、擅自制造他人注册商标标识或者销售伪造、擅自制造的注册商标标识，构成犯罪的，除赔偿被侵权人的损失外，依法追究刑事责任。销售明知是假冒注册商标的商品，构成犯罪的，除赔偿被侵权人的损失外，依法追究刑事责任。

（二）假冒他人注册商标行为的具体表现形式

假冒他人注册商标行为有多种多样的表现，其具体的表现形式主要有以下几种。

1. 在同一商品或服务上使用与他人注册商标相同的商标

这是最原始的注册商标假冒行为，现在造假者采用此种方法的情况已经越来越少。此处的商标相同，是指被控侵权的商标与权利人的注册商标相比，二者在视觉上基本无差别。

2. 在同一商品或服务上使用与他人注册商标近似的商标

此处的商标近似是指被控侵权的商标与权利人的注册商标相比，其文字的字形、读音、含义或者图形的构图及颜色，或者其各要素组合后的整体结构相似，或者其立体形状、颜色组合近似，易使相关公众对商品的来源产生误认或者认为其来源与权利人的注册商标的商品有特定的联系。

例如，某厂生产的产品使用“泰山”组合商标，文字是魏体的“泰山”，图形是起伏的山峦，其间白云缭绕，而其竞争对手在相同的商品上使用“秦山”组合商标，文字是魏体的“秦山”，图形是起伏的山峦，其间白云缭绕。由于两个商标图形很难找出差异，而文字部分“秦”

和“泰”极为相似，极易误导消费者。

3. 在类似商品或服务上使用与他人注册商标相同的商标

类似商品是指在功能、用途、生产部门、销售渠道、消费对象等方面相同，或者相关公众一般认为其存在特定联系，容易造成混淆的商品。类似服务是指在服务的目的、内容、方式、对象等方面相同，或者相关公众一般认为其存在特定联系，容易造成混淆的服务。商品与服务的混淆是指商品和服务之间存在特定联系，容易使相关公众混淆。

4. 在类似商品或服务上使用与他人注册商标近似的商标

人民法院在认定商品或者服务是否类似时，通常以相关公众对商品或服务的一般认识综合判断；《商标注册用商品和服务国际分类表》《类似商品或服务区分表》可以作为判断类似商品或者服务的参考。

【背景资料】

最高人民法院《关于审理商标民事纠纷案件适用法律若干问题的解释》第10条规定：人民法院依据《商标法》第52条第1项的规定，认定商标相同或者近似按照以下原则进行：(1)以相关公众的一般注意力为标准；(2)既要进行对商标的整体比对，又要进行对商标主要部分的比对，比对应当在比对对象隔离的状态下分别进行；(3)判断商标是否近似，应当考虑请求保护注册商标的显著性和知名度。

二、假冒未注册商标行为的法律规制

商标注册实行自愿原则，经营者可以使用未注册商标，但《商标法》只保护注册商标，只有注册商标才享有注册商标专用权。

尽管未注册商标没有获得注册商标专用权，但是如果未注册商标是文字商标，那么该文字必然是使用该商标的商品的一种称谓，可以将其作为该商品的名称；如果未注册商标是一种识别商品的图形，那么该图形可以视为商品的装潢。因此，仿冒未注册商标可以按照反不正当竞争法规定的仿冒商品名称或者装潢行为来论处。当然，此时被擅自使用的未注册商标的商品应该是知名商品，否则按照我国《反不正当竞争法》的规定很难构成不正当竞争行为。

从理论上分析，“知名”也应该是反不正当竞争法保护商标的必要条件，因为只有商标或商品是知名的，购买者才会产生误认，假冒者才可能借此利用知名商标所有人的竞争优势，才会产生不正当竞争和影响竞争秩序，否则，虽然注册商标所有人享有注册商标专用权，未注册商标所有人就该商标可能享有其他的合法权益，但这些权利只是一般的私权，当注册商标专用权或者未注册商标的合法利益受到侵害时，运用商标法或者民法对权利和利益进行保护就可以了。如果就商标来讲，无论是未注册的商标还是注册商标，假冒行为本身并没有造成混淆的话，对竞争秩序的影响是很小的，因此就不涉及反不正当竞争法保护的问题。[①] 相反，如果是未经注册的著名商标，最典型的例证就是未经注册的外国著名商标，虽然没有在我国进行注

① 反不正当竞争法对这些行为不进行规范并不代表其他法律对这种行为不进行规范，民法、商标法等对这种仿冒不知名的商标的行为也会规定其承担的法律责任，即是对这种行为的规范。

册，但由于存在造成市场混淆的可能，进而破坏竞争秩序，所以反不正当竞争法仍需要进行规制。

商标法重点保护的是注册商标的专用权，因此未注册商标主要由反不正当竞争法来进行保护，在这个问题上反不正当竞争法对商标法有补充作用，而且反不正当竞争法对商标的保护重点并不在注册商标专用权上，而是把商标看作商品或服务的标识来进行保护的。因此，商标法禁止在相同或近似的商品上使用相同或近似的商标，反不正当竞争法则不受此限制，即在不同或者不近似的商品上使用相同或近似的商标的，如果能产生市场混淆的结果，同样予以禁止。另外，商标法不保护未注册商标，而反不正当竞争法不但保护注册商标，而且保护未注册商标，但对未注册商标的保护通常要求未注册商标是知名的或使用该商标的商品是知名的商品。

在实践中，我国《反不正当竞争法》仅仅规范假冒注册商标的行为，并且明确规定对此种行为按照《商标法》处罚，这就使《反不正当竞争法》对假冒注册商标行为的规定除表明这种行为属于不正当竞争行为外，没有更多的现实意义。

【背景资料】

最高人民法院《关于审理商标民事纠纷案件适用法律若干问题的解释》第 1 条规定：下列行为属于《商标法》第 52 条第 5 项规定的给他人注册商标专用权造成其他损害的行为：(1) 将与他人注册商标相同或者相近似的文字作为企业的字号在相同或者类似商品上突出使用，容易使相关公众产生误认的；(2) 复制、摹仿、翻译他人注册的驰名商标或其主要部分在不相同或者不相类似商品上作为商标使用，误导公众，致使该驰名商标注册人的利益可能受到损害的；(3) 将与他人注册商标相同或者相近似的文字注册为域名，并且通过该域名进行相关商品交易的电子商务，容易使相关公众产生误认的。第 2 条规定：依据《商标法》第 13 条第 1 款的规定，复制、摹仿、翻译他人未在中国注册的驰名商标或其主要部分，在相同或者类似商品上作为商标使用，容易导致混淆的，应当承担停止侵害的民事法律责任。

第三节 擅自使用与他人有一定影响的商品名称、包装、装潢等相同或者近似的标识的行为

商品的名称、包装、装潢是商品的外部特征，知名商品所特有的名称、包装、装潢更具有区别商品来源的作用，是购买者识别商品的显著标记，也凝聚着经营者的诚实劳动和智慧成果，在一定程度上反映了商品经营者的商业信誉和商品声誉，理应受到法律的保护。

擅自使用与他人有一定影响的商品名称、包装、装潢等相同或者近似的标识的行为是指未经允许使用与他人有一定影响的商品名称、包装、装潢等相同或者近似的标识，造成或足以造成与他人的商品相混淆，使购买者误认为是该商品的不正当竞争行为。

与 1993 年法相比，新修订的《反不正当竞争法》第 6 条删除了 1993 年法第 5 条第 1 项假冒注册商标和第 4 项引人误解的虚假表示的内容，成为禁止注册商标以外的仿冒、混淆行为的专条。将 1993 年法规定的假冒注册商标行为删除，并由此划分了反不正当竞争法与商标法的界限和关系；1993 年法第 5 条第 4 项规定的引人误解的虚假表示与虚假宣传性质相同，均归入

修订后的第 8 条误导性宣传之中。新修订的《反不正当竞争法》将原有商业标识获得保护的双重限定变更为现在的单一限定，即商业标识无须同时满足“知名商品”和“特有性”，仅需满足“有一定影响”即可获得法律保护。

擅自使用与他人有一定影响的商品名称、包装、装潢等相同或者近似的标识的行为的构成要件主要有以下几项。

一、被使用的商品名称、包装、装潢，必须是他人的且有一定影响

此处的商品是广义的概念，除包括商品以外，还包括服务、营业等。这里的“有一定影响”是指商品的名称、包装、装潢不是相关商品所通用的，并具有显著的区别性特征。名称是指商品独有的与通用名称有显著区别的商品名称，但该名称已经作为商标注册的除外。包装是指为识别商品以及方便携带、储运而使用在商品上的辅助物和容器。装潢是指为识别与美化商品而在商品或者包装上附加的文字、图案、色彩及其排列组合。

我国最高人民法院在《关于审理不正当竞争民事案件应用法律若干问题的解释》（2007 年 2 月 1 日起施行）中规定，具有区别商品来源的显著特征的商品的名称、包装、装潢，应当认定为《反不正当竞争法》第 5 条第 2 项规定的“特有的名称、包装、装潢”。有下列情形之一的，人民法院不认定为知名商品特有的名称、包装、装潢：（1）商品的通用名称、图形、型号；（2）仅仅直接表示商品的质量、主要原料、功能、用途、重量、数量及其他特点的商品名称；（3）仅由商品自身的性质产生的形状，为获得技术效果而需有的商品形状以及使商品具有实质性价值的形状；（4）其他缺乏显著特征的商品名称、包装、装潢。前款第（1）（2）（4）项规定的情形经过使用取得显著特征的，可以认定为特有的名称、包装、装潢。

二、擅自使用标识的行为不限于对商品的名称、包装、装潢作相同或近似的使用

新修订的《反不正当竞争法》第 6 条第 1 项未要求在相同或类似商品上使用商品标识，这恰恰体现了反不正当竞争保护的特性，即此类仿冒、混淆行为原则上限于在相同或类似商品上的使用，但如果在非类似商品上的使用足以引人误认为具有关联关系，仍可适用反不正当竞争法来保护。

三、擅自使用标识的行为必须造成与他人的商品相混淆

擅自使用标识的行为必须造成与他人的商品相混淆，使购买者误认为是该商品。

四、擅自使用标识的行为必须是对他人商品的有关标识的擅自使用

擅自使用标识的行为必须是对他人商品的有关标识的擅自使用。如果经营者是通过合法的途径获得这些标识的使用权，就不会构成不正当竞争行为。

【背景资料】[①]

商品标识的区别性特征是相对而言的，一些商品标识本来缺少显著特征，但在长期使用过程中，由于广泛行销以及宣传得当，依靠其所标示的商品的优异质量而赢得了消费者的信赖，从而具有区别商品来源的显著的区别性特征。这属基于使用结果而创造出来的区别性特征。其最初的理论根据为美国由商标权取得的使用主义所发展而来的次要意义原则（secondary meaning），即商人因将标示商品的标章作为商标使用，就可以取得商标专用权，而所使用的标章原本不具有显著性的，如叙述性标章，长久沿用的公司名称、行号、营业名称，简单文艺创作标题、非固有显著性设计和符号、容器和包装的外观、非固有显著性商品和容器现状等，如因继续使用的结果，使其非显著性变为显著性的，并具有新的特殊意义，使消费者认知并产生商品来源的联系的，一旦使用者能够举证证明，在法律上即像一般商标那样受保护，禁止他人不实交易和“搭便车”的行为。

第四节　擅自使用他人有一定影响的企业名称、社会组织名称或姓名的行为

擅自使用他人的企业名称、社会组织名称或姓名的行为，实际上就是盗用他人的商业信誉和商品信誉的不正当竞争行为。对此，我们着重从以下几个方面进行理解。

一、企业名称、社会组织名称或姓名

企业名称是一个企业区别于其他企业的文字符号，依次由企业所在地的行政区划、字号、行业或者经营特点、组织形式等四部分组成。字号是区别不同企业的主要标志。企业名称经核准登记便在规定的范围内享有专用权，具有排他性。企业名称是企业的无形资产，它一旦在公众中树立了良好的商业信誉，便对公众产生极大的吸引力。

社会组织名称是社会组织在运行过程中使用的名称。具有一定的市场知名度、为相关公众所知悉的社会组织名称，可以认定为有一定影响的社会组织名称。

姓名是一个公民区别于其他公民的文字符号。依据我国《民法通则》的规定，公民享有姓名权，有权决定、使用和依照规定改变自己的姓名，禁止他人干涉、盗用、假冒。

二、擅自使用他人有一定影响的的企业名称、社会组织名称或姓名的行为的构成要件

擅自使用他人有一定影响的企业名称、社会组织名称或姓名的行为是指经营者未经他人许可而在市场交易中使用他人的企业名称、社会组织名称或姓名，引人误认为是他人商品或服务

---

① 参见孔祥俊、刘泽宇、武建英编：《反不正当竞争法原理·规则·案例》，68页，北京，清华大学出版社，2006。

的不正当竞争行为。依据有关法律规定，该行为的构成要件是以下几项。

1. 被冒用的对象是他人的企业名称、社会组织名称或姓名

被冒用的企业名称要作广义的理解。这里的企业，不仅是指具有独立的法人资格的公司企业，即有限责任公司和股份有限公司，也包括不具有独立的法人资格的企业，如个人独资企业、合伙企业。除此之外，我国还存在大量的中外合资经营企业、中外合作经营企业、外资企业等。上述这些企业的名称或字号都不能被冒用，冒用行为是典型的不正当竞争行为。

新修订的《反不正当竞争法》第 6 条第 2 项对市场主体混淆行为的规定，在 1993 年法规定的基础上进行了细化、扩张和创新，如括号之内独特的解释性规定将社会组织名称包含在内。其中，对简称、字号、笔名、艺名、译名等保护均已为此前的司法解释或者司法实践所承认。在中国境内进行商业使用，包括将企业名称、社会组织名称、姓名用于商品、商品包装以及商品交易文书上，或者用于广告宣传、展览以及其他商业活动中，应当认定为“使用”。

自然人的姓名、笔名等不能被冒用。

2. 行为人未经权利人的许可而对他人的企业名称、社会组织名称或姓名加以利用

擅自使用是一个重要的构成条件，那些经由权利人依法转让或者许可而对他人的企业名称、社会组织名称或者姓名进行使用的行为，不构成不正当竞争行为。

3. 擅自使用行为引人误认为是他人的商品

擅自使用他人的企业名称或姓名还需要造成市场混淆的后果，如果市场混淆没有发生，那么反不正当竞争法就没有必要进行规范。

三、商标与企业名称的使用冲突[①]

商标与企业名称的使用冲突是指将与他人注册商标相同或近似的文字作为企业名称中的字号注册使用，使商标与字号发生的冲突。

审理商标与企业名称使用冲突纠纷案件，应当遵循诚信原则和保护在先合法权益的原则，侵权人的行为造成消费者对商品或服务的来源产生误认和混淆，或者造成消费者误认为不同经营者之间具有关联关系，或者对驰名商标造成不良影响，构成不正当竞争行为的，人民法院可以判令停止使用权益名称或者对该企业名称的使用方式和范围作出限制。因侵权人主观上具有过错给权利人造成损害的，法院还应当判令赔偿损失。

判断商标与企业名称中字号的使用冲突能否造成消费者误认、混淆或可能产生混淆，即对不同经营者提供的商品或者服务的商业来源以及不同经营者之间具有关联关系的误认、混淆，应该以侵权行为发生时的有关事实为依据，同时还应当考虑但不限于以下因素：(1) 销售商品或者提供服务的渠道和方式；(2) 双方所经营的商品或者服务的类似程度以及消费者购买时的注意程度；(3) 是否有证据证明已经造成了实际混淆；(4) 被告人是否具有利用或者损害他人商誉的故意等，综合作出判断。

审理商标与企业名称使用冲突纠纷应当依法保护在先合法登记并使用企业名称者享有继续使用的合法权益，即在注册商标申请日前已经合法登记并使用的企业名称中的字号与他人商标相同或者近似的，企业名称使用人有权继续使用该企业名称。

---

① 参见北京市高级人民法院编：《办案手册》，2003 年第 1 辑·关于商标与使用企业名称冲突纠纷案件审理中若干问题的解答，159～163 页，北京，中国人民公安大学出版社，2003。

第五节　擅自使用他人有一定影响的域名主体部分、网站名称、网页的行为

新修订的《反不正当竞争法》第6条第3项将域名等互联网领域的市场标识单独作为一种类型。此前有关域名的司法解释曾经以反不正当竞争法一般条款来解决涉及此类商业标识的权利冲突，且通常针对的是互联网公司抢注其他商业标识作为域名的情形。新修订的《反不正当竞争法》将域名等互联网领域的市场标识单独作为一种类型，解决了域名等的法律地位和保护问题，扩大了混淆行为所侵害之客体范围。该规定采取了列举性规定，对“等”字概括规定应作出与列举事项相一致的类似解释，即不属于域名主体部分、网页和网站名称的范围，但仍属于类似的互联网领域的特殊商业标识。

擅自使用他人有一定影响的域名主体部分、网站名称、网页的行为是指经营者未经他人许可而在市场交易中使用他人的域名主体部分、网站名称、网页，引人误认为是他人商品或服务的不正当竞争行为。依据有关法律规定，该行为的构成要件是如下几项。

1. 被冒用的对象是他人域名主体部分、网站名称、网页

依据相关法律规定，构成该类型不正当竞争，被冒用的对象是他人有一定影响的域名主体部分、网站名称、网页。

2. 行为人未经权利人许可而对他人的域名主体部分、网站名称、网页加以利用

擅自使用是一个重要的构成条件。那些经由权利人依法转让或者许可而对他人的域名主体部分、网站名称、网页进行使用的行为，不构成不正当竞争行为。

3. 擅自使用行为引人误认为是他人的商品或服务

擅自使用他人的域名主体部分、网站名称、网页还需要造成市场混淆的后果，如果市场混淆没有发生，那么反不正当竞争法就没有必要进行规范。

此外，新修订的《反不正当竞争法》中第6条第4项设定了兜底条款，所规范的只能是不属于第6条第1、2、3项范围的任何仿冒市场活动标识的混淆行为。

问题与思考

2012年7月6日，广药集团与加多宝公司分别向法院提起诉讼，均主张享有“红罐王老吉凉茶”知名商品特有包装、装潢的权益，并据此诉指对方生产、销售的红罐凉茶商品的包装、装潢构成侵权。广东省高级人民法院一审认为，“红罐王老吉凉茶”包装、装潢的权益享有者应为广药集团，大健康公司经广药集团授权生产、销售的红罐凉茶不构成侵权。由于加多宝公司不享有涉案包装、装潢的权益，故其生产、销售的一面“王老吉”、一面“加多宝”和两面“加多宝”的红罐凉茶均构成侵权。广东省高级人民法院判令加多宝公司停止侵权行为，刊登声明消除影响，并赔偿广药集团经济损失1.5亿元及合理维权费用26万余元。

加多宝公司不服一审判决，向最高人民法院提起上诉。最高人民法院终审判决认为，本案中的知名商品为“红罐王老吉凉茶”，在“红罐王老吉凉茶”产品的罐体上包括“黄色王老吉

文字、红色底色等色彩、图案及其排列组合等组成部分在内的整体内容”，为知名商品的特有包装、装潢。广药集团与加多宝公司均主张对“红罐王老吉凉茶”的特有包装、装潢享有权益，具体而言：作为“王老吉”注册商标的权利人，广药集团认为，因“王老吉”商标是包装、装潢不可分割的组成部分，并发挥了指示商品来源的显著识别作用，消费者当然会认为“红罐王老吉凉茶”来源于“王老吉”商标的权利人，而配方、口味并不会影响消费者对商品的识别和判断。作为“红罐王老吉凉茶”曾经的实际经营者，加多宝公司认为，包装、装潢的权益与“王老吉”商标权的归属问题各自独立，互不影响。消费者喜爱的是由加多宝公司生产并选用特定配方的“红罐王老吉凉茶”，本案包装、装潢由加多宝公司使用并与前述商品紧密结合，包装、装潢的相关权益应属于加多宝公司。最高人民法院对此认为，结合“红罐王老吉凉茶”的历史发展过程、双方的合作背景、消费者的认知及公平原则的考量，因广药集团及其前身、加多宝公司及其关联企业，均对涉案包装、装潢权益的形成、发展和商誉建树发挥了积极的作用，将涉案包装、装潢的权益完全判归一方所有，均会导致显失公平的结果，并可能损及社会公众利益。因此，涉案知名商品特有包装、装潢的权益，在遵循诚实信用原则和尊重消费者认知并不损害他人合法权益的前提下，可由广药集团与加多宝公司共同享有。在此基础上，广药集团所称加多宝公司生产销售的红罐凉茶商品，以及加多宝公司所称大健康公司根据广药集团授权生产销售的红罐凉茶商品构成擅自使用他人知名商品特有包装、装潢的主张，均不能成立，对广药集团及加多宝公司的诉讼请求均予以驳回。

根据上述案例请思考下列问题：

（1）请结合新修订的《反不正当竞争法》第 6 条，分析本案中涉及的各方法律关系。

（2）如何确定该案中的赔偿数额？

参考文献

1. 全国人大常委会法制工作委员会民法室编著．《中华人民共和国反不正当竞争法》释义．北京：法律出版社，1994

2. 种明钊主编．竞争法学．北京：高等教育出版社，2002

3. 孔祥俊等编著．反不正当竞争法原理・规则・案例．北京：清华大学出版社，2006

4. 孔祥俊．商标与不正当竞争法原理和判例．北京：法律出版社，2009

第十三章

商业贿赂行为规制

本章概要

贿赂是一种十分古老而普遍的社会现象，早在人类社会进入私有制的阶级社会以后，一些人为了达到政治、经济目的或谋取其他利益，就开始向国家官吏行贿。而商业贿赂作为贿赂的一种表现形式，则是随着商品经济的发展而逐步产生和发展起来的。在市场经济高度发达的国家，许多政治丑闻都与商业贿赂有关，而在许多发展中国家，商业贿赂现象同样严重。我国作为市场经济转型国家，市场机制和体系尚未健全，市场运行中，尤其是土地开发、建设项目的承发包以及医药销售等领域中存有大量商业贿赂行为。

商业贿赂行为是指经营者为获得交易机会或有利的交易条件，为获取优于其竞争对手的竞争优势，而采用财物或其他手段贿赂特定经营者或者与经营活动密切相关的个人的行为。商业贿赂行为包括商业行贿与商业受贿两个方面。

在西方国家市场经济发展的初期，其政府对商业贿赂行为并未加以干预，故演化为当时的商业习惯。但是，随着市场经济的发展，商业贿赂行为妨碍公平竞争、破坏市场机能的正常发挥的社会危害性愈加突出，而且蔓延到非政治性捐款与海外贿赂，从而引起各国的重视。由于商业贿赂行为是市场经济中一种常见且危害性极大的不正当竞争行为，因而大多数国家都通过立法或判例予以禁止，典型的国家有美国、德国、日本、奥地利等。

商业贿赂行为的表现形式是多种多样的，除了回扣、非法佣金、附赠式商业贿赂等行为外，还存在诸如优惠购买、重奖经销商、瓶盖有奖回收等间接商业贿赂行为。

关键术语

商业贿赂行为　商业行贿　商业受贿　回扣　折扣　佣金　附赠

第一节　商业贿赂行为概述

一、商业贿赂行为的概念

商业贿赂行为是指经营者为获得交易机会或有利的交易条件，为获取优于其竞争对手的竞争优势，而采用财物或其他手段贿赂特定经营者或者与经营活动密切相关的个人的行为。

商业贿赂行为包括商业行贿与商业受贿两个方面。商业行贿是指经营者为了销售、购买商品或服务，违反法律向交易相对人或其他人员给付财物或其他利益的不正当竞争行为；而商业受贿是指经营者或与经营活动密切相关的人员，违反法律规定，索取或收受他人的财物或其他利益，为他人谋取经济利益的行为。在实践中，商业行贿行为与商业受贿行为是相互依存的，没有商业行贿行为就不会有商业受贿行为，但在执法和司法实践中，因为行为主体、行为目的和承担的法律责任不同，所以商业行贿和商业受贿是两种相对独立的行为。

【背景资料】

唱片业行贿 125 年——从香港乐坛“廉政风暴”谈起①

2003 年，香港英皇娱乐集团主席杨受成等 22 名相关人士因涉嫌唱片贿选，被廉政公署拘捕调查。在一位卸任的英皇多媒体集团高级行政人员看来，这显然不会是最后一次。“相当一段时间以来香港警方也好，廉署也好，一直很针对他，也一直拿他没办法。这次查他贿赂排行榜的事，其实只是找个借口，希望可以顺藤摸瓜查出他们真正想要查的问题罢了。”这位英皇前高层在电话里告诉记者：“在我看来杨受成那么老练，他不会有什么大事。”但这个“借口”，却在内地掀起了揭批流行乐坛“黑幕”的高潮。其实，对流行音乐工业略知一二的人都明白，给媒体种种“好处”以推销唱片是长期存在的事实。不过在很多人的想象中，电台主持人或电视台制片人会拿到一大笔钱，然后他们反复播放一个作品，或者把它们放到各种排行榜的高位，或者反复让某歌手在著名电视演唱会上露面。这可以说有失偏颇。

无独有偶。2003 年 2 月，美国参议院召集了一场听证会，讨论由威斯康星州议员鲁斯·芬格德提出的一项法案，意在控制电台“新的有偿播放体系”。这引起《纽约时报》、ABC、PBC 等主流媒体的关注。当《时代》周刊疾呼“唱片业贿赂又回来了”的时候，《华盛顿都市报》却摆出更加“明白人”的姿态说，这不过是老调重弹罢了。“事实上唱片业贿赂并非真的‘回来’，而只是回到了报纸上。125 年来，贿赂已经成为流行音乐经济的常规组成部分，对此作出建设性变革的可能性，大概与人类社会战胜毒品的机会相等。”

英语中表示贿赂音乐节目主持人以促销唱片的行为，有专门的词“payola”，不同于通常的贿赂“bribe”。早期，任何可以成为媒介的人都可获得唱片公司的恩惠，如酒馆里的歌舞艺人、公共沙龙里负责为投币式自动钢琴换乐谱的伙计，甚至在街头演奏手风琴的盲人。20 世纪初，美国电影院门前有种“拉洋片歌手”，他们给等待入场的观众唱歌解闷。纽约“锡锅街”（当时的美国流行音乐中心）的唱片公司付钱给这些艺人，让他们把歌曲灌输到大众脑子里去。默片

① 见 http：//www.rednet.com.cn.《南方周末》（作者李宏宁，编辑岳谨），访问日期：2003 - 07 - 26。

时代，电影开始前，伴奏钢琴师所弹奏的也是最新流行歌曲大串联，钢琴师当然也得到唱片公司的“照应”。当时还有首歌曲，讽刺唱片公司雇了“托儿”坐在剧场的便宜座位上，大声跟唱某首歌曲，以“帮助”大家感受它的吸引力。

1960 年，美国联邦贸易委员会对广播业中的秘密行贿发布禁令，禁止音乐节目主持人接受唱片制造商的款项而尽量播放其唱片。美国联邦贸易委员会认为，听众因此误认为所播放的录音节目是从流行的音乐中精选出来的，因为一种唱片的流行是它被多次播放的结果，故发布禁令。该禁令直接促使 1960 年美国《通讯法修正案》的通过，其规定，这种支付必须由接受者公开，并且在广播中宣布。

二、商业贿赂行为的特征

1. 商业贿赂行为的主体是经营者或与经营活动密切相关的个人

商业贿赂行为的主体可以分为商业行贿主体和商业受贿主体。

从实践来看，商业贿赂的受贿人可能包括下列情况：(1) 受贿人是交易相对方的工作人员，包括法人的法定代表人、其他经济组织的代表人和法人或其他经济组织的代理人。(2) 受交易相对方委托办理相关事务的单位或者个人。这里的单位是指法人或其他经济组织；这里的个人是指作为交易主体的个人，而不是作为交易主体的法定代表人或委托代理人的个人。单位可以成为受贿主体是我国立法的一大特色，大多数国家均认为单位不是受贿主体。例如，《布莱克法律辞典》所解释的商业贿赂中，受贿人是交易对方的雇员、中间人或代理人。因为在私有制国家，私人企业的财产是个人的财产，企业和企业主的利益具有同一性，如果向企业行贿而企业收受贿赂，则该贿赂仍属于企业主所有，此时对于企业主而言，是没有什么意义的，所以，只有向个人（雇员或代理人）行贿才能达到行贿人的不正当竞争目的。而在我国，因为存在着国家（集体）、企业和个人之间的不同的利益关系，企业是国家（集体）的，国家（集体）享有最终利益；企业是利益载体，享有中介利益；个人（职工等）享有个人利益。如果向企业行贿，企业本身可从受贿中获得利益，即小团体的利益，由此行贿人仍可以达到不正当竞争目的。(3) 利用职权或者影响力影响交易的单位或者个人。

2. 商业贿赂行为在主观上是故意和自愿的，行贿者的目的是获得交易机会和竞争优势

商业贿赂行为的成立是在行贿人愿意行贿而受贿人对贿赂进行接受的基础上发生的，因此，商业贿赂行为的双方当事人在主观上通常都是故意的，而且双方能够达成默契，因为双方都可以从贿赂行为中获得好处。贿赂的目的可以是多重的，例如调动工作、提高待遇、升官、子女升学、调动户口等，但这些贿赂均不具有商业的性质。商业贿赂行为的特殊之处就在于贿赂的目的是获得交易机会和竞争优势。

3. 商业贿赂行为采取隐蔽的方式进行

由于商业贿赂行为不仅是不正当竞争行为，而且涉及刑事犯罪问题，所以商业贿赂行为以越来越隐蔽的方式进行，如行贿人常常利用银行的秘密账户或假公司户头、编制假账目而秘密支付贿金等，而越来越少地通过财物的收受来行贿。

4. 商业贿赂行为采取的不正当竞争手段具有多样性

商业贿赂的手段和表现方式包括奖品、奖金或者其他免费项目，而并不局限于财物。英国就规定，如果医药公司为了推销其产品给购买药品的单位或医生而提供免费旅游或免费饮料、食品及其他物品和代金券，其负责人将被科以最高额可达 5 000 英镑的罚款以及可达 2 年的监

禁。受贿人将受到同样的处罚。

5. 商业贿赂行为具有违法性和极大的社会危害性

商业贿赂行为是反不正当竞争法禁止的不正当竞争行为，是刑法贿赂罪要规范的行为，是财务会计法律禁止的行为。这种行为不仅损害了竞争对手的利益，而且使国家财产大量流失，使公平竞争秩序受损，滋生了社会腐败现象，因而具有极大的社会危害性。

第二节　商业贿赂行为的法律规制

在西方国家市场经济发展初期，其政府对商业贿赂行为并未加以干预，故演化为当时的商业习惯。但是，随着市场经济的发展，商业贿赂行为妨碍公平竞争、破坏市场机能的正常发挥，其社会危害性愈加突出，而且蔓延到非政治性捐款与海外贿赂，从而引起各国的重视并通过法律加以禁止。

一、各国对商业贿赂行为的法律规制

商业贿赂行为是市场经济中一种常见且危害性极大的不正当竞争行为，因而大多数国家都通过立法或判例予以禁止。不过有些国家使用了商业贿赂的概念，如美国；有些国家没有使用商业贿赂的概念，如日本等。

（一）美国

美国禁止商业贿赂行为，对商业贿赂行为提起诉讼有多种法律依据。例如，1914 年的《克莱顿法》第 2 条明确规定，商人在其商业过程中，支付、准许、收取、接受佣金、回扣或其他补偿是非法的；并在第 3 条、第 4 条中针对不同情况下的商业贿赂行为作出了具体的规定。再如，根据《联邦贸易委员会法》第 5 条，可将商业贿赂行为作为不正当竞争行为进行处理；也可以根据《鲁宾逊-帕特曼法》第 2 条进行指控。1977 年，美国国会还通过了《反海外贿赂法》，禁止美国企业通过贿赂获取或者保持海外业务。该法规定，任何美国企业为了获得或保持业务，而向任何外国官员、政党、政党官员等支付金额或送礼或允诺这样做，都是违法的。尽管有维护美国公司形象的考虑，但在更高程度上是为了维护良好的商业道德。

【典型案例】

天津德普公司商业贿赂案

天津德普诊断产品有限公司（以下简称天津德普公司）是美国 DPC 的子公司，DPC 是全球最大的诊断设备生产企业。根据美国司法部提供的报告，天津德普公司从 1991 年到 2002 年期间，向中国公立医院医生行贿 162.3 万美元，用来换取这些医疗机构购买美国 DPC 的产品，天津德普公司从中赚取 200 万美元。根据美国《反海外贿赂法》，美国 DPC 被处以近 480 万美元的巨额罚金。大量事实显示，天津德普公司的销售人员以现金直接交付的方式，贿赂给那些决定医院特殊部门购买权的人员。天津德普公司在资料上记录了这些支出，记在“销售费用”一栏。天津德普公司的总经理定期准备财务说明，报告给美国 DPC。美国司法部指控其违反《反海外贿赂法》后，2005 年 5 月 20 日，美国 DPC 宣布，同意并承认美国司法部的指控，并由该公司及天津德普公司分别于美国司法部、美国证券交易委员会达成协议缴纳罚金。

（二）德国

德国《反不正当竞争法》第 12 条规定："在商品交易中，行为人以竞争为目的而给工业企业的职员或受任人提供、许诺或授予一种利益，以此作为在取得商品或工业给付时以不正当的方式给自己或第三人换取优惠的相应给付，应对行为人科以最高为 1 年的徒刑或罚款。商事企业的职员或受任人在商业交易中要求，让人许诺或接受一种利益，以此作为在取得商品或工业给付时以不正当的竞争方式给他人换取优惠的相应给付，应对该职员或受任人同等处罚。"德国对商业行贿行为和商业受贿行为一并进行了规制。

（三）奥地利

奥地利反不正当竞争法禁止商业贿赂行为，禁止为获取商品或者服务供应上的优势，而通过不正当行为向企业的雇员或者代理人提供、允诺或者给予礼品或者其他利益。该禁止规定同样适用于雇员或代理人为不公平的商品或服务的供应而接受礼品或者其他利益。

该禁止规定只适用于经营过程中的行为，像家庭主妇为买到质量好的肉而给肉店雇员小费，因不属于经营活动，就不属于商业贿赂行为。

【背景资料】

2003 年 12 月 10 日，来自 43 个国家的代表在墨西哥正式签署了《联合国反腐败公约》。中国和美国一样，成为第一批签署公约的国家。这是一部全面的反腐败公约，调整范围很广。贿赂外国公职人员或者国际公共组织官员，与贿赂本国公职人员、影响力交易、私营部门内的贿赂并列为公约中所规定的贿赂犯罪的四种行为。《联合国反腐败公约》第 21 条规定，各缔约国均应当考虑采取必要的立法和其他措施，将经济、金融或者商业活动过程中下列故意实施的行为规定为犯罪：一是直接或间接向以任何身份领导私营部门实体或者为该实体工作的任何人许诺给予、提议给予或者实际给予该人本人或者他人不正当好处，以使该人违背职责作为或者不作为；二是以任何身份领导私营部门实体或者为该实体工作的任何人为其本人或者他人直接或间接索取或者收受不正当好处，以作为其违背职责作为或者不作为的条件。《联合国反腐败公约》凝聚了全球反腐败的最新理念和合作机制方面的经验，是迄今为止关于治理腐败犯罪的最为完整、全面而又具有广泛性的国际法律文件。

二、我国对商业贿赂行为的法律规制

（一）禁止商业贿赂行为的《反不正当竞争法》及相关规章

我国《反不正当竞争法》第 7 条规定："经营者不得采用财物或者其他手段贿赂下列单位或者个人，以谋取交易机会或者竞争优势：（一）交易相对方的工作人员；（二）受交易相对方委托办理相关事务的单位或者个人；（三）利用职权或者影响力影响交易的单位或者个人。经营者在交易活动中，可以以明示方式向交易相对方支付折扣，或者向中间人支付佣金。经营者向交易相对方支付折扣、向中间人支付佣金的，应当如实入账。接受折扣、佣金的经营者也应当如实入账。经营者的工作人员进行贿赂的，应当认定为经营者的行为；但是，经营者有证据证明该工作人员的行为与为经营者谋取交易机会或者竞争优势无关的除外。”这里的“财物”是指现金和实物，包括经营者为销售或者购买商品，假借促销费、宣传费、赞助费、科研费、劳务费、咨询费、佣金等名义，或者以报销各种费用等方式，给付对方单位或者个人的财物。这里的“其他手段”是指提供国内外各种名义的旅游、考察等给付财物以外的其他利益的手段。

若违反上述规定，我国《反不正当竞争法》第 19 条设置了相应的责任制度，即经营者违反本法第 7 条规定贿赂他人的，由监督检查部门没收违法所得，处 10 万元以上 300 万元以下的罚款；情节严重的，吊销营业执照。

（二）禁止商业贿赂行为的相关立法

我国除了《反不正当竞争法》对商业贿赂行为作出了禁止性规定外，还有其他一些单行法律法规也作了相应的规定。比如，《药品管理法》第 58 条规定，禁止药品的生产企业、经营企业和医疗机构在药品购销中账外暗中给予、收受回扣或者其他利益。禁止药品的生产企业、经营企业或者其代理人以任何名义给予使用其药品的医疗机构的负责人、药品采购人员、医师等有关人员以财物或者其他利益。禁止医疗机构的负责人、药品采购人员、医师等有关人员以任何名义收受药品的生产企业、经营企业或者其代理人给予的财物或者其他利益。

国家有关行政立法和行政纪律规范，从加强行政监督管理和处理、规范国家机关行政工作人员行为的角度，对禁止商业贿赂行为进行了规定，如国务院发布的《国家行政机关工作人员贪污贿赂行为处分暂行规定》等均有对商业贿赂行为进行规制的内容。

（三）禁止商业贿赂行为的刑事立法

我国《刑法》对贿赂犯罪作出了非常具体的规定，其中包括对商业贿赂行为的规范。其中《刑法》第 385 条第 2 款规定：国家工作人员在经济往来中，违反国家规定，收受各种名义的回扣、手续费，归个人所有的，以受贿论处。第 387 条规定，国家机关、国有公司、企业、事业单位、人民团体，在经济往来中，在账外暗中收受各种名义的回扣、手续费的，以受贿论处。第 389 条规定：在经济往来中，违反国家规定……给予国家工作人员以各种名义的回扣、手续费的，以行贿论处。

【典型案例】

人民网北京 2013 年 7 月 11 日电（记者苏楠） 记者从公安部获悉，根据国家相关部门提供的线索，日前，公安部统一组织指挥湖南长沙、上海和河南郑州等地公安机关对葛兰素史克（中国）投资有限公司［Glaxo Smith Kline（China）Investment Co. Ltd，英文简称为 GSK］部分高管涉嫌严重经济犯罪依法立案侦查。

公安机关现已查明，作为大型跨国药企，近年来葛兰素史克（中国）投资有限公司在华经营期间，为达到打开药品销售渠道、提高药品售价等目的，利用旅行社等渠道，采取直接行贿或赞助项目等形式，向个别政府部门官员、少数医药行业协会和基金会、医院、医生等大肆行贿。同时，该公司还存在采用虚开增值税专用发票、通过旅行社开具假发票或虚开普通发票套取现金等方式实施违法犯罪活动。该案涉及人员多，持续时间长，涉案数额巨大，犯罪情节恶劣。现有证据充分证明，葛兰素史克（中国）投资有限公司部分高管和相关旅行社的部分高层人员已涉嫌严重商业贿赂和涉税犯罪。

此外，公安机关还查明，葛兰素史克（中国）投资有限公司部分高管涉嫌利用职务之便，通过旅行社以提取会议业务回扣、接受项目好处费等形式大肆收受贿赂。

第三节　商业贿赂行为的表现形式

一、商业贿赂行为与回扣行为

回扣是指经营者为了促成交易，在账外暗中给予交易对象或有关人员财物的行为。回扣行为是法律明确规定的商业贿赂行为，其中，“账外暗中”不是商业贿赂行为构成的一般要件，却是回扣行为构成的法定要件。

1. 回扣行为的法律界定

对于回扣行为，法律最为明确的界定是国家工商总局制定的《关于禁止商业贿赂行为的暂行规定》第 5 条的规定：“本规定所称回扣，是指经营者销售商品时在账外暗中以现金、实物或者其他方式退给对方单位或者个人的一定比例的商品价款。”回扣行为只是商业贿赂行为的一种表现形式，不能将商业贿赂行为和回扣行为混为一谈，因商业贿赂行为还有其他的表现形式。

2. 折扣行为的法律界定

折扣是经营者在原定价格的基础上给对方一定比例的减让，以公开明示的方式给交易对方的一种价格优惠行为。折扣行为是商业惯例普遍认可的行为，如季节性折扣、促销折扣等。折扣是经营者在激烈的市场竞争中的一种营销策略。对于折扣行为，法律最为明确的界定是国家工商总局制定的《关于禁止商业贿赂行为的暂行规定》第 6 条的规定：本规定所称折扣，即商品购销中的让利，是指经营者在销售商品时，以明示并如实入账的方式给予对方的价格优惠，包括支付价款时对价款总额按一定比例即时予以扣除和支付价款总额后再按一定比例予以退还两种形式。

3. 回扣与折扣的区别

虽然回扣与折扣在形式上有相似之处，但两者有本质的不同，主要表现在：（1）“账外暗中”与“明示如实入账”是回扣与折扣的本质区别。按照法律相关规定，“明示如实入账”即为折扣，“账外暗中”即为回扣。折扣行为是企业正常的促销行为，受到法律的规范和保护；回扣是一种典型的商业贿赂行为，被法律严格禁止。由于折扣与回扣在表现形式上有相似之处，有的经营者会假借折扣之名，行回扣之实。这种名为折扣实为回扣的行为当然属商业贿赂行为。（2）当事人上的差别。折扣发生在购销双方当事人之间，只能给交易对方当事人，而不能给其经办人员；回扣既可能给交易对方当事人，落入单位“小金库”，也可能给对方单位的主管人员或者经办人员，落入其个人腰包。（3）经营者让利的理由不同。经营者提供折扣一般存在充分的理由，不会无缘无故进行价格减让；而回扣从表面上是没有充分理由的，其实质理由是获得交易机会或竞争优势。

二、商业贿赂行为与佣金行为

佣金是指经营者以公开明示的方式付给促成交易的具有经营资格的中间人的劳务报酬，可以由买方支付，也可以由卖方支付。对于佣金行为，法律最为明确的界定是国家工商总局制定的《关于禁止商业贿赂行为的暂行规定》第 7 条的规定："本规定所称佣金，是指经营者在市场交易中给予为其提供服务的具有合法经营资格的中间人的劳务报酬。"

在商业活动中，佣金本身是一种合法的支付方式。我国《反不正当竞争法》第 7 条第 2 款规定，经营者在交易活动中，可以以明示方式向交易相对方支付折扣，或者向中间人支付佣金。经营者向交易相对方支付折扣、向中间人支付佣金的，应当如实入账。接受折扣、佣金的经营者也应当如实入账。但是，如果经营者利用佣金这种合法形式从事商业贿赂行为，则该行动依然属不正当竞争行为。

在实践中，非法佣金行为主要存在以下两种情形：(1) 中间人不具有合法的经营资格。例如，贵阳市工商行政管理局查处了一起以非法中间人收取佣金而构成商业贿赂行为的案件：某邮政公寓自开业以来为了提高客房出租率，规定凡为公寓拉客的出租车驾驶员均可免费享受价值 50 元的客房一间。实际上，邮政公寓都是以支付现金方式代替提供客房，并且现金支出没有进入单位基本账户。贵阳市工商行政管理局根据举报立案调查，核实了上述违法事实，根据《关于禁止商业贿赂行为的暂行规定》第 2 条第 2 款，认定该邮政公寓的行为构成了商业贿赂的不正当竞争行为。(2) 佣金比例违背法律规定或商业惯例。不恰当的佣金比例也可能引发不正当竞争行为，如在证券业内就出现了无视经营成本、降低交易佣金吸引客户的现象。①

三、商业贿赂行为与附赠行为

附赠是指经营者在商品交易中，附带地向交易对方无偿地提供一定数量的现金和物品的行为。附赠的赠品是向不特定的所有交易对方提供的，而且不管交易对方是谁，只要与其发生交易就提供赠品。这既区别于抽奖式的有奖销售，也区别于商业贿赂，商业贿赂的数额根据对方的不同而不同。

【延伸思考】

由于我国商业贿赂现象比较严重，所以反不正当竞争法将商业贿赂行为作为一种独立的不正当竞争行为加以规定，而将不正当有奖销售行为也作为一种独立的不正当竞争行为加以规定。其实，这两者都属于以利诱方式进行不正当销售的行为。正因为如此，我国国家工商行政管理总局在《关于禁止商业贿赂行为的暂行规定》和《关于禁止有奖销售活动中不正当竞争行为的若干规定》中均对附赠式有奖销售行为进行了规定。

四、其他商业贿赂行为

商业贿赂行为的表现形式是多种多样的，除了回扣、非法佣金、附赠式商业贿赂等行为

① 参见种明钊主编：《竞争法》，156～157 页，北京，法律出版社，2005。

外，还存在诸如优惠购买、重奖经销商、瓶盖有奖回收等间接商业贿赂行为。

【背景资料】

国家工商行政管理总局《关于在柜台联营中收取对方商业赞助金宣传费广告费行为能否按商业贿赂定性问题的答复》（工商公字［2001］第152号）

湖南省工商行政管理局：

你局《关于湖南平和堂实业有限公司在柜台联营中收取对方商业赞助金、宣传费、广告费的行为能否按商业贿赂行为定性的请示》（湘工商公字［2001］76号）收悉。经研究，答复如下：宣传费、广告费、商业赞助等，应是对宣传行为、广告行为及其他具体商业行为所支出的费用。如果未发生宣传、广告等相应的具体商业行为，而是假借宣传费、广告费、商业费赞助费等名义，以合同、补充协议等形式公开收受和给付对方单位或个人除正常商品价款或服务费用以外的其它经济利益，即构成商业贿赂，应当依据《中华人民共和国反不正当竞争法》的有关规定予以查处。

五、单位员工贿赂行为及其例外情况

新修订的《反不正当竞争法》新增并确立了单位员工贿赂及其例外情形。其第7条第3款明确规定，经营者的工作人员进行贿赂的，应当认定为经营者的行为。在此基础上，该条进一步确立了员工商业贿赂的例外情形，亦即“经营者有证据证明该工作人员的行为与为经营者谋取交易机会或者竞争优势无关的除外”。

问题与思考

近年来跨国公司在中国进行商业贿赂的事件①

2003年12月，沃尔玛曝出“行贿”丑闻。昆明沃尔玛管理服务有限公司董事邹某在报审昆明沃尔玛管理服务有限公司项目时，为云南省对外贸易经济合作厅原党组书记、厅长彭某的妻子程某在香港导购，并为其支付了十余万元人民币的购物费。

2004年3月，世界500强之一、知名制药企业默沙东（MSD）公司解雇了二十多名中国分区副经理和医药代表，理由是“假以学术推广的名义报销娱乐费”。

2004年4月6日，电信设备生产商朗讯科技中国地区四高官因“在企业运营中存在财务舞弊及内部管理控制不力”而集体翻船，其中包括中国区总裁戚某、首席运营官关某和财务主管、市场部经理。朗讯表示，该公司在针对《反海外贿赂法》的执行情况对其23个国家和地区的业务部门进行审查时，发现了中国区存在的问题。

2005年5月，全球最大的诊断设备生产企业DPC中国子公司天津德普公司被告发从1991年到2002年期间，向中国的实验室工作人员及公立医院医生行贿现金162.3万美元，用来换取这些医疗机构购买DPC公司的产品和服务，天津德普公司从中赚取200万美元的利润。

2006年1月，日本著名油漆厂商立邦漆也身陷“贿赂”丑闻。长春油漆市场工商管理人员

① 详细报道见 http：//news.csdn.net/n/20071012/109501.html。

发现，选用立邦漆的一些油漆工会得到额外的补助或者奖励。也就是说，立邦漆利用隐性的“回扣”收买施工人员，增加其销售业绩。

2006年9月，中国建设银行股份有限公司原董事长张某涉嫌在批准信息技术（IT）合同时收受贿赂，知名IT厂商IBM公司被卷入此案。北京市第一中级人民法院在判决书中提到，IBM曾向一个协助行贿张某的销售代理支付了22.5万美元。

思考：根据上述事件，结合我国国情，从法学角度，谈谈如何完善商业贿赂的法律规制。

参考文献

1. 孔祥俊等编著．反不正当竞争法原理·规则·案例．北京：清华大学出版社，2006
2. 种明钊主编．竞争法．北京：法律出版社，2005

第十四章

误导性宣传行为规制

本章概要

在日趋激烈的市场竞争中，商业宣传是经营者开拓市场、促进销售的有效的竞争手段。但宣传行为中的不正当竞争行为违反了商业准则，扰乱了良好的竞争秩序，是应该受到法律禁止的行为。

误导性宣传行为是指经营者对其商品的性能、功能、质量、销售状况、用户评价、曾获荣誉等作虚假或者引人误解的商业宣传，欺骗、误导消费者的不正当竞争行为。误导性宣传行为欺骗和误导了用户和消费者，也使诚实守信的经营者因没有进行同样的引人误解或虚假宣传而失去了客户，合法权益受到了损害。因此，各国竞争立法均严格禁止这种不正当竞争行为。

从各国立法来看，对误导性宣传行为的法律规制在某种程度上有逐渐走向国际一体化的趋势。如欧盟于 1984 年颁布了虚假广告指令，确立了认定是否构成虚假宣传行为的最低客观标准，北欧国家以及非洲国家的虚假宣传行为也达到了相当程度的统一等。特别是在虚假宣传的认定方面，逐渐形成了一系列一般原则，主要包括后果原则、积极宣传与消极宣传兼顾原则、产生误导可能性原则、普通注意力原则、整体观察原则等。引人误解的宣传行为是指导致或可能导致受宣传的对象对商品或服务的真实情况产生错误认识和判断的商业宣传行为。

误导性宣传行为的具体表现形式有：(1) 虚假或引人误解的广告宣传行为；(2) 对商品或服务价格的虚假或引人误解的宣传行为；(3) 对商品质量的虚假或引人误解的宣传行为；(4) 对商品产地的虚假或引人误解的宣传行为；(5) 其他虚假或引人误解的宣传行为。

关键术语

误导性宣传行为　虚假宣传行为　引人误解的宣传行为　广告　产地　质量

第一节　误导性宣传行为概述

一、误导性宣传行为的概念

误导性宣传行为包括虚假宣传行为和引人误解的宣传行为，是指经营者在商品上，或者以广告或其他方法，对商品或服务的性能、功能、质量、销售状况、用户评价、曾获荣誉等情况作虚假或引人误解的宣传的不正当竞争行为。误导性宣传行为欺骗和误导了用户和消费者，也使诚实守信的经营者因没有进行同样的虚假或引人误解的宣传而失去了客户，合法权益受到了损害。因此，各国竞争立法均严格禁止这种不正当竞争行为。

我国《反不正当竞争法》所规范的商品宣传上的不正当竞争行为，就是第8条的误导性宣传行为。该条规定：经营者不得对其商品的性能、功能、质量、销售状况、用户评价、曾获荣誉等作虚假或者引人误解的商业宣传，欺骗、误导消费者。此外，经营者不得通过组织虚假交易等方式，帮助其他经营者进行虚假或者引人误解的商业宣传。

二、误导性宣传行为的特征

如果经营者以各种手段和方法对商品或者服务的质量情况作误导性宣传行为，会误导购买者选购商品或接受服务，而进行误导性宣传活动的经营者凭此获得商业机会的行为却违背了诚信原则和商业道德，损害了诚实经营者的利益，破坏了公平竞争，是典型的不正当竞争行为。

误导性宣传行为的特征主要是以下几项。

1. 误导性宣传行为的宣传内容涉及商品的性能、功能、质量、销售状况、用户评价、曾获荣誉等情况

误导性宣传行为的内容是非常广泛的，目的是通过各种信息的传递来吸引购买者作出购买的决定。尽管《反不正当竞争法》第8条关于“经营者不得对其商品的性能、功能、质量、销售状况、用户评价、曾获荣誉等作虚假或者引人误解的商业宣传”的规定中，在列举宣传的内容时没有列举价格、制造方法、售后服务等内容，但是由于法条中对宣传的内容使用了“等”这个词，所以也可以认为对价格、制造方法、售后服务等内容的误导性宣传行为也属于不正当竞争行为。

2. 误导性宣传行为的宣传形式不限于“在商品上”、“通过广告”和其他方法等

相较于1993年法，新修订的《反不正当竞争法》并没有对误导性宣传行为的宣传形式进行限定。因此，此类行为的宣传形式不仅包括“在商品上”、“通过广告”和其他方法等社会公众所知悉的各种宣传形式进行宣传，也包括了其他宣传形式。在实践中，宣传形式可以是说明书、宣传资料、各种媒体广告、现场演示等。

我国《广告管理条例施行细则》规定，通过广告开展的商业宣传一般涉及以下具体形式：(1) 利用报纸、期刊、图书、名录等刊登的广告宣传；(2) 利用广播、电视、电影、录像、幻灯等播映的广告宣传；(3) 利用街道、广场、机场、车站、码头等的建筑物或空间设置路牌、

霓虹灯、电子显示牌、橱窗、灯箱、墙壁等所作的广告宣传；(4) 利用影剧院、体育场（馆）、文化馆、展览馆、宾馆、饭店、游乐场、商场等场所内外设置、张贴的广告宣传；(5) 利用车、船、飞机等交通工具设置、绘制、张贴的广告宣传；(6) 通过邮局邮寄各类广告宣传品；(7) 利用馈赠实物进行广告宣传；(8) 利用其他媒介和形式刊播、设置、张贴的广告宣传。

我国地方性法规大都对“其他方法”也作出了较为明确的解释。例如，《北京市反不正当竞争条例》第 15 条第 2 款规定，该条所称的其他方法，是指下列行为：(1) 雇佣他人进行欺骗性的诱导（俗话中所说的“托儿”，即销售者雇用他人或者销售者的合伙人，扮成购买者，对商品进行宣传）；(2) 作引人误解或虚假的现场演示和说明；(3) 张贴、散发、邮寄引人误解或虚假的产品说明书和其他宣传材料；(4) 在经营场所内对商品作引人误解或虚假的文字标注、说明或者解释；(5) 利用新闻媒体作引人误解或虚假的宣传报道（即利用大众传播媒介以非商业广告的方式对商品进行宣传报道，如通过播放新闻、采访、发表文章等形式，有偿新闻往往如此）。

3. 经营者进行宣传时从事的是虚假或引人误解的宣传行为

虚假是指经营者进行商业宣传的内容与被宣传的商品或服务的客观事实不符，也可作包含引人误解的宣传行为在内的解释；而引人误解强调的是经营者进行的商业宣传使受宣传的对象对商品或服务的真实情况产生错误认识和理解的现象，包括足以使其产生误认误购的可能性。

4. 误导性宣传的帮助行为亦构成不正当竞争行为

新修订的《反不正当竞争法》第 8 条第 2 款规定：“经营者不得通过组织虚假交易等方式，帮助其他经营者进行虚假或者引人误解的商业宣传。”该款规定的是误导性宣传的帮助行为，即以组织虚假交易等方式，帮助其他经营者进行虚假或者引人误解的商业宣传。此类误导性宣传的主体是“其他经营者”，但帮助行为人实施了帮助行为，也被法律明确规定为构成不正当竞争行为。

【延伸思考】

竞争法对宣传行为的规制重点是在“引人误解”上还是在“虚假”上？如果仅有虚假的宣传而没有造成引人误解的后果，是否属于竞争法的规制范围？如宣传其川辣面“足以使食者喷火”，并不会导致消费者误解。需要注意的是，即使不引人误解的虚假宣传行为不属于反不正当竞争法的规制，也并不代表其他法律对其不进行规制。

三、误导性宣传行为的法律规制

（一）各国法律对误导性宣传行为的规制

1. 美国

美国《联邦贸易委员会法》第 5 条认为，引人误解的商品表示属于“不公平的竞争方法”或者“不公平的或虚假的行为或惯例”的违法行为。

1946 年的美国《联邦商标法》第 43 条规定：“任何人在其物品、服务、容器上，附上或者使用虚假的来源说明，或任何虚假的描述，此项描述包括文字、有意虚假表示的标志，而使上述物品或服务使用于商业上，以及任何明知其虚伪的来源说明、描述或表意，而在其他地区运送、使用于商业，其虚假表意致使他人相信而遭受可能的损害的，应当承担民事责任。”

2. 德国

德国《反不正当竞争法》第3条规定：“在商业交易中以竞争为目的，对商业情况，尤其是对各种商品或工业给付或全部要约的特征、来源、铸造方法或定价，对价目表、商品承购方式或订货资料来源、获奖、销售的动机和目的，或者对于仓储的数量作欺诈陈述，可以向上述行为的实施人请求停止行为。”

3. 日本

1993年修改后的《不正当竞争防止法》对虚假宣传行为作出了明确的规定：“在商品上或广告中，或者在用于交易的文件或通信中，对商品的原产地、质量、内容、制造方法、用途或数量，或者对服务的质量、内容、用途或数量，作引人误解的标示，或者买卖、为买卖而展示、进出口使用此种标识的商品，或者提供使用此种标识的服务的行为。”

4.《巴黎公约》

根据《巴黎公约》第10条的规定，虚假宣传是“在经营商业中，使用对商品的性质、制造方法、特点、用途或数量易于产生误导作用的表示或陈述”。

（二）我国相关的法律规定

我国与各国立法一样，采取了综合调整的方式对不正当的宣传行为进行规范。不仅《反不正当竞争法》对误导性宣传行为进行规制，而且《产品质量法》从质量管理的角度禁止在商品上伪造或冒用质量标志、伪造产地的行为；《消费者权益保护法》从维护消费者权益的角度要求经营者向消费者提供商品或服务的真实信息，不得作误导性宣传；《广告法》则禁止广告含有虚假的内容，不得欺骗和误导消费者。

我国《反不正当竞争法》第8条规定：经营者不得对其商品的性能、功能、质量、销售状况、用户评价、曾获荣誉等作虚假或者引人误解的商业宣传，欺骗、误导消费者。经营者不得通过组织虚假交易等方式，帮助其他经营者进行虚假或者引人误解的商业宣传。第20条规定，经营者违反本法第8条规定对其商品作虚假或者引人误解的商业宣传，或者通过组织虚假交易等方式帮助其他经营者进行虚假或者引人误解的商业宣传的，由监督检查部门责令停止违法行为，处20万元以上100万元以下的罚款；情节严重的，处100万元以上200万元以下的罚款，可以吊销营业执照。经营者违反本法第8条规定，属于发布虚假广告的，依照《中华人民共和国广告法》的规定处罚。

【典型案例】

北京米兰春天婚纱影楼诉北京巴黎婚纱摄影有限公司不正当广告纠纷案

被告巴黎婚纱公司自2000年年初以来，在所发布的广告中连续多次自称为“全国第一、营业面积NO.1、豪华NO.1、服务NO.1、摄影NO.1”。北京市第一中级人民法院经审理后认为，根据我国《广告法》的规定，广告不得使用国家级、最高级、最佳等用语，巴黎婚纱公司的上述广告用语将公司的服务质量、经营场所的豪华程度和营业面积描述为全国第一，其用语会使消费者对被告提供的婚纱摄影实际服务水平产生误解，客观上贬低了其他同业经营者的服务，其行为损害了原告以及其他同业经营者的合法权益，构成不正当竞争行为。①

---

① 参见邵建东编著：《竞争法教程》，49页，北京，知识产权出版社，2003。

第二节　误导性宣传行为的界定

误导性宣传行为包括虚假宣传行为与引人误解宣传行为，从词义来看，两者是有不同含义的，虚假主要是以客观事实即宣传内容作为认定的标准，而引人误解则是以受众的主观认识作为判断的依据。但是，许多国家反不正当竞争法对虚假宣传行为的理解和界定，与其对引人误解宣传行为的理解和界定并没有明显的分别，两者甚至基本上是同义的。这一点应引起我国反不正当竞争法的执法机构和司法机关的注意，新法将旧法中二者的偏重关系转换为并列关系。

一、虚假宣传行为的界定①

从各国立法来看，对虚假宣传行为的法律规制在某种程度上有逐渐走向国际一体化的趋势。如欧盟于1984年颁布了虚假广告指令，确立了认定是否构成虚假宣传行为的最低客观标准，北欧国家以及非洲国家的虚假宣传行为也达到了相当程度的统一等。特别是在虚假宣传的认定方面，逐渐形成了一系列一般原则，主要包括后果原则、积极宣传与消极宣传兼顾原则、产生误导可能性原则、普通注意力原则、整体观察原则等。

1. 后果原则

后果原则是指某种商业方面的宣传，无论其内容是真是假，只要其可能产生误导的后果，即在事实上导致消费者产生虚假的认识、理解或印象，即构成虚假宣传。这里的虚假不是指宣传内容的虚假，而是指宣传结果的虚假，内容真实但却让人作出错误判断的宣传，同样受到反不正当竞争法的制裁。

2. 积极宣传与消极宣传兼顾的原则

虚假宣传并不限于积极的宣传，在有些国家，有关商品或服务的宣传，如果遗漏关键事实，即出现消极宣传情形，同样可以构成虚假宣传行为。

3. 产生误导可能性原则

产生误导可能性原则是指为有效地禁止虚假宣传，法律不要求消费者因各种宣传而实际上上当受骗，只要求广告有使人误解的可能，即可认定构成虚假宣传，而不必对确实受骗举证。

二、引人误解宣传行为的界定

引人误解的宣传行为是指导致或可能导致受宣传的对象对商品或服务的真实情况产生错误认识和判断的商业宣传行为。在美国，法院在决定一项宣传行为是否引人误解时，采取了两步走的方法，即“首先，原告必须证明被告在广告中向一般消费者事实上传递了哪些信息或者宣传内容。其次，原告必须证明这些信息或者宣传内容可能误导诸如此类的消费者”。在特殊情况下，也可能出现举证责任的倒置。在德国，“引人误解”是根据“一般交易见解”进行判断

---

① 参见吕明瑜：《竞争法》，237～239页，北京，法律出版社，2004。

的。德国反不正当竞争法的实务试图将引人误解的标准量化，即导致10%～20%的消费者有误解的可能时，就可以作出引人误解的认定。当然，除上述比例外还需要考虑下列因素：(1)从专家的角度看，争议的标识有什么意义；(2)如果争议的标识陈述的是性质，其时间和范围；(3)使用的合法性；(4)自由使用所需要的范围；(5)禁止当事人使用该标识的后果；(6)对竞争的影响等。[①]

在“引人误解”的判断标准问题上，美国学者考曼（Callmann）的学说最引人注目以及对执法和司法实践最有影响力。考曼认为，广告（商品的表示）是否引人误解的判断标准与商标是否近似或混淆的判断标准是相同的，可依据一般消费者施以普通注意原则、整体观察原则及比较主要部分原则和异时异地隔离观察原则来进行判断。[②]

（一）一般消费者施以普通注意原则

既然是引人误解，那么造成误解的对象当然是“人”。但是，应当如何理解这里的“人”？需要注意以下几个问题。

1. 根据受宣传引导的人进行判断

是否“引人误解”不能根据宣传人对宣传行为的理解进行判断，而是根据受宣传行为引导的人的理解进行判断，因为，法律禁止虚假宣传的目的是保护虚假宣传的相对方（受害者），而不是保护宣传行为人本身。

2. 根据一般消费者施以普通注意的通常理解进行判断

商业广告常常都是向一般消费大众作出的，而一般消费大众在购买商品或者接受服务时，欠缺仔细分析广告内容的注意力，只是以施以普通注意所得到的印象作为选购的基础，因此，应当以一般消费大众的注意力作为认定标准。当然，引人误解不可能是指所有表示对象都发生误解，受骗的不可能是全部受众，而只能是其中的一部分。

（二）整体观察原则及比较主要部分原则

1. 整体观察原则

经营者利用广告等表示方法介绍其产品及刺激消费者的购买欲，一般消费者看到广告后只会留下大略的、模糊的印象，并以此作为消费的依据，而很少就广告的每个细节仔细分析，故判断广告等商品表示是否引人误解，应从广告的整体进行观察，以辨别其是否真实或有引人误解的可能。根据整体观察原则对广告内容进行解释，不是逐字进行文法上的剖析，而是以广告等在整体上给消费者的印象是否会造成误解进行判断。

2. 比较主要部分原则

广告等宣传是有主要部分与附属部分之分的，主要部分是指在广告等宣传的构成要素中最醒目或最引人注意的部分，如果主要部分在外观上、名称上、观念上使人陷入错误，即使附属部分真实，仍应认为该宣传行为属于引人误解的宣传。当然，在具体案件中，主要部分与附属部分的区分常常是困难的，区分时仍应兼顾整体观察原则。

---

① 参见孔祥俊、刘泽宇、武建英编著：《反不正当竞争法原理·规则·案例》，68页，北京，清华大学出版社，2006。

② 参见孔祥俊：《反不正当竞争法的适用与完善》，239～244页，北京，法律出版社，1998。

（三）异时异地隔离观察原则

判断广告等宣传行为是否虚假或引人误解，是以消费者观看广告等宣传后留下的模糊记忆为依据的，故该原则称为消费者记忆测验原则。由该原则判断广告等宣传是否引人误解，必然引申出在不同时间、不同地点分别观察的原则，这就是异时异地隔离观察原则。

第三节　误导性宣传行为的表现形式

一、虚假或引人误解的广告宣传行为

虚假或引人误解的广告宣传行为主要是指通过报刊、广播、电视、路牌、橱窗、印刷品、霓虹灯、电子显示牌、实物等广告媒介的形式，进行欺骗或误导用户和消费者的对商品或服务的宣传行为。为了维护公平竞争秩序，保护诚实经营者和消费者的合法权益，我国一直比较重视利用法律手段规范和约束广告宣传活动，禁止引人误解或虚假的广告宣传行为。虚假或引人误解的广告宣传行为除了传统的表现方式外，在诱饵广告、荐证广告、比较广告中都有非常具体的体现。①

（一）诱饵广告

诱饵广告，又称为引诱性广告，是指经营者对实际上不能进行交易的商品作出广告，或者对商品的买卖数量、日期有显著的限制而在广告中未予明示，以此引诱顾客前来购买，并鼓动顾客购买其广告商品之外的商品的广告。例如，在发布的商品房广告中，最流行的一词是“每平方米××元起价”，如果购房者到现场购房时，发现此类房屋在广告时就已售完或者压根就一套此种房屋，经营者做此广告的目的是引诱购房者前来购买其他价格更高的房屋。这种广告就可以构成诱饵广告。

美国联邦贸易委员会以《联邦贸易委员会法》第5条的规定规范诱饵广告。为避免诱饵广告，美国联邦贸易委员会向厂商发出了四项指南：首先，所有的广告发出的销售要约必须是真诚的。其次，广告不得对商品的等级、质量、制造、价值、流行式样、规格、颜色、使用性能或原产地作任何虚假的宣传，等到顾客进入商店后才说出真情的做法是违法的。再次，不应通过以下方法使顾客转向购买其他商品：（1）拒绝向顾客出示样品；（2）贬低广告中的商品；（3）在合理的期限内拒绝交货；（4）销售时交货数量不足；（5）向顾客陈列次品。最后，在销售后再转换所售商品同样是违法的。下列证据可以作为“不予销售”的证据：（1）提供更高价格的商品或次品；（2）在一段合理的期限内不交货；（3）贬低曾经作出的服务或修理的保证。

我国《反不正当竞争法》《广告法》等对诱饵广告均未作明确规定，但我们可以将其纳入误导性宣传行为中予以规范。

---

① 参见孔祥俊：《反不正当竞争法的适用与完善》，239～244页，北京，法律出版社，1998。

（二）荐证广告

荐证广告是推荐、保证、见证之类的广告的泛称，广告主的目的显然是利用推荐、保证、见证者（以下通称荐证者）的知名度、专业性、代表性，吸引视听者的注意，以便说服、刺激潜在的消费者购买商品。

（三）比较广告

从学说上看，对于比较广告有着三种不同的观点：一是肯定说，即从宪法上的言论自由出发，认为若在广告上作真实的、比较的说明，不但有助于提高消费者了解商品和选择商品的机会，更能促进经营者之间的竞争，提高商品的品质，增进竞争能力。二是否定说，即认为比较广告的广告主可能借此剽取他人努力的成果，并利用消费者对此种广告直觉手段的怀疑心理，同情广告主的商品，以达到建立自己的市场地位的目的。三是折中说，即认为上述两种主张各有道理，原则上认为比较广告具有合法性，但如果其内容虚伪不实或者引人误解，应例外地予以禁止。

从各国的立法和实务来看，对比较广告的规范大体上可以分为三种类型：一是主张比较广告原则上是违法的，法国、意大利等国家持此种态度。二是主张对比较广告给予严格规范，德国、瑞士、日本等国采此种立法例。三是对比较广告限制较少，美国、加拿大和英国持此种态度。前两种类型的立法大体上相同，而且均是大陆法系国家的立法。从大陆法系国家的立法和实务来看，原来坚持即使内容真实的比较广告也是违法的，原因是认为广告是用于宣传自己的商品或服务的，不能对其他竞争者品头论足，此后逐渐转变态度，承认对竞争者的商品或服务可以进行比较，当然，比较的范围仍然是有限制的。英美法系国家则持比较宽松的态度。

二、对商品或服务价格的虚假或引人误解的宣传行为

由于价格是竞争最重要的方面，所以尽管我国《反不正当竞争法》对于对商品价格作引人误解或虚假的宣传行为未作明确的列举式规定，但并不表明对于引人误解或虚假的价格宣传不予规范。对价格所作的引人误解或虚假的宣传行为主要表现为：（1）引人误解或虚假的价格比较行为。引人误解或虚假的价格比较行为，是指将实际价格与对照价格相比较，以表示降价、售价便宜等方式，具体表现为：以一般市场价作为比较价格；以虚假的进价作为比较价格；以虚假的本店以前的销售价作为比较价格等。（2）从进货方法或者进货来源方式进行价格宣传，通常表现为“进价销售”“清仓销售”“搬迁销售”“歇业销售”“厂价销售”。（3）其他对商品价格的引人误解或虚假的宣传行为。

三、对商品质量的虚假或引人误解的宣传行为

质量通常是指商品满足规定的或者潜在的需要的特征和特性的总和。广义的商品质量包括商品的适用性、性能、耐用性、可靠性、安全性、经济性、时空性、美学性、竞争性和维护性

等多方面的特征。[①] 对商品质量的引人误解或虚假宣传行为是指对商品的性能、功能、质量作引人误解的虚假表示，在商品上伪造或者冒用质量标志的行为。

这里所称的质量标志不仅包括认证标志、名优标志，还包括生产许可证等其他质量标志。认证标志是指证明产品、服务、管理体系通过认证的专有符号、图案或者符号、图案以及文字的组合。[②] 认证标志分为强制性标志和自愿性认证标志，其中强制性产品认证标志名称为“中国强制认证”，英文缩写为CCC。名优标志是指经有关机构评定的对产品达到一定质量条件的经营者所授予的荣誉标记。名优标志并不限于国家行政机关所评选的名优标志，还包括一些社会团体或者消费者组织所评选的名优标志。典型的冒用标志行为如经营者在非绿色食品上印上绿色食品标志，在非全毛服装上使用纯羊毛标志等。

《产品质量法》也非常关注产品质量标识的正确使用。《产品质量法》第27条规定，产品或者其包装上的标识必须真实，并符合下列要求：(1) 有产品质量检验合格证明；(2) 有中文标明的产品名称、生产厂名和厂址；(3) 根据产品的特点和使用要求，需要标明产品规格、等级、所含主要成分的名称和含量的，用中文相应予以标明；需要事先让消费者知晓的，应当在外包装上标明，或者预先向消费者提供有关资料；(4) 限期使用的产品，应当在显著位置清晰地标明生产日期和安全使用期或者失效日期；(5) 使用不当，容易造成产品本身损坏或者可能危及人身、财产安全的产品，应当有警示标志或者中文警示说明。裸装的食品和其他根据产品的特点难以附加标识的裸装产品，可以不附加产品标识。

四、对商品产地的虚假或引人误解的宣传行为

产地是指商品的地理来源，比如商品的出产地、制造地或加工地等。产地标识是指表明商品出自特定地理区域而在商品上使用的文字或标记。由于自然环境的差异、经济发展程度的不同以及历史的原因，产地往往与商品的质量、价格、信誉等紧密相连。产地标识是商品促销和市场竞争的重要工具，具有产生信誉和市场竞争力的功能，也因此成为不法商家加以伪造或冒用的对象。如新疆的哈密瓜，葡萄干，因日照时间长的原因特别甜；再如北京夏天销售的西瓜都自称是“大兴西瓜”；瑞士的手表、法国的香水等，而对产地的引人误解或虚假的宣传会对用户和消费者构成误导，影响他们的正确判断。

需要注意的是，产地与原产地并不是同一概念，原产地还可以作为一种知识产权进行保护。世界知识产权组织认为，这两个术语的区别在于，产地标识是用于标示产品或服务产于某个国家、地区或者特定地点的表示或者标记；原产地标识则除标示产品或者服务产于某个国家、地区或者特定地点外，还表明该地域的地理环境，包括自然的、人文的以及两者兼而有之的因素，造就了其独有的或者基本的特殊质量。我国地方性法规和行政规章也对产地作出了界定，例如，《湖北省反不正当竞争条例》第9条第2款规定：“本条所称产地是指商品最终形成的行政区划名称或者地名，包括工业产品的制作地、加工地或者组装地，农副产品、中药材、矿产品等商品的生产地、养殖地或者自然形成地。”

---

① 参见房维廉主编：《产品质量法实用指南》，158页，北京，中国民主法制出版社，1994。

② 参见王艳林主编：《质检法教程》，137页，北京，中国政法大学出版社，2010。

五、对评价性状况的虚假或引人误解的宣传行为

当今误导性宣传的常见多发情况有所变化。互联网购物成为重要的销售渠道之一，经营者会对其销售状况、用户评价、曾获荣誉等进行虚假或引人误解的宣传行为。新修订的《反不正当竞争法》将其列为法条例示的内容，也说明其发生的比例在上升。

六、误导性宣传的帮助行为

新修订的《反不正当竞争法》第 8 条第 2 款规定："经营者不得通过组织虚假交易等方式，帮助其他经营者进行虚假或者引人误解的商业宣传。"该款规定的是误导性宣传的帮助行为，即以组织虚假交易等方式，帮助其他经营者进行虚假或者引人误解的商业宣传。此类误导性宣传的主体是"其他经营者"，但帮助行为人实施了帮助行为，也被法律明确规定为构成不正当竞争行为。例如，经营者雇用"托儿"进行虚假宣传，营造销售状况良好的印象，误导消费者的，即属不正当竞争行为。该规定有利于制止当前多发的线上"刷单"、线下雇"托"等误导性宣传行为。

七、其他虚假或引人误解的宣传行为

经营者还会从事对行为主体（经营者）的虚假或引人误解的宣传行为、对商品数量的虚假或引人误解的宣传行为、对赠品的虚假或引人误解的宣传行为等其他的误导性宣传行为。

问题与思考

宁夏现代通讯有限公司手机销售涉嫌虚假宣传案①

2004 年 2 月 6 日至 18 日，宁夏现代通讯有限公司为吸引顾客，在情人节期间为增加市场销售量而推出的"手机总动员"促销活动中，分别在银川一些媒体做了如下宣传：凡活动期间在现代通讯旗舰店购买任意一款手机满 1 000 元者送 100 元消费卡，满 2 000 元者送 200 元消费卡，依此类推。顾客可持所领消费卡到"九龙海浴"进行洗浴，去"梦巴黎婚纱摄影"拍照留念，去"摩登丝休闲服饰专卖"购买休闲牛仔，到"郑青青美容美发"换个新形象，或到"周景世荣鲜花礼品"购买鲜花，到"名典西餐咖啡茶语"进行消费。但在上述促销宣传中只提到购买手机返消费卡，并未告知消费卡使用的相关限制条件，消费卡上也未注明相关限制条件。而众多消费者正是在活动期间看到广告，以为 100 元的消费卡就等同于 100 元现金，才去购买手机的。当消费者拿着消费卡去指定地点进行消费时，却被告知只能购买指定商品、接受限定服务，如在"九龙海浴"只能消费浴资，在"周景世荣鲜花礼品"只限购买鲜花，在"郑青青美容美发"只限美容美发项目，在"名典西餐咖啡茶语"只限购买吧台的饮品。消费者据

① 见 http：//www. people. com. cn/GB/guandian/183/6103/6104/2677792. html。

此向活动单位宁夏现代通讯有限公司及银川市工商局12315消费投诉举报中心进行投诉，认为商家损害了自己的消费权益。宁夏现代通讯有限公司也向银川市工商局提供了在该活动开展期间接到的7名消费者投诉名单。该公司工作人员同时证实，该活动从促销效果看，达到了公司的促销目的，销量增加，也给竞争对手的促销活动造成了一定影响，但也导致了消费者的投诉。

根据上述案例，请思考下列问题：

（1）宁夏现代通讯有限公司的行为是否构成反不正当竞争行为？具体属于哪一类反不正当竞争行为？

（2）如该公司行为构成误导性宣传，其具体表现形式是什么？

（3）结合该案例，谈谈如何界定引人误解或虚假宣传的不正当竞争行为。

参考文献

1. 罗明宏．不实广告案例解读．北京：中国政法大学出版社，2003
2. 吕明瑜．竞争法．北京：法律出版社，2004
3. 邵建东编著．竞争法教程．北京：知识产权出版社，2003

第十五章

侵犯商业秘密行为规制

本章概要

商业秘密保护法是随着商品经济的发展，作为在法律意义上对专利制度的补充而出现的，商业秘密保护法律制度对知识产权制度具有非常重要的补充作用。现代意义上的商业秘密保护法发源于19世纪的英格兰，美国也在19世纪末确立了现代的商业秘密保护法律制度，而德国是最早通过反不正当竞争法保护商业秘密的国家。

侵犯商业秘密的行为是指经营者或个人为了竞争或个人目的，通过不正当方法获取、披露或使用权利人的商业秘密的行为。侵犯商业秘密行为，不仅会给商业秘密权利人造成直接或间接的经济损失，还会给整个市场竞争环境、竞争秩序造成极大的破坏。也正因为如此，各国法律均对侵犯商业秘密的行为进行规制。

对于商业秘密，不同国家界定的标准不尽相同，但基本上都要求具有秘密性、价值性和保密性这些特点。我国《反不正当竞争法》中界定了商业秘密的定义，即商业秘密是指不为公众所知悉、具有商业价值并经权利人采取相应保密措施的技术信息和经营信息。商业秘密的特征是商业秘密的法律性质的独特表现。

禁止侵犯商业秘密的行为中应注意以下几个问题：其一是商业秘密与公共利益的冲突问题。其二是商业秘密保护中的竞业禁止条款问题。

关键术语

侵犯商业秘密的行为　商业秘密　秘密性　价值性　保密性　反向工程　竞业禁止条款

第一节　侵犯商业秘密行为概述

一、侵犯商业秘密行为及其危害

侵犯商业秘密行为是指经营者或个人为了竞争或个人目的，通过不正当方法获取、披露或使用权利人的商业秘密的行为。侵犯商业秘密的行为，不仅会给商业秘密权利人造成直接或间接的经济损失，而且会给整个市场竞争环境、竞争秩序造成极大的破坏。

1. 侵犯商业秘密行为严重损害了商业秘密权利人的合法权益

任何商业秘密的获得都需要权利人投入大量的人力、物力和财力，为了对商业秘密进行保密，权利人还需要进行二次投入，因此商业秘密一旦被侵犯，就会不可避免地损害商业秘密权利人的合法权益。

2. 侵犯商业秘密行为扰乱了市场经济秩序

经营者在进行市场竞争时应遵循最基本的商业道德，进行公平竞争，而从事侵犯商业秘密行为的经营者实际上是在付出相对较少成本的情形下获得、使用别人的商业秘密，拥有本无法拥有的竞争优势，严重破坏了倡导诚信原则的市场经济秩序。

3. 侵犯商业秘密行为破坏了公平竞争的法律环境

公平竞争是市场经济的基本规则，而侵犯商业秘密的行为不仅损害了真正权利人的合法利益，也使竞争的公平性荡然无存。

【延伸思考】

侵犯商业秘密的行为是否以具有营利目的为要件？不管是否具有营利目的，只要行为人未经权利人的同意而泄露其商业秘密，就已经侵犯了权利人的商业秘密，构成民事侵权行为。但是，在该行为人不具有营利目的的情形下，如行为人为了泄私愤而泄露商业秘密，是否能够构成不正当竞争行为则需要思考。

二、各国法律对侵犯商业秘密行为的规制

商业秘密保护法作为专门的法律制度，产生于工业革命以后。现代工业的发展，使世界各国都加强了对商业秘密的保护。很长一段时间以来，许多国家的知识产权法并没有直接对商业秘密进行确认，对商业秘密的保护仍然处于“附加保护”的地位，即商业秘密没有被直接规定为一种独立的权利形式，而是被纳入反不正当竞争法体系之中，作为可能被侵害的对象予以保护。但是，自从1994年《与贸易有关的知识产权协议》（TRIPs）明确把“未曾披露过的信息”规定在知识产权的范围之内，有学者就认为，人们既可以把对商业秘密的保护纳入知识产权体系，也可以仍旧保留在反不正当竞争法之中。[①]

（一）美国

美国的《侵权行为法重述》《统一商业秘密法》《反不正当竞争法重述》以及大量的商业秘密判例对商业秘密提供了非常完整的法律保护。美国关于侵犯商业秘密行为的法律救济制度和法律责任，规定了禁止侵害和金钱赔偿两种手段。

禁止侵害主要包括三种禁止令：（1）临时禁止令。这是一种不用事先通知被告就可以发出的禁止令，即在商业秘密诉讼中，法院可以依法先行发布禁止令，禁止被告继续使用已泄露的商业秘密。申请临时禁止令应具备两个条件：其一是根据案件的事实判断原告能够胜诉；其二是禁止令的发出是刻不容缓的，通知被告已经来不及了。临时禁止令的发布主要是为了应付紧

---

① 参见种明钊主编：《竞争法》，179～180页，北京，法律出版社，2005。

急情况，如原告的雇员当天就要携带商业秘密投向其竞争对手。(2) 预备性禁止令。这是一种在案件正式庭审之前的应急措施，目的是在当事人收集证据与法院审理期间使一切维持原状。申请预备性禁止令的条件是：申请人损害的不可弥补性；申请人胜诉的可能性；禁止令将不会给对方当事人造成较大的损害；禁止令将不会对公众产生有害影响。(3) 长期禁止令。这种禁止令只有在法院充分听取了原、被告双方的争辩并认真审查双方提供的证据后，才有可能发出。这种禁止令是对案件的最后裁决。发布禁止令的方法在 20 世纪 90 年代已被美国法院普遍接受，如果诉讼当事人不执行禁止令，法院可以以藐视法庭罪论处。①

金钱赔偿在美国可以单独使用，也可以同禁止令一起使用。单独使用金钱赔偿的情形，往往都是商业秘密已经完全公开，已失去了保护的意义。

除了禁止令和金钱赔偿这两种主要的商业秘密诉讼救济方式外，还有其他的救济方式，主要包括：上交或销毁被告用于偷窃原告商业秘密的计划、复印件、机器以及其他物品，如果被告偷窃了原告的商业秘密并已申请或接受了专利保护，则法庭会作出将专利申请或专利转让给原告的判决。②

（二）德国

德国的《反不正当竞争法》第 17 条至第 20 条详细规范了侵犯商业秘密的行为，其主要内容为：(1) 如果雇员利用雇佣关系，把雇主的商业秘密披露给他人的，将受到 3 年有期徒刑的惩罚或罚款；(2) 以不法手段获取权利人的商业秘密而擅自使用或披露给他人的，对行为严重者可以处 5 年以下有期徒刑或罚款，行为未遂的仍应被处罚；(3) 如果行为人擅自利用、披露在商业交易中获得的技术资料、图纸、配方或制造方法等，将受到 2 年以下有期徒刑或罚款；(4) 引诱他人窃取、泄露权利人商业秘密的，将被处以 2 年以下有期徒刑或罚款。上述行为人除承担刑事责任和行政责任外，还应承担相应的民事责任，即权利人对侵权行为人享有禁止损害请求权、排除妨害请求权和损害赔偿请求权等民事权利。③

（三）日本

日本民法典规定了商业秘密权利人有权就商业秘密的侵害请求赔偿，同时在反不正当竞争法中也进行了相关规定。日本 1990 年修改后的《不正当竞争防止法》确立了反不正当竞争法上的商业秘密保护制度，1993 年修订的《不正当竞争防止法》虽然在有关商业秘密规定的排列顺序上有所变动，但基本内容没有变化。该法第 2 条列举的侵犯商业秘密行为主要包括：(1) 通过盗窃、欺诈、胁迫或者其他任何不正当手段获取商业秘密的行为，或者使用、披露不正当取得的商业秘密的行为；(2) 明知或者因重大过失不知该商业秘密是通过不正当方式取得的，而取得该商业秘密的行为，或者使用、披露该商业秘密的行为；(3) 在取得商业秘密之后，明知或者因重大过失不知该商业秘密是以不正当方式取得的商业秘密，而使用或披露该商业秘密的行为；(4) 对保有商业秘密的经营者所示的商业秘密，出于不正当商业竞争、取得不正当利益或者对保有者加以损害的目的，予以使用或者披露的行为；(5) 明知或因重大过失不知该商业秘密是被以不正当的方式披露的，而取得该商业秘密的行为，或者使用、披露如此取

---

① 参见唐海滨主编：《美国是如何保护商业秘密的》，10 页，北京，法律出版社，1999。

② 参见上书，11 页。

③ 参见种明钊主编：《竞争法》，181 页，北京，法律出版社，2005。

得的商业秘密的行为；（6）在取得商业秘密之后，明知或因重大过失不知商业秘密披露行为或者该商业秘密是被不正当地披露所取得的，而使用或者披露商业秘密的行为。该法不仅详细列举了侵权方式，而且对商业秘密权利人提供了更全面的救济措施，包括请求停止或者预防侵害行为、请求损害赔偿和请求恢复信用等。①

三、我国法律对侵犯商业秘密行为的规制

在我国对商业秘密的保护散见于民法、劳动法、刑法、反不正当竞争法等，但以反不正当竞争法的规定比较集中。我国《反不正当竞争法》第9条规定：经营者不得采用下列手段侵犯商业秘密：（1）以盗窃、贿赂、欺诈、胁迫或者其他不正当手段获取权利人的商业秘密；（2）披露、使用或者允许他人使用以前项手段获取的权利人的商业秘密；（3）违反约定或者违反权利人有关保守商业秘密的要求，披露、使用或者允许他人使用其所掌握的商业秘密。第三人明知或者应知商业秘密权利人的员工、前员工或者其他单位、个人实施前款所列违法行为，仍获取、披露、使用或者允许他人使用该商业秘密的，视为侵犯商业秘密。本法所称的商业秘密，是指不为公众所知悉、具有商业价值并经权利人采取相应保密措施的技术信息和经营信息。

为了有效地对侵犯商业秘密的行为进行规制，我国《反不正当竞争法》第17条、第21条以及刑法，对侵犯商业秘密的行为人规定了民事责任、行政责任和刑事责任的承担。

（一）民事手段的规制

商业秘密作为一项财产权利，一旦遭到侵害，仅依靠行政责任和刑事责任并不能弥补权利人的损失。根据《民法通则》和《合同法》的规定，侵权人还应承担相应的民事责任。

《反不正当竞争法》第17条也规定：经营者违反本法规定，给他人造成损害的，应当依法承担民事责任。……因不正当竞争行为受到损害的经营者的赔偿数额，按照其因被侵权所受到的实际损失确定；实际损失难以计算的，按照侵权人因侵权所获得的利益确定。赔偿数额还应当包括经营者为制止侵权行为所支付的合理开支。经营者违反本法第6条、第9条规定，权利人因被侵权所受到的实际损失、侵权人因侵权所获得的利益难以确定的，由人民法院根据侵权行为的情节判决给予权利人300万元以下的赔偿。

（二）行政手段的规制

我国《反不正当竞争法》第21条规定：经营者违反本法第9条规定侵犯商业秘密的，由监督检查部门责令停止违法行为，处10万元以上50万元以下的罚款；情节严重的，处50万元以上300万元以下的罚款。

【背景资料】

责令停止侵犯商业秘密行为是否应设定期限？

商业秘密的保护应该受到限制，而不是无限制的。商业秘密保护中禁止侵权人使用商业秘密的期限可以确定为："被告不使用原告的商业秘密，而以反向工程或独立发现的合法手段所需要的时间"，或者为被告维持其竞争利益的"领先时间"。如果商业秘密将来因公开而进入公

① 参见吕明瑜：《竞争法》，265页，北京，法律出版社，2004。

用领域，禁止侵权人使用就丧失了基础，此时责令停止违法行为的效力应该自然终止。某种商业秘密的特殊性决定了长期禁止侵权人使用该商业秘密的内容将影响其生计的，也应设定禁止使用该商业秘密的期限。

【典型案例】

1992年以色列的特拉维夫法院的一起判例①

原告是以色列的一家长期从事国际贸易，尤其是对苏联贸易的公司。被告是在苏联政府的高级职位上从事外贸工作的人员，后来迁居以色列并办理了移民证。原告雇用了被告，并利用被告与苏联的特殊关系，让其在公司中主要负责与苏联各共和国的贸易。在任职一年之后，被告辞职，自己开办了一家公司，并从事与包括苏联各国在内的国家的外贸业务。原告遂向法院起诉，状告被告的公司侵犯了原告的国际贸易渠道（包括与原告有业务往来的苏联各国的公司名单、档案等）。法院判决被告在离开原告后的一年之内，不得利用他所掌握的任何属于原告的商业秘密，其中包括原告已经建立起来的与苏联公司的联系。法院的理由是：虽然被禁用的商业秘密的一部分是只有借助被告的作用才能建立的，但其是在被告受雇期间才能产生的，应当属于原告所有。之所以判决"一年内禁用"，本身就考虑到被告为这些商业秘密的产生所作出的贡献以及被告的生计问题。

（三）刑事手段的规制

我国《刑法》第219条规定了侵犯商业秘密罪，即"有下列侵犯商业秘密行为之一，给商业秘密的权利人造成重大损失的，处三年以下有期徒刑或者拘役，并处或者单处罚金；造成特别严重后果的，处三年以上七年以下有期徒刑，并处罚金：（一）以盗窃、利诱、胁迫或者其他不正当手段获取权利人的商业秘密的；（二）披露、使用或者允许他人使用以前项手段获取的权利人的商业秘密的；（三）违反约定或者违反权利人有关保守商业秘密的要求，披露、使用或者允许他人使用其所掌握的商业秘密的。明知或者应知前款所列行为，获取、使用或者披露他人的商业秘密的，以侵犯商业秘密论……本条所称权利人，是指商业秘密的所有人和经商业秘密所有人许可的商业秘密使用人"。

我国刑法对商业秘密罪的规定可能是最为全面的，也是最严厉的。如对于第三类侵犯商业秘密行为，国外很少规定有刑事责任的承担。

第二节　商业秘密的界定

一、商业秘密的概念和特征

（一）商业秘密的概念

对于商业秘密，不同国家界定的标准不尽相同，但基本上都要求具有秘密性、价值性和保

---

① 参见孔祥俊：《反不正当竞争法的适用与完善》，538～539页，北京，法律出版社，1998。

密性这些特点。美国《侵权行为法重述》认为，“一个商业秘密可以是任何用于某人经营活动中的公式、图样、设计或信息汇编而成，该秘密使其获得比那些不知道或不使用这一商业秘密的竞争者更为有利和优越的机会。商业秘密可以是一个化学配方，一个生产、处理和保护材料的程序，一个机械装置的图样，甚至可以是一张顾客名单。”美国《统一商业秘密法》认为：“一种情报包括公式、图样、汇编、设计、技巧或工序，该信息具有独立的或潜在的经济价值，由于不被普遍认知，不被能从其泄露或使用中获得经济价值的其他人通过正常的途径查清。”德国的《反不正当竞争法》没有对商业秘密作出定义，但司法实务认为，所谓的商业秘密是指所有人有保密的意思，具有正当的经济利益的所有与经营有关且尚未公开的信息。日本的《不正当竞争防止法》也没有对商业秘密作出界定，但普遍认为，商业秘密是企业在化学化合物、制造方法、物质的处理、储藏方法以及在推销方法等方面，具有秘密性、实用性的发明、发现或构思，它能使所有人在竞争中获得优势。

我国《反不正当竞争法》中界定了商业秘密的定义，即商业秘密是指不为公众所知悉、具有商业价值并经权利人采取相应保密措施的技术信息和经营信息。根据国家工商行政管理局《关于禁止侵犯商业秘密行为的若干规定》，这里的“权利人”是指依法对商业秘密享有所有权或者使用权的公民、法人或者其他组织；“不为公众所知悉”是指该信息是不能从公开渠道直接获得的；“具有商业价值”是指该信息能为权利人带来现实的或潜在的经济利益或者竞争优势；“经权利人采取保密措施”包括订立保密协议、建立保密制度及采取其他合理的保密措施；“技术信息和经营信息”包括设计、程序、产品配方、制作工艺、制作方法、管理诀窍、客户名单、货源情报、产销策略、招投标中的标底及标书内容等信息。

（二）商业秘密的特征[①]

商业秘密的特征是商业秘密的法律性质的独特表现。商业秘密的特征主要有以下几项。

1. 商业秘密是人类智力活动的产物，具有非物质属性

商业秘密虽然常以图纸、配方、公式、操作指南、技术记录、实验报告等形式表现出来，但这些有形的载体仅是商业秘密的表现形式，而商业秘密实际上是蕴含于这些有形载体中的概念和构思，是无形的，具有非物质属性。

2. 商业秘密具有可传授性和可转让性

商业秘密具有可传授性和可转让性，一般的专业人员、从事同一经营的人，使用同一种商业秘密，能够与该商业秘密的真正所有人的使用产生同样的效果。

3. 商业秘密无法得到传统的知识产权法的直接保护

商业秘密不是专利权，专利权是一种合法的垄断权，但同时是有期限限制的权利。为了获得这种合法的垄断权，专利权的权利人必须对秘密性的信息进行一定程度的公开。而商业秘密作为一种权利，是没有期限限制的，也不需进行必要的公开。但商业秘密权不是合法的垄断权，商业秘密的拥有人不能禁止别人使用同一商业秘密，除非别人侵犯了他的商业秘密。商业秘密也不是商标权，商标是一种对标志、标记的专有权，而商业秘密是一种能带来利益的信息。商业秘密也不是纯粹意义上的著作权。因此，商业秘密无法得到传统的知识产权法的直接保护。

---

① 参见种明钊主编：《竞争法学》，166～169页，北京，高等教育出版社，2002。

4. 商业秘密具有秘密性

商业秘密不能为公众所知晓，不是已经公开的或普遍为公众所知晓的信息、资料、方法。一旦商业秘密公开，不仅丧失了商业秘密给权利人带来的竞争优势，而且丧失了法律保护的依据。

5. 商业秘密具有价值性

一种信息之所以能成为商业秘密，原因在于其本身具有价值性，这种价值性表现为其可以给权利人带来现实的利益或带来潜在的利益，总之，会使权利人因为掌握了商业秘密而在竞争中拥有竞争优势。

6. 商业秘密具有保密性

商业秘密的权利人必须为信息采取适当的保密措施，没有任何保密性的信息不能成为商业秘密。

二、商业秘密的构成要件

从我国现行法律规定来看，我国对商业秘密的界定及对其构成要件的规定是与国际惯例相一致的。商业秘密的构成要件主要是秘密性、价值性（能够产生经济利益）、保密性。

（一）秘密性

商业秘密的生命力就在于秘密性，被称作“盖住即存，揭开即失”。美国学者称其为一种挥发性的财产，日本学者称其为不安定的知识产权。如果技术信息或经营信息本身是公知的技术，不具有秘密性的特点，即使信息的拥有人采取了保密措施，该信息仍不能被认定为商业秘密。但这里的秘密性是相对的秘密性而不是绝对的秘密性。

在美国的判例和学说中，也认为商业秘密只需要是“合格的秘密”，而不要求是“绝对的秘密”。这里的“合格的秘密”是指：(1) 在特定的产业及依当时的技术水平和观念，该秘密具有一定程度的新颖性，可以使原持有人获取竞争上的利益；(2) 在特定的产业及依当时的技术水平和观念，该秘密通常刻意被避免公开，任何人也都确信其为秘密；(3) 在特定的产业及依当时的技术水平和观念，该秘密是经过耗费合理的努力才能获得的。①

我国司法实践通常认为，秘密性是指有关信息不为其所属领域的相关人员普遍知悉和容易获得。而具有下列情形之一的，可以认定有关信息不具有秘密性：(1) 该信息为其所属技术或经济领域的人的一般常识或者行业惯例；(2) 该信息涉及产品的尺寸、结构、材料、部件的简单组合等内容，进入市场后相关公众通过观察产品即可直接获得；(3) 该信息已经在公开出版物或者其他媒体上公开披露；(4) 该信息已通过公开的报告会、展览等方式公开；(5) 该信息从其他公开渠道可以获得，该信息无须付出一定的代价而容易获得。

（二）价值性

所谓的价值性是指信息能为权利人带来现实的或者潜在的经济利益或者竞争优势。商业秘密的价值性也在于其权利人会因为拥有商业秘密而在竞争中获得竞争优势。

---

① 参见孔祥俊、刘泽宇、武建英编著：《反不正当竞争法原理·规则·案例》，212页，北京，清华大学出版社，2006。

对价值性的把握应从广义的角度进行，即：(1) 价值包括现实的价值和潜在的价值；(2) 不管是积极信息还是消极信息，只要有价值性就可以构成商业秘密，如失败的实验报告、设计图等也可以构成商业秘密；(3) 不论是继续使用的信息还是短暂的信息，只要具有实用性，就可以构成商业秘密；(4) 价值具有客观性，除了所有人认为有实用价值外，还必须在客观上确实具有实用价值；(5) 商业秘密的价值性在于使经营者获得竞争优势，而与此无关的信息，即使由经营者作为秘密进行管理，也不是商业秘密，但其可能构成隐私或国家机密等。

（三）保密性

如果权利人没有采取合理的保密措施，如果信息不具有保密性，那么该信息也不能被认定为商业秘密。

1. 关于保密措施

从保密措施的内容上看，保密措施主要有软性措施和硬件措施。软性措施主要是制度上的保密措施，如签订保密合同（订立保密协议）、制定保密制度、在保密资料上加印“机密”或“保密”之类的字样、限制文件的发放范围和数量、加强保密教育，等等；硬件措施主要是指物理措施，如隔离机器设备、加强门卫、为资料上锁，等等。

2. 关于保密措施达到的程度①

保密措施必须达到什么程度？又如何去把握合理措施中的“合理”？这既是一个量的把握问题，也是一个很难把握的问题。从各国的立法和实务来看，都是要求权利人采取合理的保密措施就足够了。要求权利人采取的保密措施万无一失实际上不现实也过于苛刻。只要权利人在当时、当地采取的保密措施是合理的，就认为已尽到了保密义务和合理的努力。而且，不侵犯他人的合法权益是相对人的义务，只要权利人对商业秘密采取的保密措施客观上能为相对人识别出来，相对人即应望而却步，不应当再实施侵犯行为。所谓的“法律是站在商业秘密权利人一边的”意义就是如此。

我国司法实践中，人民法院会根据所涉信息载体的特性、权利人保密的意思、保密措施的可识别程度、他人通过正当方式获得的难易程度等因素，认定权利人是否采取了保密措施。具有下列情形之一，在正常情况下足以防止涉密信息泄露的，应当认定权利人采取了保密措施：(1) 限定涉密信息的知悉范围，只向必须知悉的相关人员告知其内容；(2) 对于涉密信息载体采取加锁等防范措施；(3) 在涉密信息的载体上标有秘密标志；(4) 对涉密信息采用密码或者代码等；(5) 签订保密协议；(6) 对涉密的机器、厂房、车间等场所限制来访者或者提出保密要求；(7) 确保信息秘密的其他合理措施。

【典型案例】②

在说明保密措施的合理性上，美国法院只要求是“在特定条件下的合理性”，不要求采取极端的和过分昂贵的措施来保护商业秘密。美国著名的杜邦公司案很能说明问题。1970 年美国杜邦公司筹建了一条制造甲醇的生产线，建厂房与安装设备同时进行。在已安装了部分机器，厂房还没有封顶时，有一天，厂房上空出现了一架可疑的飞机，飞机降落后发现有一名摄影师。于是，杜邦公司以偷拍其设备、侵害其商业秘密为由，起诉摄影师。被告自始至终拒不

---

① 参见孔祥俊：《反不正当竞争法的适用与完善》，446 页，北京，法律出版社，1998。

② 参见上书，446～447 页。

承认有人雇用其偷拍杜邦公司的设备。被告的律师则提出下列理由：(1) 飞机航行的领域是公共领域，任何私人飞行都是不加禁止的；(2) 摄影拍照是美国宪法规定的包括在之内的迁徙自由的内容之一；(3) 请问杜邦公司有没有用实际行动表明其工地不允许他人参观——在厂房上盖起大棚、装设高射机枪或雷达？法院对前两项作出了“yes”（是的）而对第三项作出了“no”（没有）的回答。但是，法院认为，法律要求企业对其商业秘密采取措施应当在合理的范围内，保密措施如同路边的一道栏杆，只能警告行人“禁止入内”，要求企业为其商业秘密营造一座滴水不漏、能够防范任何不可预测和觉察的产业间谍行为的堡垒，是不现实的。而且，要求原告在一个未建成的建筑物上建屋顶，以保护其商业秘密，将会使原告开销过大，是不合理的。据此，法院判决摄影师侵犯了杜邦公司的商业秘密。

三、商业秘密与客户名单

不仅技术信息可以成为商业秘密，经营信息也可成为商业秘密。而经营信息中客户名单的商业秘密认定标准问题是反不正当竞争执法和司法实践中的一个难点。

（一）美国判例所确定的认定标准[①]

在美国的判例中，没有从构成要件的角度论述到底什么样的客户名单是商业秘密，而经常会基于下列理由认为下列的客户名单不是商业秘密：(1) 客户名单易于从公开的商业周刊获得；(2) 所有的竞争者都能够通过相同的途径取得该客户名单；(3) 客户名单在该领域内极为有名；(4) 客户名单没有上锁，没有标注“秘密”字样，并由一般的业务员保管；(5) 客户名单是从垃圾中取得的。

从美国判例的态度看，客户名单是否属于商业秘密，主要取决于下列两个因素：其一是客户名单是否容易取得。构成商业秘密的客户名单必须是不易于取得的，如果是轻而易举就能够取得的名单，就不能让任何人独占，否则不利于公共利益。其二是所有人是否尽到了维持秘密性的合理努力。

（二）日本判例所确定的认定标准[②]

日本的判例认定，客户名单是否属于商业秘密主要取决于两个因素：客户名单是否容易获得和所有人是否尽到了维持秘密性的合理努力。如果客户名单是其所有人所特有的，或者所有人形成了特殊的客户群，其他竞争者不花费一定的劳动和努力得不到相同或者近似的结果，则该客户名单可以成为商业秘密。该客户名单如果是经过独特积累、收集、加工、整理，不是简单地复制社会上已有的通信地址、厂商名录而形成的，也可以成为商业秘密。

（三）我国确定的基本认定标准

我国认为，客户名单能否成为商业秘密，除了需从商业秘密的一般构成要件角度判断外，主要根据该客户名单是否是特有的或者是否具有特殊性，而且该特有的或特殊的客户名单是由权利人通过花费劳动、金钱和努力等所得到的来进行认定。

---

① 参见孔祥俊：《反不正当竞争法的适用与完善》，469～470 页，北京，法律出版社，1998。

② 参见上书，470～472 页。

需要注意的是，将公共领域中的信息加工成特殊的信息，该信息仍然可以成为商业秘密，该信息来源的公共性不会妨碍其商业秘密性。任何能够从公共领域摘取的信息，如果为摘取该信息付出了相当的劳动、技术或金钱，那么该信息就不属于公共领域的信息。

【背景材料】

经营者应从商业秘密的特征和构成要件出发来保护自己的商业秘密，如，(1) 将商业秘密分为数个部分，分别由数个雇员管理，尽量不让一个雇员知悉全部的商业秘密；(2) 与雇员签订"员工商业秘密确认书""终止劳动关系商业秘密目录表""保密协议"；(3) 制定保密制度，禁止一般人接近商业秘密，将商业秘密文件上锁，防止外人参观工厂获取商业秘密等。

第三节　侵犯商业秘密行为的表现形式

侵犯商业秘密是各国市场经济进程中不可避免的现象，因此，各国法律一般对此都予以详细规定，内容都大同小异，但形式有所差异。对此，我国《反不正当竞争法》第 9 条第 1、2 款规定："经营者不得实施下列侵犯商业秘密的行为：(一) 以盗窃、贿赂、欺诈、胁迫或者其他不正当手段获取权利人的商业秘密；(二) 披露、使用或者允许他人使用以前项手段获取的权利人的商业秘密；(三) 违反约定或者违反权利人有关保守商业秘密的要求，披露、使用或者允许他人使用其所掌握的商业秘密。""第三人明知或者应知商业秘密权利人的员工、前员工或者其他单位、个人实施前款所列违法行为，仍获取、披露、使用或者允许他人使用该商业秘密的，视为侵犯商业秘密。"具体来说，对这一规定可以从以下几个方面来理解。

一、不正当获取商业秘密的行为

商业秘密的传播是无形的，一旦被他人不正当获取，其扩散是无法挽回的，因此不正当获取商业秘密的行为属于不正当竞争行为。

1. *以盗窃手段获取商业秘密行为*

这里的盗窃是指以非法占有为目的，秘密地将商业秘密据为己有的行为，具体包括公司内部员工或外部人员盗窃权利人商业秘密的行为。

2. *以贿赂手段获取商业秘密行为*

这里的贿赂是指经营者通过向掌握商业秘密的有关人员提供财物或其他利益的方法获取商业秘密的行为。现实生活中许多高薪"聘请"竞争对手的核心技术人员就可能是以金钱利诱手段获取竞争对手的商业秘密，实质上是以贿赂的方式获取他人的商业秘密。

3. *以欺诈手段获取商业秘密行为*

这里的欺诈是指经营者以故意欺骗商业秘密的权利人或知悉商业秘密的人员的方式获取商业秘密的行为。

4. *以胁迫手段获取商业秘密行为*

这里的胁迫是指经营者以造成商业秘密的权利人或知悉商业秘密的人员的生命、名誉、财产损害为威胁获取商业秘密的行为。

5. 以其他不正当手段获取商业秘密行为

除了盗窃、贿赂、欺诈、胁迫以外，现实生活中，某些经营者为了获得不属于自己的商业秘密，还可能会采用合作开发、技术贸易谈判等方法来获取商业秘密。

二、不当披露、使用、允许他人使用商业秘密的行为

商业秘密具有财产的特性，不当披露、使用、允许他人使用商业秘密的行为是当然的对权利人合法权益的损害，并且降低甚至消除了权利人的竞争优势，是典型的不正当竞争行为。

1. 不当披露行为

不当披露行为是指不当获取商业秘密人将商业秘密向他人扩散，包括在要求对方保密的条件下向特定人、少部分人透露商业秘密，以及向社会（不特定的人）公开商业秘密。例如，行为人以不正当的手段获得商业秘密，还进一步通过新闻媒体等方法让更多的人知悉该商业秘密的内容，就属于不当披露行为。

2. 不当使用行为

行为人以不正当的手段获得商业秘密并供自己使用，就属于不当使用行为。

3. 不当允许他人使用行为

行为人以不正当的手段获得商业秘密，还允许其他人来使用该商业秘密，属于不当允许他人使用商业秘密的行为。

【延伸阐述】①

通过反向工程研制的技术不属于侵犯商业秘密行为。所谓反向工程（reverse engineering），是指非保密义务人通过对市场销售的产品或者合法取得的产品进行解析、实测，从中得到准确的、具体的构造、成分和制造方法、加工工艺的行为。通常，反向工程被认为是具有法律意义的不经权利人允许即可获取市售产品商业秘密的唯一正当竞争手段。由于反向工程获取商业秘密具有合法性，所以该行为不属于侵权行为，权利人也无权干涉行为人使用、披露其通过反向工程获取的商业秘密或者作为行为人自己的商业秘密。通过反向工程获取或者发现的技术信息一般不能被认定为具有新颖性，因为这是本领域的普通技术人员无须通过创造性的劳动即可掌握的技术信息，它不存在或基本上不存在实质上的技术秘密点，与公知技术无实质区别。在司法实践中，如被告以通过反向工程而获取技术信息作为抗辩理由的话，只要其具备了下列条件，法官对该项主张应予采信：一是工程对象的获得途径是合法的，为此被告要提供供货合同、产品发票等相关证据；二是具体实施了反向工程，为此被告应提供测绘图纸、文字资料、化验和实验记录等证据；三是实施反向工程的主体不能是对该商业秘密负有保密义务的人。

三、合法持有但违反义务或要求的侵犯商业秘密行为

行为人本身掌握商业秘密是有合法基础的，例如通过许可合同、加工承揽合同等掌握了权利人的商业秘密，并不是侵犯商业秘密的行为，但如果没有遵守保密约定等，造成商业秘密的泄露，则同样属于侵犯商业秘密的行为。

---

① 参见庞清燕等编著：《竞争法案例·学理精解》，107页，北京，中国经济出版社，2004。

合法持有但违反义务或要求的侵犯商业秘密行为主要有：(1) 与权利人有业务关系的单位和个人违反合同约定或者违反权利人有关保守商业秘密的要求，披露、使用或者允许他人使用其所掌握的权利人的商业秘密；(2) 权利人的职工违反合同约定或者违反权利人保守商业秘密的要求，披露、使用或者允许他人使用其所掌握的权利人的商业秘密。

1. 合法持有但擅自披露商业秘密的行为

合法持有但擅自披露商业秘密的行为是指未经权利人许可或者违反保密义务的规定或约定而向他人扩散商业秘密，包括在要求对方保密的条件下向特定人、少部分人透露商业秘密，以及向社会公开商业秘密。

2. 合法持有但擅自使用商业秘密的行为

合法持有但擅自使用商业秘密的行为是指合法取得他人商业秘密的人未经权利人同意或者违反约定使用他人的商业秘密。负有保密义务的单位职工，自己擅自使用单位的商业秘密的行为就属于这种情形。

3. 合法持有但擅自允许他人使用商业秘密的行为

合法持有但擅自允许他人使用商业秘密的行为是指合法取得他人商业秘密的人未经权利人同意或违反约定允许第三人使用其获取的他人的商业秘密。[①]

【延伸阐述】[②]

美国《代理法第二次重述》曾经有这样的阐述："雇员对其正常工作中所获客户信息如已形成记忆，则通常有权在雇佣关系结束后使用此信息，并与原雇主展开竞争。"这就是在商业秘密侵权案中常常会出现的"记忆抗辩"(memorization defense)。在商业秘密侵权案中，被告常常主张其仅仅是通过记忆的方式获取了前雇主的商业秘密，不构成侵占商业秘密的诉因。因为按照界定，这种情形下，所记忆的商业秘密没有记录在案的有形的实际获得的证据，有可能构成被告的"一般知识、技术和经验"，是可以为自己或其他雇主的利益使用的。

四、第三人恶意获取、披露、使用或允许他人使用商业秘密的行为

第三人明知或者应知商业秘密权利人的员工、前员工或者其他单位、个人实施前述所列违法行为，仍获取、披露、使用或者允许他人使用该商业秘密的，视为侵犯商业秘密。如果第三人对商业秘密的来源的不正当性并不知情，是善意第三人，则该行为不属于侵犯商业秘密行为。相较于 1993 年法，新修订的《反不正当竞争法》进一步明确与细化了第三人恶意获取、披露、使用或者允许他人使用商业秘密行为的内容，具体体现在新法第 9 条第 2 款中所增加的"商业秘密权利人的员工、前员工或者其他单位、个人"的表述上。

【背景资料】

认定侵犯商业秘密的行为有两个关键点：其一是商业秘密的构成；其二是行为具有不正当性，如盗窃、披露、违反约定等。在认定行为的不正当性时，对于被侵权的当事人来讲，举证是非常困难的，因此在我国国家工商总局制定的行政规章中对于侵犯商业秘密行为的认定规定

---

① 参见孔祥俊、刘泽宇、武建英编著：《反不正当竞争法原理·规则·案例》，245 页，北京，清华大学出版社，2006。

② 参见上书，212 页。

了法律推定制度，需要大家注意。《关于禁止侵犯商业秘密行为的若干规定》中规定：权利人只需证明被申请人的商业秘密与其商业秘密具有相同性，以及被申请人具有获取其商业秘密的条件，就让被申请人承担自己没有侵权的举证责任，倘若被申请人不能证明自己的商业秘密是合法取得的，就认定被申请人实施了侵权行为。当然，行政规章对于法院的司法活动并没有当然的拘束力，因此在对侵犯商业秘密行为进行界定时是否运用上述法律推定制度，法官有充分的选择权。

五、禁止侵犯商业秘密行为中应注意的几个问题

（一）商业秘密与公共利益的冲突①

从传统私法角度来说，商业秘密是私权益，但其取得和行使必须符合公共利益。如果商业秘密与公共利益发生冲突，则应当首先维护公共利益。这是各国商业秘密保护都奉行的共同原则。

1. 违反公共利益的商业秘密不受法律保护

我国《反不正当竞争法》第2条第1款规定："经营者在生产经营活动中，应当遵循自愿、平等、公平、诚信的原则，遵守法律和商业道德。"当商业秘密与这些原则相抵触时，当然不受法律保护。例如，经营者制定的以不正当的手段打击竞争对手的竞争策略、"发明"的偷税的"诀窍"，即使采取保密措施，也不受法律保护。当然，也可以说，这种有损社会公共利益的信息即使符合商业秘密的形式，也不能成为商业秘密。

同样，我国各地方为促进本地经济发展、维护市场竞争秩序，积极颁布地方性法律规范。比如，《深圳经济特区企业技术秘密保护条例》第7条第1款也规定："凡违反国家法律、法规，损害国家利益、社会公共利益，违背公共道德的技术秘密，不受本条例的保护。"

2. 履行符合公共利益的义务不受商业秘密保护的限制

当事人履行作证义务、揭露违法犯罪行为时，出于社会公共利益的需要，也不受商业秘密保护的限制。例如按照法律、法规的规定向司法机关或者行政执法机关作证时，告知商业秘密情况，并不构成泄露商业秘密，但是这种作证行为必须是按照法律规定的内容和程序向法定的机关进行作证。

（二）商业秘密保护中的竞业禁止条款

竞业禁止是公司法规定的公司高级管理人员，如董事、经理等不得自营或与他人合作经营与其所任职的公司同类的业务。但是，公司法规定的竞业禁止义务主要是针对在职期间的公司高级管理人员而言的，如果想对商业秘密进行保护，就涉及如何对离职后的掌握商业秘密的人员进行竞业禁止问题。

竞业禁止条款与商业秘密保护之间的关系实际上是如何处理劳动力自由流动与鼓励知识创新之间的关系。为了尊重离职人员的基本劳动权，一般的保密信息，如受雇期间获得的一般技能、知识、信息、经验等，除合同有明确规定外，一般不宜归于离职保密义务的范围。但为了预防知悉商业秘密的人员离职后，从事与原单位相同或者相关的职业，如到与原单位有竞争关

① 参见孔祥俊：《反不正当竞争法的适用与完善》，477～478页，北京，法律出版社，1998。

系的单位就职，或者自办与原单位有竞争关系的企业，侵犯原单位的商业秘密，可以在该类人员离职时通过与其签订竞业禁止协议的方式保护自己的商业秘密，即在竞业禁止协议中约定在一定期限内禁止该职工从事某项职业，同时给其以必要的补偿。

《深圳经济特区企业技术秘密保护条例》就对离职后人员的竞业禁止问题作出了相应的规定，即："企业可与知悉或可能知悉企业技术秘密的员工签订竞业限制协议。竞业限制协议，是指企业与员工约定从离开该企业后的一定期限内，不得在生产同类且有竞争关系的产品的其他企业内任职，企业则向该员工支付一定数额的补偿费。""竞业限制协议应当以书面形式单独签订，必须具备以下主要条款：（一）生产同类且有竞争关系的产品的企业具体范围；（二）竞业限制的期限；（三）补偿费的数额及支付方式；（四）违约责任。""竞业限制协议约定的补偿费，按年计算不得少于该员工离开企业前最后一个年度从该企业获得的报酬总额的三分之二。竞业限制协议中没有约定补偿费的，补偿费按照前款规定的最低标准计算。""发生下列情况之一的，竞业限制协议自行终止：（一）技术秘密已经公开的；（二）负有竞业限制义务的员工实际上没有接触到技术秘密的；（三）企业违反劳动合同，提前解雇员工的；（四）企业违反竞业限制协议，不支付或无正当理由拖欠补偿费的。"

我国《劳动合同法》第 23 条第 2 款规定，对负有保密义务的劳动者，用人单位可以在劳动合同或者保密协议中与劳动者约定竞业限制条款，并约定在解除或者终止劳动合同后，在竞业限制期限内按月给予劳动者经济补偿。劳动者违反竞业限制约定的，应当按照约定向用人单位支付违约金。第 24 条规定，竞业限制的人员限于用人单位的高级管理人员、高级技术人员和其他负有保密义务的人员。竞业限制的范围、地域、期限由用人单位与劳动者约定，竞业限制的约定不得违反法律、法规的规定。在解除或者终止劳动合同后，前款规定的人员到与本单位生产或者经营同类产品、从事同类业务的有竞争关系的其他用人单位，或者自己开业生产或者经营同类产品、从事同类业务的竞业限制期限，不得超过 2 年。

问题与思考

深圳市润天智图像技术有限公司（以下简称润天智公司）于 2000 年 3 月 8 日成立。2001 年 4 月 17 日，润天智公司任命徐某为副总经理。2001 年 5 月，润天智公司聘任龚某为机械开发部工程师。2001 年 10 月 10 日，润天智公司自主研制的"润天智超宽幅彩色数码喷绘系统 V1.0"经深圳市信息化办公室发出软件产品登记证书。同年 11 月 5 日，润天智公司委托首山雄开发 XJ500 喷墨打印头控制卡。2002 年 4 月间，沈阳市辽宁金龙电脑喷绘广告有限公司总经理李某通过向润天智公司购买喷绘机认识徐某后与其联系，提议徐某获取润天智公司的喷绘机生产技术资料并带该公司技术人员一起前往沈阳工作，初步商议徐某的报酬为年薪人民币 30 万元或公司 20%的股份。其后，徐某利用工作之便复制润天智公司喷绘机生产相关技术资料，同时怂恿龚某及该公司电子开发部工程师马某一起前往沈阳为李某的公司生产喷绘机，龚某及马某均表示赞同。同年 5 月 10 日晚下班后，徐某指使龚某在润天智公司拷贝了软件工程师赵某、机械工程师颜某电脑上的喷绘机生产相关技术资料。5 月 12 日，龚某将拷贝好的硬盘交给徐某。5 月 13 日，徐某、龚某及马某三人未办理辞职手续即乘飞机前往李某正在筹备的沈阳市辽宁柯宝科技实业发展有限公司（以下简称柯宝公司）。徐某将内含润天智公司喷绘机的相关技术资料的硬盘交给李某。其后龚某及马某开始在柯宝公司工作。同年 5 月，柯宝公司登记申请成立，法定代表人为李某。同年8月，生产出“赛特”3200数码彩色喷绘机。

2002年8月，润天智公司向公安机关报案。

经深圳市知识产权研究会鉴定，润天智公司、柯宝公司两家公司产品涉及光盘所载的软件技术内容相同，具体为：核心算法参数文件完全一样；控制打印头板动态连接库相似，而来源完全一样；核心技术的源代码相似，且来源于相同的初始源代码。润天智公司在深圳市信息化办公室登记的喷绘机系统软件和首山雄两者源代码同源；润天智公司和柯宝公司两者源程序相同；首山雄和柯宝公司两者源程序相同。鉴定意见说明“彩神”源代码是润天智公司的技术秘密，柯宝公司生产“赛特”3200数码彩色喷绘机使用了“彩神”源代码。经深圳市中衡信资产评估有限公司评估“彩神数码喷绘机”生产有技术的无形资产价值为人民币630万元，“FLORA－3204彩色数码喷绘机”技术许可使用费的价值为人民币300万元，单机利润为人民币26万元。①

根据上述案例请思考下列问题：

（1）李某、徐某、龚某等人的行为是否侵犯了商业秘密？如何认定？

（2）保护商业秘密与竞业禁止条款有什么关系？

（3）谈谈如何从法律角度更好地保护商业秘密。

参考文献

1. 孔祥俊．反不正当竞争法的适用与完善．北京：法律出版社，1998
2. 唐海斌主编．美国是如何保护商业秘密的．北京：法律出版社，1999
3. 吕明瑜．竞争法．北京：法律出版社，2004
4. 戴永盛．商业秘密法比较研究．上海：华东师范大学出版社，2005

① 详情参见广东省深圳市中级人民法院（2004）深中法刑二终字第258号民事判决书。

第十六章

不正当有奖销售行为规制

本章概要

有奖销售是指经营者在销售商品或提供服务时，为了营利的目的，附带性地向购买者或与购买相关的人提供物品、金钱或者其他经济利益的行为。有奖销售行为作为经营者的一种营销手段，具有多方面的积极意义。当然，有奖销售行为也可能造成多方面的消极影响。正是由于有奖销售行为弊端存在的可能性，反不正当竞争法才需要对有奖销售行为进行规制。

不正当有奖销售行为是指经营者违反诚信原则和公平竞争原则，利用物质、金钱或其他经济利益引诱购买者与之交易，排挤竞争对手的不正当竞争行为。不同国家的不正当有奖销售行为的表现不同，因此不同的国家对有奖销售行为规制的力度不同。抽奖式的有奖销售行为具有不确定性，更易于助长投机心理，掩盖欺骗行为，所以抽奖式有奖销售行为常常被许多国家的法律所禁止；至于附赠式有奖销售行为，要严格限制以尽量避免该行为对消费者的误导，规制附赠式有奖销售行为的办法主要是规定赠品与商品之间的价值比例，设定经营者提供赠品时不得逾越的界限。

不正当有奖销售行为有各种各样的表现形式，根据购买者不同的标准，可以将有奖销售行为区分为附赠式有奖销售行为和抽奖式有奖销售行为。在我国不正当有奖销售行为的具体表现形式主要有：(1) 欺骗性有奖销售行为；(2) 巨奖销售行为；(3) 视为欺骗性有奖销售行为。

关键术语

有奖销售　不正当有奖销售行为　附赠式有奖销售行为　抽奖式有奖销售行为　欺骗性有奖销售行为　巨奖销售行为

第一节　不正当有奖销售行为概述

一、有奖销售行为

（一）有奖销售行为的概念和特征

有奖销售行为是指经营者在销售商品或提供服务时，为了营利的目的，附带性地向购买者或与购买相关的人提供物品、金钱或者其他经济利益的行为。有奖销售行为包括奖励所有购买者的附赠式有奖销售行为和奖励部分购买者的抽奖式有奖销售行为。

有奖销售行为主要具有以下几个特征：

（1）有奖销售行为是在经营者与购买者或与购买相关的人之间进行的目的在于促销商品或服务的特殊销售行为。如果经营者提供奖品与购买者毫无关系，即使是在销售过程中，也不属于有奖销售行为。

（2）有奖销售行为采用向购买者无偿提供物品、金钱或者其他经济利益的方式进行。

（3）有奖销售行为存在双重法律关系。第一个法律关系是经营者与购买者之间的商品买卖关系，第二个法律关系是经营者向购买者或与购买相关的人提供赠品的赠与关系。这两个法律关系既相互依存又存在区别。依存体现在没有商品买卖关系也就不会发生赠与关系，赠与关系的发生是以商品买卖关系的存在为前提的；区别体现在商品买卖关系是双务有偿的，而赠与关系是单务无偿的。

（4）有奖销售行为中提供赠品的不一定是商品的经营者，在很多情形下，附赠的赠品是由商品的制造商提供的。

（5）有奖销售行为是市场经营行为，应以营利为目的。现实生活中常见的有奖募捐行为等都不是市场经营行为，《反不正当竞争法》对这些非市场经营行为并不进行规制。国家工商总局发布的《关于禁止有奖销售活动中的不正当竞争行为的若干规定》中也强调，经政府或者政府有关部门依法批准的有奖募捐及其他彩票发售活动，不适用本规定。

（二）我国有奖销售行为的现状和影响

在我国市场经济的活动中，无论是提供商品还是提供服务，有奖销售行为比比皆是。到了节假日，各种有奖销售行为更是层出不穷。我国目前的有奖销售行为有如下的一些发展趋势：（1）从一般商品的有奖销售到特殊商品的有奖销售；（2）从商品销售中的有奖销售到售后服务中的有奖销售；（3）从直接的有奖销售到迂回的有奖销售；（4）从明示超过奖金限额到隐瞒违法事实对奖金限额有意进行“合法”标注；（5）奖励由现金、实物到提供活动（行为）；（6）经营者不披露有奖销售的必要信息，有奖销售的透明度很低，以此欺骗、愚弄消费者，进行欺骗性有奖销售行为。①

---

① 参见孔祥俊、刘泽宇、武建英编著：《反不正当竞争法原理·规则·案例》，288～291页，北京，清华大学出版社，2006。

有奖销售行为作为经营者的一种营销手段，具有多方面的积极意义。首先，有奖销售行为是一种非常有效的营销策略和营销手段，对于经营者来说具有投入少、见效快的优点；其次，有奖销售行为对于购买者尤其是消费者而言，具有很强的诱惑力，从而可以拉动市场需求；最后，有奖销售行为作为市场竞争的一种手段，并非必然要和不正当竞争行为以及限制竞争行为联系在一起。

当然，有奖销售行为也可能造成多方面的消极影响。首先，有奖销售行为尤其是巨奖销售行为会传递错误的市场信息，导致不正确的消费导向，另外，还可能会影响商品的正常选择，损害消费者利益。其次，有奖销售行为会扰乱市场竞争的正常秩序，使商品竞争演化成“奖品之争”或“奖金之争”，扭曲正当竞争和公平竞争关系。最后，有奖销售行为从本质上说仅仅是经营者的一种短期行为，经营者并没有因此而在设备、技术等方面投入费用并在市场经营方面取得实质性的进步。① 正是由于有奖销售行为弊端存在的可能性，反不正当竞争法才需要对有奖销售行为进行规制。

二、不正当有奖销售行为

不正当有奖销售行为是指经营者违反诚信原则和公平竞争原则，利用物质、金钱或其他经济利益引诱购买者与之交易，排挤竞争对手的不正当竞争行为。不同国家的不正当有奖销售行为的表现不同，因此不同的国家对有奖销售行为规制的力度不同。

不正当有奖销售行为不仅损害了同业竞争者的利益，破坏了公平竞争的秩序，误导了消费者，而且也会损害消费者权益。首先，不正当有奖销售行为会扭曲购买者的购买意向，影响购买者作出正确的判断，甚至使购买者的利益受到损害。其次，不正当有奖销售行为使竞争的优势不再表现为价格的降低、质量的提高或服务的完善，而主要表现为奖品的诱惑力，使正常的竞争无法进行，公平的竞争也受到了破坏。最后，不正当有奖销售行为利用了购买者的投机心理，通过赠品对购买者进行利诱，从而使诚实竞争的风尚受到损害，没有对购买者进行利诱的经营者会成为竞争的失败者，最终使竞争在提供赠品上展开，也使社会经济的发展受到阻碍。另外，不正当有奖销售行为还会促使市场竞争畸形，可能强化阻碍市场竞争的障碍。不正当有奖销售行为，尤其是巨奖销售行为，很可能是实力雄厚的大企业排挤竞争对手，尤其是实力弱小的中小企业的手段，而这些因此受到排挤的企业却无能为力。

第二节　不正当有奖销售行为的法律规制

不正当有奖销售行为在各国都普遍存在，只是表现形式和程度有所不同。由于抽奖式的有奖销售行为具有不确定性，更易于助长投机心理、掩盖欺骗行为，所以抽奖式有奖销售行为常常被许多国家的法律所禁止；而至于附赠式有奖销售行为，要严格限制以尽量避免该行为对消费者的误导，规制附赠式有奖销售行为的办法主要是规定赠品与商品之间的价值比例，设定经

---

①　参见邵建东编著：《竞争法教程》，143～144 页，北京，知识产权出版社，2003。

营者提供赠品时不得逾越的界限。

一、各国竞争法对不正当有奖销售行为的法律规制

多数国家对于附赠式有奖销售行为是允许的，但是要进行必要的限制；对于抽奖式的有奖销售行为则态度不同，有的允许，但进行限制，有的国家则予以禁止。

（一）日本

鉴于有奖销售行为曾风靡一时，日本于1962年制定了《不当赠品及不当表示法》，对有奖销售行为进行规制。日本公正交易委员会为了防止不正当地引诱顾客，认为有必要时，可以就赠品价额的最高额、总额、赠品的种类、提供方法或其他有关提供赠品的事项作出限制，或者禁止提供赠品。根据该规定，对于赠品是限制还是禁止，由日本公正交易委员会决定。

按照规定，事业者提供附赠的奖品或奖金的最高价值是：交易额在1 000日元以下的，奖品和奖金的价值不得超过100日元；交易额在1 000日元到50万日元之间的，奖品和奖金的价值不得超过交易额的10%；交易额在50万日元以上的，奖品和奖金的价值不得超过5万日元。但商店为顾客搬运大件商品，位于交通不便地方的旅馆为旅客提供接送车辆等，只要符合商业惯例，可以不受限制。

对于抽奖式有奖销售行为，日本规定，交易额在500日元以下的，奖品及奖金的价值不得超过交易额的20倍；交易额在500日元到5万日元之间的，奖品及奖金的价值不得超过1万日元；交易额在5万日元到10万日元之间的，奖品及奖金的价值不得超过3万日元；交易额在10万日元以上的，奖品及奖金不得超过5万日元。如果是一定地区内半数以上零售商联合通过悬赏方式进行抽奖销售的，每笔交易中可能中奖的奖品及奖金的价值不得超过20万日元。企业单独进行的，奖品及奖金的总价值不得超过总销售额的2%；在一定地区内企业联合举行的，奖品及奖金的总价值不得超过总销售额的3%。

日本公正交易委员会1996年公布的《赠品及促销竞赛指南》还规定：在与商品购买相关的促销竞赛/彩票中，现金奖金不得超过50 000日元，其他彩票中，不得超过1 000万日元。[①]

（二）德国

德国1932年的《附赠法令》第1条曾规定：在商业交易中，禁止在一种商品或服务之外，提供、预告或给予某种附赠品（商品或服务）。如果仅以某种微不足道的显属虚假的报酬给予附赠品，亦为附赠。为掩盖附赠性，将某种商品或服务同另一种商品或服务予以捆绑而以一个总价格进行提供、预告或给予的，亦同。

德国在2001年废除《奖金和折扣规定》后，促销行为，如减价、奖金，搭售、有奖销售、清盘销售或者季末销售，已不被禁止。但是，仍然存在关于特定产品（如药品、酒精、烟草

① 参见［德］弗诺克·亨宁·博德维希主编：《全球反不正当竞争法指引》，黄武双等译，456页，北京，法律出版社，2015。

等）的特别规定。而且，所有的促销行为都必须遵守《反不正当竞争法》关于交易条件披露的要求，且应符合《反不正当竞争法》的一般条款。①

（三）法国

法国从20世纪40年代到70年代先后颁布了6个涉及有奖销售的法律，这些法律均严格管理有奖销售行为以确保公平竞争。这些法律规定：经营者不得在销售商品时采取免费、即付或定期付款的形式向消费者提供赠品，除非奖品与销售的商品属于同一种类。但是，1986年欧盟第86－1243号指令在法国确立了自由定价原则，因而打破了二战后1945年6月30日号令所执行的价格管控。

但是，销售折扣、免费礼品以及其他促销和营销行为并不关注竞争者，而关注消费者的保护，因此，与营销相关的有奖销售和免费礼品仍受到《消费者法》的严格规制。

二、我国法律对不正当有奖销售行为的规制

为了规范有奖销售行为，我国《反不正当竞争法》第10条规定："经营者进行有奖销售不得存在下列情形：（一）所设奖的种类、兑奖条件、奖金金额或者奖品等有奖销售信息不明确，影响兑奖；（二）采用谎称有奖或者故意让内定人员中奖的欺骗方式进行有奖销售；（三）抽奖式的有奖销售，最高奖的金额超过五万元。"同时，《反不正当竞争法》还根据不正当有奖销售行为的性质和违法程度，设置了不同的法律制度。

1. 不正当有奖销售行为的民事责任

因不正当有奖销售行为而受到侵害的经营者，可以按照《反不正当竞争法》第17条的规定要求民事的损害赔偿，即经营者实施不正当有奖销售行为，"给他人造成损害的，应当依法承担民事责任"。"因不正当竞争行为受到损害的经营者的赔偿数额，按照其因被侵权所受到的实际损失确定；实际损失难以计算的，按照侵权人因侵权所获得的利益确定。赔偿数额还应当包括经营者为制止侵权行为所支付的合理开支。"

2. 不正当有奖销售行为的行政责任

我国《反不正当竞争法》第22条规定："经营者违反本法第十条规定进行有奖销售的，由监督检查部门责令停止违法行为，处五万元以上五十万元以下的罚款。"

此外，对于利用有奖销售行为来推销质次价高的商品的行为，《产品质量法》第50条规定，生产者、销售者在产品中掺杂、掺假，以假充真，以次充好，或者以不合格产品冒充合格产品的，责令停止生产、销售，没收违法生产、销售的产品，并处违法生产、销售产品货值金额50%以上3倍以下的罚款；有违法所得的，并处没收违法所得；情节严重的，吊销营业执照；构成犯罪的，依法追究刑事责任。

3. 不正当有奖销售行为的刑事责任

欺骗性的有奖销售行为，如果情节严重，可能构成诈骗罪，追究经营者的刑事责任。此外，借有奖销售之机推销质次价高的产品，可依据产品质量法和刑法追究构成犯罪的经营者的刑事责任。

---

①　参见［德］弗诺克·亨宁·博德维希主编：《全球反不正当竞争法指引》，黄武双等译，304～305页，北京，法律出版社，2015。

第三节　不正当有奖销售行为的表现形式

不正当有奖销售行为有各种各样的表现形式，根据经营者提供奖励的方式不同，可以将有奖销售行为区分为附赠式有奖销售行为和抽奖式有奖销售行为。

一、附赠式有奖销售行为

附赠式有奖销售行为是指经营者向购买某种商品（包括服务）的所有购买者附加赠与金钱、物品或其他经济利益的销售活动。其特点是达到同一购买水平的购买者均能获得相同的奖励，但奖品价值或奖金金额较小。

附赠式有奖销售行为应当具备下列条件：(1) 附赠行为具有全面性，即经营者向购买某种商品的全体购买者一视同仁地提供奖金或奖品；(2) 附赠品与主要商品之间应当存在一定的内在联系，通常情况下，附赠品是为主要商品服务的；(3) 与主要商品的价值相比，附赠品的价值是非常微小的，否则经营者就有借附赠之名行商业贿赂之嫌；(4) 附赠品必须是无偿赠送的，不得以任何方式变相收取附赠品的费用；(5) 附赠品的提供者是谁并无关系，既可以是提供主要商品的合同当事人，也可以是其他人，如附赠品的制造人或者某个第三人。①

二、抽奖式有奖销售行为

抽奖式有奖销售行为，也称悬赏式有奖销售行为，是指以抽签、摇奖等偶然性的方式决定参与人是否中奖的有奖销售行为。这里的偶然性是指具有不确定的方式，即是否中奖只是一种可能性，既可能中奖，也可能不中奖，是否中奖不能由参与人完全控制。凡以抽签、摇号等带有偶然性的方法决定购买者是否中奖的，均属于抽奖方式。但是，抽奖式有奖销售行为并不限于这些方式。

与附赠式有奖销售行为相比，在抽奖式有奖销售行为中，作为奖励客体的奖金、奖品或其他经济利益往往与销售的商品之间不存在某种内在的联系，而且其价值在数额上是没有限制的，有时甚至是巨大的。因此，抽奖式有奖销售行为具有更大的偶然性和投机性。

【背景资料】

《关于营利性保龄球场馆举办高额奖励活动是否属于不正当竞争行为问题的答复》（工商公字［1996］第 386 号）内容如下：

广东省工商行政管理局：

你局《关于营利性保龄球场馆提供高额奖励的体育娱乐活动是否属于不正当竞争行为的请示》（传真）收悉。经研究，答复如下：营利性保龄球场馆举办的以一定的得分来决定消费者是否中奖的有奖销售活动，属于以带有偶然性的方式决定消费者是否中奖的抽奖式的有奖销售。举办此类有奖销售活动，凡最高奖的金额超过五千元的，均构成不正当竞争行为，应当依

① 参见邵建东编著：《竞争法教程》，141 页，北京，知识产权出版社，2003。

据《反不正当竞争法》和国家工商行政管理局《关于禁止有奖销售活动中不正当竞争行为的若干规定》予以查处。

三、我国不正当有奖销售行为的主要表现形式

依据我国市场经济发展过程中出现的奖售方式以及违法奖售案件，我们认为，我国不正当有奖销售行为的具体表现形式主要有以下几种。

（一）欺骗性有奖销售行为

欺骗性有奖销售行为是指经营者利用有奖销售的方式对购买者进行欺骗性的营销活动的行为。欺骗性有奖销售行为公然违背了诚信的商业原则，是要受到法律严格规制的行为。

欺骗性有奖销售行为主要表现为：(1) 所设奖的种类、兑奖条件、奖金金额或者奖品等有奖销售信息不明确，影响兑奖；(2) 采用谎称有奖的欺骗方式进行有奖销售；(3) 采用故意让内定人员中奖的欺骗方式进行有奖销售。

（二）巨奖销售行为

巨奖销售行为是指经营者以极低的中奖概率和一定数量的高额奖金、奖品或其他利益诱惑消费者或用户购买其商品或服务的销售行为。巨奖销售的奖金额高，对于普通的消费者有极强的诱惑力。

我国反不正当竞争法规定的巨奖销售行为主要是针对抽奖式有奖销售行为进行规定的，最高奖的金额超过50 000元的抽奖销售行为就构成巨奖销售行为。巨奖销售行为由于对消费者有不正当的诱导，也易于助长消费者的投机心理，有违公平竞争的理念，所以会受到反不正当竞争法的禁止。有些经营者为了规避法律规定，在同一商品上重复设奖。对此，尽管每个有奖销售行为的最高奖金额不超过50 000元，但只要各个最高奖金额之和超过50 000元，其危害后果与单个不正当巨奖销售行为的后果是相同的，也应当按巨奖销售行为定性。

（三）视为欺骗性有奖销售行为

我国国家工商行政管理局《关于禁止有奖销售活动中不正当竞争行为的若干规定》规定，经营者举办有奖销售，应当向购买者明示其所设奖的种类、中奖概率、奖金金额或者奖品种类、兑奖时间、方式等事项。属于非现场即时开奖的抽奖式有奖销售，告知事项还应当包括开奖的时间、地点、方式和通知中奖者的时间、方式。经营者对已经向公众明示的前款事项不得变更。在销售现场即时开奖的有奖销售活动，对超过500元以上奖的兑现情况，经营者应当随时向购买者明示。违反上述规定，隐瞒事实真相的，视为欺骗性有奖销售行为。①

问题与思考

四川省某县第一百货公司经营不善，连年亏损，公司决定采取有奖销售的办法推销商品。

① 见 http://iask.sina.com.cn/b/11367604.html? from=related。

经研究决定，按以下规定开奖：凡购买百货公司的商品额达到 100 元即有兑奖机会。奖品如下：(1) 特等奖 1 名，夏利车一部；(2) 一等奖 1 名，两室一厅住房一套；(3) 二等奖 1 名，一室一厅住房一套；(4) 三等奖 1 名，松下摄像机和电视机各一台；(5) 四等奖 2 名，联想电脑一台；(6) 五等奖 2 名，组合音响一套；(7) 六等奖 2 名，冰箱一台；(8) 七等奖 3 名，VCD 一台；(9) 八等奖 5 名，山地车一辆；(10) 九等奖 5 名，抽油烟机一台。另外规定，兑奖的解释权属于百货公司。开奖后的第二天即有人中了三等奖，一下子轰动了整个县城，吸引了许多消费者。百货公司的销售额日增，有一天创纪录地销售了 100 万元。但自开始到结束也没有出现特等及一、二等奖。后有人告到监管部门，经查明，该百货公司根本未设特等奖和一、二等奖，是一场骗局。监管部门根据《反不正当竞争法》的规定，对该百货公司处以 10 万元罚款。

根据上述案例请思考下列问题：

(1) 该百货公司的行为属于哪种不正当竞争行为？说明理由。

(2) 本案中的不正当竞争行为采用了何种表现形式？

(3) 本案中对该百货公司的处理是否正确？说明理由。

参考文献

1. 孔祥俊等编著．反不正当竞争法原理·规则·案例．北京：清华大学出版社，2006

2. 邵建东编著．竞争法教程．北京：知识产权出版社，2003

第十七章

商誉诋毁行为规制

本章概要

商誉不仅是一种精神上的名誉或荣誉，而且具有财产价值，在许多国家被认为是一种重要的无形资产，还体现为一种竞争优势。诋毁商誉行为不仅打击了被诋毁的经营者的竞争活动，降低了其参与竞争的能力，使其蒙受巨大的精神损失和财产损失，而且严重破坏了公平竞争的秩序。因此，各国均通过法律禁止商誉诋毁行为，许多国家还将其列为不正当竞争行为。

商誉诋毁行为也称商业诽谤行为，是指经营者自己或利用他人，通过编造、传播虚假信息或者误导性信息等不正当手段，对竞争对手的商业信誉、商品声誉进行恶意的诋毁、贬低，以削弱其市场竞争能力，并为自己谋取不正当利益的行为。

由于商誉诋毁行为的危害性，各国竞争法普遍禁止商誉诋毁行为。在美国，根据普通法，如行为人对他人的商品作出虚假宣传，构成对商品的商业损害，应按照普通法上的诋毁行为承担法律责任；如对法人进行诋毁，对其声誉造成损害，则应按法人诋毁承担法律责任。美国《兰哈姆法》第 43 条、美国《联邦商标法》也对商誉诋毁行为进行了规制。德国、日本、瑞士的反不正当竞争法也对商誉诋毁行为进行了禁止性的规定。《巴黎公约》第 10 条第 2 款第 3 项将“在交易中损害竞争者的营业所、商品或工商业活动的信誉的虚假陈述”视为商誉诋毁行为。世界知识产权组织《反不正当竞争示范条款》中对商誉诋毁行为进行了详细的禁止性规定。

关键术语

商誉诋毁行为　商业信誉　商品声誉　商誉　名誉

第一节　商誉诋毁行为概述

一、商誉诋毁行为的概念和特征

商誉诋毁行为也称商业诽谤行为，是指经营者自己或利用他人，通过编造、传播虚假信息或者误导性信息等不正当手段，对竞争对手的商业信誉、商品声誉进行恶意的诋毁、贬低，以削弱其市场竞争能力，并为自己谋取不正当利益的行为。这里的商业信誉是指经营者通过公平竞争和诚实经营所取得的良好的社会综合评价。商业信誉是经营者长期不懈的努力和积极开拓后取得的，一旦形成就会给经营者带来强大的市场竞争优势。这里的商品声誉是指经营者制造或经销的某种特定的商品或服务的良好的社会评价。商品声誉是经营者诚实劳动、提高质量、降低成本的结果，往往具有品质优良、价格公道、性能卓越、售后服务健全等特征。[①] 商业信誉与商品声誉统称为商誉。

据此，我们认为，商誉诋毁行为的特征主要有以下几个方面。

1. 商誉诋毁行为是处于竞争关系的经营者从事的不正当竞争行为

只有从事商品经营或者营利性服务的法人、其他经济组织和个人所实施的损害竞争对手商誉的行为才是不正当竞争行为，而非经营者或非处于竞争关系的经营者实施的侮辱、诽谤、诋毁行为则是一般的名誉侵权行为。

新闻单位或者消费者因为对经营者的产品质量或者服务质量批评失当，甚至借机诽谤、诋毁、损害经营者的，应当认定为一般的侵害名誉权的行为，而不是商誉诋毁行为。

【延伸阐述】[②]

关于商誉诋毁行为中的竞争关系问题

在商誉诋毁行为的认定中，大多数国家要求当事人之间至少具有某种类型的竞争关系，即要求商誉诋毁行为应是经营者针对特定竞争对手所实施的行为，这里的竞争对手可以是特定的单个经营者，也可以是特定的某一类或某一范围内的经营者。但是，有的国家根本不要求当事人之间具有竞争关系，它们将商誉诋毁行为界定得非常宽泛，不仅竞争者之间可以构成商誉诋毁行为，非竞争者之间诸如消费者团体或者新闻媒体等在对特定经营者发布诋毁性宣传时，也可以构成不正当竞争，如比利时、瑞典和瑞士等采取此类立法。世界知识产权组织《反不正当竞争示范条款》则采取了既强调竞争关系又兼顾特殊情况下的非竞争关系的立场，规定：“被攻击的个人或者公司通常是一个竞争者，或者至少所涉及的当事人之间存在某种竞争关系。但是，不但竞争者，而且像消费者团体或者新闻媒体，也可以实施违反公平竞争原则的行为。如果它们对一个企业产品、服务或者商业活动作虚假的或者不合理的陈述，应当对其提起损害信誉的诉讼。”

2. 商誉诋毁行为的主观方面主要是故意，但并不排除过失

经营者主要是为了实现削弱竞争对手的市场竞争能力，才通过捏造、散布虚假事实等不正当手段来损害竞争对手的商誉，因此大多数从事商誉诋毁行为的经营者都是故意的。

但当编造和传播虚假信息或者误导性信息的主体不是同一主体，传播人主观上没有故意而是过失传播虚假信息或者误导性信息时，根据过错原则，也不能免除传播人责任。因此，过失传播虚假信息或者误导性信息的也可以构成商誉诋毁行为。

商誉诋毁行为和误导性宣传行为是不同的。商誉诋毁行为不是对自己的产品或服务进行虚假的或欺骗性的陈述，而是对他人的企业、产品、服务或工商业活动传播虚假或具有误导性的信息；而误导性宣传行为针对的对象主要是自己的产品或服务。当然，实务过程中也不能排除

---

① 参见邵建东编著：《竞争法教程》，130页，北京，知识产权出版社，2003。

② 参见吕明瑜：《竞争法》，244～245页，北京，法律出版社，2004。

商誉诋毁行为和误导性宣传行为的竞合。

3. 商誉诋毁行为主要表现为通过编造、传播虚假信息或者误导性等不正当手段对竞争对手的商誉进行诋毁、贬低

经营者对竞争对手商誉的诋毁可能针对的是产品的制造过程、产品或服务对特定目的的适用性，商品或服务的质量、数量或其他特征，也可能针对的是商品或服务提供或供应的条件、产品或服务的价格或其计算方式等。针对竞争对手的虚假或误导性的陈述，会产生损害商业信誉的后果。

4. 商誉诋毁行为可能造成或已经造成对竞争对手商誉的损害和对竞争秩序的破坏

经营者实施商誉诋毁行为时所作的虚假的或误导性的陈述并不需要实际地损害竞争者的商誉，因为禁止损害商誉的有效保护是免除任何实际的或可能的损害或损害商誉的陈述方式。

商誉诋毁行为作为不正当竞争行为，是侵权行为，但与一般侵权行为相比，又具有特殊之处，那就是商誉诋毁行为不仅损害了商誉主体的利益，而且损害了公平、诚信的竞争秩序。

【背景资料】①

商誉与名誉存在以下区别：(1) 权利主体不同。商誉权的主体必须是经营者；而名誉权的主体则是任何的个人、法人与其他组织。(2) 评价标准不同。商誉是对主体的商业道德水平和有关商业活动方面的行为方式的社会评价；名誉是对主体人格一般道德水平和职业活动的行为方式的社会评价。(3) 权利性质不同。名誉是一种具体人格权，当受到侵害时，体现为精神损害，无法量化损害的价值，对精神损害的物质赔偿具有抚慰性质；商誉虽然与主体人格性不可分离，但完全可以通过评估方式相对量化其财产权的价值。(4) 权利实现方式不同。名誉只能自我消费，即在自己使用中实现名誉感；商誉既可以通过价值内化的方式获得超值利润，也可以通过评估转让实现其价值转换。

二、商誉诋毁行为的表现形式

商誉诋毁行为的具体表现形式有以下几种。

(1) 利用召开新闻发布会、刊登对比广告、散发公开信等形式，编造、传播有损竞争对手商业信誉、商品声誉的虚假或误导性事实。

(2) 在对外经营过程中，向业务客户及消费者编造、传播有损竞争对手商业信誉、商品声誉的虚假或误导性事实。

(3) 利用商品说明书编造、传播有损竞争对手商业信誉、商品声誉的虚假或误导性事实。

(4) 利用虚假广告或比较广告，对自己的商品进行不符合事实的宣传，以贬低竞争对手的商品声誉，抬高自己企业或商品的地位。

(5) 其他诋毁商誉的行为。

三、商誉诋毁行为的危害

商誉诋毁行为严重损害竞争对手的商业信誉，也破坏了市场公平竞争的正常秩序，属于典

① 参见种明钊主编：《竞争法》，190～191页，北京，法律出版社，2005。

型的不正当竞争行为，对经济发展的危害性很大。

（1）商誉诋毁行为损害了竞争对手的商业信誉，也造成了竞争对手的经济利益上的损失。市场竞争中的经营者要花费很长的时间和投入较大的资金才有可能形成良好的商业信誉、商品声誉，这种长期以来形成的商业信誉、商品声誉会给经营者带来竞争中的优势和巨大的经济利益。而商誉诋毁行为尽管编造、传播的是虚假或误导性信息，但对经营者商业信誉、商品声誉的损害会给经营者的经营活动带来消极的影响，包括造成重大的经济损失。

（2）商誉诋毁行为破坏了公平竞争的秩序。商誉诋毁行为不仅损害了被诋毁的经营者的商业信誉、商品声誉，而且使社会公众受到了误导，使公平竞争无法真正展开。

（3）商誉诋毁行为违反了商业道德。一个良好的市场环境，需要建立在商业道德的基础上，而商誉诋毁行为违背了商业道德，使诚信竞争规则受到破坏，同时也损害了社会利益。

第二节　商誉诋毁行为的法律规制

由于商誉诋毁行为的危害性，各国竞争法普遍对商誉诋毁行为进行了规制。

一、各国对商誉诋毁行为的法律规制

（一）美国

美国《兰哈姆法》第43条第1项规定，对他人商品、服务或者商业活动进行虚假宣传的人，应当承担法律责任。美国《联邦商标法》在1998年修正时增加了关于商誉诋毁行为的规定，即禁止在商业广告或促销活动中对他人商品、服务、营业活动的性质、特点、质量或地理来源进行虚假或引人误解的描述或表示。①

此外，根据普通法，如行为人对他人的商品作出虚假宣传，构成对商品的商誉损害，应按照普通法上的诋毁行为承担法律责任；如对法人进行诋毁，对其声誉造成损害，则应按法人诋毁承担法律责任。② 按照美国大多数州的普通法，在对诋毁行为的诉讼中，原告必须证明下列事实：（1）公开宣传；（2）对原告的产品进行了虚假的和损害性的宣传；（3）在进行宣传时明知虚假或者对所宣传的内容是真实还是虚假漠不关心；（4）具有损害原告利益的意图；（5）诋毁性宣传产生了实际损害。

（二）德国

德国《反不正当竞争法》第14条第1款规定，以竞争为目的，对他人的营利业务、企业主或企业领导人本人、他人的商品或工业给付主张或传布构成损害商业企业和业主信用的事实者，只要无法证实这些事实的真实性，则应向受害人赔偿已产生的损害。受害人也可以请求停止主张或传布这些事实。第15条规定，对他人的营利业务、企业主或领导人本人、他人的商

① 参见刘春田主编：《知识产权法》，360页，北京，中国人民大学出版社，2002。

② 参见邵建东编著：《竞争法教程》，131～132页，北京，知识产权出版社，2003。

品或工业给付恶意主张或传播构成损害商业企业的违背真实的事实者，应被科以最高为 1 年之徒刑或罚款。在商事企业中，第 1 款所述事实由职员或受任人主张或传播时，如果企业主对行为知情，除对职员或受任人处罚外，还可以处罚企业主。

（三）日本

日本的《不正当竞争防止法》第 2 条第 11 款禁止经营者“陈述或散布损害有竞争关系的他人经营上的信用的虚假事实的行为”，并规定，损害他人营业信誉的行为，法院有权根据受害人的请求，命令侵权人采取必要措施补偿损失、赔偿损失或恢复信誉。

（四）瑞士

瑞士《反不正当竞争法》第 3 条将商誉诋毁行为界定为：“以不准确的、虚伪的或者不必要的损害性陈述、贬低他人及其商品、服务、工作、价格或者营业的不公平行为。”商誉诋毁行为可以指向竞争对手各方面的活动，对竞争对手的不真实的暗示或者影射，使客户对竞争对手及其活动或者能力产生不好的印象，可以作为商誉诋毁行为予以调整。出于经济或者政治目的发表的不必要的损害性或者不准确的言论，即使目的不是影响竞争状况的，也在反不正当竞争法的禁止之列。

（五）《巴黎公约》和《反不正当竞争示范条款》

《巴黎公约》第 10 条第 2 款第 3 项将“在交易中损害竞争者的营业所、商品或工商业活动的信誉的虚假陈述”视为商誉诋毁行为。

世界知识产权组织《反不正当竞争示范条款》中对商誉诋毁行为进行了详细规定，其中第 5 条关于“损害他人的企业或其活动的信誉”之第 1 款是一般原则，即“在工商业活动过程中，任何虚假的或没有根据的陈述，损害或可能损害他人的企业或其经营活动，尤其是该企业提供的产品或服务的信誉的，构成不正当竞争行为”。第 2 款是损害信誉的列举，包括“产品制造过程中；产品或服务对特定目的的适用性；商品或服务的质量、数量或其他特征；商品或服务提供或供应的条件；产品或服务的价格或其计算方式”。

二、我国对商誉诋毁行为的法律规制

我国《反不正当竞争法》第 11 条虽然规定“经营者不得编造、传播虚假信息或者误导性信息，损害竞争对手的商业信誉、商品声誉”，但我国《反不正当竞争法》没有规定商誉诋毁行为的行政责任，实际上是把这种行为作为民事侵权行为对待的，将该行为视为侵犯名誉权的一种特殊形式，主要按照《民法通则》的规定追究民事责任。

（一）商誉诋毁行为的民事责任

我国主要通过民事途径来实现对商誉诋毁行为的受害人的救济。

商誉诋毁行为的受害人可以根据我国《反不正当竞争法》第 17 条的规定要求侵权人承担民事责任，即经营者实施商誉诋毁行为，“给他人造成损害的，应当依法承担民事责任”。“因不正当竞争行为受到损害的经营者的赔偿数额，按照其因被侵权所受到的实际损失确定；实际损失难以计算的，按照侵权人因侵权所获得的利益确定。赔偿数额还应当包括经营者为制止侵权行为所支付的合理开支。”

由于商誉诋毁行为是对经营者商业信誉、商品声誉的侵害，所以，还可以依据《民法通则》的有关规定要求侵权人承担其他的民事责任。

《民法总则》第110条规定：自然人享有生命权、身体权、健康权、姓名权、肖像权、名誉权、荣誉权、隐私权、婚姻自主权等权利。法人、非法人组织享有名称权、名誉权、荣誉权等权利。第179条规定：承担民事责任的方式主要有：(1) 停止侵害…… (10) 消除影响、恢复名誉；(11) 赔礼道歉。因此，人民法院在审理案件时，还可以依据《民法总则》的规定，要求侵权人停止侵害、消除影响、恢复名誉和赔礼道歉。

(二) 商誉诋毁行为的刑事责任

《刑法》第221条规定，捏造并散布虚伪事实，损害他人的商业信誉、商品声誉，给他人造成重大损失或者有其他严重情节的，处2年以下有期徒刑或拘役，并处或者单处罚金。此即损害商业信誉、商品声誉罪。凡是达到刑事责任年龄并且具备刑事责任能力的自然人均可成为本罪的犯罪主体，法人单位也可以成为本罪的犯罪主体。

问题与思考

农夫山泉是中国水行业中排名第三的大企业。2000年5月，该公司在中央电视台黄金时段播发了一个广告。在这个广告中，农夫山泉使用“农夫牌”天然水和“农夫牌”纯净水作了对比，方式是通过老师用这两种水养水仙的试验后，学生得出了该喝什么水的结论。该公司在1999年也拍过纯净水和矿泉水的对比广告。广告表达的意思是：虽然被污染的水可以提纯净水，但水质已经发生了根本变化，这就像一件白衬衣弄脏以后，很难恢复到原来的样子。在这个广告中，农夫山泉还宣布将停止生产纯净水，因为纯净水对健康无益。

这些广告如同一石激起千层浪，不仅消费者面对纯净水和矿泉水举棋不定，许多生产纯净水的厂家更是口诛笔伐“农夫山泉”，说该公司是有意贬低纯净水的品质。

根据上述案例请思考下列问题：

(1) 农夫山泉的行为是否构成商誉诋毁行为？如何认定？

(2) 谈谈对商誉诋毁行为法律规制之完善。

参考文献

1. 程合红．商事人格权论．北京：中国人民大学出版社，2002

2. 邵建东编著．竞争法教程．北京：知识产权出版社，2003

第十八章 互联网领域不正当竞争行为规制

本章概要

2018 年 1 月 1 日起正式实施的新《反不正当竞争法》的最大亮点是针对互联网领域增加了相应的规制条款。目前，互联网领域技术和商业发展迅速，创新活跃。从 2010 年奇虎 360 与腾讯间“3Q 大战”，到 2012 年的百度诉 360“插标”案，再到 2014 年优酷诉金山不正当竞争案，互联网领域不正当竞争行为层出不穷。新《反不正当竞争法》中互联网领域不正当竞争行为规制条款正是针对新业态和新的商业模式，为适应互联网领域反不正当竞争的需要应运而生。

互联网产业和技术发展过快是导致不正当竞争问题频现的主要原因，“眼球经济”“关注经济”等直接导致了互联网领域不正当竞争的多发和频发。互联网领域中的不正当竞争类型很多，一方面包含传统领域中的不正当竞争行为，另一方面也有其特殊表现形式，如利用软件优势屏蔽别人广告、捆绑销售、互联网劫持等都是典型的不正当竞争行为。

新《反不正当竞争法》根据互联网领域反不正当竞争的客观需要，增加互联网领域不正当竞争行为规制条款，规定经营者不得利用技术手段在互联网领域从事影响用户选择、干扰其他经营者正常经营的行为。新法中针对互联网领域不正当竞争行为增设的规制条款主要是第 12 条关于互联网领域特有的、利用技术手段进行的不正当竞争行为，监督检查以及相关法律责任的完善等。

关键术语

互联网领域　网络产品或服务　用户选择　妨碍　破坏

第一节　互联网领域不正当竞争行为概述

一、互联网领域不正当竞争行为的概念和特征

互联网领域的不正当竞争行为，是指在网络环境下，经营者违反诚信原则或商业道德，侵

害其他经营者的合法权益，对市场经济秩序构成破坏的不正当竞争行为。经营者通常利用技术手段，通过影响用户选择或者其他方式，妨碍、破坏其他经营者合法提供的网络产品或者服务的正常运行。互联网产业和技术发展过快是导致不正当竞争问题频发的主要原因，“眼球经济”“关注经济”等直接导致了互联网领域不正当竞争行为的多发和频发。互联网领域中的不正当竞争行为类型很多，一方面包含传统领域中的不正当竞争行为，一方面也有互联网技术自身所导致的不正当竞争行为，有其特殊表现形式，如利用软件优势屏蔽别人广告、捆绑销售、互联网劫持等。据此，我们认为，互联网领域不正当竞争行为的特征主要有以下几个方面。

1. 互联网领域不正当竞争行为具有极强的技术性

互联网领域的不正当竞争行为和信息网络技术的运营密切相关，大多数行为都必须通过信息网络技术实施。这一点不同于传统行业的不正当竞争行为。实施互联网领域不正当竞争行为，需要掌握相应的互联网技术。由于互联网行业本身的特性，侵权人在实施不正当竞争行为时一般是通过技术手段干扰他人软件的运行，主要涉及基于浏览器的干扰、软件之间的干扰和拒绝遵守网络协议。这也相应导致了相关案件取证上的困难。特别是随着“云计算”技术的发展，互联网服务商可以分时间、分地域地给客户端发送指令，对他人软件的运行造成干扰，给被侵权人的取证造成极大困扰。因此，互联网领域不正当竞争行为具有极强的技术性。

【延伸阅述】

“云计算”是继 1980 年代大型计算机到客户端—服务器的大转变之后的又一种巨变，是基于互联网的相关服务的增加、使用和交付模式，通常涉及通过互联网来提供动态易扩展且经常虚拟化的资源。云是网络、互联网的一种比喻说法。过去在图中往往用云来表示电信网，后来也用来表示互联网和底层基础设施。“云计算”甚至可以让你体验每秒 10 万亿次的运算能力，拥有这么强大的计算能力后可以模拟核爆炸、预测气候变化和市场发展趋势。用户通过电脑、笔记本、手机等方式接入数据中心，按自己的需求进行运算。

2. 互联网领域不正当竞争行为的手段具有多样性

在互联网市场，竞争的手段、表现形式远远超出传统不正当竞争行为所常用的技术手段以及反不正当竞争法所具体列举的表现形式。从现有的互联网领域不正当竞争行为来看，互联网这一媒介已全然超出单纯作为信息媒介的范畴，成为竞争主体开展竞争的新平台和新空间，各种不正当竞争手段层出不穷，因此，互联网领域不正当竞争行为的手段具有多样性特征。

3. 互联网领域不正当竞争侵权行为具有复杂性

由于互联网商业模式较为特殊，大多在免费产品的基础上通过增值服务或者广告来获得收入，因此，有时两个在业务上完全不相关的企业也会发生不正当竞争纠纷。一个互联网领域不正当竞争案件中，往往会涉及多个不正当竞争行为。因此，互联网领域不正当竞争侵权行为具有复杂性。

4. 互联网领域不正当竞争行为具有严重的危害性

互联网领域不正当竞争行为能够在短时间内造成巨大的损害后果，一天就可能造成几十万元的损失。同时，在互联网环境下，企业之间的商誉诋毁造成的恶劣影响快速传播，并经过较长的时间才能逐渐消除，而商业诋毁所造成的严重后果并不会随着软件的召回或者受害方对软件的升级而终止。因此，互联网领域不正当竞争行为具有严重的危害性，不仅关系到一个企业的存亡，甚至关系到某种商业模式的存亡。

二、互联网领域不正当竞争行为的表现形式

互联网领域不正当竞争行为的具体表现形式有以下几种。

(1) 流量劫持。流量劫持行为是指将其他网络商品或服务提供者的服务流量强制导向自身的商品或服务，进而损害市场秩序的行为，主要包括客户端劫持、DNS 劫持、运营商劫持等情形。

(2) 广告拦截。广告拦截行为是指一些网络商品或服务的提供者针对网页浏览器而开发出一种拓展程序，用户安装此种程序后能够对网络广告进行有效的屏蔽。

(3) 域名仿冒。域名仿冒行为是指经营者对注册在先的域名、商标、商号等进行故意模仿或篡改，并将之登记为域名，以达到误导消费者，使其产生混淆的目的。

(4) 客户端干扰。客户端干扰行为是指经营者恶意实施干扰其他经营者客户端，对其他经营者的正常利益造成损害的行为，主要包括软件恶意不兼容、软件恶意卸载等。

(5) 软件捆绑。软件捆绑是指网络商品或服务的经营者未经用户自己选择且未通过显著的方式对用户进行提示，将数个软件捆绑为一个组合“打包”下载的行为。

(6) 违反 ROBOTS 协议。ROBOTS 协议又称为爬虫协议，由互联网从业人员制定与发布，以维护个人隐私和网站安全为宗旨。尽管该协议系非官方文件，但已成为搜索引擎行业的行业惯例。我国典型的基于 ROBOTS 协议的互联网领域不正当竞争案件为百度诉 360 搜索不正当竞争纠纷案。

(7) 竞价排名。竞价排名是一种竞拍网络关键词排名的服务，搜索引擎服务商通过向客户提供以关键词付费高低为标准的服务，在用户的搜索结果中对购买相同关键词的链接进行前后排序的网络商业模式。若这些关键词本身构成不正当竞争，则搜索引擎服务商作为广告的发布人，也需承担相应的法律责任。

(8) 其他互联网领域不正当竞争行为。

三、互联网领域不正当竞争行为的危害

互联网领域不正当竞争行为不仅严重损害了竞争对手的利益，也损害了消费者的利益，同时也破坏了市场公平竞争的正常秩序。可见，其对经济发展的危害性很大。

(1) 互联网领域不正当竞争行为损害了竞争对手的商业利益，造成了竞争对手的经济利益上的损失。

(2) 互联网领域不正当竞争行为损害了消费者的利益。互联网领域不正当竞争行为最终指向的受害者是消费者，消费者阶层是经济活动中最薄弱的阶层，经营者的不正当竞争行为会导致消费者在消费过程中的利益损失。

(3) 互联网领域不正当竞争行为扰乱了公平的市场竞争秩序。互联网领域不正当竞争行为不仅损害了其他经营者的信誉，而且使社会公众受到了误导，使公平竞争无法真正展开，从而扰乱了公平的市场竞争秩序。

(4) 互联网领域不正当竞争行为违反了商业道德。互联网领域不正当竞争行为违背了商业道德，使诚信竞争规则受到破坏，同时也损害了社会利益。

第二节　互联网领域不正当竞争行为的法律规制

由于互联网领域不正当竞争行为的危害性，各国竞争法普遍对其进行了规制。

一、各国对互联网领域不正当竞争行为的法律规制

（一）美国

在美国，有四部法律即《谢尔曼法》《克莱顿法》《罗宾逊·帕特曼法》《塞尔·科芬法》从不同角度和层面加以规定，以限制和解决影响正常竞争的行为，建立“开放、互通、安全和可靠”的网络空间，维护网络经济秩序。研究美国网络反不正当竞争立法，可以发现其具有明显的特点：一是以成文法作为辅助，主要依靠判例法。成文法难以适应快速发展、日益增新的网络环境，而判例法通过判例，形成判案标准，为以后处理相关问题提供可供遵循、行之有效的方法。二是反应速度快，从提起诉讼到最终判决，只需几个月，而且形式灵活多样，如被侵权人可以在网上提起诉讼，这样减少了诉讼成本，也能及时保护合法权益。三是通常以发布禁止令作为主要制裁方式，也能有效阻止损失进一步扩大化，再辅之以经济制裁，尽可能保护被侵权人的权益。

（二）德国

德国为让《反不正当竞争法》适应市场经济发展的需要，从其制定到现在，经历了三次比较大的修改来进行完善。针对互联网领域的不正当竞争行为，德国政府还专门出台了《信息和通讯服务规范法》即《多媒体法》来进行规范，并且通过三个部门法《信息服务利用法》《电信服务数据保护法》《数据签名法》等来规制不当网络链接、抢注域名等不正当竞争行为。

（三）日本

日本的反不正当竞争主要依靠的是《反不正当竞争法》《不当赠品及不当表示防止法》等；同时，面对互联网领域中泛滥的不正当竞争行为，还颁布了《有关域名注册等事项之规则》来进行规制，打击抢注域名等违法行为。

（四）欧盟

欧盟通过了如《电子商务指令》《隐私和电子通信指令》等一系列法律文件来规范网络经济秩序。

二、我国对互联网领域不正当竞争行为的法律规制

我国《反不正当竞争法》第 12 条规定：“经营者利用网络从事生产经营活动，应当遵守本法的各项规定。经营者不得利用技术手段，通过影响用户选择或者其他方式，实施下列妨碍、破坏其他经营者合法提供的网络产品或者服务正常运行的行为：（一）未经其他经营者同意，

在其合法提供的网络产品或者服务中，插入链接、强制进行目标跳转；（二）误导、欺骗、强迫用户修改、关闭、卸载其他经营者合法提供的网络产品或者服务；（三）恶意对其他经营者合法提供的网络产品或者服务实施不兼容；（四）其他妨碍、破坏其他经营者合法提供的网络产品或者服务正常运行的行为。”

（一）互联网领域不正当竞争行为的民事责任

我国主要通过民事途径来实现对被侵权人的救济。

互联网领域不正当竞争行为的被侵权人可以根据我国《反不正当竞争法》第17条的规定要求侵权人承担民事责任，即经营者实施互联网领域不正当竞争行为，“给他人造成损害的，应当依法承担民事责任”。“因不正当竞争行为受到损害的经营者的赔偿数额，按照其因被侵权所受到的实际损失确定；实际损失难以计算的，按照侵权人因侵权所获得的利益确定。赔偿数额还应当包括经营者为制止侵权行为所支付的合理开支。”

被侵权人还可以依据《侵权责任法》第36条有关规定要求侵权人承担侵权责任。该条规定如下：“网络用户、网络服务提供者利用网络侵害他人民事权益的，应当承担侵权责任。网络用户利用网络服务实施侵权行为的，被侵权人有权通知网络服务提供者采取删除、屏蔽、断开链接等必要措施。网络服务提供者接到通知后未及时采取必要措施的，对损害的扩大部分与该网络用户承担连带责任。网络服务提供者知道网络用户利用其网络服务侵害他人民事权益，未采取必要措施的，与该网络用户承担连带责任。”

（二）互联网领域不正当竞争行为的行政责任

我国《反不正当竞争法》第24条规定：“经营者违反本法第十二条规定妨碍、破坏其他经营者合法提供的网络产品或者服务正常运行的，由监督检查部门责令停止违法行为，处十万元以上五十万元以下的罚款；情节严重的，处五十万元以上三百万元以下的罚款。”

（三）互联网领域不正当竞争行为的刑事责任

互联网领域不正当竞争行为如果情节严重，可能构成非法侵入计算机信息系统罪、非法利用信息网络罪等，需依法追究经营者的刑事责任。

新《反不正当竞争法》的互联网领域不正当竞争行为规制条款具体列举了三种新型不正当竞争行为类型，这三类行为大多是基于对已有典型个案裁判的归纳提炼。在列举具体行为之余，新法还规定了互联网领域不正当竞争行为的“兜底性规定”，即“其他妨碍、破坏其他经营者合法提供的网络产品或者服务正常运行的行为”。在新法出台之前，司法实践中对互联网新型不正当竞争行为大多依据《反不正当竞争法》第2条第1款即一般原则条款进行判定和裁决，这对于法官如何正确行使自由裁量权产生了巨大考验。此次《反不正当竞争法》修订新增“互联网条款”，对今后涉及互联网领域的诸多新型不正当竞争纠纷的解决将大有裨益，可谓及时适应了现实性需要。[①]

需要强调的是，当今是互联网信息社会，立法虽然要体现时代特色，但更要理性和谨慎，保持法律的权威性和稳定性。此外，在互联网领域，竞争自由尤为重要，要避免对需要更多竞

---

① 参见孔祥俊：《新修订反不正当竞争法释评（下）》，载 http：//www.360doc.com/content/17/1106/10/43460550_701290155.shtml。

争自由的市场的过多干预，以防限制市场的创新和发展。因此，对于在立法中应当固定哪些不正当竞争行为，更应该审慎考量，应当秉持适度干预理念。对于互联网领域的竞争一般采取审慎包容的态度，综合地考虑到技术的进步，对公平竞争、市场秩序，以及对消费者权益的影响，综合地作出判断。既要鼓励创业、创新，也要维护好市场竞争的秩序，这两个方面缺一不可。

问题与思考

2012 年，奇虎公司和奇智公司经营的 360 安全卫士在百度网搜索结果页面上有选择地插入了红底白色感叹号图标作为警告标识，以警示用户该搜索结果对应的网站存在风险，但是，360 卫士对谷歌等搜索结果中出现的相同网站没有进行插标，而且，奇虎公司不仅进行了“插标”，还逐步引导用户点击安装 360 安全浏览器，通过百度搜索引擎服务对其浏览器产品进行推广。2012 年，奇虎公司在其网址导航网站网页上嵌入百度搜索框，改变了百度网在其搜索框中向用户提供的下拉提示词，引导用户访问本不在相关关键词搜索结果中靠前位置的，甚至与用户搜索目的完全不同的奇虎公司经营的影视、游戏等页面，获得更多的用户访问量，并且网络用户在仅设置搜索方向并未输入相关关键词的时候也进入奇虎公司的相关网页。百度公司认为 360 卫士的上述行为构成不正当竞争，因此向北京市第一中级人民法院起诉，要求赔偿 1 000 万元。本案经北京市第一中级人民法院、北京市高级人民法院审理，认定 360 卫士被诉的“插标”行为和修改搜索框提示词的行为干扰了百度搜索的正常运行，而且奇虎公司并未证明上述行为确系保护网络用户的安全所必需，故构成不正当竞争。法院据此判决：奇虎公司立即停止涉案不正当竞争行为，连续 15 日在 360 网站首页显著位置刊载消除影响的声明，赔偿百度网讯公司、百度在线公司经济损失 40 万元、合理支出 5 万元。

根据上述案例请思考下列问题：

请分析该案中的违法行为性质及相关法律责任。

参考文献

1. 孔祥俊等编著．反不正当竞争法原理・规则・案例．北京：清华大学出版社，2006
2. 邵建东编著．竞争法教程．北京：知识产权出版社，2003

图书在版编目（CIP）数据

竞争法 / 徐孟洲，孟雁北著．—3 版．—北京：中国人民大学出版社，2018.6
新编 21 世纪法学系列教材
ISBN 978-7-300-25892-8

Ⅰ.①竞… Ⅱ.①徐… ②孟… Ⅲ.①反不正当竞争-经济法-高等学校-教材 Ⅳ.①D912.29

中国版本图书馆 CIP 数据核字（2018）第 126783 号

新编 21 世纪法学系列教材
总主编　曾宪义　王利明
竞争法（第三版）
徐孟洲　孟雁北　著
Jingzhengfa

出版发行	中国人民大学出版社		
社　　址	北京中关村大街 31 号	**邮政编码**	100080
电　　话	010－62511242（总编室）		010－62511770（质管部）
	010－82501766（邮购部）		010－62514148（门市部）
	010－62511173（发行公司）		010－62515275（盗版举报）
网　　址	http://www.crup.com.cn		
经　　销	新华书店		
印　　刷	固安县铭成印刷有限公司	**版　　次**	2008 年 12 月第 1 版
开　　本	787 mm×1092 mm　1/16		2018 年 6 月第 3 版
印　　张	19.5	**印　　次**	2025 年 8 月第 8 次印刷
字　　数	466 000	**定　　价**	39.80 元

《　　　　　　　》※任课教师调查问卷

为了能更好地为您提供优秀的教材及良好的服务，也为了进一步提高我社法学教材出版的质量，希望您能协助我们完成本次小问卷，完成后您可以在我社网站中选择与您教学相关的1本教材作为今后的备选教材，我们会及时为您邮寄送达！如果您不方便邮寄，也可以申请加入我社的**法学教师 QQ 群：83961183（申请时请注明法学教师）**，然后下载本问卷填写，并发往我们指定的邮箱（cruplaw@163.com）。

邮寄地址：北京市海淀区中关村大街31号中国人民大学出版社806室收

邮　　编：100080

再次感谢您在百忙中抽出时间为我们填写这份调查问卷，您的举手之劳，将使我们获益匪浅！

基本信息及联系方式：※

姓名：＿＿＿＿＿＿ 性别：＿＿＿＿＿＿ 课程：＿＿＿＿＿＿＿＿＿＿

任教学校：＿＿＿＿＿＿＿＿＿＿＿＿ 院系（所）：＿＿＿＿＿＿＿＿＿＿

邮寄地址：＿＿＿＿＿＿＿＿＿＿＿＿ 邮编：＿＿＿＿＿＿＿＿＿＿

电话（办公）：＿＿＿＿＿＿ 手机：＿＿＿＿＿＿ 电子邮件：＿＿＿＿＿＿

调查问卷：※

1. 您认为图书的哪类特性对您使用教材最有影响力？（　　）（可多选，按重要性排序）

   A. 各级规划教材、获奖教材　　B. 知名作者教材

   C. 完善的配套资源　　D. 自编教材

   E. 行政命令

2. 在教材配套资源中，您最需要哪些？（　　）（可多选，按重要性排序）

   A. 电子教案　　B. 教学案例

   C. 教学视频　　D. 配套习题、模拟试卷

3. 您对于本书的评价如何？（　　）

   A. 该书目前仍符合教学要求，表现不错将继续采用。

   B. 该书的配套资源需要改进，才会继续使用。

   C. 该书需要在内容或实例更新再版后才能满足我的教学，才会继续使用。

   D. 该书与同类教材差距很大，不准备继续采用了。

4. 从您的教学出发，谈谈对本书的改进建议：＿＿＿＿＿＿＿＿＿＿

＿＿＿＿＿＿＿＿＿＿＿＿＿＿＿＿＿＿＿＿＿＿＿＿＿＿＿＿＿＿

＿＿＿＿＿＿＿＿＿＿＿＿＿＿＿＿＿＿＿＿＿＿＿＿＿＿＿＿＿＿

选题征集：如果您有好的选题或出版需求，欢迎您联系我们：

联系人：黄　强　联系电话：010-62515955/5536

索取样书：书名：＿＿＿＿＿＿＿＿＿＿＿＿＿＿＿＿＿＿＿＿

书号：＿＿＿＿＿＿＿＿＿＿＿＿＿＿＿＿＿＿＿＿＿＿＿＿

备注：※ 为必填项。